V&R

PIETISMUS UND NEUZEIT

EIN JAHRBUCH ZUR GESCHICHTE DES NEUEREN PROTESTANTISMUS

Im Auftrag der Historischen Kommission
zur Erforschung des Pietismus
herausgegeben von Martin Brecht,
Friedrich de Boor, Rudolf Dellsperger,
Klaus Deppermann †, Ulrich Gäbler, Hartmut Lehmann
Arno Sames, Hans Schneider und Johannes Wallmann

Band 16 – 1990

VANDENHOECK & RUPRECHT
IN GÖTTINGEN

Geschäftsführender Herausgeber:
Prof. Dr. Martin Brecht, Universitätsstraße 13–17, D-4400 Münster. Manuskripte und Besprechungsexemplare sind an diese Adresse zu senden.

Anschriften der Autoren und Mitarbeiter

Thomas Baumann, M. A., Rennweg 20a, D-7800 Freiburg
Prof. Dr. Gustav Adolf Benrath, Weidmannstraße 22, D-6500 Mainz
Dr. Dietrich Blaufuß, Schwalbenweg 21a, D-8520 Erlangen
Prof. Dr. Martin Brecht, Schreiberstraße 22, D-4400 Münster
Reinhard Breymayer, M. A., Starenweg 5, D-7404 Ofterdingen
Prof. Dr. Donald F. Durnbaugh, Center for Anabaptist & Pietist Studies, One Alpha Drive, Elisabethtown, Penn. 17022-2298/USA
Dr. MR. P. Estié, Wijnand Nieuwenkampstraat 29, NL-1132 XE Volendam
Dr. Martin Friedrich, Hans-Sachs-Straße 41, D-5828 Ennepetal
Prof. Dr. Ulrich Gäbler, Hebelstraße 9, CH-4056 Basel
Prof. Dr. Cornelius Graafland, Abel Tasmanlaan 6, Gouda/Nederland
Priv. Doz. Dr. Kaspar von Greyerz, Olshausenstraße 40, D-2300 Kiel
Prof. Dr. Walter Grossmann R. F. D., Conway, Ma. 01341/USA
Dr. Beate Köster, Georgskommende 7, D-4400 Münster
Prof. Dr. Wilhelm Kühlmann, Germanistisches Seminar der Universität Heidelberg, Hauptstraße 205–207, D-6900 Heidelberg
Prof. Dr. Dietz Lange, Insterburger Weg 1, D-3400 Göttingen
Peter van Rooden, Vrije Universiteit, Faculteit der Godgeleerdheid, De Boelelaan 1105, NL-1081 HV Amsterdam
Prof. Dr. Martin Scharfe, Institut für Europäische Ethnologie und Kulturforschung der Philipps-Universität Marburg, Bahnhofstraße 3, D-3550 Marburg
Ulf-Michael Schneider, Über den Höfen 20, D-3400 Göttingen
Willi Temme, Gladenbacher Weg 67, 3550 Marburg
Prof. Dr. Horst Weigelt, Henneberger Straße 7, D-8600 Bamberg
Pfarrer Dr. Jochen Winkler, Schützenstraße 2, D-7750 Konstanz
Prof. Dr. Volkmar Wittmütz, Hopschneider Weg 46, D-5620 Velbert 11

ISBN 3-525-55888-0
ISSN 0172-6943

 – Satz und Druck: Gulde-Druck GmbH, Tübingen. – Bindearbeit: Hubert & Co., Göttingen

Vorwort

Der vorliegende Band erscheint als ganz normales Jahrbuch ohne Nennung eines Schwerpunktthemas. Vier Beiträge wurden allerdings bei einer Tagung über den radikalen Pietismus 1988 in Wolfenbüttel vorgetragen. Zwei Aufsätze stammen vom Henhöfer-Jubiläum 1989 in Karlsruhe.

Mitzuteilen ist eine Erweiterung des Herausgeberkreises durch Rudolf Dellsperger (Bern), Arno Sames (Halle) und Hans Schneider (Marburg). Die breitere Basis wird für das Jahrbuch zweifellos ein Gewinn sein.

Schließlich ist noch auf eine für die Zitierung des Jahrbuches wichtige Modifikation hinzuweisen. Es trug bisher auf dem Rücken die Abkürzung JGP, die dem verkürzten Untertitel entnommen war. Diese Abkürzung ist offensichtlich nicht überall verstanden und darum auch nicht durchweg aufgenommen worden. Die Herausgeber haben sich deshalb entschlossen, künftig die eindeutige, auf den Obertitel des Jahrbuchs sich beziehende Abkürzung PuN zu gebrauchen.

Für die Herausgeber: *Martin Brecht*

Klaus Deppermann †

Am 16. August 1990 ist Klaus Deppermann, gerade sechzigjährig, einem akuten Herzleiden erlegen. Keiner aus dem Kreis der Pietismusforschung hätte gedacht, daß er nach Andreas Lindt, dem er 1986 den Nachruf geschrieben hatte, der Nächste sein würde, der abberufen werden wird. Vielmehr hatten wir auf die verläßliche Zusammenarbeit mit dem geschätzten Kollegen noch lange Zeit gerechnet. Nunmehr bleibt zunächst die fällige Pflicht, festzuhalten, was er uns war.

Klaus Deppermann ist mit seiner Dissertation „Der hallesche Pietismus und der preußische Staat unter Friedrich III. (I.)" 1958 in die Pietismusforschung eingestiegen. Die Anregung verdankte er seinem Lehrer Gerhard Ritter. Neben Carl Hinrichs war Deppermann der ausgewiesene Kenner auf diesem Gebiet. Anläßlich des Spener-Jubiläums 1985 in Berlin ging er den „Politischen Voraussetzungen für die Etablierung des Pietismus in Brandenburg-Preußen" erneut nach. Mit der Verbindung der Profan- und Sozialgeschichte mit der Kirchengeschichte brachte er, selbst Profanhistoriker und seit 1977 Professor und Wissenschaftlicher Rat für dieses Fach in Freiburg, einen unabdingbaren interdisziplinären Beitrag in die Pietismusforschung ein, der weit über seine Veröffentlichungen hinausging. Bezeichnenderweise war auch Deppermanns zum international anerkannten Standardwerk gewordene Habilitationsschrift über den Täufer Melchior Hoffman (1979) einem Thema aus dem Grenzbereich von Sozial- und Kirchengeschichte gewidmet. Sieht man näher zu, bestehen hier gleichfalls Verbindungslinien zum Pietismus. Sie laufen über den Chiliasmus. Den deutschen chiliastischen Pietisten in Pennsylvanien ist Deppermann 1984 nachgegangen. Aus einem von ihm geleiteten internationalen Symposium ging dann der auch von ihm herausgegebene Band 1988 dieses Jahrbuches mit dem Untertitel „Chiliasmus in Deutschland und England im 17. Jahrhundert" hervor.

Es war eine glückliche Entscheidung, daß Oskar Söhngen 1972 den jungen Wissenschaftler in die Historische Kommission zur Erforschung des Pietismus holte. Damit war nicht nur ein Experte für den halleschen Pietismus gewonnen. Deppermanns nüchterne, sachliche und ausgleichende Argumentation hatte in der Arbeit der Kommission stets Gewicht. In eindrucksvoller Treue tat er das Seine, um die Kontakte mit der Pietismusforschung in der DDR aufrechtzuerhalten. Viele dortige Kollegen wissen sich ihm deswegen zu Dank verpflichtet. Vor allem aber nahm Deppermann einen erheblichen Teil der publikatorischen Arbeit der Kommission auf sich. Mit Andreas Lindt war er von den Anfängen seit 1974 an einer der aktiven

Herausgeber dieses Jahrbuches. In seiner Verantwortung lagen die Sparten Rezensionen und Bibliographie. Jeder Kundige weiß, daß damit weniger Ansehen als ständige Arbeit verbunden ist. Aber das Jahrbuch verdankt sein wissenschaftliches Gewicht nicht zuletzt der Pietismus-Bibliographie, durch die die aufblühende Forschung auf diesem Gebiet erst für die Geschichtswissenschaft erkennbar geworden ist. Nur die Herausgeber von „Pietismus und Neuzeit" wissen darüber hinaus voll, welchen nicht hinwegzudenkenden Anteil Deppermann an der Gestaltung des Jahrbuches hatte. Besonders in den letzten Jahren war er einer der Wenigen, die die Hauptlast der Verantwortung zu tragen hatten.

Dem Herausgeberkreis des Jahrbuches ist dann auch die Publikation der „Geschichte des Pietismus" übertragen worden, die nunmehr im Erscheinen begriffen ist. Deppermann war an diesen Planungen voll beteiligt. Er selbst sollte die Herausgeberschaft des zweiten, dem 18. Jahrhundert gewidmeten Bandes übernehmen und hat sie noch vorbereitet. Mit der Nachricht von seiner Erkrankung ließ er mir das von ihm verfaßte Kapitel über den Puritanismus für den ersten Band zugehen, vermutlich seine letzte größere Arbeit.

Aus dem Ausgeführten dürfte hervorgehen, daß zunächst nicht absehbar ist, wie dieser geschätzte Kollege ersetzt werden soll. Sein Tod bedeutet gerade auch für die, die sich mit ihm an der gleichen Aufgabe wußten, einen unbegreiflichen und bitteren Verlust, über den schwer hinwegzukommen sein wird. Dies wird jedoch nicht vergessen machen, was wir an Klaus Deppermann gehabt haben, beruflich, wissenschaftlich und nicht zuletzt menschlich.

Martin Brecht

Inhalt

Vorwort 5
Martin Brecht: Nachruf auf Klaus Deppermann 7
Kaspar v. Greyerz: Der alltägliche Gott im 17. Jahrhundert. Zur religiös-konfessionellen Identität der englischen Puritaner 11
Paul Estié: Die Auseinandersetzung von Charias, Breckling, Jungius und Gichtel in der lutherischen Gemeinde zu Kampen 1661–1668 . . 31
Willi Temme: Die Buttlarsche Rotte – Ein Forschungsbericht 53
Ulf-Michael Schneider: „Stroh=Kram und Wage". Johann Samuel Carl in seinem Verhältnis zu den Inspirierten 76
Walter Grossmann: Élie Merlat, ein Hugenotte im Exil: Über wahre und falsche Inspiration 102
D. F. Durnbaugh: Radikaler Pietismus als Grundlage deutsch-amerikanischer kommunaler Siedlungen 112
Thomas Baumann: Jung-Stilling und die Französische Revolution . . 132
Peter van Rooden: The Concept of an International Revival Movement around 1800 155
Horst Weigelt: Die Allgäuer katholische Erweckungsbewegung und ihre Ausstrahlung in den süddeutschen Raum 173
Gustav Adolf Benrath: Aloys Henhöfer und die Erweckung in Baden . 196

Rezensionen

Wollgast, Siegfried: Philosophie in Deutschland zwischen Reformation und Aufklärung (Martin Brecht) 211
Frey-Jaun, Regine: Die Berufung des Türhüters. Zur „Chymischen Hochzeit..." von J. V. Andreae (Martin Brecht) 216
Das Erbe des Christian Rosenkreuz. Vorträge gehalten anläßlich des Amsterdamer Symposiums 1986 (Reinhard Breymayer) 218
Bernheiden, Inge: Individualität im 17. Jahrhundert (Wilhelm Kühlmann) 222
Hof, W. J. op. 't, Niet, C. A. de, Uil, H.: Eewout Teellinck in Handschriften. (Cornelis Graafland) 224

Wall, Ernestine G. E. van der: De mystieke Chiliast Petrus Serrarius (1600–1669) en zijn wereld (Ulrich Gäbler) 226
Wolfenbütteler Beiträge: Aus den Schätzen der Herzog August Bibliothek, Bd. 8 (Dietrich Blaufuß) 228
Schulz, Hartmut H. R.: Johann Salomo Semlers Wesensbestimmung des Christentums (Martin Friedrich) 230
Gundert, Wilhelm: Geschichte der deutschen Bibelgesellschaften im 19. Jahrhundert (Beate Köster) 233
Jung-Stilling, Johann Heinrich: Tägliche Bibelübungen (Thomas Baumann) 238
Josef Mooser u. a.: Frommes Volk und Patrioten. Erweckungsbewegung und soziale Frage im östlichen Westfalen 1800 bis 1900 (Martin Scharfe) 239
Müller-Späth, Jürgen: Die Anfänge des CVJM in Rheinland und Westfalen (Volkmar Wittmütz) 241
Schwinge, Gerhard: Katalog der Henhöfer-Bibliothek in der Landeskirchlichen Bibliothek Karlsruhe (Jochen Winkler) 243
Weyer-Menkhoff, Stephan: Aufklärung und Offenbarung. Zur Systematik der Theologie Albrecht Ritschls (Dietz Lange) 244

Bibliographie

Klaus Deppermann † und Dietrich Blaufuß: Pietismus-Bibliographie 1990 248
Register (erstellt von Ute Gause) 282

Kaspar von Greyerz

Der alltägliche Gott im 17. Jahrhundert

Zur religiös-konfessionellen Identität der englischen Puritaner

Im deutschsprachigen Raum bleibt das populäre und zum Teil auch das wissenschaftliche Bild des englischen Puritanismus nachhaltig durch die Sichtweise Max Webers geprägt und beeinflußt, die dieser 1904/05 in seinem berühmten Aufsatz „Die protestantische Ethik und der Geist des Kapitalismus" entwickelte.[1] Für Weber bedeutete die protestantische Reformation des 16. Jahrhunderts nicht zuletzt die Ersetzung der bisherigen Form der kirchlichen Kontrolle über das Leben durch eine andere. „Und zwar", um Weber zu zitieren, „die Ersetzung einer höchst bequemen, praktisch damals wenig fühlbaren, vielfach fast nur noch formalen Herrschaft durch eine in denkbar weitestgehendem Maße in alle Sphären des häuslichen und öffentlichen Lebens eindringende, unendlich lästige und ernstgemeinte Reglementierung der ganzen Lebensführung...".[2] Aus dem Blickwinkel Max Webers erreicht die protestantische Verinnerlichung dieser „Reglementierung der ganzen Lebensführung" im englischen Puritanismus des 17. Jahrhunderts ihren Höhepunkt. Die Puritaner hätten aufgrund ihrer asketischen Lebensführung, systematischen Selbstkontrolle und der Umsetzung dieser Selbstkontrolle in ihrem Berufsleben in zukunftsträchtiger Weise den reformatorischen Gedanken, daß jeder durch Gott im Diesseits in eine konkrete Lebensaufgabe hineingestellt sei, verwirklicht.[3] Dem auf diesem Wege insbesondere durch die Puritaner ermöglichten „Geist des Kapitalismus" kam in den Augen Webers eine Scharnierfunktion zwischen Reformation und Entstehung der weitgehend säkularen, neuprotestantischen (um einen durch Ernst

---

1 *Max Weber,* Die protestantische Ethik und der Geist des Kapitalismus, in: Die protestantische Ethik. Eine Aufsatzsammlung, Bd. 1, hg. von *Johannes Winckelmann*, 7. Aufl., Gütersloh 1984, S. 27–277. Vgl. auch ebd., Bd. II: Kritiken und Antikritiken, 4. Aufl., Gütersloh 1982; *Constans Seyfahrt* und *Walter M. Sprondel*, Hg., Seminar: Religion und gesellschaftliche Entwicklung. Studien zur Protestantismus-Kapitalismus-These Max Webers, Frankfurt/M. 1973; *Richard Münch*, Die Kultur der Moderne, Bd. 1: Ihre Grundlagen und ihre Entwicklung in England und Amerika, Frankfurt/M. 1986.

2 *Weber,* Die protestantische Ethik, S. 30.

3 Ebd., S. 126: „Die soziale Arbeit des Calvinisten in der Welt ist lediglich Arbeit ‚in majorem gloriam Dei'. Diesen Charakter trägt daher auch die *Berufs*arbeit, welche im Dienste des diesseitigen Lebens der Gesamtheit steht."

Troeltsch geprägten Begriff aufzunehmen) modernen Welt zu.[4] „Jener große religionsgeschichtliche Prozeß der *Entzauberung* der Welt, welcher (...) alle *magischen* Mittel der Heilssuche als Aberglaube und Frevel verwarf", fand nach Weber im Puritanismus seinen Abschluß: „Der echte Puritaner verwarf ja sogar jede Spur von religiösen Zeremonien am Grabe und begrub die ihm Nächststehenden sang- und klanglos, um ja keinerlei ,superstition': kein Vertrauen auf Heilswirkungen magisch-sakramentaler Art, aufkommen zu lassen. Es gab nicht nur kein magisches, sondern überhaupt kein Mittel, die Gnade Gottes dem zuzuwenden, dem Gott sie zu versagen sich entschlossen hatte. Verbunden mit der schroffen Lehre von der unbedingten Gottferne und Wertlosigkeit alles rein Kreatürlichen enthält diese innere Isolierung des Menschen einerseits den Grund für die absolut negative Stellung des Puritanismus zu allen sinnlich-*gefühls*mäßigen Elementen in der Kultur und subjektiven Religiosität – weil sie für das Heil unnütz und Förderer sentimentaler Illusionen und kreaturvergötternden Aberglaubens sind – und damit zur grundsätzlichen Abwendung von aller Sinnenkultur überhaupt. Andererseits aber bildet sie eine der Wurzeln jenes illusionslosen und pessimistisch gefärbten Individualismus, wie er in dem ,Volkscharakter' und den Institutionen der Völker mit puritanischer Vergangenheit sich noch heute auswirkt...".[5]

Dieses Zitat wirft im Lichte der neueren Forschung eine Reihe von Fragen auf, die hier nicht alle aufgegriffen werden können und sollen. Auf die Frage, was ein „echter Puritaner" sein könnte, soll am Ende dieser Ausführungen eingegangen werden. An dieser Stelle ist zunächst und vor allem davon auszugehen, daß in den Augen Max Webers für das Wesen des „echten Puritaners" nicht zuletzt der Einfluß der „schroffen Lehre von der unbedingten Gottferne und Wertlosigkeit alles Kreatürlichen" konstitutiv ist, d. h. der Einfluß des Prädestinationsdogmas. Damit ist im folgenden die vor allem von den Genfer Reformatoren und Theologen Johannes Calvin und Theodor Beza vertretene Lehre vom doppelten, sowohl Erwählung wie Verdammnis beinhaltenden, göttlichen Dekret gemeint, d.h. die in ihren Ursprüngen paulinische Lehre, daß Gott in seinem ewigen und unabänderlichen Ratschluß den Großteil der Menschheit zur ewigen Verdammnis be-

---

[4] *Ernst Troeltsch,* Die Bedeutung des Protestantismus für die Entstehung der modernen Welt (= Beiheft 2 der HZ), 4. Aufl., München u. Berlin 1925, S. 25: „Der alte, echte Protestantismus des Luthertums und des Calvinismus ist als Gesamterscheinung trotz seiner antikatholischen Heilslehre durchaus im Sinne des Mittelalters kirchliche Kultur, will Staat und Gesellschaft, Bildung und Wissenschaft, Wirtschaft und Recht nach den supranaturalen Maßstäben der Offenbarung ordnen (...). Der moderne Protestantismus seit dem Ende des 17. Jahrhunderts ist dagegen überall auf den Boden des paritätischen oder religiös indifferenten Staates übergetreten und hat die religiöse Organisation und Gemeinschaftsbildung im Prinzip auf die Freiwilligkeit und persönliche Überzeugung übertragen (...). Er hat ferner grundsätzlich neben sich ein völlig emanzipiertes weltliches Leben anerkannt, das er weder direkt noch indirekt durch Vermittlung des Staates mehr beherrschen will."

[5] *Weber,* Die protestantische Ethik, S. 123.

stimmt und nur den kleineren Teil zum ewigen Heil auserwählt hat.[6] Der hier verwendete Begriff des „Prädestinationsglaubens" bezieht sich daher auf das *doppelte* Dekret, während mit dem Begriff des „Erwählungsglaubens", sofern er alleine steht, nur der Glaube an die Erwählung durch Gott gemeint ist. Dem populären und zum Teil auch dem wissenschaftlichen Verständnis des englischen Puritanismus hat sich diese Sichtweise bis heute stark eingeprägt.[7] Einschränkend ist freilich hinzuzufügen, daß dieses Verständnis nur auf den Puritanismus der ersten Hälfte des 17. Jahrhunderts zutreffen kann, zum einen, weil sich der Puritanismus seit den vierziger Jahren desselben Jahrhunderts ohnehin in verschiedene, in der Lehre differierende Richtungen aufzuspalten begann, zum andern, weil die Prädestinationslehre nach der Mitte des 17. Jahrhunderts nur noch von radikaleren Calvinisten wie den sog. Independenten und den „particular Baptists" (unter ihnen John Bunyan) weiterhin hochgehalten wurde, ansonsten aber versikkerte. Die Presbyterianer, wie zum Beispiel der von Weber oft zitierte Theologe Richard Baxter (1615–91), waren keine einheitlichen Anhänger des Prädestinationsdogmas, obwohl sie sich, was ihre kirchliche und gesellschaftliche Bedeutung in ihrer Zeit betrifft, als Haupterben des vorrevolutionären Puritanismus bezeichnen lassen.[8]

Erst recht hatten die tonangebenden anglikanischen Theologen der Restaurationszeit nach 1660 wenig für den Prädestinationsgedanken übrig. Der der offiziellen Church of England nahestehende presbyterianische Kaufmann Ralph Thoresby notierte bezeichnenderweise am 4. September 1681 in seinem Tagebuch über den Unwillen, den eine Predigt über die Frage der Erwählung und Verdammnis unter einzelnen, theologisch versierten Mitgliedern der anglikanischen Gemeinde von Leeds ausgelöst hatte: „... at our town old Mr. Cook and Garbut, all worthy good men, yet at great enmity

---

[6] Vgl. z. B. ebd., S. 118; sowie *Richard A. Muller* Christ and the Decree. Christology and Predestination in Reformed Theology from Calvin to Perkins (= Studies in Historical Theology, Bd. 2), Durham, NC, 1986; *Dewey D. Wallace, Jr.*, Puritans and Predestination. Grace in English Protestant Theology, 1525–1695, Chapel Hill, NC, 1982, wobei im Hinblick auf das Folgende zu betonen ist, daß es sich bei Wallaces Studie um eine ausschließlich theologiegeschichtliche Arbeit handelt.

[7] Vgl. oben Anm. 1 sowie u. a. *Robert K. Merton*, Science, Technology and Society in seventeenth-century England (1. Aufl. 1938), ND Brigthon 1978; *David Little*, Religion, Order and Law. A study in pre-revolutionary England, Chicago u. London (1969) ND 1984.

[8] Dazu und zum folgenden *Henning Graf Reventlow*, Bibelautorität und Geist der Moderne. Die Bedeutung des Bibelverständnisses für die geistesgeschichtliche u. polit. Entwicklung in England v. d. Reformation bis zur Aufklärung (= Forschungen z. Kirchen- u. Dogmengesch., Bd. 30), Göttingen 1980, S. 249 ff. Vgl. auch *Charles Lloyd Cohen*, God's Caress. The Psychology of Puritan Religious Experience, Oxford und New York 1986, S. 115: „Weber's evidence that Puritans valued the methodical exercise of one's calling draws heavily on Baxter, (...) whose theology departs from Weber's ideal type of Puritanism on a critical issue. The Westminster confession of 1647, whose 'authoritative words' served as Weber's source on the subject, enshrine what is sometimes called 'double predestination', a construction that makes God responsible for the decrees of both election and refutation. Admitting the former, Baxter threw out the latter."

about general redemption, though in my slender opinion, many were much to blame (as Alderman L. and honest Mr. S.) to leave the Church, especially considering it is the fundamental doctrine of the Church of England, asserted in the very Articles of it; and to oppose the contrary, King James sent over four eminent divines to the Synod of Dort, but now it is almost out of fashion."[9] Wie sehr die Prädestinationslehre tatsächlich „aus der Mode gekommen" war, zeigen die skeptischen Äußerungen des bekannten Diaristen Samuel Pepys (1633–1703) zu einer im November 1661 gehaltenen Sonntagspredigt: „In the afternoon went and sat with Mr. Turner in his pew at St. Gregory's (...) and heard Dr. Buck upon ‚Woe unto thee, Corazin' & c; where he started a difficulty which he left to another time to answer, about why God should give means of grace to those people which he knew would not receive them, and deny to others which he himself confesses, if they had had them, would have received them, and they would have been effectuall too. I would I could hear him explain this when he doth come to it."[10]

In der zweiten Hälfte des 17. Jahrhunderts hat die Prädestinationstheologie in England keine wichtige Rolle mehr gespielt. Bevor wir zu Ralph Thoresbys Behauptung zurückkehren, König Jakob I. sei ein Verfechter derselben gewesen, soll hier die Frage nach dem puritanischen Prädestinations- und Erwählungs*glauben* vor allem in der ersten Hälfte des 17. Jahrhunderts, also nach der Breiten- und Tiefenwirkung des Prädestinationsdogmas gestellt werden. Machte es auf grundlegende Weise die Identität der vorrevolutionären Puritaner und Puritanerinnen aus? „Wenn wir unter Konfession nicht nur ein äußerliches Bekenntnis, wenn wir unter Konfession auch einen Wandel innerer Einstellung verstehen", so muß der Historiker den Versuch wagen, wie Hans Krawarick jüngst zu Recht betont hat, „jene Indikatoren aufzuspüren, mit denen die Erforschung von Motivationen, äußeren und inneren Haltungsänderungen möglich ist."[11] Der im folgenden zu diesem Zwecke benutzte Indikator sind zeitgenössische Selbstzeugnisse, d. h. Tagebücher und Autobiographien.

Wer als Historiker mit semi-literarischen Quellen arbeitet, hat es nicht leicht, weil von ihm der Nachweis des unfehlbaren Realitätsbezugs seiner Quellen und weitere, sein unübliches Tun rechtfertigende quellenkritische und methodologische Vorüberlegungen erwartet werden. Hierzu sei betont, daß das Selbstzeugnis im englischen Puritanismus eine nicht zu unterschätzende Rolle spielte, und daß es deshalb einen einzigartigen Einblick in die Glaubenshaltungen und Glaubensansichten der jeweiligen Autoren und

[9] The Diary of Ralph Thoresby..., hg. von *Joseph Hunter*, London 1830, Bd. 1, S. 97.

[10] The Diary of Samuel Pepys, hg. von *Robert Latham* und *William Matthews*, 11 Bde., London 1970–83, hier: Bd. 2, S. 211 (10. 11. 1661).

[11] *Hans Krawarick*, Neue Methoden zur Erforschung konfessioneller Strukturen der Frühen Neuzeit, in: Archiv f. Kulturgesch., 7/2, 1988, S. 375–410, hier S. 375.

Autorinnen gewährt. Im übrigen möchte ich meine Vorüberlegungen an dieser Stelle auf wenige Stichworte beschränken.[12]

Die Entwicklung der englischen Autobiographik setzt erst wirklich im letzten Drittel des 16. Jahrhunderts, also vergleichsweise sehr spät ein, entfaltet sich aber dann sehr rasch und in einem erstaunlichen Ausmaß, so daß uns heute für das 17. Jahrhundert an die 100 Autobiographien und etwa 300 Tagebücher überliefert sind.[13] Im folgenden beziehe ich mich auf die Untersuchung einer Auswahl aus diesem Material von insgesamt fünfzig Tagebüchern und Autobiographien, wobei im Rahmen dieses Aufsatzes vor allem dem Puritanismus nahestehende Autoren und Autorinnen zu Wort kommen sollen. Sie rekrutierten sich vorwiegend aus den mittleren und oberen Schichten der damaligen englischen Gesellschaft. Es wird hier also keine die gesamte damalige Gesellschaft Englands der Stuartzeit einbeziehende Analyse beabsichtigt. Außerdem liegt der Schwerpunkt des Folgenden den Gattungsmerkmalen der vorwiegend benutzten autobiographischen Quellen entsprechend mehr auf Glaubens*ansichten* als auf Glaubens*praxis*.

Zum religiösen Leben der untersuchten Autoren und Autorinnen gehörte nicht zuletzt die Auseinandersetzung mit der Sünde und mit Fragen der persönlichen und kollektiven Heiligung, d. h. der „Verchristlichung" der eigenen Lebensführung und derjenigen der Familie sowie des Lebens der Nachbarn und der Gemeinde. Diesem Themenkreis werde ich mich zunächst zuwenden, um dann anschließend kurz das Verhältnis der englischen Puritaner und – darüber hinaus – der englichen Protestanten des 17. Jahrhunderts zum Katholizismus zu betrachten. Als Ausgangspunkt dazu bediene ich mich zunächst vorwiegend sogenannter spiritueller Zeugnisse.

Grundlegend in inhaltlicher Hinsicht für die Spielart des spirituellen Selbstzeugnisses ist die regelmäßige spirituelle „Buchhaltung", wie sie in englischen Selbstzeugnissen durchgehend vom späten 16. bis zum späten 17. Jahrhundert immer wieder anzutreffen ist. Bereits in den frühesten uns bis heute bekannten spirituellen Selbstzeugnissen Englands der Nachrefor-

---

[12] Ausführlicher hierzu und zum folgenden *Kaspar von Greyerz*, Vorsehungsglaube und Kosmologie. Studien zu englischen Selbstzeugnissen des 17. Jahrhunderts (Habil.-schrift Bern 1987): Veröffentlichungen des Deutschen Historischen Instituts London, Bd. 25 Göttingen und Zürich 1990. Außerdem stütze ich mich auf den folgenden Seiten auch auf meinen Aufsatz „La vision de l'autre chez les auteurs autobiographiques anglais du XVIIe siècle". Er wird erscheinen in: Les frontières religieuses aux XVIe et XVIIe siècles, hg. von *A. Ducelier*, *J. Garrisson* und *R. Sauzet* (= XXXIe colloque international d'études humanistes, Université de Tours), Paris 1990.

[13] Vgl. *Greyerz*, Vorsehungsglaube und Kosmologie, Einleitung u. Kap. 1; außerdem *Elisabeth Bourcier*, Les journaux privés en Angleterre de 1600 à 1660, (= Université de Paris III, Sorbonne nouvelle, série Sorbonne 3), Paris 1976; *Paul Delany*, British Autobiography in the Seventeenth Century, London 1969; *Dean Ebner*, Autobiography in Seventeeth-Century England, Den Haag und Paris 1971; *Owen C. Watkins*, The Puritan Experience, London 1972. Vgl. auch die einige wichtige allg. Bemerkungen zur Diaristik und Autobiographik enthaltende Einleitung d. Herausgeber in *Michael Hunter* und *Annabel Gregory*, Hg., An Astrological Diary of the Seventeenth Century. Samuel Jeake of Rye, 1652–1699, Oxford 1988, S. 1–81.

mationszeit, in den Tagebüchern der puritanischen Geistlichen Richard Rogers und Samuel Ward aus den Jahren 1587–90 bzw. 1595–1630, wobei allerdings keine regelmäßigen, täglichen Aufzeichnungen überliefert sind, macht sie den Kern der vorliegenden Texte aus. Rogers überwacht seinen inneren, spirituellen Gewinn in Studium, Gebet und Meditation, lobt sich für entsprechende Erfolge und tadelt sich öfters für Konzentrationsmängel und für Rückfälle in den Zustand der Versuchung: „... this after noone I felt a strongue desire to inioy more liberty in thinckinge uppon some vaine thinges which I had lately weaned my selfe from."[14] Samuel Ward wirft sich unter anderem verschiedentlich seine sexuellen Neigungen („adulterous thoughts") vor, wie auch seine mangelnde Intensität und Hingabe im Gebet, seinen übertriebenen Ehrgeiz und sein zu ausgiebiges Ausschlafen.[15] Wie im Falle dieser beiden Autoren gelten auch in der Folgezeit solche und ähnliche Betrachtungen zumeist dem doppelten Ziel der geistlichen Stärkung gegenüber Anfechtungen im Glauben und sündhaften Versuchungen und der methodischen Ausgestaltung des eigenen Lebens, der systematischen Nutzung der vorhandenen Zeit.

In englischen spirituellen Zeugnissen wurde Zeit im 17. Jahrhundert in aller Regel nicht als immanente Gesetzmäßigkeit, sondern als die von Gott geschenkten Stunden und Tage verstanden. Vor dem Hintergrund der hohen Sterblichkeit der Zeit und der sich bis zu ihrem letzten Auftauchen in England 1665/66 immer wieder mit Gewalt zurückmeldenden Pest war die Forderung nach optimaler Zeitnutzung auch für Nicht-Puritaner mehr als ein bloßes Schlagwort. Wie die überlieferten Selbstzeugnisse zeigen, nahmen freilich Zeitnutzung und -ersparnis im Umfeld des Puritanismus, und auch noch unter Presbyterianern des späten 17. Jahrhunderts, besonders ausgeprägte Formen an. In seine autobiographischen Aufzeichnungen hat der presbyterianische Kaufmann Gervase Disney wohl kurz vor seinem Tod (1691) Lebensratschläge an seine Ehefrau aufgenommen. Dort findet sich neben anderen Maximen die Aufforderung:

> „Redeem Time; I can from my own Experience tell thee, a Review in Riper-years of lost Time in Youth, will prove sad, and cost dear; and be assured that Time's lost, that's spent either in Eating, Drinking, Sleeping, Visiting or Sportings, more than Necessity requires."[16]

Eine zentrale Rolle spielt dieser Gedanke, insbesondere die in geistlicher Hinsicht richtige, disziplinierte Einhaltung des „Sabbats", d.h. die Sonntagsheiligung, in den Aufzeichnungen des Studenten Sir Simonds d'Ewes (1602–50) aus den zwanziger Jahren des 17. Jahrhunderts. Am 23. Februar

[14] *M. M. Knappen*, Hg., Two Elizabethan Puritan Diaries by Richard Rogers and Samuel Ward, Chicago 1933, S. 59 (12. 9. 1587).

[15] Ebd., S. 103–23.

[16] Some Remarkable Passages in the Holy Life and Death of Gervase Disney, Esq...., London 1692, S. 126.

1623 wirft er sich vor: „Still one idle begining drawes on manye consequents, for as I had not spent the precedent day well, nor the weeke, soe neither did I this blessed Lords day, for all which I beseech my good God to forgive mee."[17] In solchen und ähnlichen Äußerungen scheint die von Max Weber verschiedentlich angesprochene innerweltliche Askese der Puritaner auf. Die Frage, die allerdings an dieser Stelle noch offen bleiben muß, ist freilich, ob diese Askese tatsächlich als Ausdruck des Prädestinationsglaubens zu werten ist.

Bei den primär religiös motivierten englischen Selbstzeugnissen der Zeit handelt es sich nicht nur um Aufzeichnungen aus gebildeten Kreisen. Ähnlich wie die bisher erwähnten Autobiographen führt auch der Großbauer (Yeoman) Adam Eyre aus Yorkshire in seinem für die Jahre 1647/48 fragmentarisch überlieferten Tagebuch über die Höhe- und Tiefpunkte seines Seelenlebens Buch und verzeichnet daneben Streitigkeiten mit seiner Ehefrau, die sowohl aus materiellen Gründen als auch darum ausgebrochen sind, weil Eyre seine Frau offenbar gegen ihren Willen zu einem frömmeren Lebenswandel zwingen möchte.[18] Neben Eyres Aufzeichnungen gewährt das Tagebuch des Krämerlehrlings Roger Lowe aus Ashton-in-Makerfield (Lancashire) einen interessanten Einblick in die Dorfgesellschaft der damaligen Zeit. Roger Lowe, dessen Gedanken immer wieder um die eigene Brautwerbung kreisen, ist zwar in geistlichen Dingen nicht so strikt wie der soeben aus dem Bürgerkrieg heimgekehrte Adam Eyre. Aber selbst bei ihm fehlt die spirituelle Beobachtung seiner selbst keineswegs.[19] In der zweiten Hälfte des 17. Jahrhunderts wird die spirituelle Selbstüberwachung vor allem durch eine Reihe nonkonformistischer autobiographischer Autoren perfektioniert. Es handelt sich dabei sowohl um Geistliche wie Richard Baxter, Oliver Heywood, Henry Newcome und George Trosse, als auch um Laien wie Gervase Disney, Elias Pledger, Ralph Thoresby und viele andere. Außerdem stellt die (freilich unsystematische) religiöse Selbstexaminierung auch einen nicht zu unterschätzenden Aspekt autobiographischer Aufzeichnungen dar, die in jenen Jahren im Umfeld des Anglikanismus entstanden, wie zum Beispiel die durch Alice Thornton und Lady Elizabeth Delaval hinterlassenen Zeugnisse.[20] Der Teufel, wie die Gentry-Angehörige Alice Thornton (1627–1706) betont, ist in unserem Leben stets

---

[17] The Diary of Sir Simonds d'Ewes (1622–1624), hg. von *Elisabeth Bourcier* (= Publications de la Sorbonne, Littérature, Bd. 5), Paris, Brüssel u. Montreal 1974, S. 122.

[18] *Adam Eyre,* A Dyurnall, or catalogue of all my accions and expences from the 1st of January 1646, in: Yorkshire Diaries and Autobiographies..., hg. von *C. Jackson* (= Surtees Society Publications, Bde. 65 u. 77), s. l. 1877–86, Bd. 1 (65), S. 1–118.

[19] The Diary of Roger Lowe of Ashton-in-Makerfield, Lancashire, 1663–74, hg. von *William L. Sachse*, London, New York u. Toronto 1938.

[20] The Autobiography of Mrs. Alice Thornton of East Newton, Co. York, hg. von *C. Jackson* (= Surtees Society Publications, Bd. 62), London 1875; The Meditations of Lady Elizabeth Delaval, written between 1662 and 1671, hg. von *Douglas G. Greene* (= Surtees Society Publications, Bd. 190), Gateshead 1978.

präsent und setzt alles daran, die Menschheit zu ruinieren, „auf mehr Wegen als wir erkennen oder verstehen können."[21] Da hilft am Ende nur die regelmäßige Selbstexaminierung, deren Programm der Presbyterianer Gervase Disney 1691 in zwölf Punkten zusammenfaßt. Darunter figurieren unter anderem Fragen nach der persönlichen Erwählung, nach der Meidung unfrommer Gesellschaft, nach der Reue über begangene Sünden, nach dem Fleiß in derer Bekämpfung und nach der Heiligung des Sonntags.[22]

Wie erwähnt, stütze ich mich hier vorwiegend auf spirituelle bzw. auf primär religiös motivierte Selbstzeugnisse. Aber selbst in den nicht-puritanischen autobiographischen Aufzeichnungen der Zeit fehlt der Aspekt der Andacht und Selbstkontrolle nicht ganz, wenngleich man natürlich – da es sich eben um nicht-puritanische Zeugnisse handelt – die Systematik und Methode vergeblich sucht. Auffallend ist, daß es sich bei dieser Kategorie vorwiegend um Zeugnisse von Frauen handelt. Für die zweite Hälfte des 17. Jahrhunderts sind Alice Thornton und Lady Elizabeth Delaval als entsprechende Autorinnen bereits genannt worden. In bezug auf die frühere Stuartzeit wäre auf das Tagebuch der dem englischen Hochadel angehörenden Lady Ann Clifford hinzuweisen. Sie verzeichnet zum Beispiel ihre Weigerung, angesichts der andauernden Erbstreitigkeiten zwischen ihr und ihrem Ehemann am Karfreitag 1619 das Sakrament zu empfangen, und zeigt damit, daß der überlieferte Glaube an die gemeinschaftsstiftende Funktion des Abendmahls damals nicht nur durch die Puritaner stark empfunden wurde.[23] Für die spirituelle Elite des Landes dagegen gehörte die geistliche Selbstkontrolle, die andere periodisch im Hinblick auf den bevorstehenden Abendmahlsempfang betrieben, gewissermaßen zur täglichen Übung. Einen Höhepunkt stellte dabei das Bekehrungserlebnis dar, welches für die Zukunft erst recht zur spirituellen Selbstbeobachtung verpflichtete.[24] Das machen Bemerkungen der Gentry-Angehörigen Margaret Hoby besonders deutlich, einer puritanischen Autobiographin der „ersten Stunde": „I went

---

[21] The Autobiography of Mrs. Alice Thornton, S. 4.

[22] Holy Life and Death of Gervase Disney, S. 100–02. Eine ähnliche Liste findet sich in der Autobiographie des presbyterianischen Geistlichen Henry Newcome: The Autobiography of Henry Newcome, hg. von *Richard Parkinson*, 2 Bde. (= Chetham Society Remains, Bd. 26), Manchester 1852, Bd. 1, S. 45 (1653).

[23] The Diary of the Lady Ann Clifford, hg. von *V. Sackville-West*, London 1923, S. 91. Vgl. dazu auch *John Bossy*, Blood and Baptism. Kinship, community and Christianity in Western Europe from the fourtheenth to the seventeenth centuries, in: Sanctity and Secularity. The Church and the World, hg. von *Derek Baker* (= Studies in Church History, Bd. 10), Oxford 1973, S. 129–43.

[24] Vgl. Remarkable Passages in the Life of William Kiffin: written by himself, hg. von *William Orme*, London 1823, S. 4–5; The Life of Adam Martindale written by himself, hg. von *Richard Parkinson* (= Chetham Society Remains, Bd. 4), Manchester 1845, S. 35–36; Holy Life and Death of Gervase Disney, S. 39–40.

to (...) preparation to the supper of the Lord by takinge an account what breaches I had made in my faith, since I found that I hadd it."[25]

Aber es ist bereits einleitend darauf hingewiesen worden, daß Prädestinationslehre und -glaube in England nach der Mitte des 17. Jahrhunderts keine wichtige Rolle mehr spielten. Unter den Puritanern und ihren geistigen Erben vermochte sich im Laufe des 17. Jahrhunderts eine Form des Glaubens an Gottes spezielle Providenz, an die Präsenz göttlicher Vorsehung im diesseitigen Alltag breit zu machen, die ganz im Gegensatz zu den Intentionen Johannes Calvins den Willen Gottes in dieser Welt möglichst sichtbar (und dadurch im Grunde auch berechenbar) zu machen suchte.[26] Die diesem Vorsehungsglauben zugrundeliegende Überzeugung, daß Unglücksfälle, Krankheiten, Epidemien, Erdbeben, Sturmfluten und ähnliche Vorfälle als Gottesstrafen für begangene Sünden zu betrachten seien, stärkte beim Einzelnen den Willen zur persönlichen Heiligung, zur geistlichen Perfektionierung der eigenen Lebensführung, um sich so mit Gott nicht allein für das Jenseits, sondern auch schon im Hier und Jetzt gut stellen zu können. Für die zunehmende Bedeutung dieser Form des Vorsehungsglaubens im religiösen Leben der Zeitgenossen und insbesondere der Puritaner und ihrer geistigen Erben des späteren 17. Jahrunderts legen die Tagebücher und Autobiographien der Zeit ein beredtes Zeugnis ab.[27] Im Gegensatz zur Prädestinationslehre implizierte dieser Vorsehungsglaube in aller Regel die Universalität der göttlichen Gnade sowie den freien Willen. Nur eine in dogmatischer Hinsicht besonders strikte, kleine Minderheit radikaler Calvinisten stellte eine direkte Verbindung zwischen Vorsehungs- und Prädestinationsgedanken her, wie zum Beispiel John Bunyan, der Gottes spezielle Providenz für die Auserwählten unter den Frommen reservierte: „But oh, how did my soul, at this time, prize the preservation that God did set about his people! Ah, how safely did I see them walk, whom God had hedged in! They were within his care, protection, and special providence."[28]

In dem Maße nun, wie der Vorsehungsglaube, den Prädestinationsglauben immer mehr zu unterlaufen begann, verlor auch die genaue zeitliche und räumliche Bestimmung der eigenen Bekehrung für den spirituellen oder primär religiös motivierten Autobiographen an Bedeutung. Es ist bezeichnend, daß die beiden presbyterianischen Geistlichen Richard Baxter und Oliver Heywood auf eine genaue zeitliche Bestimmung ihrer Konversion

---

[25] Diary of Lady Margaret Hoby, 1599–1605, hg. von *Dorothy M. Meads*, London 1930, S. 91 (22. 12. 1599).

[26] *R. J. van der Molen*, Providence as mystery, providence as revelation. Puritan and Anglican modifications of John Calvin's doctrine of providence, in: Church History, 47, 1978, S. 27–47.

[27] Vgl. *Greyerz*, Vorsehungsglaube und Kosmologie; und *Gerd Birkner*, Heilsgewißheit und Literatur. Metapher, Allegorie und Autobiographie im Puritanismus (= Theorie u. Gesch. d. Literatur u. d. schönen Künste, Bd. 18), München 1972, S. 152ff.

[28] *John Bunyan*, Grace Abounding to the Chief of Sinners..., in: *ders.*, Grace Abounding and The Life and Death of Mr. Badman (= Everyman edition, hg. von *G. B. Harrison*, London 1928, S. 1–102, hier S. 47–8.

verzichten zu können glauben.[29] Beide Autoren schreiben ihre Aufzeichnungen in den sechziger Jahren des 17. Jahrhunderts und später nieder. Mit dem Rückgang des Prädestinationsglaubens verlor auch das Bekehrungserlebnis seinen wichtigen biographischen Stellenwert, weil im autobiographischen Schrifttum der Zeit die Zuversicht hinsichtlich der eigenen Erwählung primär durch den Hinweis auf die erlebte Bekehrung gerechtfertigt wurde.[30] Im Rahmen des aufkommenden Vorsehungsglaubens zählte dagegen weniger die einmalige, besondere Auszeichnung durch die Konversion, sondern vielmehr das (all-)tägliche Wohlverhalten vor Gott, zum Beispiel durch die Meidung unfrommer Gesellschaft.[31] Die Tatsache, daß ein so überzeugter Puritaner wie der Londoner Drechsler Nehemiah Wallington in den vierziger Jahren des 17. Jahrhunderts fest an die Möglichkeit glauben konnte, durch den Umgang mit frommen Gesinnungsgenossen sei der Himmel zu erlangen, zeigt, wie sehr die vor allem im Vorsehungsglauben wurzelnden

[29] The Rev. Oliver Heywood, B. A., 1630–1702. His Autobiography, Diaries, Anecdote and Event Books, hg. von *J. Horsfall Turner*, 4 Bde., Brighouse 1881–82 und Bingley 1883–85 (= Bde. 3 u. 4), Bd. 1, S. 80 u. 155; Reliquiae Baxterianae or, Mr. Richard Baxters Narrative of the Most Remarkable Passages of his Life and Times..., hg. von *Matthew Sylvester*, London 1696, part I, S. 3–4: Baxter berichtet, wie er als Junge zur Lektüre eines alten Buches gelangte, „which was called *Bunny's Resolution*, (being written by *Parson's* the Jesuit, and corrected by *Edm. Bunny*). (...) And in the reading of this Book (when I was about Fifteen Years of Age) it pleased God to awaken my Soul...". Danach weist der Autor auf weitere Erbauungslektüre seiner Jugendzeit hin und fährt dann fort: „Yet whether sincere Conversion began *now*, or *before*, or *after*, I was never able to this day to know" (Hervorhebungen im Original). Zu „Bunny's Resolutions" und ihrer Verbreitung in übersetzter und überarbeiteter Form in Deutschland, s. *Udo Sträter*, Sonthom, Bayly, Dyke und Hall. Studien zur Rezeption der englischen Erbauungsliteratur in Deutschland im 17. Jahrhundert (= Beitr. z. histor. Theologie, Bd. 71), Tübingen 1987, S. 60–67.

[30] Eine explizite Erwähnung der Prädestinationslehre im englischen autobiographischen Schrifttum ist mir – außer der oben S. 14 zitierten Stelle aus dem Tagebuch Ralph Thorebys – nur in zwei Fällen bekannt. Vgl. *Rachel Weigall*, An Elizabethan Gentlewoman. The Journal of Lady Mildmay..., in: Quarterly Review, 215, (London) 1911, S. 119–38, hier S. 128: „All that are conceived and born into this worlde shall either be saints in Heaven, electe children of God, or be damned reprobates...". Zum inzwischen neu lokalisierten Manuskript dieser bisher nur fragmentarisch bekannten Lebensbeschreibung, s. *Retha M. Warnicke*, Lady Mildmay's Journal. A study in autobiography and meditation in Reformation England, in: Sixteenth Century Journal, 20, 1989, S. 55–68. Die zweite Stelle findet sich in den Aufzeichnungen des Presbyterianers *Elias Pledger* von der Wende zum 18. Jahrhundert: *ders.*, Autobiographie und Tagebuch (Manuskript), Dr. Williams'Library, London, Ms. 28.4., fol. 6r.: „At my first Conversion I was much troubled in my thoughts least I should not be Elected for I thought with my self If I am Elected I shal be saved notwith [standing] all my wickednes, if not I shall not, notwithstanding all my Endeavours."

[31] Diary of Lady Margaret Hoby, S. 131: „... walked with a stranger with whom I had litle good talke, and therfore the time, as ill bestowed, I greeued for" (9. 7. 1600); *Adam Eyre*, A Dyurnall, S. 86: „This weeke (...) God Allmighty hath kept me from danger, praised be his holy name therefore; but I have lived very vainely in idle company, and feasting and ryott. God Allmighty in mercy forgive mee, and lay not these sinnes to my charge" (7. 1. 1648). Vgl. auch Autobiography of Mary Countess of Warwick, hg. von *T. Crofton Croker* (= Percy Society Publications, Nr. 76), London 1848, S. 21.

Vorstellungen von der Möglichkeit persönlicher Heiligung zu diesem Zeitpunkt den Prädestinationsgedanken bereits relativiert hatten.[32]

Im theologischen Bereich war diese frömmigkeitsgeschichtliche Wende freilich bereits seit Beginn des 17. Jahrhunderts eingeleitet worden.[33] Noch vor dem Ende der elisabethanischen Zeit verlagerte sich nämlich die Aktivität der frühen puritanischen Theologen von der kirchenpolitischen Arena stärker in die Pastoraltheologie. Diese Entwicklung ergab sich sowohl aus der äußeren kirchenpolitischen Situation als zunächst auch aus der Gefahr des kirchlichen Separatismus in den eigenen Reihen. Sie führte zu einer fortschreitenden Psychologisierung des Glaubens. Entscheidend daran beteiligt war die Umgestaltung der Prädestinationslehre Johannes Calvins durch dessen Nachfolger Theodor Beza; denn dieser verschärfte die entsprechenden Aussagen Calvins dadurch, daß er behauptete, das Sühnopfer Christi sei allein für die Erwählten erbracht worden. Gewissermaßen um diese beträchtliche Verengung des Heilsangebots auszugleichen, förderte der Calvin-Nachfolger andererseits die spirituell-psychologische Selbstbeobachtung des Einzelnen. In England wurde dieser Wandel seit den achtziger Jahren des 16. Jahrhunderts durch Prediger und Theologen wie Richard Greenham und William Perkins aufgenommen und weiter vorangetrieben.[34] Im Rahmen der sich von da an zusehends erweiternden puritanischen Kasuistik entstand nun eine neue Form der Erbauungsliteratur, die schon im Titel ihren Zweck zu erkennen gibt: *A case of conscience, the greatest that ever was: How a man may Know whether he be the child of God or no* (1592) und *The Plaine Mans Pathway to Heaven. Wherein every man may clearly see whether he shall be saved or damned* (1601). In diesen Traktaten William Perkins' und Arthur Dents, denen sich in den folgenden Jahrzehnten zahlreiche weitere kasuistische Werke hinzugesellen sollten, wurden den Laien handbuchartige Anleitungen in die Hand gegeben, nach denen sie mittels der äußeren Zeichen ihrer Heiligung auf ihre Erwählung im Gnadenstand schließen konnten. Damit aber konnte die reformatorische Ablehnung jeglicher Werkgerechtigkeit bis zu einem gewissen Grade unterlaufen werden. Auf dem Wege der Instrumentalisierung der Heilsgewißheit wurde somit der ewige Ratschluß des Gottes Calvins allmählich seines Mysteriums entkleidet. Die pastoral-

---

32 *Paul S. Seaver,* Wallington's World. A Puritan Artisan in Seventeenth-Century London 1985, S. 103–04. Ähnlich äußert sich bereits 1610 die fromme Dyonisia Fitzherbert in ihren bisher ungedruckten Aufzeichnungen: Bodleian Library, Oxford, Ms. e Musaeo 169, fol. 6r (in Briefform): „... and you most dearly beloved if you giue hede & be wachfull not turning the grace of god into wantonnes (...) but give rather all dilygenc to make your calling & election shur by a continuall excercis in all godlynes & vertu, for if you do thes thinges you shall never fall." Zu Wallington vgl. auch *Gerald Aylmer,* Collectice Mentalities in Mid Seventeenth-Century England: I. The Puritan Outlook, in: Transactions of the Royal Historical Society, 5th series, 36, 1986, S. 1–25, bes. 21–24.

33 Den hier folgenden Abschnitt entnehme ich meiner Untersuchung „Vorsehungsglaube und Kosmologie" (wie Anm. 12), Kap. 4, Abschn. b.

34 *Cohen,* God's Caress (wie Anm. 8), S. 10f.

theologische Kasuistik der puritanischen Theologen förderte das mächtige Aufkommen des Vorsehungsglaubens im 17. Jahrhundert.

Verstärkt und intensiviert wurde die angesprochene frömmigkeitsgeschichtliche Wende außerdem durch den Anspruch des Puritanismus auf *kollektive* Heiligung. Auch er wurzelte ebenfalls vorwiegend im Vorsehungsglauben der Zeit. Wie die bereits erwähnten Gervase Disney und Nehemiah Wallington betrachteten wohl sehr viele Puritaner die Meidung unfrommer Gesellschaft als wesentliche Voraussetzung ihrer persönlichen Heiligung. Wer aber in seiner näheren Nachbarschaft nicht über fromme Mitstreiter verfügen konnte, mußte sich diese erst einmal schaffen. Aus dem Anspruch auf individuelle Heiligung konnte mit anderen Worten leicht ein solcher auf kollektive Heiligung erwachsen, speziell wenn die Gefahr bestand, durch den sündhaften Lebenswandel der Nachbarn vor Gott gewissermaßen kontaminiert zu werden.[35]

Christopher Hill hat vor wenigen Jahren die wohl begründete Vermutung geäußert, daß englische Puritaner in den dreißiger Jahren des 17. Jahrhunderts sich nicht zuletzt deshalb zur Auswanderung entschlossen, weil sie in ihrer Heimat das göttliche Strafgericht für die Sünden der Nation für unabwendbar hielten.[36] In der Tat findet sich in John Winthrops *Reasons to be considered for justifieinge the... plantation in New England* von 1629 u. a. die Feststellung: „All other Churches of Europe are brought to desolation and our sinnes for which the lord beginns already to frowne uppon us, doe threaten us fearfully, & who knowes but that god hath provided this place to be a refuge for many whom he meanes to save out of the general calamitie..."[37] Jedenfalls ergab sich für Auswanderer wie Daheimgebliebene aus ihrer Furcht vor Gottesstrafen geradezu ein Imperativ der kollektiven Heiligung. Die zeitgenössische Verbreitung des Glaubens an Gottesstrafen spiegelt sich in der Popularität des *Theatre of Gods Iudgements* des Puritaners Thomas Beard.[38] Das Buch erschien zuerst im Jahre 1597 und wurde in den folgenden Jahrzehnten verschiedentlich neu aufgelegt.

Ganz im Sinne Beards verzeichneten auch fromme Autobiographen der

---

[35] Daß diese Vorstellungen der Kontaminierung oder der „Pollution" – um einen in der Sozialanthropologie gängigen Begriff zu übernehmen – im 16. und 17. Jahrhundert im nachbarschaftlichen Bereich weit über den Puritanismus hinaus verbreitet waren, zeigen z. B. die Hexenverfolgungen. Vgl. auch *Natalie Z. Davis*, The rites of violence, in: *dies.*, Society and Culture in early modern France, Stanford 1975, S. 152–87, hier S. 159.

[36] *Christopher Hill*, God and the English Revolution, in: History Workshop Journal, 17, 1984, S. 19–31, hier S. 21.

[37] *John Winthrop*, Reasons to be considered.... in: Settlements to Society, 1607–1763. A Documentary History of Colonial America, hg. von *Jack P. Greene*, New York 1975, S. 62–63. Den freundlichen Hinweis auf diese Quelle verdanke ich Herrn Prof. Dr. K. Deppermann.

[38] *Thomas Beard*, The Theatre of God's Iudgements: Or, A Collection of Histories out of Sacred, Ecclesiasticall, and prophane Authors, concerning the admirable Iudgements of God vpon the transgressours of his commandements, London 1597; vgl. dazu auch *Seaver*, Wallington's World, S. 46ff.

Zeit Gottesstrafen, die ausgesprochene Sünder ereilten.[39] Oft waren diese Sünder freilich bloße Widersacher im Glauben, wie zum Beispiel in den vom presbyterianischen Geistlichen Henry Newcome festgehaltenen, dem Autor zum Teil nur vom Hörensagen bekannten Fällen. Im einzelnen erwähnt sei hier nur die Geschichte des armen Müllers, der Henry Newcome und alle Presbyterianer zum Teufel wünscht und der darauf postwendend, wie Newcome berichtet, in Manchester vom Pferd stürzt und dabei beinahe umkommt.[40] Im Rahmen eines Geschichtsbildes, in welchem Geschichte im Sinne des damaligen Vorsehungsglaubens weitgehend als die Offenbarung Gottes durch seine belohnenden und strafenden Interventionen im Diesseits begriffen wurde, stellten solche Episoden wichtige negative Exempla dar.

Vor allem in Selbstzeugnissen der zweiten Hälfte des 17. Jahrhunderts nimmt diese eher plumpe Welt- und Geschichtsdeutung zum Teil bizarre Formen an, so zum Beispiel im autobiographischen Bericht des presbyterianischen Pfarrers Thomas Jollie, über die Vertreibung aus dem Amt und die Verfolgungen, die er in den sechziger und siebziger Jahren zu erleiden hatte. Es dominiert darin die detaillierte Schilderung der schweren Gottesstrafen, die seine Gegner – zur offensichtlichen Genugtuung Jollies – der Reihe nach ereilen.[41] Presbyterianer wie Newcome, Jollie und andere wurden in dieser Hinsicht aber noch durch die Quäker übertroffen, die – angefangen mit George Fox – sehr häufig die Bestrafung ihrer Gegner durch Gott in ihren autobiographischen Schriften hervorheben. Erst ab 1701 wurden den örtlichen Gemeinden der Quäker keine Rechenschaft mehr abverlangt über die durch ihre Verfolger im vergangenen Jahr erlittenen Gottesstrafen.[42]

Kollektive Heiligung bedeutete Schutz vor möglichen Gottesstrafen. In den Augen der Puritaner und der frühen Quäker, die den Puritanern, Presbyterianern und Independenten in ihren Forderungen nach kollektiver Disziplin keineswegs nachstanden, wenngleich sie sonst sehr vieles von ihnen trennte, bedingte dies freilich die Unterdrückung und Abschaffung herkömmlicher Volksvergnügungen.[43] Die angesprochenen Gruppierungen

---

[39] Einer dieser Autoren war Nehemiah Wallington: *Seaver,* ebd.; vgl. auch die autobiographischen Aufzeichnungen des Vikars Edward Burghall (1628–1663): *ders.,* Providence Improved, in: Lancashire and Cheshire Record Society, 19, 1889, S. 1–22, 210–19, 226–36; The Diary of Lady Margaret Hoby, S. 193 (26. 12. 1601); Remarkable Passages in the Life of William Kiffin, S. 14–16.

[40] The Autobiography of Henry Newcome, Bd. 2, S. 271 (1. 5. 1690); vgl. auch ebd., Bd. 1, S. 86–88 und 94–96.

[41] *Thomas Jollie,* A short narrative of some passages of my sufferings those 20 yeares upon the account of nonconformity, in: Dr. Williams' Library, London, Ms. 12.178, S. 145–48.

[42] The Journal of George Fox, hg. von *John L. Nickalls,* Cambridge 1952, u. a. S. 96, 133–40 u. 178–80; vgl. auch *Keith Thomas,* Religion and the Decline of Magic, New York 1971, S. 108.

[43] Vgl. dazu u. a. die Rückblicke auf die Sünden der Jugendzeit bei Powell, Baxter und Trosse. The Life and Death of Mr. Vavasor Powell..., s. l. 1671, S. 2: „... I had no esteem for the holy Scriptures, nor cared at all to look into them, but either Hystorical or Poetical Books, Romances and the like were all my delight, the Sabbath I much profaned by all sports"; Reliquiae Baxterianae, part I, S. 2: „... I was extreamly bewitched with a Love of Romances,

befanden sich daher in der Regel auf einem Kollisionskurs mit den überlieferten Formen der dörflichen Kultur. Entsprechend groß war der Ärger der presbyterianischen Geistlichen Adam Martindale und Henry Newcome, als 1660 mit der Restauration der Stuarts die 1644 durch das Lange Parlament verbotenen Maibäume als Sinnbild traditioneller Festkultur wieder auftauchten.[44] Rückblickend auf das Jahr 1649 erklärte der Begründer des Quäkertums, George Fox, in seinen Lebenserinnerungen: „About this time I was sorely exercised (...) in warning such as kept public houses for entertainment that they should not let people have more drink than would do them good, and in testifying against their wakes or feasts, their May-games, sports, plays, and shows, which trained up people to vanity and looseness, and led them from the fear of God."[45]

Paul Seaver hat jüngst in diesem Zusammenhang die Ansicht vertreten, daß der Puritanismus im Grunde vor der Mitte des 17. Jahrhunderts während kurzer Zeit gleichgesinnte Handwerker und Bauern, Geistliche und Gentlemen in ein und derselben Kultur vereinigte, die sich sowohl von der gelehrten Schriftkultur als auch von der Volkskultur der Zeit unterschied.[46] Natürlich ließe sich gegen die Dichotomie Schriftkultur-Volkskultur sowohl in konkret-historischer wie in mehr theoretisch-begrifflicher Hinsicht einiges einwenden. Aber bleiben wir hier bei der Frage: Stellte der Puritanismus zu irgendeinem Zeitpunkt im 17. Jahrhundert eine Art dritte Kultur dar? In neueren lokalen und regionalen Studien ist eher auf den kulturellen Dualismus vor Ort abgehoben worden, nämlich darauf, daß die örtlichen Führungsschichten in bestimmten Gegenden des Landes im Zeichen puritanischer Ordnungs- und Heiligungsansprüche Formen der überlieferten Volkskultur zu unterdrücken suchten.[47] Ähnlich, wenngleich vorsichtiger

---

Fables and Old Tales, which corrupted my Affections and lost my Time"; The Life of the Reverend Mr. George Trosse, written by himself..., hg. von *A. W. Brink*, Montreal u. London 1974, S. 47. Zum Kontext vgl. den die jüngere Forschung zusammenfassenden Aufsatz von *Bernard Capp*, Popular Literature, in: Popular Culture in Seventeenth-Century England, hg. von *Barry Reay*, London u. Sidney 1985, S. 198–243.

[44] The Life of Adam Martindale, S. 156–58; The Autobiography of Henry Newcome, Bd. 1, S. 120–21.

[45] The Journal of George Fox, S. 37.

[46] *Seaver,* Wallington's World, S. VIII.

[47] Vgl. *Keith Wrightson* und *David Levine*, Poverty and Piety in an English Village, 1525–1700, New York u. London 1979, bes. S. 142ff. (eine Lokalstudie über Terling in Essex); kritisch dazu aufgrund von Daten aus Wiltshire *Martin Ingram*, Religion, Communities and Moral Discipline in Late Sixteenth- and Early Seventeenth-Century England. Case Studies, in: Religion and Society in Early Modern Europe, 1500–1800, hg. von *Kaspar von Greyerz*, London 1984, S. 177–93; vgl. jetzt auch *Martin Ingram*, Church Courts, Sex and Marriage in England, 1570–1640, Cambridge 1988, bes. S. 85–124. Allgemeiner formuliert *Keith Wrightson* seine Thesen zu den Disziplinierungsansprüchen und -versuchen des Puritanismus in *ders.*, English Society, 1580–1680, London 1982, S. 149ff. Kritisch zum gesamten Themenbereich stellt sich *Margaret Spufford*, Puritanism and Social Control?, in: Order and Disorder in Early modern England, hg. von *Anthony Fletcher* und *John Stevenson*, Cambridge 1985, S. 41–57. Die Autorin bemängelt u. a. die schmale Quellenbasis und fordert zu Recht weitere einschlägige

in der sozialgeschichtlichen Verortung des Phänomens, argumentiert neuerdings auch ein ausgewiesener Spezialist wie Patrick Collinson. Er gibt allerdings zu bedenken, daß die Frommen sich nicht überall einheitlich aus den örtlichen Mittel- und Oberschichten rekrutierten und daß diese Mittel- und Oberschichten auch nicht überall einheitlich fromm waren.[48]

Es gibt sicherlich einige Engländer, die nachträglich noch dafür dankbar sind, daß sich die im einzelnen ziemlich intoleranten Ordnungsansprüche des Puritanismus auf breiterer Basis nicht durchzusetzen vermochten. Daß dem so war, lag nicht zuletzt auch daran, daß die englischen Protestanten spätestens seit den vierziger Jahren des 17. Jahrhunderts keine Einheit mehr darstellten. Diese fehlende Einheit war nicht nur ein Resultat des Zusammenbruchs des staatskirchlichen Seelsorgemonopols in den vierziger Jahren. Wurzeln des damit anbrechenden Pluralismus lassen sich auch schon in der Zeit zwischen 1625 und 1640 freilegen. Die historische Interpretation der kirchenpolitischen Situation und Entwicklung dieses Zeitraumes ist gegenwärtig in der Forschung umstritten.[49] Trotz der laufenden Kontroverse sehe ich einstweilen keinen Grund, von dem bis vor kurzem gültigen Konsens abzuweichen, wonach der eigentliche, offene Gegensatz zwischen Puritanern und etablierter Kirche erst allmählich nach 1625 entstand.[50]

In der Tat versuchte Jakob I. (1603–25), die englische Staatskirche auf den internationalen reformierten Lehrkonsens seiner Zeit einzuschwören, wie dies der bereits zitierte Ralph Thoresby behauptete. Nicht unter Jakob I., sondern erst unter Karl I. (1625–49) geriet die Einheit der Staatskirche in Gefahr. Dies geschah dadurch, daß eine Gruppe von kirchlichen Reformern, deren führende Persönlichkeit William Laud werden sollte, mit Unterstützung des Königs eine Umgestaltung der Staatskirche in Lehre, Liturgie und

---

Lokalstudien. Aber ihre Kritik ist insofern übertrieben, als sie implizit Zusammenhänge zwischen Religion und Sozialdisziplinierung grundsätzlich in Frage stellt. Wichtig im hier angesprochenen Zusammenhang ist schließlich die grundlegende Studie von *David Underdown*, Revel, Riot and Rebellion. Popular politics and culture in England, 1603–1660, Oxford 1985; kritisch zu einzelnen Aspekten derselben: *Anthony Fletcher*, New Light on Religion and the English Civil War, in: Journal of Ecclesiastical History, 38, 1987, S. 95–106.

[48] *Patrick Collinson*, The Religion of Protestants. The Church in English Society, 1559–1625, Oxford 1982, S. 147ff., bes. S. 240–41.

[49] Die Kontroverse ist durch das Erscheinen von *Nicholas Tyacke*, Anti-Calvinists. The Rise of English Arminianism, c. 1590–1640, Oxford 1987, ausgelöst worden. Die bis dahin vorliegende Kurzfassung der Forschungsresultate Tyackes war dagegen während Jahren weitgehend unumstritten geblieben: *Ders.*, Puritanism, Arminianism and Counter-Revolution, in: The Origins of the English Cicil War, hg. von *Conrad Russell* (1. Aufl. 1973), ND London 1980, S. 119–43. Einen Überblick über die bisherigen Beiträge zur Kontroverse gibt *Sheila Lambert*, Richard Montagu, Arminianism and Censorship, in: Past & Present, 124, August 1989, S. 36–68, Anm. 1.

[50] Überzeugend dazu *Peter Lake*, Calvinism and the English Church, 1570–1635, in: Past & Present, 114, February 1987, S. 32–76. Vgl. dazu und zum folgenden auch *Patrick Collinson*, England and International Calvinism, 1558–1640; in: International Calvinism, 1541–1715, hg. von *Menna Prestwich*, Oxford 1985, S. 197–223.

Verwaltungsstruktur durchzuführen begann.[51] In dogmatischer Hinsicht standen diese Reformversuche im Zeichen des Arminianismus, d.h. der Bekämpfung des bisher offiziell durch die jakobitische Staatskirche anerkannten Prädestinationsdogmas. In liturgischer Hinsicht bezweckten die Reformen eine Stärkung der Stellung des Klerus gegenüber der Gemeinde. Auf stärkere Hierarchisierung und Zentralisierung wurde auch im Verwaltungsbereich abgezielt. Angesichts der hier bisher angestellten Überlegungen darf bezweifelt werden, ob die Prädestinationslehre im Zentrum der Auseinandersetzungen um die Reformversuche der Arminianer stand. Ihre Infragestellung wird die Theologen viel mehr als die Laien beschäftigt haben. Fest steht aber, daß die Reformen schließlich nicht nur einen Teil der parlamentarischen Elite des Landes vor den Kopf stießen, sondern daß auch ein großer Teil der dem Puritanismus nahestehenden Engländer in denselben eine verkappte Rekatholisierungspolitik erblickten und damit, angesichts der Stärke der katholischen Hofpartei unter Karl I. einen erneuten Rekatholisierungsversuch, wie er schon einmal unter Maria Tudor (1522–58) stattgefunden hatte, befürchtete.[52]

Seit den Tagen Königin Maria Tudors, als in den Worten einer Autobiographin der elisabethanischen Zeit „the cruel papists persecuted the people of God", kam dem englischen Antikatholizismus – nicht zuletzt in den Reihen der Puritaner – ein besonderes Gewicht zu.[53] Von da an, und ganz besonders nach der päpstlichen Exkommunikation Elisabeths I. im Jahre 1570, sah die Mehrheit der Engländer „während Jahrhunderten den römischen Katholizismus als etwas von Grund auf Unenglisches an."[54] Im Armadajahr vergleicht der bereits zitierte frühe puritanische Diarist, Richard Rogers, die heimatliche Insel mit Gottes auserwählter Nation: „I say, as Israel, and I uttere it to others, ‚If god had not been on our side, we had not been here to inioy his blessinges, but had been swallowed upp'."[55] Bezeichnend im Sinne der vorangegangenen Überlegungen ist, daß Rogers dabei dem Gedanken der Erwählung der Nation eine in den Bereich des Vorsehungsglaubens

---

[51] Vgl. dazu und zum folgenden die in Anm. 49 zitierte Literatur.

[52] *Robin Clifton,* Fear of Popery, in: The Origins of the English Civil War (1. Aufl. 1973), ND London 1980, S. 144–67, bes. S. 150–52; vgl. auch *ders.*, The Popular Fear of Catholics during the English Revolution (Past & Present 1971), wieder abgedr. in: Rebellion, Popular Protest and the Social Order in Early Modern England, hg. von *Paul Slack*, Cambridge 1984, S. 129–61; *John Morrill,* The Religious Context of the English Civil War, in: Transactions of the Royal Historical Society, 5th series, 34, 1984, S. 155–78; *Hans-Christoph Schröder,* Die Revolutionen Englands im 17. Jahrhundert, Frankfurt/M. 1986, S. 67 u. 78ff. Vgl. auch unten Anm. 58.

[53] *Maria Dowling* und *Joy Shakespeare*, Hg., Religion and Politics in mid-Tudor England through the eyes of an English Protestant woman: The recollections of Rose Hickman, in: Bulletin of the Institute of Historical Research, 55, 1982, S. 94–102, hier S. 98.

[54] *Claire Cross,* Church and People, 1450–1660..., Glasgow 1976, S. 143; vgl. auch *Carol Z. Wiener*, The Beleaguered Isle. A study of Elizabethan and early Jacobean anti-Catholicism, in: Past & Present, 51, 1971, S. 27–62.

[55] *Knappen,* Hg., Two Puritan Diaries (wie Anm. 14), S. 81.

hineinreichende Bedeutung verleiht. Ähnliches gilt auch für entsprechende Bemerkungen der ebenfalls puritanischen Autorin Lucy Hutchinson, die um die Mitte des 17. Jahrhunderts betont: „Whoever considers England, will find it no small favour of God to have been made one of its natives, both upon spiritual and outward accounts."[56] Der Topos der von Gott auserwählten Nation ging ursprünglich auf John Foxes sogenanntes *Book of Martyrs* zurück, welches nach seinem Erscheinen im Jahre 1563 immer wieder neu aufgelegt wurde und gewaltige Popularität erlangte.[57]

Ab 1640, als mit der Einberufung des Langen Parlaments die Herrschaft William Lauds und seiner Parteigänger in Kirche und Staat über Nacht zu Ende ging und neue Hoffnungen auf eine Kirchenreform in puritanischem Sinne zu keimen vermochten, verband sich die Orientierung an John Foxe bei vielen Puritanern und nur wenig später auch bei den sogenannten Bürgerkriegssekten mit einer neuen chiliastischen Stimmung. Aber es handelte sich dabei um einen zutiefst unsicheren Chiliasmus, denn hinter ihm verbarg sich die Furcht vor *der* großen Gottesstrafe, d. h. die durch das Kriegsgeschehen auf dem Kontinent und durch allerhand Verschwörungstheorien in bezug auf das eigene Land gestärkte Vorstellung, der Protestantismus in Europa *und* in England sei in seinen Grundfesten bedroht. Der Ausbruch des Irischen Aufstands im Herbst 1641 trug nicht unerheblich zur Verschärfung der Ambivalenz der unter den Frommen vorherrschenden endzeitlichen Stimmung bei.[58] Der Beginn des Bürgerkrieges, zu dem freilich auch eine ganze Reihe anderer Faktoren beitrugen, war nicht mehr fern – und damit auch das Ende des Puritanismus als einigermaßen einheitliche Bewegung.

---

[56] *Lucy Hutchinson,* The Life of Mrs. Hutchinson, written by herself: A Fragment, in: *dies.,* Memoirs of the Life of Colonel Hutchinson..., hg. von *Julius Hutchinson* und *C. H. Firth,* London 1906, S. 1–15, hier S. 2.

[57] Auf die neuere Forschungsdiskussion über Foxe und die Wirkungsgeschichte des sog. *Book of Martyrs* kann und soll an dieser Stelle nicht näher eingegangen werden. Zu John Foxe und zum folgenden vgl. *u. a. Paul Christianson,* Reformers and Babylon. English apocalyptic visions from the Reformation to the eve of the Civil War, Toronto, Buffalo und London 1978, S. 197–98, 241–43; *Bernhard S. Capp,* The Fifth Monarchy Men. A study of seventeenth-century millenarianism, London 1972, S. 23ff.; *ders.,* Radical Chiliasm in the English Revolution, in: Pietismus und Neuzeit, 14, 1988, S. 125–33.

[58] Hinsichtlich der Orientierung der radikaleren Kräfte im Langen Parlament 1640–42 betont *Anthony Fletcher,* The Outbreak of the English Civil War, London 1981, S. 417: „It was the king therefore who had opened the way for the call to apocalyptic warfare that thundered from the London pulpits in 1642 and who had forced a section of the gentry into an unnatural alliance with radical Puritans from further down the social scale." Im übrigen aber ist Fletcher bemüht, darauf hinzuweisen, daß vor allem John Pym die Furcht vor einer katholischen Verschwörung mit Erfolg geschürt habe: Ebd., S. 408–11. Daß im Langen Parlament die zum Teil durch endzeitliche Vorstellungen verstärkte oder gar beherrschte Furcht vor der Wiederkehr des Papsttums mehr als ein ideologisches Versatzstück war, hebt dagegen *Morrill,* The Religious Context, S. 173, zu Recht hervor. – Zur irischen Komponente der Politik Karls I. im Vorfeld des Bürgerkriegs vgl. *Conrad Russell,* The British Problem and the English Civil War, in: History, 72, Nr. 234, 1987, S. 395–415; und *Ronald Asch,* Die englische Herrschaft in Irland und die Krise der Stuart-Monarchie im frühen 17. Jahrhundert, demnächst in: Francia.

Das wesentliche Rückgrat des vorrevolutionären Puritanismus – so die Quintessenz der hier vorgestellten Forschungsergebnisse – bildeten nicht allein oder gar ausschließlich Prädestinationstheologie und -glaube. Vielmehr wurde das auch im politischen Bereich wirksame Welt- und Geschichtsbild des Puritanismus in *frömmigkeits*geschichtlicher Hinsicht seit dem späten 16. Jahrhundert zusehends stärker durch den Vorsehungsglauben geprägt, der bereits in der ersten Hälfte des 17. Jahrhunderts das Welt- und Gottesbild des ursprünglichen Calvinismus zu unterlaufen begann. Vor dem Hintergrund dieser Veränderungen galt die spirituelle Selbstkontrolle des Einzelnen immer weniger der Ehre des in seinem Ratschluß unergründlichen calvinistischen Gottes, sondern immer mehr der persönlichen Rechtfertigung vor dem alltäglichen, belohnenden und strafenden Gott der Providenzlehre. Auch der puritanische Anspruch auf kollektive Heiligung im lokalen Rahmen galt ganz wesentlich dieser Art von Rechtfertigung und der Abwendung von Gottesstrafen. Selbst der Topos, England sei die durch Gott auserwählte Nation, wurde, wie das Vorangegangene gezeigt hat, durch den Vorsehungsgedanken „unterwandert".

Abschließend ist somit, im Lichte neuerer und eigener Forschungen, auf die zu Beginn dieses Aufsatzes aufgeworfene Frage nach den Wesensmerkmalen des „echten Puritaners" zurückzukommen. Dies soll in der Form von acht Thesen geschehen.

1. Der Puritanismus ist eine religiös-soziale Erneuerungsbewegung, die in England von den sechziger Jahren des 16. Jahrhunderts an auftritt. Nach 1640 löst sie sich in Einzelströmungen auf, wobei ihr Einfluß freilich weit über die Mitte des 17. Jahrhunderts hinausreicht.

2. Im religiös-kirchlichen Bereich zeichnete sich der Puritanismus durch einen pronocierten Biblizismus und durch eine besondere Wertschätzung der Predigt aus.

3. Im theologischen Bereich fühlten sich die Wortführer des Puritanismus in der Lehre dem international-reformierten Konsens verpflichtet. Das hieß u. a.: Verpflichtung gegenüber der Prädestinationstheologie Johannes Calvins und Theodor Bezas. Diese Orientierung wurde jedoch zusehends durch die pastoraltheologische Kasuistik und daneben auch durch die Bundestheologie untergraben.[59] Damit wurde letztlich ein Stück Werkgerechtigkeit in die Theologie und über dieselbe in das religiöse Leben zurückgeholt.

4. Im religiös-spirituellen, spezifisch frömmigkeitsgeschichtlichen Bereich entsprach der pastoraltheologischen Kasuistik ein großes Bedürfnis nach Heiligung des eigenen Lebens. Diese konnte durch individuelle und kollektive Andacht – letztere in Form des sog. Konventikels –, durch regelmäßiges Gebet und regelmäßige spirituelle Selbstbeobachtung und Selbst-

[59] Vgl. dazu u. a. *Collinson*, England and International Calvinism, S. 214–19; zur hier nicht näher erörterten Bundestheologie vgl. *Greyerz*, Vorsehungsglaube und Kosmologie (wie Anm. 12), Kap. 4, Abschn. b (mit weiteren Nachweisen).

disziplinierung sowie durch Meidung unfrommer Gesellschaft erreicht werden. Es ist dabei nicht leicht zu entscheiden, ob diese Aspekte ein Resultat der stärkeren Betonung der theologischen Kasuistik oder aber, ob diese Kasuistik nicht vielmehr primär das Resultat eines entsprechenden Bedürfnisses der Laien nach Anleitung zur persönlichen und kollektiven Heiligung war. Der Erwählungsglaube, d. h. die Zuversicht in bezug auf den eigenen Gnadenstand, trat dabei zunehmend an die Stelle des Prädestinationsglaubens, der sowohl die Möglichkeit der Erwählung wie der Verdammnis beinhaltete.

5. Im alltäglich-spirituellen Bereich hat vor allem der Vorsehungsglaube seit dem späten 16. Jahrhundert der puritanischen Frömmigkeit ein neues Gesicht gegeben. Vorsehungsglaube ist der Glaube an die stete, aktive Präsenz im Diesseits eines belohnenden und strafenden Gottvaters, d. h. der Glaube an Gottes *spezielle* Providenz (providentia specialis).

6. Bei aller Betonung *individueller* Frömmigkeit durch die englischen Puritaner sind die zunächst aus dem Prädestinationsglauben entspringenden, aber dann zunehmend aus dem Vorsehungsglauben hervorgehenden Heiligungsansprüche des Puritanismus in zweierlei Hinsicht mit *kollektiven* Aspekten verbunden. Erstens resultierte aus dem Anspruch auf individuelle Heiligung vor dem Hintergrund des Vorsehungsglaubens gewissermaßen zwingend ein Anspruch auf *kollektive* Heiligung. Zweitens führte die Forderung nach Meidung unfrommer Gesellschaft zur Absonderung als Gruppe und vereinzelt zur Bildung von Konventikeln.

7. Die puritanischen Ansprüche auf kollektive Heiligung zeitigten insbesondere in den vierziger und fünfziger Jahren des 17. Jahrhunderts Wirkungen im sozialen und politischen Leben Englands und zwar sowohl im lokalen wie im nationalen Bereich. Auf der nationalen Ebene machte freilich das Auftauchen der sog. Bürgerkriegssekten die politischen Exponenten (bzw. Erben des vorrevolutionären) Puritanismus spätestens seit den späten vierziger Jahren zu im wesentlichen konservativen Ordnungspolitikern. In bezug auf den lokalen Bereich hängt die entsprechende Einschätzung der ordnungspolitischen Rolle des Puritanismus davon ab, ob man wie Patrick Collinson betont, dessen Vertreter hätten vor allem die traditionellen Formen der dörflichen und städtischen Gemeinschaft zu stärken versucht, oder ob man wie David Underdown davon ausgeht, die Puritaner hätten mit ihrem Angriff gegen die traditionelle Volkskultur gerade die gewachsenen, lokalen Formen der Gemeinschaft durch etwas Neues zu ersetzen versucht.[60]

8. In ihrem Biblizismus, ihrer Wertschätzung der Predigt und ihren Ansprüchen auf individuelle und kollektive Heiligung unterschieden sich die Puritaner zum Teil nur graduell von ihren nicht-puritanischen Zeitgenossen. Nur in einzelnen Fällen kann die Frage der Zugehörigkeit zu einem Konventikel als Unterscheidungsmerkmal dienen, denn der kollektive Hei-

---

60 Vgl. dazu oben Anm. 47 und 48.

ligungsanspruch des Puritanismus erstreckte sich im Prinzip (wie bereits betont: trotz der Forderung nach Meidung unfrommer Gesellschaft) direkt auf die *gesamte* Gesellschaft, was die Konventikelbildung bremste. Im Gegensatz zum deutschen Pietismus ist deshalb das Konventikel nicht grundsätzlich konstitutiv für die Eigenart des englischen Puritanismus.

Vor 56 Jahren betonte der amerikanische Historiker Marshall M. Knappen in der Einführung zu seiner Edition der Tagebücher von Richard Rogers und Samuel Ward, daß man in diesen Tagebüchern vergeblich nach einem Echo des Prädestinationsdogmas und der Lehre vom unfreien Willen suche. Sicherlich ist seine daran anschließende Behauptung übertrieben, die beiden Tagebücher würden im Grunde bis zu einem erstaunlichen Grad das vorwegnehmen, was in England später Arminianismus genannt worden sei.[61] Im Lichte der neueren Forschung erweist sich diese Vermutung sogar als falsch, denn der Arminianismus stellte in einem gewissen Sinne gerade eine Reaktion dar auf die puritanische Instrumentalisierung der Heilsgewißheit, wie sie in zeitgenössischen Selbstzeugnissen ihren Ausdruck findet.[62] Aber Knappen hatte Recht, wenn er an der Puritanismusinterpretation Max Webers und Ernst Troeltschs monierte, die beiden großen Gelehrten hätten wegen ihrer Abwehrhaltung gegenüber dem historischen Materialismus im Gegenzug die Rolle des theologischen Dogmas bei der Ausgestaltung menschlicher Lebensführung als zu wichtig eingeschätzt.[63] Denn genau genommen waren die englischen Puritaner des 17. Jahrhunderts keine Calvinisten.

---

[61] *Knappen*, Hg., Two Elizabethan Puritan Diaries (wie Anm. 14), S. 15.
[62] *Collinson*, England and International Calvinism, S. 218.
[63] *Knappen*, Hg., Two Elizabethan Puritan Diaries, S. 10.

Paul Estié

Die Auseinandersetzung von Charias, Breckling, Jungius und Gichtel in der lutherischen Gemeinde zu Kampen 1661–1668*

Zu Anfang des Jahres 1661 mußte die lutherische Gemeinde zu Kampen in der niederländischen Provinz Overijssel ihren Pfarrer Justus Brawe ziehen lassen. Dieser von Breckling als „ein tapfferer und treuer zeuge der wahrheit" bezeichnet, übersiedelte nach Sulzbach, wohin er durch Pfalzgraf Christian August einige Monate zuvor als Superintendent berufen worden war.[1] Man hatte ihn für diese Stelle bestimmt, weil er ebenso wie der Pfalzgraf, der unter dem Einfluß des bekannten Franciscus Mercurius van Helmont stand, einer mystischen Geisteshaltung verpflichtet war. Zudem beherrschte er meisterhaft das Hebräische, das in der Umgebung des Pfalzgrafen für die Sprache Gottes gehalten wurde, welche das Wesen der Welt und das Wesen Gottes in besonderer Weise abbilde. In Sulzbach gehörte Brawe zu einem Kreis von mystisch-spiritualistischen Gelehrten, der nach einigen Jahren von dem Kanzler Christian Knorr von Rosenroth geleitet wurde, der seinerseits von dem Chiliasmus eines Joseph Mede beeinflußt war. Der zu Sulzbach gepflegte Chiliasmus sollte einige Jahre später durch die Kontakte zwischen Knorr und Johann Jakob Schütz in das 1670 von Spener zu Frankfurt gegründete collegium pietatis eindringen.[2]

* Diesen Aufsatz widme ich Ulrich Gäbler anläßlich seines Abschieds als Professor an der Theologischen Fakultät der Freien Universität Amsterdam am 31. August 1989.

[1] Über Brawe siehe Friedrich Brecklings Liste der „testes veritatis post Lutherum", aufgenommen in: *Gottfried Arnold,* Unparteiische Kirchen- und Ketzerhistorie, (abgekürzt: KKH), Frankfurt a. M. 1729, reprografischer Nachdruck Hildesheim 1967, IV, (1089–1110), 1091b; *J. C. Schultz Jacobi,* De luthersche gemeenten van Overijssel in de XVIIe eeuw, (abgekürzt: *Schultz Jacobi,* Overijssel), in: Oud en nieuw uit de geschiedenis der Nederlandsch-Luthersche kerk, [IV], Rotterdam 1865, (107–142), 117; *Casper C. G. Visser,* Die mystisch-pietische Strömung in der niederländisch-lutherischen Kirche in der zweiten Hälfte des 17. Jahrhunderts, (abgekürzt: *Visser,* myst.), in: Pietismus und Reveil, hg. v. *J. van den Berg* und *J. P. van Dooren,* Leiden 1978 (Kerkhistorische Bijdragen 7), (169–181) 174. – In seiner Übersicht behandelt Visser diejenigen der in der Liste Brecklings aufgenommenen testes veritatis, die der niederländischen lutherischen Kirche als Pfarrer gedient haben.

[2] *Hans Wiedemann,* Das Sulzbacher Geistesleben unter Herzog Christian August, (abgekürzt: *Wiedemann,* Sulzbacher Geistesleben), in: *Gerhard Pfeiffer* und *Hans Wiedemann,* Sulzbach in der deutschen Geschichte, Sulzbach-Rosenbach 1965, (17–35) 18–20, 29; *Johannes Wallmann,* Philipp Jakob Spener und die Anfänge des Pietismus, Tübingen 1986, 346–348; *Klaus Jaitner,* Der Pfalz-Sulzbacher Hof in der europäischen Ideengeschichte des 17. Jahrhunderts, (abgekürzt:

Brawe hatte beinahe fünfzehn Jahre in Kampen gewirkt. Nach Vervollkommnung seiner Hebräischstudien an der Universität Leiden und der Ordination in Osnabrück wurde er zu Ende des Jahres 1646 nach Kampen berufen. In den Jahren 1648 und 1649 gewährte der reformierte Magistrat inoffiziell den Lutheranern, daß sie in dem heute nicht mehr bestehenden Bossteeg („Waldgasse") eine Kirche und ein daneben stehendes Pfarrhaus unterhalten durften. Brawe war ein gelehrter Mann, der außer der Theologie und dem Hebräischen, das er zuhause mit seiner Frau und seinen Kindern sprach, auch die Philosophie und die Chemie pflegte.[3] Bald nachdem Brawe Kampen verlassen hatte, begann der Pfarrer aus der lutherischen Nachbargemeinde Zwolle in der verwaisten Kampener Parochie verschiedene Aufgaben zu übernehmen. Es handelt sich um Friedrich Breckling, der sich selbst damals noch nicht einmal ein Jahr in den Niederlanden aufhielt.

Breckling war während seines Theologiestudiums an verschiedenen deutschen Universitäten mit mystisch-spiritualistischem Gedankengut in Berührung gekommen. Er verkehrte in Kreisen, die sich in die Werke von Paracelsus, Jacob Böhme, Tauler, Joachim Betke und anderer vertieften. Neben mystischen Erfahrungen entwickelte er, ganz im Einklang mit dem geistlichen Milieu in dem er verkehrte, eine sehr kritische Einstellung gegenüber der etablierten Kirche und ihren Pfarrern. Diese zeigte sich bald nach seiner Ordination und der Anstellung als Hilfsprediger in der Gemeinde seines Vaters zu Handewitt, als er eine polemische Schrift erscheinen ließ, die auf das Konsistorium zu Flensburg zielte. Deswegen wurde er im März 1660 seines Amtes enthoben. Daraufhin setzte er sich in die Niederlande ab. Anfänglich hielt er sich in Amsterdam auf, das in diesen Jahren vielen als Zufluchtsort diente, die ihrer religiösen Überzeugung wegen ihre Heimat hatten verlassen müssen.[4] Der Kirchenvorstand der lutherischen Gemeinde zu Zwolle wollte den Amsterdamer Flüchtling als Pfarrer berufen. Dazu bat er beim Kirchenvorstand der Amsterdamer lutherischen Gemeinde um Genehmigung. Dieses Organ, gewöhnlich Konsistorium genannt, umfaßte wie die Kirchenvorstände der niederländischen reformierten Gemeinden Prediger, Kirchenälteste und Diakone. Weil die Amsterdamer Gemeinde die weitaus größte und wohlhabendste war und viele andere niederländische

---

Jaitner, Pfalz-Sulzbacher Hof), in: Wolfenbütteler Beiträge. Aus den Schätzen der Herzog August Bibliothek, hg. v. *Paul Raabe*, Band 8, 1988, 328f., 332, 335–339; *Volker Wappmann*, Sulzbach und die Anfänge des Pietismus, (abgekürzt: *Wappmann*, Sulzbach), in: Christian Knorr von Rosenroth. Dichter und Gelehrter am Sulzbacher Musenhof. Festschrift zur 300. Wiederkehr des Todestages. Hg. vom Literaturarchiv und der Stadt Sulzbach-Rosenberg 1989, (96–110), 97, 99, 107f.

[3] *Schultz Jacobi*, Overijssel, 117; *Visser*, myst., 174; *Jaitner*, Pfalz-Sulzbacher Hof, 329.

[4] Archiv der evangelisch-lutherischen Gemeinde zu Amsterdam (abgekürzt: ELGA), Inv. 227, Bericht des Kamper Kirchenvorstandes über die Konflikte mit Charias, 14. Mai 1667; *Fr. Nielsen*, Friedrich Breckling, in: RE 3, 367f.; *Dietrich Blaufuß*, Friedrich Breckling, in: TRE 7, 150f.; *John Bruckner*, Friedrich Breckling, in: Biographisches Lexikon für Schleswig-Holstein und Lübeck 7, 1985, 33–38.

lutherische Gemeinden finanziell unterstützte, übte das Konsistorium einen großen Einfluß auf das niederländische Luthertum insgesamt aus. Im allgemeinen begegnete es Predigern wie Breckling mit großem Mißtrauen, da es diese als Gefahr für die kirchliche Organisation ansah und zudem fürchtete, diese könnten mit ihrem manchmal radikalen Vorgehen die Beziehungen zur Obrigkeit gefährden. Da die lutherischen Gemeinden in den Niederlanden als Minderheitsgruppen deutscher und skandinavischer Immigranten wie ihrer Nachkommen von der offiziell anerkannten reformierten Lehre abwichen, waren sie von der Gunst der niederländischen Behörden sehr abhängig. Weil das Konsistorium über die Amtsenthebung Brecklings in der dänischen Kirche informiert war, widersetzte es sich dem Plan des Kirchenvorstandes Zwolle. Dieser behauptete sich allerdings gegen das mächtige Amsterdam und berief Breckling im Dezember 1660 als Prediger.[5]

Während Breckling also von Zwolle aus die Gottesdienste zu Kampen übernahm[6], bemühte sich der Kamper Kirchenvorstand darum, die Stelle Brawes zu besetzen. Im April 1661 bat er das Amsterdamer Konsistorium um Erlaubnis, Nicolaus Chronius zu berufen. Dieser war genauso wie Breckling wegen seiner kritischen Schriften in Dänemark verfolgt und mit lebenslänglicher Gefängnisstrafe belegt worden. Nachdem ihn die Schweden befreit hatten, suchte er Zuflucht in Amsterdam und wohnte bei Comenius. Der Kirchenvorstand kannte die Lebensgeschichte Chronius' und betrachtete sie als Empfehlung, weil sie diesen als Märtyrer für den wahren Glauben ausweise. Das Amsterdamer Konsistorium hingegen teilte diese Meinung nicht. Es hielt Chronius für einen Geistesverwandten Brecklings und weigerte sich aus den schon genannten Gründen, der Bitte Kampens zu entsprechen. Anders als Zwolle war Kampen bereit, die Weigerung des Amsterdamer Konsistoriums zu respektieren.[7]

Nachdem man erneut begonnen hatte, einen Pfarrer zu suchen, stellte sich heraus, daß man nicht imstande war, kurzfristig eine geeignete Person zu finden. Darum fuhr Breckling mit seiner Arbeit als stellvertretender Prediger zu Kampen fort. Erst im Laufe des Jahres 1662 war man in der Lage, die vakante Stelle zu besetzen. Der in Aussicht genommene Kandidat war ein gewisser Johann Caspar Charias. Dieser wurde 1638 in Berlin als Sohn eines

---

[5] Die Berufung wird von *Blaufuß*, Friedrich Breckling, 151 und *Bruckner*, Friedrich Breckling, 34 erwähnt.

[6] Breckling kam vor allem mittwochs nach Kampen. Siehe z. B. *Theodor Wotschke*, Der Streit in der lutherischen Gemeinde Cleve in den Jahren 1663ff., (abgekürzt: *Wotschke,* Cleve), in: Monatshefte für rheinische Kirchengeschichte, (abgekürzt: MRKG), 1927, (353–372) 369, Brief Brecklings an Joh. Friedrich Münster, vom 2. Mai 1662. Der Brief ist nach Wotschke nach dem 24. Mai 1662 verfaßt.

[7] ELGA Inv. 177, Brief – Kampen an Amst. Kons., 21. April 1661; ELGA Inv. 20, Prot. Amst. Kons. 4. Mai 1661; KKH, IV, 1093a; *Reinhard Breymayer,* Politik aus dem Geist der Bibel: Die wiederentdeckte ‚Optima Politica' (Amsterdam 1660) von Hermann Jung, etc. (abgekürzt: *Breymayer,* ‚Optima Politica'), in: Pietismus-Forschungen, hg. v. *Dietrich Blaufuß*, Frankfurt a. M. etc. 1986, (385–513) 397, Anm. 39.

Juristen geboren und hatte dort das Gymnasium besucht.[8] Während dieser Zeit kam er in Kontakt mit Lorenz Grammendorf, dem Führer der spiritualistischen Bewegung in Berlin, und mit Joachim Betke, dem Pfarrer und „Schwärmer" aus dem Nachbardorf Linum. Unter ihrem Einfluß erfuhr Charias eine außergewöhnliche Erweckung des Glaubens.[9] Zudem könnte er von ihnen schon eine gewisse Ausbildung in spiritualistischem Sinne empfangen haben.[10] Deswegen hätte es auf der Hand gelegen, nach dem Abitur das Studium der Theologie zu beginnen. Charias immatrikulierte sich indes an der Juristischen Fakultät der Leipziger Universität.[11] Sein Studium sollte nur von kurzer Dauer sein; bereits nach zwei Jahren reiste er ohne ein Diplom ab.[12] Darauf begab er sich in die Niederlande, wo er, nach Ansicht des Kamper Kirchenvorstandes „nicht ohne Leitung Gottes", in Zwolle Wohnsitz nahm.[13]

---

[8] ELGA Inv. 177, Briefe – Kampen an Amst. Kons. 24. November 1662 und 24. März 1663; KKH, IV, 1091b; *Theodor Wotschke,* Friedrich Brecklings niederrheinischer Freundeskreis, (abgekürzt: *Wotschke,* Freundeskreis), MRKG 1927, (3–21) 19; *Jaitner,* Pfalz-Sulzbacher Hof, 332.

[9] Waren Grammendorf und Betke beide für die „Erweckung" Charias' verantwortlich? Wir möchten dazu folgendes bemerken: 1. *Theodor Wotschke,* ‚Schwärmerbriefe', MRKG 1935, (12–27) 13, erwähnt „Johann Kaspar Charias, den der Linumer Pastor und Schwärmer Joachim Betke erweckt hatte...". Es handelt sich hier bestimmt um Betke, der Charias bekehrt. 2. Aber Wotschke spricht ebd., 26, über „Lorenz Grammendorf, der neben Betke unseren Charias erweckt hatte...". 3. *Visser,* myst., 175 und 175 Anm. 25 bemerkt, den sub 2. erwähnten Satz in Anspruch nehmend, daß Charias als Pfarrer in Brandenburg mit Joachim Betke von Grammendorf bekehrt wurde. Abgesehen von der Tatsache, daß, wie sich noch zeigen soll, Charias nie Pfarrer in Brandenburg war, könnte diese Interpretation richtig sein, weil Breckling, KKH, IV, 1090b, erwähnt, daß Betke von Gifftheil und Grammendorf erweckt worden ist. Visser übersieht jedoch, daß es einen großen Altersunterschied zwischen Betke (geboren 1601) und Charias (geboren 1638) gab. Betke verfaßte um 1640 sein Excidium Germaniae, als Charias kaum geboren war. 4. Deshalb möchten wir im Zusammenhang mit dem sub 1. erwähnten Satz vorschlagen, den Satz sub 2. zu lesen als: „Grammendorf, der *zusammen mit* Betke Charias erweckt hatte". 5. Auf Grund des sub 1. bis einschließlich sub 4. Dargestellten folgern wir, daß Betke viel eher als Charias von Grammendorf bekehrt sein muß, und daß der 37 Jahre ältere Betke und Grammendorf tatsächlich gemeinsam für die „Erweckung" Charias' verantwortlich waren.

[10] Dies folgern wir aus einer von Charias dem Kamper Kirchenvorstand gemachten Mitteilung, wonach er sich während seiner Ausbildung am Berliner Gymnasium bereits mit „Theologica" beschäftigt habe, ELGA Inv. 177, Brief – Kampen an Amst. Kons., 24. März 1663.

[11] ELGA Inv. 177, Brief – Kampen an Amst. Konst., 24. März 1663. – *Wotschke,* Cleve, MRKG 1927, 370 und *Id.*, Schwärmerbriefe, MRKG 1935, 26, und darauf gestützt *Visser,* myst. 175, sagen – ohne Quellenangabe – Charias habe in Rostock studiert. Das ist unwahrscheinlich, denn weder kommt sein Name in der Matrikel der Universität Rostock vor, (Die Matrikel der Universität Rostock, 1611–1694, hg. v. *Adolph Hofmeister,* Rostock 1895, Reprint Nendeln/Liechtenstein 1976.), noch meldet der Kamper Kirchenvorstand diese Tatsache in seinem Brief vom 24. März 1663, ELGA Inv. 177, wo zugunsten einer Berufung Charias' alle Daten über seine Ausbildung aufgeführt werden. Auch über ein Jurastudium in Berlin, das *Visser,* myst., 175 erwähnt, wissen die Quellen nichts.

[12] Siehe KKH, IV, 1091 b, wo Breckling über ihn als „Studiosus juris", nicht aber als „Jurist" spricht.

[13] ELGA Inv. 177, Brief – Kampen an Amst. Kons., 24. März 1663.

Dort verweilte er während eines Jahres als „Präzeptor" bei dem Arzt Kretschmer, einem Bekannten Betkes; anschließend wurde er als Hauslehrer der beiden Söhne des Kommandeurs von Zwolle, Arend van Haersolte, angestellt.[14] In dieser Periode gehörte er zur lutherischen Gemeinde, wo der Vorgänger Brecklings, Johann Jakob Fabricius, auf Anraten Brawes Prediger geworden war. Ebenso wie sein Kamper Kollege war dieser sehr gebildet; er sprach Griechisch und Hebräisch, kannte orientalische Sprachen und beschäftigte sich außerdem sowohl mit Kirchengeschichte wie mit Mathematik. Während seines Studiums an der Universität Rostock hatte er sich unter dem Einfluß Lütkemanns bekehrt und führte seitdem ein sehr frommes und strenges Leben. Als Prediger zu Schwelm in der Grafschaft Mark übte er scharfe Kritik an der Lebensführung seiner Gemeindeglieder, ohne dabei die bessergestellten Kreise zu schonen. In Zwolle verursachte sein Auftreten sogar eine Gemeindespaltung, da einige Lutheraner eigene Gottesdienste abzuhalten begannen. Der Kirchenvorstand und der übriggebliebene Teil der Gemeinde waren jedoch wegen der Lauterkeit seiner Lehre und der Heiligkeit seines Lebens von Fabricius sehr eingenommen. Im Jahre 1660 verließ er Zwolle, weil er, nach dem Vorbild Brawes, von Pfalzgraf Christian August als Prediger nach Sulzbach berufen wurde.[15]

Obwohl Charias schon bald nach seiner Ankunft in Zwolle unter den Einfluß des frommen und strengen Fabricius zu geraten scheint, steht fest, daß sein geistlicher Durchbruch erst nach Fabricius' Weggang und dem Amtsantritt Brecklings erfolgt ist. Dieser erwähnt, daß Charias sich unter seinem Einfluß bekehrte und darauf „freywillig erwählet (hat) Gott allein zu dienen, da er nach vielfältigen anfechtungen, beprüffungen und versuchungen mit Taulero sehr hoch und tieff erleuchtet . . . '.[16]

Die Bekehrung Charias machte einen tiefen Eindruck sowohl auf die Familie Van Haersolte als auch auf die Mitglieder der lutherischen Gemeinde

---

[14] ELGA Inv. 177, Brief – Kampen an Amst. Kons., 24. März 1663; *Th. Wotschke,* Der märkische Freundeskreis Brecklings, in: Jahrbuch für brandenburgische Kirchengeschichte (abgekürzt. JBrKG), 1928, 159 Anm. 41.

[15] ELGA Inv. 227, Brief – Zwolle an Amst. Kons., 17. Oktober 1660; KKH, IV, 1091b; *Schultz Jacobi,* Overijssel, 129–132; *Visser,* myst., 174f. – *Wotschke,* Cleve, MRKG 1927, 370, und *Id.*, Schwärmerbriefe, MRKG 1935, 26 erwähnt, daß Charias und Fabricius einander während des Theologiestudiums in Rostock kennengelernt hatten. Wir sahen schon, daß Charias nicht in Rostock studierte. Wohl ist es möglich, daß sie sich auf andere Weise schon vorher begegnet waren. Das könnte erklärten, warum sich Charias direkt aus Leipzig nach Zwolle begab.

[16] KKH, IV, 1091b. – Breckling war eine sehr starke Persönlichkeit, die imstande war, auf die Menschen in seiner Umgebung einen großen Einfluß auszuüben. So ließ er, wie sich noch zeigen wird, Johann Georg Gichtel die Überzeugung gewinnen, daß er ein Prophet sei. Nach einer Mitteilung Gichtels tat er bei der bekannten Rosamunde Juliane von Asseburg und verschiedenen anderen dasselbe. Siehe dazu *C. B. Hylkema,* Reformateurs, Haarlem 1900, reprogr. Nachdruck Groningen/Amsterdam 1978, II, 413. Über Rosamunde siehe *Johannes Wallmann,* Geistliche Erneuerung der Kirche nach Philipp Jakob Spener, in: Pietismus und Neuzeit 12, 1986, (12–37) 32.

zu Zwolle. Sie sahen in diesem Ereignis deutlich den Heiligen Geist am Werk. Jetzt zog Charias, anders als in Berlin, die Konsequenzen aus seiner Umkehr. Er beendete seine Arbeit als Hauslehrer, um ein Theologiestudium zu beginnen, in der Absicht, Prediger zu werden. In den Niederlanden führte der normale Weg dazu über das Amsterdamer Konsistorium. Dieses sandte künftige Prediger nach einem vorbereitenden Studium in den Niederlanden selbst an eine der lutherischen Universitäten in Deutschland und sorgte überdies bisweilen für die benötigten Geldmittel. Unter dem Einfluß Brecklings wählte Charias jedoch einen anderen Weg.[17]

Breckling stand ja dem Amsterdamer Konsistorium feindlich gegenüber, weil dieses versucht hatte seine Berufung nach Zwolle zu verhindern. Ausserdem hielt er wegen seiner spiritualistischen und kirchenkritischen Auffassungen nicht viel von einer theologischen Ausbildung an einer der orthodoxen lutherischen Universitäten. Deshalb veranlaßte er Charias zu einem freien theologischen Studium mit der Konzentration auf die geistliche Vertiefung. So ließ Breckling ihn nicht nur die Heilige Schrift studieren „und die damit übereinstimmenden Schriften Luthers und Johann Arndts", die Augsburgische Konfession, den „Catechismum Diterici" und andere Werke, sondern regte ihn auch zu einer sehr intensiven Gebetspraxis und dem „täglichem Bewandeln des absterbenden Kreuzweges Jesu"[18] an. Breckling selbst erfuhr während seines theologischen Studiums in Deutschland auf mystisch-spirituelle Weise die Vereinigung mit Christus. Diese fand in Hamburg statt, als er an einem Kreis von Laien teilnahm, die nicht nur die Werke Luthers studierten, sondern auch die Schriften Taulers und Betkes. Letzterer kannte, ebenso wie Tauler, den Gedanken der Gleichförmigkeit mit dem Christus crucifixus.[19]

Nachdem Charias auf diese Weise von Breckling in die Theologie und in die Praxis des Glaubens eingeführt worden war, reiste er nach Deutschland ab. Zuerst ging er zu seinem Vater nach Berlin. Dieser war über die theologische Entwicklung des Sohnes und seine Kritik an der offiziellen Kirche und ihren Pfarrern sehr ärgerlich. Auch stemmte er sich gegen den Plan, zur weiteren Ausbildung nach Sulzbach zu gehen. Dieser Ort sei, wohl wegen

---

17 ELGA Inv. 177, Brief – Kampen an Amst. Kons., 24. März 1663.

18 ELGA Inv. 177, Brief – Kampen an Amst. Kons., 24. März 1663. – Mit dem genannten Katechismus dürfte das Werk des Ulmer Superintendenten Konrad Dietrich gemeint sein, *Wallmann* Spener, 42. 302. – Die Gebetsübungen und die Nachfolge Christi crucifixi gehörten zum üblichen Brauch der Spiritualisten. Weil Breckling eigens erwähnt, daß er Charias an Hand Taulers bekehrte, hat dieser möglicherweise eine Rolle bei der weiteren geistlichen Bildung von Charias gespielt.

19 *Nielsen,* Friedrich Breckling, 367; RGG^3, I, 1099, s. v. Betke.-Breckling spricht mehrmals über seine Vereinigung mit Christus. Siehe z. B. seinen Brief an Gottfried zum Berge in Cleve, 28. Juli 1663 aus Zwolle, über den Kampf in der lutherischen Gemeinde zu Cleve: „Darum ist er (sc. Satan) so lange still, bis Christus, des Weibes Same, in uns geboren ist und anfängt ihm den Kopf zu zertreten. (...) Es ist ein Streit den wir wider den Behemoth nicht ausführen werden, wenn nicht Christus in uns mächtiger als in der Welt wäre. Darum laßt uns auf unseren Immanuel pochen und getrost sein." Siehe *Wotschke*, Cleve, MRKG 1927, 354.

der dort herrschenden spiritualistischen Auffassungen, in Berlin verdächtig. Schließlich kam es soweit, daß der Vater ihm für immer die Türe wies. Inzwischen hatte Charias im September 1661 Joachim Betke im Pfarrhaus zu Linum einen Besuch gemacht, was er allerdings vor seinem Vater verheimlichte, weil ihm dieser verboten hatte, mit Betke Kontakt aufzunehmen. Anfang November weilte er acht Tage bei Betke, der ihn so schätzte, daß er ihn gerne als seinen Substituten und Nachfolger gesehen hätte. Dann reiste Charias nach Sulzbach, wo er zu Fabricius kam, der ihn in den Sulzbacher Kreis einführte, unter anderem bei Brawe, dem er als „Famulus" in seinem Hause diente. Fabricius und Brawe weihten ihn in die Geheimnisse der hebräischen Sprache ein, und Brawe bildete ihn auch in Homiletik aus. Bis zum 4. Juli 1662 hatte er schon vier Predigten gehalten. Und sollte Charias noch irgendwie gezweifelt haben; seine Ausbildung in Sulzbach bestärkte ihn im Beschluß, sein Leben in den Dienst Gottes zu stellen und in seinem Weingarten zu arbeiten.[20]

Inzwischen kämpfte die Gemeinde in Kampen mit großen Schwierigkeiten. Im Laufe des Jahres 1661 schloß der reformierte Magistrat die Kirche und verbot der Gemeinde, sich zu versammeln. Diese Maßnahme wurde 1662 rückgängig gemacht, wonach der Kirchenvorstand sich aufs neue der Pfarrerwahl widmen konnte. Weil ein geeigneter Kandidat schwer zu finden war, kam auf Anregung Brecklings eine Berufung von Charias zur Sprache. Er hatte zwar keine akademische Ausbildung genossen, aber in Kampen war nichts Nachteiliges über ihn bekannt. Im Gegenteil, die aufsehenerregende Bekehrung hatte einen tiefen Eindruck gemacht. Deshalb bat ihn der Kirchenvorstand nach seiner Rückkehr aus Sulzbach, der Gemeinde vorübergehend als Pfarrer zu dienen, um es ihr zu ermöglichen, sich über seine Eignung ein Urteil zu bilden. Charias erklärte sich sofort dazu bereit, und Breckling behielt ihn im Auge. Sehr bald waren sowohl der Kirchenvorstand als auch die Gemeinde überzeugt, daß der Heilige Geist in ihm sei und daß Gott ihn durch seine Prüfungen geläutert habe. Wegen der großen geistlichen Gaben unternahm der Kirchenvorstand dann bald Anstrengungen, Charias als festen Pfarrer zu berufen.[21]

---

[20] Joachim Betke aus Linum an Breckling, 15. November 1661; Charias aus Sulzbach an Breckling, 4. Juli 1662, *Wotschke,* Schwärmerbriefe, MRKG 1935, 26, 20–23; *Wiedemann,* Sulzbacher Geistesleben, 24f.; *Wappmann,* Sulzbach, 103a.

[21] All dies erwähnt in: ELGA Inv. 177, Brief – Kampen an Amst. Kons., 24. Nov. 1662. – Der Kirchenvorstand nennt den Grund für die Schließung der Kirche und das Verbot der Zusammenkünfte nicht. Die herangezogenen Kamper Magistratakten erwähnen die Angelegenheit nicht. – Das Anfangsdatum der Arbeit Charias' zu Kampen ist erschlossen aus: Archiv der evangelisch-lutherischen Gemeinde zu Kampen (abgekürzt: ELGK), Inv. 15, Register der Einnahmen und Ausgaben der Ältesten von Kampen, 1661–1718: Ab 1. Oktober 1662 bezog Charias eine Vierteljahresrate von Hfl. 75. Dieser Betrag wurde nie erhöht, obwohl sein Vorgänger, der allerdings akademisch gebildete Brawe, das Doppelte erhielt. Die Ausbildung Charias' zu Sulzbach kann nur von kurzer Dauer gewesen sein. Sie fand in der Periode vom 1. November 1661, als er sich in Linum bei Betke aufhielt, bis 1. Oktober 1662, als er in Kampen anfing, statt. – *Visser,* myst., 175, erwähnt, daß Charias Pfarrer in Brandenburg war,

Im November 1662 teilte man dem Amsterdamer Konsistorium dieses Vorhaben mit. Dieses erhob jedoch Einspruch, weil Charias nicht die übliche Ausbildung an einer der deutschen Universitäten erhalten habe. Außerdem wußte es, daß er von Breckling geprägt war, gegen den mittlerweile der König von Dänemark, Friedrich III., bei den Generalstaaten der Vereinigten Niederlande Beschwerde erhoben hatte. Als die Kamper Gemeinde auf ihrem Standpunkt beharrte, machte das Konsistorium dem Kirchenvorstand den Vorschlag, zuerst Auskunft bei den benachbarten Gemeinden einzuholen. Wegen der Diasporalage der niederländischen lutherischen Gemeinden mußten außer Zwolle auch die weiterliegenden Gemeinden in Monnickendam und Weesp befragt werden.[22]

Der Kirchenvorstand in Zwolle hatte schon im Dezember 1662 Kampen ein sehr positives Urteil über die Bekehrung und den Lebenswandel Charias' mitgeteilt.[23] Breckling war hier nicht beigezogen worden, weil er aus Angst vor Maßnahmen gegen ihn, wegen der Klage des dänischen Königs, Zwolle verlassen hatte und sich nach Amsterdam begab, um die Herausgabe seiner an diesen Fürsten gerichteten Apologie zu besorgen. Anfang Januar 1663 kehrte er nach einer Abwesenheit von sechs Wochen nach Zwolle zurück.[24] Monnickendam, wo Hermann Jungius, ein Freund und Geistesverwandter Brecklings, Pfarrer war, reagierte gleichfalls positiv, während Weesp auf ein Urteil verzichtete, da Charias in dieser Gemeinde unbekannt sei.[25]

Der Kamper Kirchenvorstand fühlte sich durch die positiven Zeugnisse von Zwolle und Monnickendam gestärkt. Darum bat er am 4. April 1663 das Amsterdamer Konsistorium erneut, Charias als Pfarrer berufen zu dürfen. Die Ordination könne, wie üblich, danach in Amsterdam stattfinden. Das Konsistorium hüllte sich aber in Stillschweigen, worauf ein Mitglied des Kamper Kirchenvorstandes am 16. Mai 1663 im Konsistorium erschien, um die Bitte zu erläutern. Nach langen Auseinandersetzungen versprach man ihm, in der nächsten Sitzung in dieser Angelegenheit einen Beschluß zu fassen. Weil dies aber nicht geschah, schrieb Kampen am 26. Mai 1663 einen mit Bibelzitaten gespickten Brief, in dem man dem Amsterdamer Konsistorium vorwarf, träge und verschlafen zu sein. Der dauernde Aufschub einer Entscheidung über die Berufung Charias' brächte die Gemeinde in große Schwierigkeiten, weil den Gliedern, ja zumal den Sterbenden, das Heilige

---

und daß er in Kampen mit Breckling Bekanntschaft schloß. Diese beiden Mitteilungen haben in den Quellen keinen Anhaltspunkt.

22 ELGA Inv. 177, Briefe – Kampen an Amst. Kons., 24. November 1662, 24. und 31. März 1663; ELGA, Inv. 20, Prot. Amst. Kons., 4. April 1663.

23 ELGA Inv. 177, Brief – Kampen an Amst. Kons., 31. März 1663.

24 ELGA Inv. 227, Brief einiger Mitglieder des Kirchenvorstandes von Zwolle an Amst. Kons., 17. Dezember 1662; Stadtarchiv Zwolle, Inv. AAZ 01–01640, Papiere bezüglich der Streitigkeiten zwischen der lutherischen Gemeinde und ihrem Pfarrer Breckling, 1667 (abgekürzt: SZ Breckling), Bericht konzipiert für den reformierten Kirchenvorstand, der pro Breckling eingestellt war, 14. Oktober 1667.

25 ELGA Inv. 177, Brief – Kampen an Amst. Kons., 31. März 1663.

Abendmahl nicht ausgeteilt werden konnte und Hausbesuche nicht möglich waren. Amsterdam gab jedoch nicht nach und ließ am 5. Juni einen Brief ausgehen, in dem Kampen ernsthaft ermahnt wurde, Charias nicht zu berufen. Zur Begründung führte man an, er habe keine akademische Ausbildung empfangen und sich auch nicht bei dem Konsistorium gemeldet. Der Kamper Kirchenvorstand antwortete am 23. Juni 1663, daß er jetzt fast neun Monate lang die Predigten Charias' gehört habe und dabei die Wirkung des Heiligen Geistes in ihm sehr deutlich zu verspüren sei. Mehrere Bibelstellen in Anspruch nehmend, darunter 1. Korinther 3,18 („Welcher sich unter euch dünkt weise zu sein, der werde ein Narr in dieser Welt, daß er möge weise sein."), warf er dem Konsistorium vor, wohl viel über die Ausbildung an einer theologischen Akademie zu reden, aber über die Ausbildung des Heiligen Geistes völlig hinwegzugehen. „Welche von beiden bevorzugen Sie?", wurde das Konsistorium gefragt. Dieses ließ sich aber nicht von Kampen herausfordern und beschränkte sich in seiner Antwort vom 27. Juni 1663 darauf, an der Ablehnung festzuhalten.[26]

Inzwischen war es Breckling klar geworden, daß es unmöglich sein würde, das Konsistorium von seiner Auffassung abzubringen. Darum suchte er einen anderen Weg, um Charias unter Umgehung des Konsistoriums ordinieren zu lassen. Allerdings fürchtete er, ein derartiges Verfahren werde in Deutschland auf Schwierigkeiten stoßen. Aurich würde sich, angesichts des Widerstands Amsterdams, bestimmt weigern. Eine Ordination in Sulzbach unter Hilfe von Brawe hielt er für unvernünftig, weil dieser sich auch beim Konsistorium verdächtig gemacht hatte und seine Mitwirkung die Position von Charias nur erschweren würde. Deshalb kam er auf den Gedanken, Charias zusammen mit einem anderen Kandidaten zu Kampen von zwei oder drei „Gott anhangenden" niederländischen Pfarrern ordinieren zu lassen. So könne man die Jurisdiktion von Amsterdam vermeiden. Er hatte dabei die Geistesverwandten Swetgius zu Utrecht und Taube zu Arnheim im Auge. Ihre Gemeinden könnten dann mit Kampen und Zwolle ein separates „Corpus" formen und sich so unabhängig von den Gemeinden machen, die unter dem Einfluß des Amsterdamer Konsistoriums standen.[27]

[26] ELGA Inv. 20, Prot. Amst. Kons., 4. April, 16. Mai, 5. und 27. Juni 1663; ELGA Inv. 177, Briefe – Kampen an Amst. Kons., 4. April, 26. Mai und 23. Juni 1663. Am 15. Juni 1663 schreibt Breckling an Jungius, daß er zu Kampen gewesen sei und den Brief des Amsterdamer Konsistoriums vom 5. Juni gelesen habe, *Wotschke,* Cleve, MRKG 1927, 369.

[27] Brief – Breckling an Jungius, 15. Juni 1663, *Wotschke,*, Cleve, MRKG 1927, 369. Breckling nennt den anderen Kandidat, der zu Kampen ordiniert werden könnte, den „Danus". Es ist möglich, daß Breckling den schon erwähnten Pfarrer Chronius meint, weil er von diesem sagt, das Amsterdamer Konsistorium habe ihm ebenfalls die Ordination verweigert. Wahrscheinlich handelt es sich aber um den Dänen Christian Abel Peterson. Dieser Günstling Brecklings war von diesem im Juni 1663 der neu gegründeten dänischen Gemeinde in Amsterdam aufgedrängt worden. Weil das Amsterdamer Konsistorium auch ihm die Examination und die Ordination verweigerte, wurde er am 1. August 1663 in Sulzbach nach vorausgegangener Prüfung von Brawe ordiniert, *Wappmann,* Sulzbach, 103a. Siehe weiter über Peterson u. a.: *Visser,* myst., 177; *Breymayer,* ‚Optima politica', 450.

Der Kirchenvorstand der Kamper Gemeinde sah in Brecklings weitgehenden Plänen kein Heil und beschloß, die Ordination in Sulzbach ausführen zu lassen. Charias reiste nach Deutschland und wurde nach entsprechender Prüfung am 26. September 1663 von Brawe als Superintendent von Sulzbach ordiniert. Dadurch war er berechtigt, das vollständige Pfarramt in Kampen zu übernehmen.[28] Wegen der sehr positiven bisherigen Erfahrungen erwarteten sich Kirchenvorstand und Gemeinde viel von Charias' Wirken. Man war der Meinung, eine neue und schöne Zeit sei angebrochen. Schon bald erwies sich diese Hoffnung als trügerisch, denn sein weiteres Auftreten in Kampen gab Anlaß zu viel Unruhe und Streit.

Eine erste tiefgehende Auseinandersetzung entzündete sich an der Frage der Verbindlichkeit der örtlichen Kirchenordnung.[29] Die niederländischen lutherischen Gemeinden verfügten über eine sogenannte „Generale Kerkelijke Ordonnantie". Diese, eine vereinfachte Ausgabe der Amsterdamer Kirchenordnung, diente als Muster für die Regelung in den übrigen Gemeinden. Ein erster Teil betrifft die Gottesdienstordnung, der zweite Teil regelt die Aufgaben des Kirchenvorstandes und seiner Mitglieder. Viele Gemeinden hatten dieses Vorbild mehr oder weniger getreu zur Regelung ihrer inneren Angelegenheiten übernommen. Auch in Kampen wird dies der Fall gewesen sein.[30]

In seiner kritischen Einstellung dem offiziellen Christentum gegenüber, zweifellos durch seine negativen Erfahrungen sowohl mit der dänischen Kirche wie mit dem Amsterdamer Konsistorium verstärkt, war Breckling ein leidenschaftlicher Gegner jeder kirchlichen Organisation. Die institutionelle Kirche hielt er für „Babel". Dies brachte mit sich, daß er zuerst in seiner eigenen Gemeinde versuchte, die örtliche Kirchenordnung außer Kraft zu setzen. Dasselbe tat er in Kampen, jedenfalls in der Periode nach dem 1. Oktober 1662, als Charias schon in der Gemeinde arbeitete, allerdings

---

[28] Brief - Breckling an Johann Friedrich Münster, 27. Juli 1663, *Wotschke,* Schwärmerbriefe, MRKG 1935, 27; Register der Einnahmen und Ausgaben, ELGK Inv. 15; *Wappmann,* Sulzbach, 103a. – Das erwähnte Register macht deutlich, daß Charias am 20. August Geld empfängt zur Erstattung der Kosten für die Reise, die er wegen seiner Ordination nach Sulzbach unternehmen soll. – *Visser,* myst., 175, meint zu Unrecht, daß die Ordination im April 1663 stattfand.

[29] Die folgende Darstellung der vier Streitpunkte beruht, wenn nicht ausdrücklich anders angegeben, auf einem Brief des Kamper Kirchenvorstandes an das Amsterdamer Konsistorium mit Beschwerden über Charias, 14. Mai 1667, ELGA Inv. 177, und zweitens auf einem undatierten Bericht über die Ereignisse um Charias, ELGA Inv. 227. Dieser Bericht gehörte ursprünglich als Beilage zum Brief vom 14. Mai 1667; er ist in derselben Handschrift verfaßt und wird dort auch genannt. Jetzt befindet er sich im Faszikel ELGA Inv. 227, Briefe – Zwolle an das Amst. Kons., wohl weil er Angaben über Breckling enthält und deshalb bei der Behandlung von dessen Auseinandersetzungen benutzt wurde.

[30] Siehe über die „Generale Kerkelijke Ordonnantie": *P. Estié,* De stichting van een kerkgenootschap. Ontstaan en aanvaarding van het Algemeen Reglement van 1818 voor het bestuur der Evangelich-Lutherse kerk in het Koninkrijk der Nederlanden, mit einer deutschen Zusammenfassung (abgekürzt: *Estié,* Stichting), Diss. Leiden, Amsterdam 1982, 34–36.

noch nicht ordiniert und berufen war, und Breckling regelmäßig dort weilte, um nach dem Rechten zu sehen. Als Grund gab er an, die Ordnung diene nur dazu, „die Seelen der Menschen zu verstricken“. Der Kirchenvorstand teilte ihm jedoch mit, er denke keineswegs daran, die bestehende Ordnung zu beseitigen. Kein Artikel davon solle geändert werden, außer er stünde im Widerspruch zu Gottes Wort. Während dieser Meinungsverschiedenheiten hatte Charias immer Breckling das Wort führen lassen, ohne sich selbst in die Diskussionen einzumischen. Aber unmittelbar nach seiner Berufung, bei der er noch versprochen hatte, sich der örtlichen Ordnung zu unterwerfen, ließ er sein völliges Einverständnis mit Breckling erkennen. Auch er fing an, die Kirchenordnung heftig anzugreifen. Der Kirchenvorstand war tief enttäuscht, weil er Charias in diesem Punkte völlig vertraut hatte.

Als es Charias nicht gelang, den Kirchenvorstand auf seine Seite zu bekommen, bat er Breckling um Hilfe. An einem Mittwoch im Oktober 1664 kam er nach Kampen, um einen Gottesdienst zu halten. An dessen Ende begann dieser „Feuergeist“, wie ihn Gichtel nannte, auf ungewöhnliche Weise über die Glieder des Kirchenvorstandes zu schimpfen und zu fluchen. Manche meinten, es sei so arg gewesen, daß im Vergleich zu Breckling die rauhesten Soldaten als fromme Leute betrachtet werden müßten. Der Pfarrer nahm ein Gemeindeglied an die Hand und sagte ihm: „Du bist ein frommer Teufel“; ein anderes beschimpfte er als „aufgeblasenen Puter“. In dem daraus entstehenden Tumult stand ihm Charias tapfer zur Seite.

Daraufhin beschloß der Kirchenvorstand um des Friedens willen, Diskussionen soviel wie möglich zu vermeiden. Dies trug jedoch nicht zur Wiederherstellung der Ruhe in der Gemeinde bei, weil Charias die Entscheidung des Kirchenvorstandes so deutete, als ob er jetzt völlig seine eigenen Wege gehen könne. Er agierte unablässig und versuchte auch bei Hausbesuchen, die einfachen Gemeindeglieder für seinen Standpunkt zu gewinnen. Gaben aus der Kirchenkasse verteilte er ohne Rücksprache mit den Kirchenältesten und den Diakonen. Am zweiten Weihnachtstag des Jahres 1666 bei der turnusmäßigen jährlichen Wahl des Kirchenvorstandes versuchte er mit Hilfe einiger Gemeindeglieder, einen Diakon zum Kirchenältesten wählen zu lassen, ohne daß dieser auf ordentliche Weise sein Diakonamt niedergelegt hatte. Als man ihn darauf hinwies, daß ein solches Verfahren gegen die Kirchenordnung sei, erklärte er hochmütig, dies sei ihm gleichgültig und er sei ohne weiteres bereit, die Ordnung mit seinen Füßen zu zertreten. Am Anfang des Jahres 1667 verbot er sogar einem Kirchenältesten als Pate bei der Taufe eines Neffen aufzutreten.

Zudem wurde das Klima in der Gemeinde durch Charias' Interpretation der lutherischen Rechtfertigungslehre vergiftet, wie sie im vierten Artikel der Augsburgischen Konfession belegt ist: die Vergebung der Sünden aus Gnade, durch den Glauben an das Heilswerk Christi für uns, wobei Gott diesen Glauben zurechnet als Gerechtigkeit. Von seinen eigenen mystischen

Erfahrungen her und im Einklang mit Tauler, Breckling und anderen Spiritualisten war Charias in seinem tiefsten Inneren davon überzeugt, daß diese Lehre nicht ausreichend sei. Seiner Meinung nach hatte der Mensch den Auftrag bekommen, mit Christus gleichförmig zu werden.[31] Diese Botschaft verkündigte er von der Kanzel, aber in so extremer Weise, daß die Gemeinde tief erschüttert wurde. So predigte er am dritten Adventssonntag des Jahres 1665 über die Epistel 1.Kor 4,1–5 mit Bezug auf die Wendung „Christi Diener und Haushalter über Gottes Geheimnisse", daß er als Pfarrer wegen seines Glaubens ebenso heilig und gerechtfertigt sei wie Christus selbst. Am nächsten Sonntag fügte er hinzu, er sei ohne Sünde, stünde in der Demut Christus gleich und sei damit tausendmal demütiger als alle Engel zusammen.[32] Außerdem behauptete er, eine eingehende Prüfung werde beweisen, daß es kaum noch rechtgläubige Pfarrer gebe, er selbst aber die Lehre von der Rechtfertigung besser und tiefer auslege als es je vorher geschehen sei. Deshalb forderte er vom Kirchenvorstand und von der Gemeinde auch absoluten Gehorsam, sogar wenn sie meinten, er würde sich in bestimmten Punkten irren.

Vielleicht hätte man in Kampen mit einem Prediger, der über sich selbst außergewöhnliche Dinge verkündigte, noch leben können. Dies wurde allerdings unmöglich, als Charias sowohl während der Gottesdienste als auch bei Hausbesuchen von seinen Gemeindegliedern forderte, ihr Glaube müsse genauso stark sein wie der ihres Pfarrers. Sie sollten sich selbst alle als ebenso gerechtfertigt und heilig betrachten wie Christus. Dagegen erhob sich in der Gemeinde Widerstand und ein Teil von ihr war dazu nicht bereit oder fähig und wünschte, obwohl man sich der geringen theologischen Erkenntnisse vollkommen bewußt war, sich an die Rechtfertigungslehre der Augsburgischen Konfession zu halten. Die Folge war eine Spaltung der Gemeinde in „fromme" und „unfromme" Glieder. Die „unfrommen" Glieder, wozu die Mehrheit des Kirchenvorstandes gehört haben soll, warfen den anderen vor, sie seien hochmütig und verachteten ihre Mitchristen. Dazu übten sie Kritik an Charias, weil dieser vorgab, „die Verborgenheit des menschlichen Herzens" zu kennen, und deshalb meinte feststellen zu können, wer zu den Frommen gehöre und wer nicht. Charias zeigte sich für solche Argumente unempfänglich und beharrte auf der Bearbeitung der – seiner Meinung nach – unbekehrten Gemeindeglieder. Dies geschah nicht

---

[31] Siehe über die Gleichförmigkeit mit Christus bei Breckling Anm. 19. Auch bei Arndt findet sich, zur Ergänzung der forensischen Rechtfertigungslehre Melanchthons, der Gedanke, der Mensch könne durch den Glauben die Imago Dei zurückgewinnen, siehe *Johannes Wallmann*, Die Anfänge des Pietismus, in: Pietismus und Neuzeit 4, 1977/1978, (11–53) 43.

[32] Diese Aussage ist im Geiste Taulers, der schreibt: „... daß er (sc. unser Gott und Herr) alle unsere Schuld und die ewige Verdammnis auf sich genommen, uns mit seinem herben, bittern Tod erlöset, zu Kindern des ewigen Lebens gemacht, uns wiederum zu Ehren gebracht, ja über alle Engel uns erhoben hat, daß wir einen besseren Zutritt zu Gott haben, auch ihm näher verwandt sind, als selbst der alleroberste Engel", *W. von Langsdorff*, Johann Tauler, Hamburg 1907, 81.

bloß in Predigten, sondern auch in den gottesdienstlichen Gebeten; ja selbst die Lieder wählte er im Hinblick auf ihre Lage. Seiner Ansicht nach waren diejenigen, die sich selbst nicht für Christus hielten, verflucht und entbehrten des Heiligen Geistes. Sie seien Teufel und Teufelskinder, die der zeitlichen wie ewigen Verdammnis anheim fallen. Die Spaltung wurde dadurch gefördert, daß er am Ende der Gottesdienste den priesterlichen Segen aus Numeri 6 nur den „Frommen" spendete und die anderen verfluchte.

Die Folge dieser unerfreulichen Zustände war, daß die Gegner von Charias das Abendmahl nicht mehr aus seinen Händen empfangen wollten oder sogar den Gottesdiensten fernblieben. Außerdem gingen die finanziellen Zuwendungen an die Gemeinde zurück. Man steckte in Schulden, nicht nur beim Amsterdamer Konsistorium, sondern auch bei verschiedenen Gemeindegliedern. Weil manche von ihnen zu den „Unfrommen" gerechnet wurden, verlangten sie ihr Geld zurück, so daß im Jahre 1666 selbst die Gefahr drohte, das Kirchengebäude verkaufen zu müssen. Der Kirchenvorstand war deshalb gezwungen, Charias im genannten Jahr zweimal Kollektenreisen machen zu lassen. Zunächst reiste dieser nach Kleve, wo er zu einflußreichen Freunden Brecklings Zugang hatte, unter anderen zum Prokurator Gottfried zum Berge und zum Kurfürstlichen Rat Johann Paul Ludwig, der als ein Gönner der Spiritualisten bekannt war. Dann besuchte er einige niederländische Gemeinden, so auch Haarlem. Mit dem Ertrag der Kollekten wurden die zurückgeforderten Gelder erstattet. Im Februar 1667 unternahm er, ohne den Kirchenvorstand um Erlaubnis gefragt zu haben, eine dritte Kollektenreise und zwar nach Amsterdam. Während der früheren Reisen hatte er stets darauf verzichtet, den ihm zustehenden Teil zurückzubehalten. Jetzt tat er es von in Amsterdam gesammelten Geldern schon, weil der Kirchenvorstand wegen der schlechten finanziellen Lage ihm nur noch einen Teil seines Gehaltes ausbezahlen konnte.[33]

Drittens verursachte Charias einen Konflikt um das Brechen des Brotes beim Heiligen Abendmahl. Während der Amtsperiode Brawes hatte man diese Gewohnheit nicht gekannt, und Brawe stellte in seinem Katechismus, der zu Kampen benutzt wurde, jedem frei, das Brot zu brechen oder nicht.[34]

---

[33] Über die finanzielle Situation der Gemeinde und die Kollektenreisen von Charias siehe ELGK Inv. 15, Register der Einnahmen und Ausgaben; ELGK Inv. 1, Prot. – Kampen, 1646–1798, mit einer von Charias selbst geschriebenen finanziellen Verantwortung über die von ihm unternommenen Kollektenreisen, 25. April 1668; *Wotschke,* Schwärmerbriefe, MRKG 1935, 13. – ELGK Inv. 1 und 15 sind die einzigen Stücke aus dem Archiv der evangelisch-lutherischen Gemeinde zu Kampen, die auf die Periode von Charias Bezug nehmen. Aus Inv. 1 erweist sich, daß das Protokoll in der genannten Zeit nicht geführt wurde. Nur die erwähnte finanzielle Verantwortung wurde notiert. Sie zeigt, daß Charias mit seinen Kollektenreisen Hfl. 337, Hfl. 1014 und Hfl. 386 aufbrachte, was jeweils mehr als sein Jahresgehalt war, siehe oben Anm. 21.

[34] In Kampen werden, wie in den Niederlanden zu dieser Zeit üblich, bei der Feier des Heiligen Abendmahls die Oblaten gebraucht worden sein. – Der Katechismus Brawes wird in den in Anm. 29 angegebenen Quellen erwähnt, ist jedoch nicht mehr auffindbar.

Charias hingegen war aufgrund von Apostelgeschichte 2,42 und 1.Kor 11,24 überzeugt, es sei heilsnotwendig, das Brot zu brechen, um deutlich zu machen, daß der Körper Christi einmal für uns gebrochen wurde. Deshalb wollte er Brawes Katechismus abschaffen. Außerdem drohte er denjenigen, die sich dem Brotbrechen widersetzten, mit Christi Richterstuhl und kündigte ihren Kindern den ewigen Verlust der Seligkeit an.

Zum vierten machten der Gemeinde seine pazifistischen Äußerungen Sorgen. Er sprach nämlich einen Bannfluch über alle von den Christen geführten Kriege aus und wandte sich dazu noch an die Regierung der Niederlande, die zu dieser Zeit, 1665 bis 1667, im Kriege mit England standen. Weil der Magistrat Kampens kurz zuvor schon die Kirche für einige Zeit geschlossen hatte, fürchtete man, daß die Äußerungen Charias' die Freiheit der Gemeinde aufs neue gefährden könnten.

In der bedrängten Lage, in welche die Gemeinde durch das Auftreten ihres Pfarrers gekommen war, versuchte der Kirchenvorstand mehrmals, den Frieden wiederherzustellen. Ein für beide Parteien akzeptabler Vermittler sollte einen Ausweg finden. Breckling kam für eine solche Aufgabe nicht in Betracht, weil er bedingungslos die Seite Charias' gewählt hatte. Darum entschied man sich nach Rücksprache mit Charias für den schon mehrmals erwähnten Pfarrer Jungius. Dieser war ein Freund Brecklings und ebenso wie er aus Holstein gebürtig. Nach seinem theologischen Studium in Rostock amtete er bis zu seinem Tod 1678 als Pfarrer der lutherischen Gemeinde zu Monnickendam. Genauso wie Brawe hatte man ihn eingeladen, Superintendent in Sulzbach zu werden, aber er zog es vor, in seiner Gemeinde zu bleiben. Das Konsistorium machte ihm viele Schwierigkeiten. Wie Fabricius und Brawe verfügte er über gründliche Kenntnisse der hebräischen Sprache. Täglich hielt er in seiner Gemeinde collegia biblica. Nachdem er von Speners collegia zu Frankfurt gehört hatte, sandte er ihm, „als alter und erfahrener Pfarrer", seinen „modus praecedendi" zu.[35]

Jungius fuhr nun öfters mit dem Fährschiff über die Zuidersee nach Kampen, um Charias und die Gemeinde miteinander auszusöhnen. Besonders im Streit um die Kirchenordnung und die Rechtfertigungslehre strebte er einen Kompromiß an. Seine Bemühungen hatten jedoch keinen Erfolg, weil Charias nicht bereit war, irgend etwas von seinen Auffassungen preiszugeben. Trotzdem wandte sich Jungius nicht von ihm ab und verteidigte ihn mehrmals vor dem Amsterdamer Konsistorium. Während seiner Aufenthalte in Kampen hatte Jungius ihn ja einige Male predigen

[35] Über Jungius siehe u.a.: KKH, IV, 1090b–1091a, wo Breckling ihn als Chiliast bezeichnet; *Wotschke*, Freundeskreis, MRKG 1927, 18; *Visser*, myst., 171–174; *Breymeyer*, Optima politica, passim, spez. 395f., wo er nachweist, daß Jungius nicht, wie Wotschke und Visser meinen, 1679 gestorben ist, sondern 1678. – Übrigens nennt Breckling schon, KKH, IV, 1090b, das Jahr 1678 als Jungius' Todesjahr.

gehört. Die Gaben des nicht akademisch gebildeten Charias beeindruckten ihn so, daß er später erklärte, noch nie derartig gründliche Predigten gehört zu haben.[36]

Nach den mißlungenen Vermittlungsversuchen von Jungius beschloß der Kirchenvorstand, sich an das Amsterdamer Konsistorium zu wenden. Selbstverständlich geschah dies nach einigem Zögern, da er ja noch einige Jahre zuvor Charias gegen den ausdrücklichen Wunsch des Konsistoriums berufen hatte und ihn in Sulzbach ordinieren ließ. Im April 1667 empfing Amsterdam einen Brief, in dem sich Kampen über die abweichenden Lehrmeinungen von Charias beklagte und zugleich darum bat, eine Synode zur Schlichtung der Streitigkeiten einzuberufen. Dieser Brief wurde, zusammen mit einem Brief von Zwolle wegen des anstößigen Lebens Brecklings, am 11. Mai 1667 im Konsistorium besprochen. Auf den Wunsch nach einer Synode ging man nicht ein, doch war Amsterdam bereit, selber der Gemeinde von Kampen Hilfe zu leisten. Gleich darauf schrieb Kampen noch einen Brief, unterzeichnet von den Mitgliedern des Kirchenvorstandes und von einer Anzahl Gemeindeglieder. Ihm wurde ein eingehender Bericht über die Schwierigkeiten mit Charias beigefügt. Daraufhin bat das Konsistorium den Kirchenvorstand, Abgeordnete nach Amsterdam zu senden. Auch Charias wurde dorthin zitiert. Am 22. Juni 1667 erschienen zwei Kirchenräte, um im Auftrage Kampens die Angelegenheit mündlich zu erläutern. Charias jedoch kam der Aufforderung des Konsistoriums nicht nach. Obwohl er daraufhin selbst schriftlich versprach, nach Amsterdam zu kommen, blieb er dennoch in Kampen. Da er mehrmalige Einladungen, persönlich vor dem Konsistorium zu erscheinen, ausschlug, scheiterte auch der Vermittlungsversuch des Amsterdamer Konsistoriums. Der Streit in Kampen ging mit unverminderter Heftigkeit weiter.[37]

Charias konnte dabei nicht mehr auf Breckling zählen, der ihm bis hierher immer aktiv zur Seite gestanden hatte, weil dieser mittlerweile selbst in Schwierigkeiten geraten war. Sein Pfarrhaus war ein Zufluchtsort für Flüchtlinge, die ihrer spiritualistischen Auffassungen wegen ins Exil gegangen waren. Auf ihren Rat hin nahm er eine gewisse Elisabeth Crouse bei sich auf. Dieses Mädchen hatte seit längerem ekstatische Erfahrungen gemacht und konnte von ihren Eltern, Gemeindegliedern Brecklings, nicht mehr zu Hause behalten werden. Wie Breckling behauptete, bestürmten daraufhin wütende Gemeindeglieder, aufgewiegelt vom Amsterdamer Konsistorium, mehrmals das Pfarrhaus, um seine Freunde und das Mädchen zu vertreiben. Da dieses Vorhaben scheiterte, versuchten sie Breckling selbst loszuwerden, weil sie, wie er schrieb, „solchen Prediger nicht haben (wollten), der es mit

[36] KKH, IV, 1091 b.

[37] ELGA Inv. 21, Prot. Amst. Kons. 11. Mai, 22. und 29. Juni 1667. Nach letztgenanntem Datum fehlen bis 25. Juli 1668 die Angaben über Kampen; ELGA Inv. 95, Briefe – Amst. Kons. an Kampen 23. und 25. Juni 1667; ELGA Inv. 177, Briefe – Kampen an Amst. Kons., 11. April, 14. Mai (und Bericht in ELGA Inv. 227, siehe Anm. 29) und 1. Juni 1667.

solchen Leuten hielte, als die Pietisten heut sind". Sie nahmen ihre Chance wahr, als Breckling – unter Mißbilligung verschiedener Freunde – beschloß, das Mädchen zu heiraten. Vor der Hochzeit am 23. April 1667 entstand wiederum große Unruhe, da die ehemalige Hausangestellte behauptete, er habe ihr die Ehe versprochen. Zudem beschuldigte man ihn, er habe mit ihr sexuelle Beziehungen unterhalten, unter anderem in der Kirche auf der „Gotteskiste", einem Gegenstand, der sowohl zur Aufbewahrung der Kirchengelder als auch zur Feier des Abendmahls verwendet wurde. Nachdem diese Vorwürfe bekannt geworden waren, weigerten sich viele Frauen in der Gemeinde, das Altarsakrament aus den Händen Brecklings zu empfangen. Als der Kirchenvorstand von Zwolle mit dem schon erwähnten Brief das Amsterdamer Konsistorium über Brecklings Lebenswandel informierte, faßte dieses am 22. Juni 1667 den Beschluß, ihn wegen seines anstößigen Benehmens zu entlassen. Breckling leugnete allerdings die ihm zur Last gelegten Taten und verweigerte die Amtsniederlegung. Er beharrte auf dem Predigen für seine Anhänger, vielleicht die Hälfte der Gemeindeglieder, die anderen kamen schon gar nicht mehr in die Kirche. Dabei ließ sich Breckling von deutschen Reitern und Soldaten, Lutheranern, die in der Garnison Zwolle stationiert waren, beschützen. Mittlerweile blieben die Anklagen nicht auf sein sittliches Leben beschränkt. Auch die Schwierigkeiten mit der dänischen Obrigkeit, der Chiliasmus und das „unfreundliche Predigen" wurden ihm vorgeworfen. Die Sache kam vor den Magistrat, wo indes die Gegner Brecklings nicht im Stande waren, ihre Anklagen durch ausreichende Beweise zu erhärten. Daraufhin gingen sie zu einer anderen Taktik über. Sie versuchten nachzuweisen, daß sie die Mehrheit der Gemeinde bildeten und reklamierten deshalb, unterstützt von Abgesandten des Amsterdamer Konsistoriums, die nach Zwolle gekommen waren, die Kirche und das Pfarrhaus als ihr Eigentum.[38]

Weil Breckling in dieser für ihn schwierigen Lage Zwolle nicht verlassen wollte, sandte er Johann Georg Gichtel nach Kampen, um Charias in seinem Streit beizustehen. Dieser hatte wegen religiöser Überzeugungen den ganzen Besitz und die Stelle eines Juristen in Deutschland aufgeben müssen. Schon 1664 hielt er sich einige Zeit in Begleitung des Barons Justinian von Welz in Brecklings Pfarrhaus zu Zwolle auf. Danach trat Breckling mit ihm in Korrespondenz und benachrichtigte ihn unter anderem über den Streit in

38 SZ Breckling, undatierter Brief, gerichtet an das Amst. Kons.; Id., Liste mit Namen der Anhänger und Gegner Brecklings in der Gemeinde zu Zwolle; Id., Bericht für den reformierten Kirchenvorstand, 14. Oktober 1667; ELGA Inv. 21, Prot. Amst. Kons. 22. Juni 1667 (der Entlassungsbeschluß Brecklings; der Text ist – wahrscheinlich wegen des Anstoß erregenden Inhalts – unleserlich gemacht), 3. Aug. 1667; *Wotschke,* Schwärmerbriefe, MRKG 1935, 26; *S. Elte,* De zaak Frederik Breckeling te Zwolle, (abgekürzt: *Elte,* Breckeling), in: Nederlands Archief voor Kerkgeschiedenis 37, 1949–1950 (110–120) 110; *Visser,* myst., 177; *Blaufuß,* Friedrich Breckling, 151. – Die Aussage Brecklings über die „Pietisten", (*Wotschke,* Freundeskreis, MRKG 1927, 17) kann des Kontextes wegen erst nach seiner Abreise aus Zwolle geschrieben sein.

Kampen. Gichtel äußerte sich sehr positiv über Charias und betrachtete das Agitieren seiner Gegner als ein Werk des Teufels. Zuletzt schloß er sich der Hausgemeinschaft des gastfreundlichen Breckling an. Diesen hielt er für seinen Meister und ahmte ihn nach, beispielsweise indem er sein cholerisches Temperament übernahm. Breckling seinerseits betrachtete Gichtel als einen Auserwählten, der nach dem Vorbild Gifftheils das Urteil über die Welt sprechen sollte.[39]

Nachdem sich Gichtel Charias angeschlossen hatte, schrieb er am 20. Juni 1667 aus Kampen dem Amsterdamer Konsistorium einen Brief, in dem er bezeugte, daß Charias nach Gottes Geist und Wort das reine Evangelium Jesu Christi verkündige. Zugleich forderte er Abschriften der Unterlagen, die der Kirchenvorstand von Kampen in der Angelegenheit Charias dem Konsistorium zugesandt hatte, weil er diese dem Kamper Magistrat zur Verfügung stellen wollte. Dem Konsistorium warf er vor, sich trotz des Auftretens Luthers wie ein Papst zu benehmen. Natürlich ließ sich das Konsistorium auf diese Bitte Gichtels nicht ein.[40]

Auch für Breckling in Zwolle setzte sich Gichtel ein. Am 5. Oktober 1667 richtete er sich brieflich an die Pfarrer im Konsistorium. Darin behauptete er, es sei ihre Absicht, Breckling und ihn zu töten, denn nach 1. Johannes 3,15 sei doch jeder, der seinen Bruder hasse, ein Menschenmörder. Damit seien sie Anhänger des Teufels geworden, der nach Johannes 8,44 von Anfang an ein Menschenmörder gewesen sei. Auf diesen Brief hin erhob das Konsistorium gegen Gichtel Beschwerde bei den Behörden zu Zwolle. Tatsächlich wurde er Anfang Dezember 1667 gerichtlich dazu verurteilt, seinen Brief zurückzunehmen. Gichtel war jedoch in keiner Weise bereit, dieser Aufforderung nachzukommen. Es erwies sich als unmöglich, weitere Maßnahmen gegen ihn zu ergreifen, da er nach kurzer Zeit mit unbekanntem Ziel abgereist war. Wohl ließ er aufs Neue von sich hören. Er besorgte – nach Ansicht seiner Gegner mit fremder Hilfe – den Druck und die Verbreitung eines „schelmischen und gottlosen Lügengedichts", in dem er sowohl die weltlichen Autoritäten von Zwolle als auch die kirchlichen Behörden schwer beleidigte. Außerdem schrieb er demselben Magistrat einen sehr lästerlichen Brief. Diesem lag nun alles daran, Gichtel zu verhaften und abzuurteilen.[41]

---

[39] *F. H. R. Frank*, Friedrich Breckling, in: ADB 3, 278; *Hylkema*, Reformateurs, II, 410–414; *Wotschke*, Schwärmerbriefe, MRKG 1935, 14–18, Brief Gichtels an Breckling, 2. Februar 1665; *Bernard Gorceix*, Johann Georg Gichtel, théosophe d' Amsterdam (abgekürzt: *Gorceix*, Gichtel), o. O., 1975, 25; *Visser*, myst., 176f. – *Gorceix*, ebd. 23 und *Bruckner*, Friedrich Breckling, 34 erwähnen, daß Gichtel 1667 zu Breckling zog. *Hylkema*, ebd. 413 und *Visser*, ebd. 176 nennen dagegen als Jahreszahl 1666.

[40] ELGA Inv. 177.

[41] ELGA Inv. 177, Brief des lutherischen Arztes Th. H. Pietsch zu Zwolle an das Amst. Kons. geschrieben zu Kampen, 14. Februar 1668; Stadtarchiv Zwolle, Register der gerichtlichen Urteile in strafrechtlichen Sachen, Inv. 00465 (1639–1720), Text des Urteils gegen Gichtel (siehe auch Anm. 43). – Eine Kopie des undatierten Briefes Gichtels an die Pfarrer des Amst.

Man vermutete, daß sich dieser in Kampen aufhielt, weil sowohl das Gedicht wie der Brief von Kampen her kamen. Darum reiste der lutherische Arzt Pietsch, ein Gegner Brecklings, auf Geheiß eines der Bürgermeister von Zwolle nach Kampen, um eine Untersuchung anzustellen. Er entdeckte, daß das Gedicht, nach seiner Meinung von wahnsinnigen und unruhigen Geistern geschrieben, von einem gewissen Gerrit Ostendorp gedruckt war. Dieser teilte ihm mit, er wisse nicht, ob Gichtel oder Breckling das Gedicht angefertigt habe, jedenfalls habe ihm Breckling den Druckauftrag erteilt. Fünfhundert Exemplare habe er bestellt. Darüber hinaus sei ihm der Druck weiterer Arbeiten Brecklings oder Gichtels in Aussicht gestellt worden. Vom Vorsänger der lutherischen Gemeinde zu Kampen hörte Pietsch, daß Gichtel sich wahrscheinlich im Pfarrhaus nebst der Kirche aufhielte. Das sei zu vermuten, weil Charias ihn in letzter Zeit nicht in das Haus lassen wollte. Außerdem höre er gelegentlich während des Gottesdienstes Schritte auf dem Dachboden der Kirche. Daraufhin ließ Pietsch die täglich verkehrenden Fährschiffe nach Amsterdam kontrollieren, um ein Entkommen Gichtels zu verhindern.[42]

Die Anstrengungen von Pietsch wurden belohnt. Man fand Gichtel und überstellte ihn nach Zwolle, wo er vor Gericht gebracht wurde. Den Hauptvorwurf bildeten die Schmähungen in seinem aus Kampen an den Magistrat geschriebenen Brief. Weil er den Widerruf verweigerte und keine Spur von Reue zeigte, hielt das Gericht eine strenge Strafe für vertretbar. Trotzdem sah das Gericht „wegen seines entsetzten Gehirns und phantastiquer Laune" davon ab. Statt Geißelung, Brandmarkung oder Einweisung in ein Zuchthaus, Strafen, die nach der Meinung von Pietsch, im vorliegenden Fall gerechtfertigt gewesen wären, wurde er entsprechend dem Urteil vom 28. Februar 1668 im Hof des Rathauses zu Zwolle an den Pranger gestellt. Der Henker schlug ihm mit dem inkriminierten Brief und mit einigen seiner gedruckten Schriften, vielleicht auch mit dem von Ostendorp herausgegebenen Gedicht ins Gesicht, woraufhin diese auf der Stelle verbrannt wurden. Schließlich verbannte man ihn für fünfundzwanzig Jahre aus Zwolle und aus der ganzen Provinz Overijssel. Weil Gichtel aber, wie üblich, noch acht Tage Frist bekam, um Stadt und Provinz zu verlassen, begab er sich sogleich nach Kampen, wo er noch einige Tage im Pfarrhaus von Charias verbrachte. Dann verließ er Kampen mit dem Fährschiff und nahm in Amsterdam Wohnsitz.[43]

Kons., in der Handschrift Pietschs, in: SZ Breckling und wiedergegeben bei *Elte*, Breckeling, 119f. Das Datum 5. Oktober 1667 konnte aufgrund des genannten Briefes von Pietsch bestimmt werden.

[42] ELGA Inv. 177, Brief – Pietsch 14. Februar 1668.

[43] Stadtarchiv Zwolle, Urteil gegen Gichtel (siehe Anm. 41). Dieses wurde am 28. Februar 1668 (alten Stils) ausgesprochen, also am 9. März des Schaltjahres 1668 (neuen Stils). In dieser Periode war die Anwendung des alten Stils in Zwolle noch üblich, siehe *B.J. van Hattum*, Geschiedenissen der stad Zwolle IV (abgekürzt: *Van Hattum,* Zwolle), Zwolle 1775, reprint Zwolle 1975, 86f. – *Gorceix,* Gichtel, 23, gibt jedoch als Datum 6. März 1668.

Mittlerweile setzte sich zu Kampen der Streit zwischen Charias und seinen Gegnern unvermindert fort. Im Januar 1668 hatte der Kirchenvorstand einen Schlosser beauftragt, die Kirchentüre mit einem neuen Schloß zu versehen, um Charias den Zutritt zur Kirche zu verwehren.[44] Diese Maßnahme führte nicht zum Erfolg, da Charias seine Gottesdienste auf übliche Weise fortsetzte. Als er nach Gichtels Abreise eine neue Beichtregelung einführen wollte, kam es erneut zu großer Aufregung in der Gemeinde.

Die beiden Freunde hatten immer den allgemeinen Sittenverfall beklagt. Gichtel meinte, diesem könne Einhalt geboten werden, wenn man den Gemeindegliedern vor der Zulassung zum Abendmahl die Beichte abnähme. Ebensowenig wie in den anderen niederländischen lutherischen Gemeinden kannte Kampen diese Praxis. Stattdessen hielt man kurz vor der Feier des Sakraments in der Kirche eine Generalbeichte. Aber Charias entschloß sich in Übereinstimmung mit den Ideen Gichtels, diese Ordnung zu ändern. Nach Gichtels Weggang ergab sich bald die Gelegenheit dazu, weil die Gemeinde am Ostersonntag auf übliche Weise das Abendmahl feiern sollte. Unmittelbar vorher teilte er mit, daß er die Privatbeichte einführen wolle. Allerdings sollte diese auf die deutschen lutherischen Soldaten der Kamper Garnison beschränkt werden. Wahrscheinlich hielt er den Sittenverfall unter ihnen für am schlimmsten. Charias verlangte, daß sie sich einzeln vor der Feier des Sakraments im Pfarrhaus melden sollten, um sich von ihm die Beichte abnehmen zu lassen. Die Soldaten waren aber nicht bereit, sich einer solchen neuen Regelung zu unterwerfen. Am Ostersonntag kamen sie mit gezogenem Degen in die Kirche und verlangten ohne Vorbedingung die Zulassung zum Abendmahl. Charias wurde schwer bedroht und man hätte ihn wohl erstochen, wenn nicht einer der Soldaten ihn mit gezogener Waffe vor den Kameraden geschützt hätte.[45]

Erneut wurde Jungius aus Monnickendam zur Streitschlichtung beigezogen. Er verwies auf die Tatsache, daß in den niederländischen Gemeinden die Beichte nicht verpflichtend sei und empfahl darum Charias, die Privatbeichte nicht einzuführen, weil die hervorgerufene Unruhe die Freiheit der Gemeinde gefährden könne. Sein Vermittlungsversuch führte allerdings zu nichts. Der Kamper Magistrat hielt jetzt die Zeit für reif, um einzugreifen.

---

[44] ELGK Inv. 15, Register der Einnahmen und Ausgaben, 29. Januar 1668.

[45] *Schultz Jacobi,* Overijssel, 119f. – Die Generalbeichte wird in der schon genannten „Generale Kerkelijke Ordonnantie" (GKO), I, IV, Art. 4, ELGA Inv. 259 erwähnt. Gemeindeglieder, die an dieser Feier teilgenommen hatten, bekamen am Ende zum Beweis für ihre Anwesenheit eine Marke, eine sogenannte „Abendmahlsplombe", die bei der Feier des Sakraments wiederum abgeliefert wurde, GKO I, IV, Art. 5. Daneben erwähnt die GKO wohl die Möglichkeit der ‚privata absolutio', GKO I, IV, Art. 3. Siehe dazu auch: *Estié,* Stichting, 36, 38. – Schultz Jacobi nennt das Datum der Abendmahlsfeier nicht. Diese muß aber, entsprechend der Übung in den niederländischen Gemeinden am Ostersonntag stattgefunden haben, GKO I, IV, Art. 1. – Nach Ansicht von Schultz Jacobi sei Gichtel speziell aus Amsterdam herübergekommen, um die Einführung der Privatbeichte zu erleben. Falls dies zutrifft, ging er ein sehr großes Risiko ein, da auf die Übertretung eines Verbannungsurteils außergewöhnlich strenge Strafen standen.

Am 13. April 1668 mußte Charias vor dem Schöffengericht erscheinen. Während der Sitzung wurde ihm erstens zur Last gelegt, in seiner Gemeinde große Unruhe verursacht zu haben. Zweitens brachte man gegen ihn vor, sich in der Lehre nicht an die Augsburgische Konfession gehalten zu haben und so gegen die Bedingungen zu verstoßen, unter denen der Magistrat ihn als Pfarrer in Kampen zulasse. Aus diesem Grunde wurde auch über ihn das Verbannungsurteil gesprochen: Innerhalb von acht Tagen mußte er Kampen auf immer verlassen. Nach Brecklings Meinung hatte das Amsterdamer Konsistorium bei dieser Entscheidung seine Hand im Spiel und Gichtel behauptete gar, auch Jungius habe damit zu tun gehabt.[46]

Einige Tage nach der Verkündigung des Urteils legte Charias im Protokollbuch des Kirchenvorstandes, das während seiner Amtsperiode nicht geführt worden war, einen ausführlichen Bericht über die drei Kollektenreisen, die er zugunsten seiner Gemeinde unternommen hatte, nieder. Dann zog er von Kampen weg und ließ eine lutherische Gemeinde zurück, die nach der Umschreibung des Kirchenvorstandes „klein, arm und sehr verstreut geworden war“. Das Amsterdamer Konsistorium sorgte dafür, daß ihm schon am 7. August 1668 der niederländische Kandidat Johannes Baers aus Woerden im Amte nachfolgte. Dieser bekam den Auftrag, den Frieden in der Gemeinde wiederherzustellen. Viel Zeit hat er sich dafür nicht genommen, da er schon Anfang April 1669 eine Berufung nach Utrecht akzeptierte.[47]

Bei seiner Übersiedlung führte Charias das Testament des Baron von Welz in seinem Gepäck mit sich, der mittlerweile in Westindien ums Leben gekommen war. Als Bevollmächtigter Brecklings reiste er zuerst nach Nürnberg, um die Gelder, die der Baron an Breckling und Gichtel für die Heidenmission vererbt hatte, in Empfang zu nehmen. Daraufhin kehrte er in die Niederlande zurück und nahm mit seiner Haushälterin Wohnsitz in Amsterdam. Sie zogen bei Gichtel ein, wo auch Erasmus Hoffmann wohnte. Da Charias über kein Einkommen mehr verfügte, mußte er durch Übersetzungs- und Korrekturarbeit seinen Lebensunterhalt bestreiten. Aber auch auf geistlichem Gebiet setzte er seine Tätigkeit fort. Er nahm aus Lübeck vertriebene Geistesverwandte auf und hielt für sie Konventikel, bis er diese im Auftrag Gichtels, mit dem er ansonsten keineswegs spannungsfrei auskam, beendete.[48]

---

[46] Stadtarchiv Kampen, Gerichtsarchiv A, Schöffengericht, Inv. 3, Liber causarum, Register anhängiger Sachen 1604–1689, Urteil 13. April 1668; *Schultz Jacobi,* Overijssel, 120. – Was Gichtel von Jungius behauptet, ist angesichts von dessen Wertschätzung für Charias eher unglaubwürdig, KKH, IV, 1091b.

[47] ELGK Inv. 1; ELGA Inv. 177, Brief – Kampen an Amst. Kons. 1. Mai 1668; ELGA Inv. 21, Prot. Amst. Kons. 8. August 1668; *Schultz Jacobi,* Overijssel, 121.

[48] *Wotschke,* Der märkische Freundeskreis Brecklings, JBrKG 1928, 151 Anm. 30; *Id.,* Schwärmerbriefe, MRKG 1935, 13; *Schultz Jacobi,* Overijssel, 120f. – Siehe über Erasmus Hoffmann: KKH, IV, 1093a, wo er von Breckling als „studiosus mysticae theosophiae“ charakterisiert wird.

Inzwischen war auch Breckling zu Zwolle unterlegen, indem der Magistrat seinen Gegnern am 25. Januar 1668 die Kirche und das Pfarrhaus zuwies. Wegen der Schwangerschaft seiner Frau wurde er nicht einfach auf die Straße gesetzt, sondern konnte schon bald eine neue Wohnung beziehen. Dort setzte er seine Arbeit fort und predigte jeden Sonntag vor 25 bis 30 Zuhörern. Obwohl der Magistrat keineswegs damit einverstanden war, wagte er es nicht, ihn ganz einfach zu verbannen, weil er den Schutz verschiedener hoher Persönlichkeiten genoß, unter andern des Prinzen Wilhelm III., der sich im April 1668 in Zwolle aufhielt.[49] Schließlich ging er doch weg und ließ sich ebenso wie Gichtel und Charias in Amsterdam nieder.[50]

Am 30. Dezember 1672 starb Charias im Alter von 34 Jahren, ohne eine einzige Schrift hinterlassen zu haben. Gichtel sorgte dafür, daß sein Freund und Hausgenosse auf dem Kartäuserfriedhof zu Amsterdam begraben wurde, nahe an dem Grab Gifftheils, der 1661 gestorben war. Erasmus Hoffmann schrieb über ihn: „Unser Hauspatron Bruder Charias ist im Herrn selig entschlafen. Ging mit einem Halleluja ein in die ewige Freude... War in der Vereinigung mit Gott und inwendigen Erfahrung weit gekommen."[51]

---

[49] ELGA Inv. 227, ein Auszug des Urteils gegen Breckling, von Th. H. Pietsch mit einem begleitenden Brief d. d. 26. Januar 1668 an das Amst. Kons. geschickt; ELGA Inv. 227, Brief – Pietsch „namens der triumphierenden Glieder der lutherischen Gemeinde Zwolle" an das Amst. Kons., 28. Januar 1668; ELGA Inv. 227, Brief – Pfarrer H. Vos, der an Brecklings Stelle trat, an das Amst. Kons., 29. April 1668. – Die spätere Frau Wilhelms III., Mary Stuart, ließ Breckling eine jährliche Zuwendung zukommen, damit er sie in seine Gebete aufnehme. Nach ihrem Tod 1694 wurde diese Unterstützung von Wilhelm III. fortgesetzt, *Nielsen*, Friedrich Breckling, 369. – Ein Aufsatz über die Auseinandersetzungen Brecklings befindet sich in Vorbereitung.

[50] *Bruckner*, Friedrich Breckling, 35, erwähnt, daß sich Breckling 1672 in Amsterdam niederließ. Der Zeitpunkt seiner Abreise aus Zwolle läßt sich noch etwas näher präzisieren. In KKH, IV, 1091 b s. v. Charias schreibt Breckling: „Nachdem (die Amsterdamer) Gichtel und Charias von Zwoll und Campen vertrieben, und ich ihnen nach Amsterdam bey der Frantzen Einfall von Zwoll gefolget". Und in einem von *Wotschke*, Freundeskreis, MRKG 1927, 17f. aufgenommenen, aber nicht näher angegebenen Bericht Brecklings teilt dieser mit, daß er nach der Räumung des Pfarrhauses noch vier Jahre anderswo in Zwolle gewohnt habe, „bis Gott uns drang, von solchem Sodom auszugehen, und kurz darauf ging Zwolle über an die Frantzen mit Verräterei, so daß alle Leute müssen bekennen, daß Gott uns zur rechten Zeit wie Loth aus Sodom errettet". – Im Jahre 1672, in der niederländischen Geschichte das „Notjahr" genannt, drangen die Armeen Ludwigs XIV. und der Bischöfe von Köln und Münster, unterstützt von der englischen Flotte, in die Niederlande ein. Sie eroberten Zwolle am 23. Juni 1672 (neuen Stils), siehe *Van Hattum*, Zwolle, 14f., 18. Also muß Breckling kurz vor diesem Datum Zwolle verlassen haben.

[51] KKH, III, 152a; KKH, IV, 1093a; *Schultz Jacobi*, Overijssel, 121; *Wotschke*, Schwärmerbriefe, MRKG 1935, 13; *Wotschke*, ebd., 23f., Brief – Erasmus Hoffmann an N. N., 2. Mai 1673; *Wiedemann*, Sulzbacher Geistesleben, 26; *Visser*, myst., 175. – Wotschke gibt zwei Lesarten zum Todesjahr von Charias. Er spricht einerseits über die Tatsache, daß er am 30. Dezember 1672 die Augen schloß, andererseits über seinen Tod 1673, so auch *Visser*, myst., 175. Die Begräbnisregister des ehemaligen Kartäuserfriedhofs zu Amsterdam, aufbewahrt im dortigen Stadtarchiv, hätten hier Aufschluß geben können. Leider fehlen die Daten von März 1672 bis einschließlich Mai 1673. Vielleicht kann man die beiden Angaben Wotschkes so

Die lutherische Gemeinde zu Kampen hatte diese Vereinigung mit Gott und seine inwendige Erfahrung zuerst sehr deutlich gespürt und wohlwollend beurteilt. Aus diesem Grunde behauptete sie sich sogar gegenüber dem Amsterdamer Konsistorium, um ihn als nicht akademisch gebildeten Pfarrer berufen zu können. Aber unter dem Einfluß Brecklings wurde sein Auftreten so radikal, daß ein Konflikt unvermeidlich wurde, nicht nur mit kirchlichen Behörden, sondern auch mit den gewöhnlichen Gemeindegliedern, die nicht imstande oder bereit waren, ihm in seiner auf Erfahrung gegründeten Anschauung über das ewige Heil in Christus zu folgen. Jungius hatte nicht die Autorität, ihn irgendwie zu bremsen. Und der Rat Gichtels zur Beichte bedeutete zuletzt den Anfang seines Untergangs als Pfarrer der lutherischen Gemeinde zu Kampen.

interpretieren, daß Charias am 30. Dezember 1672 starb und wenige Tage später, Anfang 1673, beerdigt wurde.

Willi Temme

Die Buttlarsche Rotte

Ein Forschungsbericht

I.

Im August 1704 unternahm der Graf von Wied-Runkel zusammen mit Landgraf Ernst-Ludwig von Hessen-Darmstadt und weiterer Begleitung eine Reise durch das Wittgensteiner Land. Ihre Absicht war es, die hier oft in seltsamen Verhältnissen lebenden Separatisten persönlich kennenzulernen; und es hat den Anschein, als hätte ihr ganz spezielles Interesse den Bewohnern des gräflichen Hofes Saßmannshausen gegolten. In dem aus der Reisegesellschaft stammenden Bericht heißt es:

„... und, nachdem wir ihm [dem in der Nähe von Saßmannshausen lebenden ehemaligen Pfarrer Dilthey] eröffnet, daß wir hierher gekommen, die berühmte Mutter Eva, so sich hier aufhält, zu sehen, gingen wir sämmtlich nach dem Hof, wo die Mutter Eva wohnt, zu. Diese Mutter Eva ist die sogenannte Hofmeisterin von Eisenach, eine Buttlarin von Geschlecht, aus Sachsen (Hessen) gebürtig, ist ungefähr 32 (34) Jahre alte, hat eine gute Taille, hübsch, eine schöne gorge, siehet ziemlich lasciv, frech und geil aus; sie ist zu Eisenach verheirathet gewesen mit einem Franzosen Namens de Vesias, welcher Tanz- und Page-Hofmeister daselbst gewesen. Nachdem sie ihren Mann zehn Jahre zur Ehe gehabt und keine Kinder mit ihm gezeugt, ist sie von ihm gegangen und hat ihn bis diese Stunde verlassen. Nach der Zeit hat sie schon sechs Männer gehabt, und heißt der siebente, den sie jetzt hat, *Winter*, ein schlechter Mensch von Ansehen. Es ist aber wohl zu bemerken, daß diese Leute sämmtlich die heilige Schrift wohl gelesen haben und fast auswendig können."[1]

---

[1] *Max Goebel*, Geschichte des christlichen Lebens in der rheinisch-westphälischen evangelischen Kirche, Bd. 2, Koblenz 1852, 800f.
Der anonyme Reisebericht ist mehrfach veröffentlicht worden: a) aaO., 764–771, 800-805; b) aufgeteilt auf zwei Editionen der Zeitschrift Wittgenstein: Kurze Beschreibung, was ich bei Durchreisung der Grafschaft Wittgenstein von denen daselbst wohnenden Pietisten gesehen und observieret, Wittgenstein 30 (1966), 22–25; *Eberhard Bauer*, Die Buttlarsche Rotte in Saßmannshausen, Wittgenstein 38 (1974), 148–161. Sowohl Goebel wie auch der jüngeren Veröffentlichung lag die unvollständige Fassung (Schluß fehlt) vor, die sich im Wittgensteiner Archiv in Laasphe findet: Akte K 289. c) Eine vollständige Fassung liegt der Veröffentlichung

Der Reisebericht schildert weiter, wie es bei dem anschließenden Treffen zu einem heftigen Disput zwischen dem oben erwähnten Dilthey und der Mutter Eva kam. Dieser warf ihr nicht nur vor, daß sie und ihre ganze Gesellschaft miteinander Unzucht trieben, sondern daß sie zudem auch noch die Dreistigkeit besäße, „concubitum promiscuum und die fleischliche Vermischung als etwas heiliges (zu statuiren)".[2] Weit entfernt aber davon, diese Tatsachen zu dementieren, wies Eva von Buttlar in ihrer Antwort lediglich den vorwurfsvollen Charaker von Diltheys Rede zurück und erklärte: „Menschenvernunft könne dieses Geheimniß nicht begreifen, und mein Geist leidet nicht, daß ich es ihnen offenbare."[3]

Unzucht war nur *ein* Vergehen, dessen die Buttlarsche Rotte beschuldigt wurde. Daneben warf man ihr Blasphemie, Abtreibung und Mord an zwei Säuglingen vor. Hier soll auf diese Vorwürfe nicht einzeln eingegangen werden. Hingewiesen sei aber darauf, daß die sogenannten Greuel der Rotte nicht in den Hirnen einiger Denunzianten geboren wurden – wie man bei der phantastischen Palette der Vorwürfe leicht annehmen könnte –, sondern daß sie tatsächlich ihren Grund in der Wirklichkeit haben.

Diese Vergehen haben seit jeher den Blick auf die religiösen Motive der Saßmannshäuser Gesellschaft verstellt. Überhaupt, kann man sagen, spielt die Beschäftigung mit dem Selbstverständnis der Rotte, das zutiefst von religiösen Ideen bestimmt war, in der zu besprechenden Literatur nur eine nebensächliche Rolle. Darauf möchte ich am Schluß noch zu sprechen kommen. – Ein vornehmliches Interesse der Autoren galt der Verhältnisbestimmung von Buttlarscher Rotte und Pietismus. Dabei stand aber an erster Stelle die Frage: Was sagt das *Phänomen Buttlarsche Rotte* über den Pietismus aus?, und nicht etwa die Frage: Was trägt „der" Pietismus zum Verständnis der Buttlarschen Rotte bei? Überspitzt könnte man sagen: Nicht der Buttlarschen Rotte an sich galt das Interesse sondern den Entartungen und Extravaganzen. Und eben an der Beurteilung dieses Phänomens zeigte es sich, wie man es mit dem Pietismus hielt. Wohl waren sich Anhänger wie Gegner des Pietismus einig in der Ablehnung und Verurteilung der skandalösen Lebensweise. Die Geister schieden sich jedoch an der Frage, ob – um im Bild zu

---

von *Eduard Becker* zugrunde: Eine Handschrift zur Geschichte der buttlarischen Rotte, o. O. u. J. [1905]. Der erste Teil des Berichts wird hier aber nur in einer Zusammenfassung geboten. d) Vollständig wird der Bericht nur in der frühesten Veröffentlichung abgedruckt – hier allerdings nur mit chiffrierten Personen- und Ortsnamen: Ausführliche Beschreibung des Neuen Unfugs (...), s. u. A.23, 3–16. e) Auf eine weitere Handschrift (HStA Dresden, Loc. 8672) verweist *Heinz Renkewitz*, Hochmann von Hochenau (1670–1721). Quellenstudien zur Geschichte des Pietismus, [Breslau 1935], Witten ²1969 (AGP 5), 183, A.2. Dieser Dresdner Handschrift entstammt die Mitteilung, daß Landgraf Ernst Ludwig und Hofrat von Kametzky der Reisegesellschaft angehörten. Die Anwesenheit des Landgrafen bei einer Versammlung der Mutter Eva belegt *Theodor Wotschke*, August Hermann Franckes rheinische Freunde in ihren Briefen, MRKG 22 (1928), 218.

2 AaO., 803.

3 AaO., 804.

reden – das Virus, das in der Buttlarschen Rotte zum Ausbruch kam, bereits latent in der gesamten pietistischen Bewegung vorhanden war; oder anders ausgedrückt: Ob der Pietismus *an sich* eine so gefährliche Erscheinung war.

II.

Blicken wir nun auf die Literatur, so lassen sich grob drei Phasen unterscheiden.

- Zur ersten Phase gehören die Veröffentlichungen der Jahre 1702 bis 1711. Es ist dies die Zeit der großen Aufregung. Die ohnehin schon stark angefeindeten Pietisten, die kirchlichen sowohl wie die radikalen, sehen sich konfrontiert mit dem Vorwurf der Mitverantwortung für die Greuel.
- Eine zweite Phase beginnt 1725 mit Christian Thomasius' Veröffentlichung und Kommentierung der Buttlarschen Prozeßakten. Die Rotte ist nun Gegenstand der Geschichtsschreibung geworden.
- In einer dritten Phase – nach 1945 – erscheint die Buttlarsche Rotte in Spezialuntersuchungen zur Geschichte des Pietismus.

1. *Die Zeit der großen Aufregung*

1705 erschien Johann Friedrich Mayers Schrift *Nova atque abominanda Pietistarum Trinitas.*[4] Diese – mit Christian Thomasius zu urteilen – „unter dem Schein einer Theologischen Disputation (...) (abgefaßte) lästerliche Scarteque“[5] eröffnete eine Auseinandersetzung zwischen dem Autor und den hallischen Pietisten, die sich über mehrere Jahre hin erstreckte und einen Höhepunkt im sog. Pietismusstreit darstellt.[6] Etwa ein Drittel von Mayers Schrift nimmt die wörtliche Wiedergabe der Wittgensteinschen *Edictal-Citation*[7] vom 27. Mai 1705 ein. Es ist dies eine Art Steckbrief, in welchem die Greuel der Rotte einzeln aufgezählt werden: „Verspottung und Verletzung der Allerheiligsten Majestät und Dreyeinigkeit GOttes/ gestalten du

[4] Hier zitiert nach der Ausgabe: NOVA ATQUE ABOMINANDA PIETISTARUM TRINITAS, ... accedit dissertatio Utrum speranda sit Spiritus S. incarnatio?, Greifswald 1709.

[5] Vernünfftige und Christliche aber nicht Scheinheilige Thomasische Gedancken Und Erinnerungen Uber allerhand Gemischte Philosophische und Juristische Händel, Dritter Theil, Halle 1725, 208.

[6] Vgl. dazu *[Johann Georg Heinsius]*, Kurtze Fragen aus der Kirchen-HISTORIA des Neuen Testaments, Achter Theil, Jena Neue Auflage 1734, 215–224; Heinsius spricht von einem „Haupt-Umstand in der pietistischen Historie“ (215). Vgl. auch die editorischen Einleitungen zu: *August Hermann Francke*, Streitschriften, TGP II/1, hg. v. *E. Peschke*, Berlin/New York 1981, 221 f. und 269.

[7] Ebenfalls abgedruckt in: UnNachr 1706, ^{2}1708, 217–220; *Johann Wolfgang Jaeger,* Historiae ecclesiasticae et politicae, Tomi II, Pars II, Hamburg 1717, 238; *Thomasius,* wie A.5, 209–212; *E. F. Keller,* Die Buttler'sche Rotte, ein merkwürdiges Seitenstück zu den neu entdeckten Muckern in unsern Tagen, ZHTh 15 (1845), 103–105.

Winter dich vor GOtt den Vater/ du Appenfeller dich vor GOtt den Sohn/ und du Eva Margaretha dich vor GOtt den Heil. Geist/ vor das neue Jerusalem und unser aller Mutter ehren lassen/ (...) und ihr unter diesem Schein und eurer eingebildeten Gottseeligkeit und Frommheit nicht anders als Hurerey/ Ehebruch/ Blutschande/ grosse Gotteslästerungen/ darunter auch Mord und andere grosse Ubelthaten"[8] begangen habt.

Nur angemerkt sei an dieser Stelle, daß bereits im Kasseler Pietisten-Edikt vom September 1702 wohl im Hinblick auf die Allendorfer Sozietät der Mutter Eva von „gewisse[n] Leute[n]" die Rede war, „sowohl Manns- als Weibes-Personen von allerhand Ständen", die „sich auf eine unchristlich- und gantz viehische Weise zusammen thun".[9]

Mit dem Abdruck der Wittgensteinischen *Citation* verfolgt Mayer die Absicht, den Pietisten quasi einen Spiegel vorzuhalten: Diese zu verabscheuende Dreieinigkeit der Pietisten ist nichts weiter als die notwendige Folge ihrer Schwärmereien und ihrer mystischen Theologie.[10]

Als Reaktion auf Mayers massive Vorwürfe erscheint 1706 August Hermann Franckes *Antwort-Schreiben an einen Freund zu Regenspurg.*[11] In dieser Schrift verfolgt Francke nun eine vierfache Strategie, um die Beschuldigung zurückzuweisen, zwischen den Pietisten und der gottlosen Wittgensteinischen Gesellschaft gebe es irgendwelche Gemeinsamkeiten: Zum einen zeigt er sich aufs äußerste empört über diesen „Unflath und Dreck des Teufels".[12] Zweitens weist er nach, daß die Konversion der Rotte zum Katholizismus[13]

---

[8] *Mayer,* wie A.4, 4f.

[9] Fürstlich Hessen-Casselisches Edict, in: *Erdmann Neumeister,* PIETISMUS A MAGISTRATU POLITICO REPROBATUS ET PROSCRIPTUS, Oder Die von weltlicher Obrigkeit in- und ausserhalb des Röm. Reichs verworffene und verwiesene Pietisterey/ (...), Hamburg 1736, 192–195, hier 193; ebenfalls abgedruckt bei *J. G. Walch,* Historische und Theologische Einleitung in die Religions-Streitigkeiten der Evangelisch-Lutherischen Kirche, (Faksimile-Neudruck der Ausgabe) Jena 1733–1739, Bd. 1, 778–80; *C. W. H. Hochhuth,* Heinrich Horche und die philadelphischen Gemeinden in Hessen. Ein Beitrag zur Geschichte des christlichen Lebens in der evangelischen Kirche. Nach ungedruckten und gedruckten Quellen, Gütersloh 1876, 153–55.

[10] „Sed nolo aliquid addere nisi illud, Deitatem Mysticam & unionem illam Deificantem Pietistarum, non posse non gignere blasphema hujus Trinitatis monstra in mente hominis in Pieti starum castris pugnantis & nefandam, abominandamque hujus generis Trinitatem ex Pietistarum hypothesibus sponte fluere." Mayer, wie A.4, 11.

[11] *Francke,* Antwort-Schreiben an einen Freund zu Regenspurg geschrieben den 25. Febr. 1706. Eine ihm von demselben aus Regenspurg communicirte Relation von einer sich damals zu Schwartzenau befindenden gottlosen Gesellschaft/ und Hernn Doct. Mayers zu Greiffswald/ Disputation de nova atque abominanda Trinitate Pietistarum betreffend, Halle 2. Aufl. 1707, in: TGP II/1 (s. o. A.6), 217–230. Die im Titel erwähnte ‚Relation' ist mit großer Wahrscheinlichkeit der oben zitierte Reisebericht, s. o. A. 1.

[12] AaO., 223.

[13] Nach geglückter Flucht aus dem Gefängnis in Laasphe, am 14. 3. 1705, hatte sich ein Teil der Gruppe über Mainz nach Köln abgesetzt, wo man ‚pro forma' zum Katholizismus übergetreten war. Vgl. *Goebel,* wie A.1, 793 – Mit der Flucht aus Laasphe endete der Aufenthalt der Gesellschaft im Wittgensteinischen. Falsch ist die Darstellung *Erich Beyreuthers,* der die Buttlarsche Rotte hier einige Jahre länger, nämlich „,Von 1704 bis 1711 (...) offensichtlich fast bis zuletzt ungestört ihr Wesen treiben" läßt: Geschichte des Pietismus, Stuttgart 1978, 302.

ja zur Genüge ihre gänzliche Andersartigkeit zeigt: „In der Evangelischen Kirche mag man froh seyn/ daß diese Rotte mit ihrem Ubergange zum Papstthum selbst bezeuget/ daß sie zur Evangelischen Kirche nicht gehöret."[14] Drittens spreche gegen die Behauptungen des D. Mayer, daß die Mitglieder der Rotte sich selber nie als Pietisten bezeichnet hätten.[15] Und viertens lägen die Motive des Greifswalder „Läster-Geistes" ja offen zutage: „Daß er es Trinitatem Pietistarum nennet/ damit er nur andere verunglimpffe/ (...) eben wie es die Heyden ehemals denen Christen/ und die Papisten zur Zeit der Reformation denen Evangelischen gemacht haben".[16]

Die Kontroverse, ob nun die Mutter Eva und ihr Anhang zu Recht oder zu Unrecht als Pietisten bezeichnet worden waren, wurde 1707 fortgesetzt mit Mayers Vorrede zu der neu edierten *Warnung/ an die Studiosos Theologiae so den Schwedischen Scepter unterthänig seynd/ sich für denen Observationibus Biblicis Hrn. August Hermann Franckens (...) wohl fürzusehen.*[17] Mayer bringt hier noch einmal seine Meinung auf die Formel, „Schwärmerey und Ruchlosigkeit unter dem Schein der Pietät", das seien die Eigenschaften, die einen Pietisten ausmachten.[18] Auf dem Höhepunkt seiner Argumentation kommt er schließlich zu folgenden spitzfindigen Sätzen: „Ich behaupte aber/ daß ich in der Disputation mit Recht Herr D. Spenern und die andern Pietisten habe anführen können. Nicht/ daß ich sie einer so groben abscheulichen Trinität oder verdammlichen Boßheit beschuldigte/ sondern weil sie in einem solchen Irrthum auff subtilere Art gefährlich stecken. Denn da sie die Theologiam Mysticam so hoch vertheidigen und wollen getrieben haben/ so müsten sie auch den Satz als Theologi Mystici billigen: *Es sey ein jeder Pietiste GOtt.* Es könne ein Pietiste sagen/ durch den Weg der Vereinigung: *Ich bin GOtt selbst. Seynd nun drey Pietisten beysammen/ so haben wir eine neue Dreyeinigkeit.*"[19]

Der polemische Grundton dieser Attacke ändert meines Erachtens nichts daran, daß sich eine künftige Verhältnisbestimmung von Pietismus und Buttlarscher Rotte mit dem theologischen Gehalt einer solchen Position auseinanderzusetzen haben wird.

Franckes *Gründliche und Gewissenhaffte Verantwortung gegen Hn. D. Johann Friedrich Mayers (...) harte und unwahrhaffte Beschuldigungen*[20] folgte unverzüglich. Argumentativ geht Francke hier über sein *Antwort-Schreiben* nicht hinaus; er bleibt weitgehend in der Defensive.

---

[14] *Francke,* wie A. 11, 224.

[15] AaO., 227.

[16] AaO., 227 f.

[17] Greifswald 1707, abgedruckt in: TGP II/1 (s. o. A. 6), 279–285.

[18] AaO., 284.

[19] AaO., 285.

[20] Untertitel: So dieser ohnlängst/ bey abermaliger edirung seiner ehemals geschriebenen Warnung gegen die Anno 1695. herausgegebene Biblische Anmerckungen/ In der Vorrede selbiger Warnung ausgeschüttet/ Welche Vorrede dieser Verantwortung von Wort zu Wort vorgesetzet ist, Halle 1707, in: TGP II/1 (s. o. A. 6), 265–381.

Wie gut Francke über die Vorgänge im Wittgensteinischen informiert war, beweist ein Brief vom 25. 1. 1705, einem Zeitpunkt, zu dem „die gottlose sogenannte Even-Gesellschaft" im Gefängnis saß. Einem unbekannten Wittgensteinischen Adressaten teilt er mit, es wäre wohl das beste, „daß diese verführende Leute in ihrer gantzen Lebenszeit über in der custodia zu einer ihrem Verbrechen und ihren Kräfften proportionirten Arbeit angehalten würden", denn nähme man ihnen das Leben, „so dürffte dadurch ihren Seelen auch nicht gerathen seyn, ihre Greuel mit rechter Bußfertigkeit zu erkennen".[21]

Im Jahr 1707 erscheint eine Schrift im Druck, die – zumindest teilweise – schon vorher in handschriftlicher Form im Umlauf gewesen sein muß.[22] Ihr Titel lautet *Ausführliche Beschreibung des Neuen Unfugs/ welchen Die Pietisten Vor weniger Zeit als im Jahr 1705. und 1706. wieder alle Obrigkeitliche Edicta ferner verübet und gestifftet haben.*[23] Sie setzt sich aus mehreren Teilen zusammen, deren erster und ausführlichster der eingangs schon zitierte Bericht ist, der der Reisegesellschaft um den Grafen Wied-Runkel entstammte und der die Verhältnisse unter den Wittgensteinischen Separatisten anschaulich schildert. Daneben besteht die *Ausführliche Beschreibung des Neuen Unfugs* vor allem noch in einem Brief Winters und einer Auflistung der „gotteslästerlichen Lehren" der Buttlarschen Rotte, den sogenannten ‚Lehrpuncten' Reuters, der ein Mitglied der Sozietät war.

Bei dem Autor dieser anonym erschienenen Schrift handelt es sich um einen jener „Pietistenfresser", die „eifrig bemüht (waren), alle Überspitzungen, Sonderlehren und Extravaganzen *dem* Pietismus anzulasten und publizistisch auszuschlachten und durch solche pauschale Gleichmacherei die ganze Bewegung zu inkriminieren."[24]

Um einen ‚Pietistenfresser' handelt es sich auch bei dem Autor der folgenden Schrift: Martin Gottfried Mogk: *Entdeckung Derer schändlichen Hintergehungen Krafft welcher Gottfried Vockrodt (...) zeithero unterm Schein sonderlicher Pietät und Erbauung/ zumahl der studierenden Jugend/ die ehrbahre Welt/ Hohe und Niedrige (...) unverantwortliche berücket.*[25] Wie der Titel bereits deutlich macht, richtet sich die Schrift gegen Gottfried Vockerodt[26], der seit 1694 Rektor des Gothaer Gymnasiums war; und einer der zahlreichen Vorwürfe gegen den pietistisch gesinnten Rektor bezieht sich auf seine enge Bekanntschaft mit Appenfeller und Eva von Buttlar, ja Vockerodt sei es gewesen der

[21] Eine Stellungnahme August Hermann Franckes zur Buttlarschen Rotte; mitgeteilt von *Eberhard Bauer*, Jb. f. Westf. KG, 72, 1979, 151 f.; hier: 151.

[22] Vgl. o. A. 11.

[23] Untertitel: Darbey die Lehrpuncte der Pietisten Männiglich Zu guter Nachricht und Treuhertziger Warnung dargestellet und zum Druck befördert, o. O., 1707.

[24] *Hans Schneider*, Der radikale Pietismus in der neueren Forschung, JGP 8 (1982), 17.

[25] Leipzig 1710.

[26] Zu Vockerodt vgl. *Theodor Wotschke*, Gottfried Vockerodt in seinen Briefen an A.H. Francke, Mühlhäuser Geschichtsblätter 1929, 47–82.

die beiden „zur Pietisterey verführet" habe.[27] Dieser Hinweis ist trotz aller Polemik, die in ihm liegt, für die Erforschung des Ursprungs der Buttlarschen Rotte nicht zu unterschätzen. Verweist er doch auf die möglichen Einflüsse des thüringisch-lutherischen Pietismus auf die Mutter Eva und ihres Anhangs. Die von der Forschung allgemein anerkannte große Bedeutung des reformierten Professors Heinrich Horche auf die Entwicklung der ‚Evischen Societät'[28] (s. u.) würde dadurch relativiert.

Bevor nun die Literatur aus dem radikal-pietistischen Lager gekennzeichnet werden soll, sei noch ein Blick geworfen auf die Äußerungen eines „liberalen" Orthodoxen, nämlich auf die Valentin Ernst Löschers.[29]

Nachdem die *Unschuldigen Nachrichten*[30] des Jahres 1706 die oben erwähnte Edictal-Citation mehr oder weniger kommentarlos veröffentlicht hatten[31], erschienen im darauffolgenden Jahr neben der Erwähnung der Buttlarschen Rotte in der Rubrik *Kirchen-Historie des Jahrs 1706*[32] gleich zwei kommentierte Beiträge. Der erste ist die Rezension der *Beschreibung des neuen Unfugs der Pietisten*. Bemerkenswert an dieser Besprechung ist, daß sich der Rezensent von der polemischen Absicht der Schrift nicht hat anstecken lassen. Durchaus unpolemisch ist auch der andere Beitrag: *Untersuchung/ ob die gottlose Buttlerische Rotte mit dem Nahmen der Pietisten könne beleget werden?*[33] Der Autor weist auf die Positionen Mayers und Franckes (bzw. der hallischen Theologischen Fakultät) hin und zitiert schließlich aus Dippels *Wegweiser zum Licht und Recht*, wo es heißt: „Die Eva Buttlerin habe erst den verschreyten Pietismu[m] angenomme[n]", später aber habe der „Satan (...) unter einer heiligen Figur den Koth wieder an sie gebracht".[34] Der Kommentator überlegt wohl, ob er diesem Zeugnis Dippels, wonach die Mutter Eva nur in der Anfangsphase ihres Wirkens dem Pietismus zuzurechnen gewesen sei, Glauben schenken dürfe, enthält sich aber letztlich jeder weiteren Beurteilung.

Im *Vollständigen Timotheus Verinus*[35] schließlich erwähnt Löscher die Butt-

---

27 *Mogk*, aaO., 14. Nahezu wortgetreu wird der betreffende Abschnitt zitiert in: *Johann Jacob Held*, Historischer Bericht von den praetendirten Prophezeihungen Paracelsi, Nostradami, Böhmens, (...) als auch der sogenannten Mutter Evae, o. O. 1711.

28 Vgl. *Thomasius*, wie A.5, 333; *Hochhuth*, wie A.9, 156; *Klaus Breuer*, Art. Buttlar, TRE 7 (1981), 498.

29 Zu Löscher vgl. *Martin Greschat*, Zwischen Tradition und neuem Anfang. Valentin Ernst Löscher und der Ausgang der lutherischen Orthodoxie (UKG 5), Witten 1971.

30 Zu den ‚Unschuldigen Nachrichten' vgl. *Greschat*, aaO., 180–189.

31 UnNachr 1706, ^{2}1708, 217–220.

32 UnNachr 1707, 52–56.

33 AaO., 668–670.

34 AaO., 669.

35 Vgl. dazu *Greschat*, wie A.29, und *Hans Martin Rotermund*: Orthodoxie und Pietismus. Valentin Ernst Löschers ‚Timotheus Verinus' in der Auseinandersetzung mit der Schule August Hermann Franckes (ThA 13), Berlin-Ost 1959.

larsche Rotte lediglich in einer kleinen Notiz, und er setzt hinzu: „Hr. Prof. Francke hat diesen Greuel, in einer kurtzen Schrift, detestiret."[36]

Was nun die schriftlichen Äußerungen der radikalen Pietisten anlangt, so spiegeln sie sämtlich den großen Schrecken wider über das skandalöse Verhalten der Rotte. Man spürte nämlich deutlich, daß die Saßmannshäuser Gesellschaft aus den gleichen geschichtlichen Wurzeln erwachsen war wie man selber. Hier wie da bestimmten die Lehre von der Wiederbringung Aller und eine radikale Kirchenkritik das eigene Selbstverständnis. Namentlich aber „die principia des tausendjährigen Reiches"[37], die sowohl Winter wie auch Eva von Buttlar um 1698 bei Heinrich Horche in Eschwege kennengelernt hatten[38], verbinden die Buttlarsche Gesellschaft und die radikalen Pietisten. In den radikalen Kreisen kam man nicht umhin zu erkennen, daß die Schande sozusagen in der eigenen Familie passiert war.

Die Reaktion, die der Skandal hier auslöste, bestand zum einen darin, daß man sich aufs schärftse von den Vorgängen um die Mutter Eva distanzierte und ihr Treiben verurteilte. Noch viele Jahre nach dem Publikwerden der Schandtaten führt Johann Wilhelm Petersen in seiner *Lebens-Beschreibung*[39] einen eigenen Brief vom 9. Juli 1702 deshalb an, weil dieser hinlänglich beweise, „daß ich diesem bösen Wercke gleich anfangs aufs hefftigste wiedersprochen".[40] Der Brief ist an einen anonym bleibenden „lieben Bruder" gerichtet, der von Petersen gebeten wird, den „glaubwürdige[n] Gerüchte[n] von andern Orten" auf den Grund zu gehen; er soll „die Winterische und Hofmeisterische Gesellschaft" in *Usingen* aufsuchen, wo sie sich nun, nachdem sie kurz vorher aus Erfurt ausgewiesen worden sei, aufhalten soll. Für Petersen duldet die Angelegenheit keinen Aufschub: „(...) und lasse uns bald hören mit ehester post, wie es der liebe Bruder zu Usingen gefunden, damit wir der Sachen gewiß seyn, ehe wir was anfangen, und es publiciren, welches denn höchst-nöthig seyn wird, damit wir nicht bey Offenbahrung solcher greulichen Dinge in Verdacht kommen mögen, als hätten wir Theil an solchem bösen Wesen."[41] Die Formulierung zeigt, wie groß damals für

36 *Löscher,* Vollständiger Timotheus Verinus Oder Darlegung der Warheit und des Friedens In den bißherigen Pietistischen Streitigkeiten (...), 2. Teil, Wittenberg 1722, 266.

37 *Thomasius,* wie A.5, 457, vgl. auch 453.

38 Vgl. o. A. 28. Gerade wegen Horches Sonderrolle würde seine Reaktion auf die Vorgänge um die Mutter Eva besonders interessieren. Leider gibt es dazu bislang keinerlei Informationen. Norbert Fehringers Interpretation, wonach Horche sich bereits im Jahr 1700 von der Buttlarschen Rotte öffentlich distanziert habe, ja daß Horche, *ausgelöst durch diese ,Entartungserscheinungen',* den Versuch unternommen habe, „in die Kirche zurückzukehren", entbehrt der quellenmäßigen Grundlage. Diese Deutung fußt wesentlich auf einer Überinterpretation des Horche'schen Wortes vom „Sau-Stall". Vgl. *N. Fehringer,* Philadelphia und Babel. Der hessische Pietist Heinrich Horche und das Ideal des wahren Christentums, Diss. theol. Marburg 1971, 180.

39 Lebens-Beschreibung Johannes Wilhelmi Petersen, 2. Aufl. o. O. 1719.

40 AaO., 257.

41 Von einer Publikation in dieser Sache scheint Petersen dann aber doch abgesehen zu haben,

einen radikalen Pietisten der Rechtfertigungsdruck und das Bedürfnis nach Distanzierung gewesen sein müssen.

Zum anderen versuchte man, der Schande einen Sinn abzugewinnen, indem man sie theologisch zu deuten versuchte. Hochmann von Hochenau z. B. äußert sich in einem – unveröffentlichten, bei Renkewitz referierten – Brief an Winter[42] dahingehend, daß er „Weissagungen der Juliane von Asseburg[43] von schlimmen Freigeistern und falschen Christi durch sie [die Buttlarsche Gesellschaft] erfüllt" sehe. – Eine andere Deutung nimmt Johann Konrad Dippel in seinem *Weg-Weiser Zum verlohrnen Liecht und Recht* von 1704 vor.[44] (Soweit ich sehe, ist dieses Buch die erste Publikation überhaupt, in der die Buttlarsche Rotte erwähnt wird.) Dippel bringt eine Reihe von Beispielen aus der Kirchengeschichte, in denen sich der Teufel in ganz ähnlicher Gestalt wie hier gezeigt habe. Sie sollen dazu dienen aufzuzeigen, „was der arge Freind heut zu tag noch im Sinn führe/ aber auch (daß der Leser) die weise Führung GOttes erkenne".[45] Im Falle der Eva habe der Satan lediglich eine „alte Tragoedie auffs Theatrum geführet".[46]

Petersen lehnt sich in seiner *Lebens-Beschreibung* an diese geschichts-theologische Konzeption eng an.[47]

Aber noch ein Drittes bewirkten die Vorgänge um die Buttlarsche Rotte: Selbstkritik. Zumindest gilt diese Feststellung für Dippel, der in einem Brief an Pünthiner – ebenfalls aus dem Jahr 1704 – schreibt: „Ja was der Satan (...) an der Mutter Eva und ihrem Anhang schon gewonnen, solte uns billig eine heilige Furcht einjagen, in unsern innern Grund zurück zu kehren, (...) es

---

sonst – so ist zu vermuten – hätte er sie in seiner Lebens-Beschreibung erwähnt. Erwähnung findet dagegen folgender höchst interessanter Sachverhalt. Der „garstige Huren-Teuffel" – so Petersen – sei in der Eva und in dem Winter wieder erwacht und hervorgekommen: „(...) wie denn solches *des Winters Brief* ausweiset, welchen ich zwar habe, aber wegen der Gottlosigkeit jetzo nicht communiciren mag" (257, Hervorhebung. W. T.). Daß Petersen „des Winters Brief" besaß, wirft zwei Fragen auf, denen zukünftig noch nachzugehen sein wird: Stand Petersen im Briefwechsel mit Winter oder handelt es sich um einen Brief, der – durch Abschriften? – einem größeren Publikum bereits bekannt geworden war? In letzterem Fall könnte es sich um den Brief Winters an die beiden jüngsten Schwestern von Callenberg handeln, der bereits 1707 in der Ausführlichen Beschreibung des Neuen Unfugs (s. o. A. 23, 16–22) veröffentlicht wurde und auch der Handschrift Beckers (wie A. 1, 15–20) angehörte; zu diesem Brief vgl. auch *Goebel*, wie A. 1, 789 f. Wie auch immer die Antwort hier ausfallen mag, Petersens Notiz ist ein Hinweis darauf, daß das Gedankengut der Buttlarschen Rotte nicht auf den engsten Kreis beschränkt geblieben ist, sondern weitere Verbreitung gefunden hat.

[42] *Renkewitz*, wie A. 1, 192.

[43] Zu Juliane von Asseburg vgl. *Max Trippenbach*, Rosamunde Juliane von der Asseburg, die Prophetin und Heilige des Pietismus, Sangerhausen 1914 [Sonderabdruck aus der Asseburger Familiengeschichte, 305–329]; *Markus Matthias*, Das pietistische Ehepaar Johann Wilhelm Petersen und Johanna Eleonora Petersen, geborene von der Merlau. Eine Biographie bis zur Amtsenthebung Petersen im Jahre 1692, Kap. 10, Diss. theol. Erlangen 1988, [masch.].

[44] Weg-Weiser Zum verlohrnen Liecht und Recht. Oder Entdecktes Geheimnüß/ Beydes der Gottseligkeit/ und der Boßheit (...), o. O., 1704.

[45] AaO., 217–236, hier 224.

[46] AaO., 223.

[47] *Petersen*, wie A. 39, 252–261.

scheinet, daß wir uns selber gar zu frühzeitig vergessen haben, und in der Geschäfftigkeit, andere zu bekehren, alles Gefühl unseres eigenen Elendes verlohren."[48] Man kann daraus folgern, daß die Greuel der Rotte bei Dippel ein Innehalten bewirkten und zu einer Selbstprüfung Anlaß gaben.

Einer, der nicht an Selbstprüfung und Selbstkritik gedacht hat, und den die Nachrichten von der Buttlarschen Rotte längst nicht so in Erschütterung versetzt haben wie die gerade erwähnten radikalen Pietisten, war der im fernen Amsterdam lebende Theosoph Johann Georg Gichtel.[49] Er zeigt sich von Anfang an gut informiert[50] über die Vorgänge, kritisiert dieselben natürlich auch scharf, aber letztlich ist diese Kritik nur eine Variante seines immergleichen Themas: Hütet euch vor den Frauen und legt euch an die Brüste der himmlischen Sophia!

Als letztes Literaturbeispiel aus dem Kreis der radikalen Pietisten sei noch die Schrift *Fürbilder Der Abweichungen Israels nach dem Fleisch* erwähnt. Der Autor der 1710 anonym erschienenen Schrift ist der aus der Schweiz nach Hessen emigrierte Theologe Nikolaus Tscheer.[51] Ein Abschnitt dieses Buches beschäftigt sich mit „Secten" – es ist davon immer im Plural die Rede, und Namen werden nicht genannt –, die nach außen hin ein frommes Leben führen, in Wahrheit aber „wie geile und unbändige Thiere ohne Zucht"[52] lebten. Besonders junge Menschen will der Autor vor diesen „Zaubergeistern" warnen, wenn er deren Verfügungskünste höchst anschaulich

---

[48] *Dippel,* Eröffneter Weg zum Frieden mit Gott und allen Creaturen (...), Bd. 3, Berleburg 1747, 623. 1. Brief vom 7. 5. 1704, S. 622f., 2. Brief vom 25. 6. 1704, S. 624. Das hier gebrauchte Kryptogramm ist wie folgt zu entschlüsseln: C. A. P. = Carl Anton Pünthiner, J. J. K. = Johann Jakob Knecht. [Für diesen Hinweis wie für seine stets hilfreiche Begleitung meines Forschungsvorhabens danke ich herzlich Herrn Professor Hans Schneider, Marburg. Meinem Freund, Herrn Dr. Gerhard Härle, sage ich Dank für vielerlei Unterstützung beim Erstellen des Manuskripts.] Daraus ergibt sich, daß Pünthiner zu dieser Zeit „Sekretär" von Knecht war, der sich als endzeitlicher König ausgab. Im „Namen des HErrn Zebaoth" (622) hatte Knecht Dippel durch zwei Briefe Pünthiners nach Schwarzenau zitiert. In seinen beiden Antwortschreiben weist Dippel den Befehl scharf von sich. Falsch ist somit die Interpretation dieser Briefe bei *Keller* (wie A.7, 89; von Keller abhängig sind *V. Pleß* [s. u. A.83], Anmerkungsteil S. 14, A.104 und *H. Renkewitz,* wie A.1, 191 A.25) wonach Pünthiner Dippel für die Gesellschaft der Mutter Eva werben wollte. Falsch ist auch die Deutung von *Karl-Ludwig Voss,* der hier von einer „Zitation zu den Inspirierten nach Schwarzenau" spricht – die es damals noch gar nicht gab! Vgl. *Voss,* Christianus Democritus. Das Menschenbild bei J. C. Dippel, Leiden 1970, 44.

[49] Zu Gichtel vgl. *Ch. D. Ensign,* Radical German Pietism, Diss. phil. Bosten 1955, 106ff.; *G. Zaepernick,* Johann Georg Gichtels und seiner Nachfolger Briefwechsel mit den hallischen Pietisten, besonders mit A. M. Francke, JGP 8 (1982), 74–118.

[50] *Gichtel,* Theosophia practica Halten und Kämpfen ob dem h. Glauben bis ans Ende (...), I–VII, Leiden 1722; I, 421f. [13. 6. 1702 = Fürstl. Wittg. Archiv, Bad Laasphe, K 291, Bl. 12f.], 426–431 [12. 9. 1702]; IV, 2906–08 [2. 9. 1702], 2917 [28. 4. 1703]; VI, 1664f. [14. 8. 1706]. Vgl. auch *Goebel,* wie A.1, 785.

[51] Fürbilder Der Abweichungen Israels nach dem Fleisch/ Geschrieben zur Warnung Dem Israel nach dem Geist (...) von Einem annoch wallenden Pilgern [sic] nach der stillen Ewigkeit, o. O. 1710 – Andere Schreibweisen: Scheer, Schärer, Cher. Vgl. *R. Dellsperger,* Die Anfänge des Pietismus in Bern. Quellenstudien (AGP 22), Göttingen 1984, 50. 160f. 173.

[52] *Tscheer,* aaO., 109–123, hier 115.

beschreibt und das vom Zwang gekennzeichnete Leben in einer solchen Gruppe mit psychologischer Meisterschaft schildert.

Daß Nikolaus Tscheer der Autor der *Fürbilder* und daß es das Treiben der Buttlarschen Rotte ist, das hier geschildert wurde, geht aus einer Veröffentlichung hervor, die ein Jahr später, 1711, erschien und die in der gesamten Literatur zur Buttlarschen Rotte singulär dasteht. Es handelt sich nämlich um die einzige Schrift, die für die Mutter Eva Partei ergreift. Ihr Inhalt wird im Titel angezeigt: *Entdeckter Ungrund Des bißher weit und breit erschollenen Falschen Gerüchts und Unfugs Von der so genandten Mutter Eva, Oder: Warhafftige dienliche Nachricht/ Wer die Person eigentlich sey? Woher Sie solchen Nahmen bekommen? Und woher solche Lästerungen entstanden? Wie unrecht und höchstunbillig man/ nicht aus Liebe zur Justiz, sondern aus blosser Geld- oder Gold-Liebe/ (...) mit Ihr vefahren (...)*. Manches spricht dafür, daß sich hinter dem anonym bleibenden „Liebhaber der Wahrheit/ und Feind der Lügen“ der Wetzlarer Jurist Dr. Vergenius[53] verbirgt, der ein Mitglied der Gruppe war. Zumindest stimmen hier einige Passagen nahezu wörtlich mit der seiner Defensionsschrift von 1706 angefügten Beilage[54] überein. – In dem *Endeckten Ungrund* finden sich die Informationen, daß Winter mittlerweile gestorben war[55] und daß Appenfeller unter dem Namen Dr. Brachfeld an einem nicht näher bezeichneten Ort als Arzt praktizierte.[56]

Ein Auszug aus dieser Schrift erschien noch im selben Jahr, 1711, in dem *beschäfftigten Secretarius*.[57]

2. *Die Buttlarsche Rotte als Gegenstand der Geschichtsschreibung*

1725 veröffentlicht Christian Thomasius den größten Teil der Wittgensteiner und Paderborner Prozeßakten, welche der juristischen Fakultät in Halle bereits 1706 zugeschickt worden waren.[58] Die Paderborner Behörden hatten damals wegen eines Gutachtens in Sachen Vergenius nachgesucht. Der Wetzlarer Jurist war zusammen mit den anderen Mitgliedern der Rotte Anfang 1706 verhaftet worden. Es läßt sich schwer sagen, was Thomasius bewogen hat, fast 20 Jahre später die Akten mit all ihren unverblümten

[53] Vgl. *Goebel*, wie A.1, 791–809; Bauer, wie A.1, 153 A.5; *Rüdiger Mack*, Forschungsbericht: Pietismus in Hessen, JGP 13 (1987) 211.

[54] *Thomasius*, wie A.5, 221–247.

[55] Endeckter Ungrund, 22.

[56] AaO., 4.

[57] Der mit allerhand Staats-, Friedens-, Kriegs, (...) wie auch privat-Affairen beschäfftigte Secretarius, 6. Exp. (1711) 583–591.

[58] Wie A.5, 208–624. Die betreffenden drei „Händel“ tragen die Überschriften: Historische Nachricht von einer recht gottlosen Lehre etlicher Enthusiasten von der Heiligen Dreyfaltigkeit, und besagter Enthusiasten ihren dabey geführten mehr als viehischem Leben und Wandel (208–499); Unpartheyisches Urtheil über vorigen Handel (499–568); Gefährlichkeit vertrauten Umgangs mit Enthusiasten (568–624).

Schilderungen der Greuel publik zu machen. Allenfalls könnte man vermuten, daß man sich von der Veröffentlichung unternehmerischen Gewinn versprach. Die häufig vertretene Ansicht, Thomasius habe damit den Pietismus vor gegnerischen Vorwürfen in Schutz nehmen und verteidigen wollen[59], ist sachlich sicher richtig; und doch mutet diese Auseinandersetzung 1725 seltsam anachronistisch an. Nichts deutet nämlich darauf hin, daß in dem Jahrzehnt vor dieser Veröffentlichung das Thema „Buttlarsche Rotte" in den Religionsstreitigkeiten noch eine Rolle gespielt hat. Und nach Thomasius vergingen 120 Jahre, bis sich ein Autor wieder einmal mit dem Gegenstand befaßte.

Für die Ausführlichkeit seiner Mitteilungen ist der große hallische Aufklärer von den Historikern des 18. und 19. Jahrhunderts wiederholt kritisiert worden[60]: „Thomasius hätte besser gethan, wenn er die Nachricht davon in seiner vorher angeführten Schrift nicht so umständlich und so genau eingerichtet"[61], heißt es in dem Bericht – der vor allem ein Literaturbericht ist –, den Johann Georg Walch in seinen *Religions-Streitigkeiten*[62] von der Buttlarschen Rotte gibt. Seiner Meinung nach sollte „man fast Bedenkken tragen", überhaupt „etwas davon zu erzehlen".[63]

Auch dem Marburger Theologieprofessor Johann Wilhelm Krafft[64] dürfte Thomasius' Veröffentlichung nicht sehr recht gewesen sein, besser gesagt: Sie brachte ihn in eine Verlegenheit. 1763 erschien von ihm *Der Lebenslauf einer guten Streiterin Jesu Christi*[65], darin er das fromme Leben seiner Mutter Agnesa Krafft, geb. Gille aus „Allendorf bey den Soden" schildert. Und „weil Herr Thomasius in seinen vermischten juristischen händeln die acten der Evischen Rotte durch den Druck gemein gemacht, darin dann auch meiner Eltern Namen mit vorkommen"[66], kam der Sohn hier nicht umhin, auch die Begegnung seiner Mutter mit der Mutter Eva zu beschreiben, was für uns ein großer Gewinn ist, denn die Informationen über Eva von Buttlar vor ihrer Wittgensteinischen Zeit sind ansonsten eher spärlich.

Bevor wir nun in das 19. Jahrhundert hinüberwechseln, seien noch zwei

---

59 Vgl. z. B. *Breuer*, wie A. 28, 499.

60 Vgl. *Goebel*, wie A. 1, 778, A. 1.

61 *Walch*, wie A. 9, Bd. 2, 775.

62 AaO., 768–75.

63 AaO., 769.

64 J. W. Krafft, geboren 1696 in Allendorf/Werra und gestorben 1767 in Marburg, ist ein Sohn des Allendorfer Apothekers und Ratsverwandten Justus Krafft, der gebürtig aus dem hessischen Borken stammte; vgl. u. A. 65, 6; *Fritz Gundlach*, Catalogus professorum Academiae Marburgensis. Die akademischen Lehrer der Philipps-Universität in Marburg von 1527 bis 1910, Marburg 1927, 48. Eine Verwandtschaft mit dem Mystiker und Spiritualisten Johann Heinrich Krafft (vgl. *Rüdiger Mack*, Pietismus und Frühaufklärung an der Universität Gießen und in Hessen-Darmstadt, Gießen 1984, 129) besteht nicht.

65 Untertitel: Welche zwar in einem schweren Seelen-Kampf mit GOtt selbst gezogen aber endlich doch selig, wie Jacob, überwunden, Marburg 1763.

66 AaO., 14.

kürzere Informationsquellen angeführt: Die *Fortgesetzte Sammlung von Alten und Neuen Theologischen Sachen* berichtet 1742 von den näheren Umständen der Niederkunft der „fameuse[n] Buttlerin" in Altona, wo sie längere Zeit gelebt habe.[67] Ergänzt wird diese Mitteilung durch *Johann Adrian Bolten's Historische Kirchen-Nachrichten von der Stadt Altona*[68] aus dem Jahr 1791. Der Autor berichtet, die Mutter Eva habe hier „einen neuen Messias zu effectuiren [gesucht]", sei aber „in Ehre und Ansehen gestorben".[69]

Das Bild von der Buttlarschen Rotte wird bis in unsere Zeit hinein geprägt von drei Beiträgen, die sämtlich in der Mitte des letzten Jahrhunderts entstanden sind. Es handelt sich um E. F. Kellers Aufsatz *Die Buttler'sche Rotte, ein merkwürdiges Seitenstück zu den neu entdeckten Muckern in unsern Tagen* von 1845[70], Max Goebels Beschreibung im zweiten Band der *Geschichte des christlichen Lebens in der rheinisch-westphälischen evangelischen Kirche* von 1852[71] und aus dem gleichen Jahr das sechste Kapitel in der ersten Abteilung von Friedrich Wilhelm Bartholds *Die Erweckten im protestantischen Deutschland.*[72] Dabei übertreffen die beiden erstgenannten Darstellungen diejenige Bartholds entschieden, sowohl hinsichtlich ihres darstellerischen Niveaus als auch in ihrer Wirkungsgeschichte.

Bartholds Pietisten-feindliche Grundhaltung kann allein nicht der Grund sein für seine oberflächliche Behandlung und Deutung des historischen Materials, das er von Thomasius bezieht. Auch der Idsteiner Dekan Keller steht dem Pietismus ablehnend gegenüber. Wo dieser jedoch um historische Sachlichkeit bemüht ist, überschreitet Barthold in seiner Darstellungsweise oft die Grenzen wissenschaftlicher Redlichkeit; so etwa wenn es von der Anfangszeit der Buttlarschen Gesellschaft heißt, die Hofmeisterin habe „auf ihren Umzügen durch Hessen und Thüringen (...) geistesblöde Frauen und Mädchen aller Stände (...) für das kommende Reich geweiht"[73], oder wenn er von dem späteren Leben der Rotte berichtet: „Die dienenden Brüder und Schwestern benahmen sich so kindisch, daß an ihrem Blödsinne nicht gezweifelt werden konnte."[74] Barthold sieht hier lauter geisteskranke Menschen am Werk – mit Ausnahme freilich des klugen Dr. Vergenius; bei diesem blicke „mitten durch die unglaublichsten Thorheiten (...) die Berechnung durch, wie sich herausziehen?" Daß für die Mitglieder der Buttlar-

---

[67] 411f. Zwei weitere, z.T. stark voneinander abweichende Berichte von dieser Geburt bieten: *Th. Wotschke,* Urkunden zur Geschichte des Pietismus in der Nordmark, SSHKG, II, Bd. 9, Heft 4 (1935), 164; *K. E. Schultze,* s. u. A. 101.

[68] Bd. 2, Altona 1791, 51–53.

[69] AaO., 53.

[70] Wie A. 7, 74–153.

[71] Wie A. 1, 778–809.

[72] Untertitel: Während des Ausgangs des 17. und der ersten Hälfte des 18. Jahrhunderts, besonders die Frommen Grafenhöfe, in: Historisches Taschenbuch, hg. von *Friedrich von Raumer,* 3. Folge, 3. Jg., Leipzig 1852, 279–320 (Nachdruck: Darmstadt 1968).

[73] AaO., 288f.

[74] AaO., 304.

schen Rotte auch religiöse Motive eine Rolle gespielt haben könnten, dafür fehlt Barthold mehr denn jedem anderen Autor das Verständnis.

E. F. Keller kommt das Verdienst zu, das unüberschaubare Aktenmaterial, das Thomasius bietet, zusammengefaßt und in gut lesbarer Form dargeboten zu haben. So gewinnt man noch heute aus seiner Darstellung den detailliertesten Überblick über die Geschichte der Buttlarschen Rotte. Der Goebelschen Beschreibung ist sie in dem Punkt überlegen, daß hier die vorgekommenen Greuel nicht nur schamhaft angedeutet, sondern beim Namen genannt werden, was auch Kellers Absicht entspricht. Denn sein Bericht soll eine Warnung sein und ein Aufruf, sich vor allen pietistischen Erscheinungen – vor allem aber dem Konventikelwesen – vorzusehen.[75]

Keller beläßt es aber nicht bei einer isolierten Darstellung seines Gegenstandes, sondern fragt auch nach dessen historischen Wurzeln. Er skizziert die pietistische Bewegung in Thüringen vor 1700[76], benennt die Einflüsse Horches, Königs und Klopfers auf das osthessische Werra-Gebiet[77] und zeigt schließlich eine Tradition religiöser Vorstellungen auf, die von Böhme über Pordage hin zur Buttlarschen Rotte führt.[78] – So sind mit diesem Aufsatz von 1842 bereits verschiedene Punkte benannt, deren genauere Erforschung die Aufgabe einer an diesem Ertrag anknüpfenden historischen Untersuchung wäre.

In dieser Hinsicht ist die Darstellung von Goebel ein echter Fortschritt. Denn hier ist die Geschichte von Eva von Buttlar und ihrem Anhang Teil einer umfassenderen Geschichtsdarstellung: Labadie, Horche, Gottfried Arnold und die vielen anderen Gestalten des radikalen Pietismus bilden bei Goebel das Beziehungsgeflecht, in das verwoben die Buttlarsche Rotte dargestellt wird. Und in noch einer anderen Hinsicht ist dieser Beitrag als ein Fortschritt zu bezeichnen: Goebel schreibt gewissermaßen als ein Nachfahre der Familie, in der die Schande passierte. Die Folge davon ist auf der einen Seite seine oben erwähnte schamhafte Zurückhaltung, auf der anderen Seite aber eine profunde Kenntnis der Verhältnisse, denen die Buttlarsche Rotte entstammte. Seine eigene pietistische Grundhaltung machte es ihm möglich, besonders auch innerhalb der radikal-pietistischen Bewegung viel feiner zu differenzieren. So sieht er in der Buttlarschen Rotte lediglich die fratzenhafte Verzerrung des Separatismus, welcher an sich jedoch nicht zu verurteilen ist, im Gegenteil. Nach der Auffassung Martin Schmidts hört man hier „vernehmlich den Nachklang von Gottfried Arnold: Die Sekten

[75] Als Illustration der Verhältnisse, als Keller hier Dekan war, mag das folgende Goebel-Zitat aus dem Jahr 1852 dienen: „Merkwürdig ist (...), daß – im vorigen Jahre – gerade im Usingenschen der Separatismus, jedoch nunmehr in altlutherischer Form, wieder aufgebrochen ist. Auch anderswo im Nassauischen sind von jenen früheren Zeiten her ‚Stille im Lande' vorhanden, welche sich nun zum Theil an diesen neuen Separatismus anschließen." *Goebel,* wie A. 1, 788 A. 1.

[76] *Keller,* aaO., 126.

[77] AaO., 129f.

[78] AaO., 133f.

haben weithin recht, sie sind die Unterdrückten, die sich nur mühsam äußern können."[79] – Die Goebelsche Darstellung zeichnet sich im Vergleich mit den vorhin besprochenen auch dadurch aus, daß sie sich auf eine breite Basis von untersuchtem Archivmaterial stützen kann[80] und daß sie die Reflexionen auf die Vorgänge in der Buttlarschen Rotte in Zeugnissen von Zeitgenossen – wie etwa Gichtel oder Dippel – kennt.

Zum ersten Mal in einer Gesamtdarstellung wird hier auch auf Eva von Buttlars Altonaer Aufenthalt hingewiesen und ihr Lebensende mit „nach 1717"[81] datiert.

C. W. H. Hochhuths Buch über *Heinrich Horche und die philadelphischen Gemeinden in Hessen*[82] ist nach Goebel die zweite – und soviel ich sehe – auch schon die letzte umfangreichere Quellenstudie, die unser Wissen von der Buttlarschen Rotte erweitert hat. Wohl haben in unserem Jahrhundert Victor Pleß[83] und Heinz Renkewitz[84] mit ihren Arbeiten ein klareres Bild vom Wittgensteinischen Separatismus entworfen, Rüdiger Mack[85] und Rudolf Dellsperger[86] haben in fundierten Einzelstudien neue Aspekte zur religiösen Situation in Hessen um 1700 beigetragen, die Erforschung der Buttlarschen Rotte im engeren Sinn aber hat in den letzten hundert Jahren nur bescheidene Fortschritte gemacht.

Hochhuth, der mit dieser Arbeit an seine *Geschichte und Entwicklung der philadelphischen Gemeinden*[87] anknüpfen kann, beschreibt anschaulich und gestützt auf urkundliche Materialien die Entstehung der philadelphischen Sozietäten in Eschwege, Allendorf und Wanfried.[88] Im Unterschied zu früheren Veröffentlichungen datiert Hochhuth den Anfang der Buttlarschen Gesellschaft statt auf den 2. 1. 1702 bereits in das Jahr 1700.[89] Schon am 14. August 1700 habe der „Magistrat der Stadt [Allendorf] die nächtlichen Zusammenkünfte bei Geld- und Gefängnißstrafe [untersagt]".[90] Hochhuth charakterisiert die Gesellschaft der Mutter Eva als die radikalste unter den philadelphischen Sozietäten. Diese Philadelphier zeichneten sich dadurch

---

[79] *M. Schmidt,* Epochen der Pietismusforschung, in: Der Pietismus als theologische Erscheinung, Gesammelte Studien zur Geschichte des Pietismus, Bd. 2 (AGP 20), Göttingen 1984, 43.

[80] Vgl. *Goebel,* wie A. 1, 736f. A. 1; 778f. A. 1.

[81] AaO., 797.

[82] Wie A. 9.

[83] *V. Pleß,* Die Separatisten und Inspirierten im Wittgensteiner Land und Zinzendorf's Tätigkeit unter ihnen im Jahre 1730, Lic.-Diss. Münster 1921.

[84] *Renkewitz,* wie A. 1.

[85] *R. Mack,* Libertinärer Pietismus. Die Wanderungen der Pfarrerswitwe Wetzel, JHKGV 29 (1978), 81–107 (wieder abgedruckt in: *Mack:* Pietismus und Frühaufklärung, Gießen 1984, 209–238).

[86] *R. Dellsperger,* Samuel Königs „Weg des Friedens" (1699–1711), JGP 9 (1983), 152–179.

[87] ZHTh 29 (1865), 171–299.

[88] Für die philadelphische Gemeinde der Frau Gebhard läßt sich nach Hochhuth kein fester Haftpunkt ausmachen; vgl. *Hochhuth,* wie A. 9, 118.

[89] AaO., 150.

[90] Ebenda.

aus, daß sie, ausgehend von Ansichten Horches, „der Kirchenlehre entgegentraten und [im Unterschied zu Horche] völlige Feindschaft gegen die Kirche zeigten".[91] – Hochhuths Darstellung hat wesentlich dazu beigetragen, die Verwurzelung der Buttlarschen Rotte in der radikal-pietistischen Bewegung aufzuzeigen. Leider konnten die in jüngerer Zeit entstandenen Dissertationen von Friedrich Klingender[92] und Norbert Fehringer[93] hierzu keine neuen Aspekte hinzuzufügen.

Albrecht Ritschl, dessen Behandlung der Buttlarschen Rotte auf Barthold, Goebel und Hochhuth fußt, überrascht dadurch, daß er, der dem Pietismus ja „mit ausgesprochener Ablehnung gegenüber[stand]"[94], das anfangs von mir skizzierte allgemeine Rezeptionsschema durchbricht. Er verzichtet darauf, die „Einzelheiten dieser scheußlichen Geschichten" zu beschreiben, weil sie seiner Meinung nach „in ein vom Pietismus gänzlich verschiedenes Gebiet gehören, auch nicht in diesem ihren Anlaß haben, sondern in der theosophischen Mythologie Weigel's und der unerschöpflichen Wollust der für immer in der Geschichte gebrandmarkten Frau".[95] Ritschl ist damit – wenn ich richtig sehe – der erste, der einen Traditionszusammenhang gesehen hat zwischen Weigel und seiner Lehre von der himmlischen Eva und dem Selbstverständnis der Eva von Buttlar. Das ist umso bemerkenswerter, als Valentin Weigel bei Ritschl für die Entwicklung des Pietismus auf deutschem Boden nicht namhaft gemacht wird.[96] Der Ritschlschen Spur müßte man bei einer umfassenderen Erforschung der Buttlarschen Rotte noch genauer nachgehen.

Bevor wir nun das 19. Jahrhundert verlassen und die wenigen neu entdeckten Fakten zu Eva von Buttlar und ihrer Gesellschaft in den Blick nehmen, soll noch eine Schrift ihrer Kuriosität halber genannt sein. Ihr Titel lautet: *Eva von Buttler die Messaline und Muckerin als Prototyp der „Seelenbräute". Ein Beitrag zur Kenntniss der Mysterien des Pietismus. Nach authentischen Quellen für's Volk erzählt von Ludwig Christiany.*[97] Hinter diesem Titel verbirgt sich nichts weiter als eine reißerisch aufbereitete Kurzfassung des Aufsatzes von Keller, eine Schlafzimmerlektüre für Kleinbürger gewissermaßen, die in Eva von Buttlar ein „imponierendes Weib", sieht, das es verstanden hat, seine Umgebung „mit einem romantischen Zauber zu umgeben, der auch einem Gelehrten, wie Vergenius, Eigenwillen und Besinnung raubte."[98]

Die neueren Daten und Fakten sind folgende: In der Neuen Deutschen

[91] AaO., 151.
[92] *F. Klingender,* Der Pietismus in Hessen-Kassel, Lic.-Diss. theol., Göttingen 1920.
[93] S. o. A.38.
[94] *M. Schmidt,* wie A.79, 49.
[95] *Albrecht Ritschl,* Geschichte des Pietismus, Bd. 1, Bonn 1880, 417–427, hier 427.
[96] Vgl. *Schmidt,* wie A.79, 51.
[97] Stuttgart 1870.
[98] AaO., 41.

Biographie erscheint 1957 zum ersten Mal das Sterbedatum der Mutter Eva: Sie starb in Altona am 27. April 1721.[99]

In zwei Beiträgen der Zeitschrift Genealogie beschäftigte sich Karl Egbert Schultze 1962/63 mit der Buttlarschen Rotte. Im ersten Artikel fördert er eine Reihe interessanter biographischer Daten über die wichtigsten Mitglieder der Rotte zutage.[100] Der zweite Beitrag berichtet von der Taufe von Evas Sohn Johann Georg Gottfried Appenfeller, dem späteren Bürgermeister der Stadt Kiel! Obwohl das Kind dreizehn Monate nach dem Tod ihres Mannes geboren wurde, „beZeugt die Mutter auff ihr Gewissen vor Gott, v. allen Anwesenden, dass niemand Vater Zum Kinde, alss der".[101]

Eduard Becker und Eberhard Bauer haben einige Quellen (neu) zugänglich gemacht. – Becker veröffentlichte (vermutlich 1905) *Eine Handschrift zur Geschichte der buttlarischen Rotte*, die mehrere Teile der oben erwähnten *Ausführlichen Beschreibung des Neuen Unfugs* – u. a. auch den Schluß der bekannten Reisebeschreibung – enthält.[102] Seine Veröffentlichung zeichnet sich durch einen textkritischen Vergleich der verschiedenen Versionen aus.

Auch Bauers Artikel *Die Buttlarsche Rotte in Saßmannshausen*[103] von 1974 enthält einen Auszug aus dem Reisebericht. Wertvoller jedoch als diese Wiederveröffentlichung ist der Abdruck eines Briefes der Eva von Buttlar an ihre Mutter. Was Bauer nicht wußte, ist, daß dieser Brief bereits vollständig von Thomasius[104] wiedergegeben wurde, dort aber als ein Brief Winters an die Mutter Eva aufgefaßt ist. Diese falsche Kennzeichnung hatte z. B. bei Keller und bei der von Keller abhängigen Literatur zu einem verzerrten Bild Winters und der Frühphase der Buttlarschen Gesellschaft geführt.[105] – In zwei weiteren Veröffentlichungen hat Bauer bisher unveröffentlichte Quellen zugänglich gemacht. Zum einen handelt es sich hier um die bereits oben zitierte *Stellungnahme August Hermann Franckes zur Buttlarschen Rotte*[106], zum anderen um *Zeitgenössische Berichte zum Prozeß der Buttlarschen Rotte in Laasphe (1705)*.[107] Die in der *Ausführlichen Beschreibung* nur unvollständig wiedergegebenen ‚Lehrpunkte' Reuters werden hier zum ersten Mal vollständig mitgeteilt.[108] Ferner findet man hier einen Brief Vergenius' aus dem Jahr 1705 und aus dem gleichen Jahr ein Schreiben des Laubacher Sekretärs

[99] *H. Laag*, Eva von Buttlar, NDB 3 (1957), 80.

[100] *K. E. Schultze,* Die Buttlar'sche Rotte – ein genealogisches Problem, Genealogie 11/12 (1962/63), 312–321.

[101] *K. E. Schultze,* Der „Messias" der Buttlar'schen Rotte – ein medizinisches Wunderkind?, aaO., 481 f., hier 481: Auszug aus dem Taufbuch Hamburg-St. Pauli, 1678–1716, Sp. 597–599; vgl. o. A. 67. – Von *Schultze* erschienen auch zwei informative Artikel im Schleswig-Holsteinischen Biographischen Lexikon, Bd. 1 (1970): Appenfeller, 49; Buttlar, 97 f.

[102] S. o. A. 1.

[103] Wie A. 1.

[104] *Thomasius,* wie A. 5, 249–257; auszugsweise auch bei *Goebel,* wie A. 1, 788 f. A. 2.

[105] Vgl. *Keller,* aaO., 79 f.; *Mack*: Libertinärer Pietismus, 94.

[106] S. o. A. 21.

[107] Jb. f. West. KG, 71, 1978, 167–192.

[108] Vgl. o. A. 23.

G. H. Breithaupt.[109] Auch dieser Veröffentlichung ist Evas Brief an ihre Mutter beigegeben.[110]

Zum Abschluß dieses zweiten Teils sei noch auf zwei zusammenfassende Gesamtdarstellungen aus der jüngeren Zeit hingewiesen. Es handelt sich um den entsprechenden Abschnitt in Chauncey David Ensigns Monographie *Radical German Pietism (c. 1675–c. 1760)* – der einzigen Gesamtdarstellung des radikalen Pietismus – aus dem Jahr 1955[111] und um Klaus Breuers Artikel in der *Theologischen Realenzyklopädie* von 1981.[112] Ensign lehnt sich in seiner Beschreibung sowohl inhaltlich wie formal eng an die Goebelsche Darstellung an, indem er die Buttlarsche Rotte ihren besonderen Platz im radikalpietistischen „milieu" zuweist: „Like a degenerate parasite growing on a beautiful flower, the *Buttlarische Rotte* is a part of the total *milieu*."[113]

Breuer hat in seinem Beitrag die neuesten Forschungsergebnisse berücksichtigt und bietet einen guten Überblick über die Geschichte Eva von Buttlars. M. E. wären jedoch folgende Ergänzungen und Veränderungen vorzunehmen: Die Verbindung der Mutter Eva zu Gottfried Vockerodt müßte Erwähnung finden.[114] Eva von Buttlars Erweckung durch Horche fand mit größter Wahrscheinlichkeit nicht schon 1697 sondern erst 1698 statt.[115] Breuer übernimmt das Datum 2. 1. 1702 für den Tag der Gründung der Buttlarschen Sozietät. Bessere Gründe sprechen aber für eine Frühdatierung in das Jahr 1700, wie sie Hochhuth[116] vorgenommen hat. Überhaupt ist zu bezweifeln, daß es erst in Allendorf zu der Bildung einer philadelphischen Gemeinschaft um die Mutter Eva gekommen ist. Denn in dem oben erwähnten *Lebenslauf einer guten Streiterin Jesu Christi* heißt es: „Es kam dieselbe Eva mit verschiedenen ihrer Anhänger in dieser Zeit auch in Hessen nach Allendorf."[117] Danach hat Eva von Buttlar den Sauerteig für die Allendorfer Sozietät schon mitgebracht. – Breuer schreibt, Eva von Buttlar sei bereits in Allendorf zur himmlischen Sophia erklärt worden. Dafür gibt es aber keine Belege. – Daß die Sozietät nicht erst „Gestützt auf das Pietistenedikt des Landgrafen Carl von Hessen-Kassel vom September 1702 (...) ausgewie-

---

[109] Zu Breithaupt vgl. *Renkewitz*, aaO., 84.

[110] Hingewiesen sei noch auf einen Aufsatz *Bauers*, der auch die Geschichte der Buttlarschen Rotte kurz streift: Der Separatismus in der Grafschaft Wittgenstein 1700–1725, Jb. f. Westf. KG., 75, 1982, 167–183.

[111] Wie A. 49.

[112] Wie A. 28, 498f. Von den älteren Lexikonartikeln fallen drei schon allein wegen ihres Umfangs aus dem üblichen Rahmen: *v. Hefele*, Buttler'sche Rotte, Wetzer und Weltes Kirchenlexikon, 2. Aufl., Bd. 2 (1883), 1620–23; *D. Dibelius*, Buttlar, RE^3 3 (1897), 602f. Beide Artikel sind v. a. der Kellerschen Darstellung verpflichtet. Den detailliertesten Überblick bieten: *M. Goebel/F. Dibelius*, Buttlar, RE^2 (1878), 32–35; hier findet sich auch zum ersten Mal in der Forschungsliteratur der Hinweis auf Vockerodt (s. o. S. 58).

[113] *Ensign*, 240.

[114] Vgl. A. 112.

[115] Vgl. *Hochhuth*, wie A. 9, 156.

[116] AaO., 150.

[117] *Krafft*, wie A. 65, 11.

sen" wurde, sondern schon im Frühjahr die Stadt verlassen hatte, ist u. a. aus einem Brief zu schließen, der bei Thomasius abgedruckt ist und der das Datum 7. Juni 1702 trägt.[118] Danach gab es bereits vor diesem Zeitpunkt einen ersten Aufenthalt der Gesellschaft in der Grafschaft Wittgenstein. Ein Teil der Rotte wechselte anschließend nach Usingen. Auch der oben zitierte Brief Petersens vom 9. Juli 1702 ist ein Beleg für den Abzug der Gesellschaft aus Allendorf spätestens im Frühjahr 1702.[119]

3. *Die Buttlarsche Rotte in drei jüngeren Spezialuntersuchungen zur Geschichte des Pietismus*

Fritz Tanner beschäftigt sich im Rahmen seiner Untersuchung *Die Ehe im Pietismus*[120] von 1952 auch mit der Buttlarschen Rotte, obwohl für ihn die Beschäftigung mit diesem Gegenstand „außerhalb unserer unmittelbaren Aufgabe"[121] liegt. Eine Begründung für diese Grenzziehung gibt Tanner nicht an. Er will die Mutter Eva und ihren Anhang nur insoweit berücksichtigt wissen, „als sie die von Böhme in die Trinität und den Glauben eingeführte himmlische Weisheit und Weigels Begriff der himmlischen Eva für ihre schändlichen Zwecke mißbrauchten".[122] In der Verdeutlichung dieses Traditionszusammenhangs liegt die Stärke von Tanners Untersuchung. Ihre Schwäche ist es, daß sie durch den von vornherein begrenzten Blickwinkel nähere Erkenntnisse über die in der Buttlarschen Gesellschaft gelebten Beziehungsformen nicht gewinnt. Die in der Rotte vorgenommene Beurteilung der Ehe als „privilegirte Hurerey"[123] spielt bei Tanner überhaupt keine Rolle, ebensowenig finden hier Evas beide vor dem Gesetz eingegangenen Ehen Beachtung. – Insgesamt kann man also sagen, daß Tanners im Titel seines Buches angezeigtes Interesse bei der Betrachtung der Buttlarschen Rotte nur oberflächlich zur Anwendung kommt.

Sexualtheorien im Pietismus[124] heißt die medizinische Dissertation von Gottfried Beyreuther aus dem Jahr 1963. Zum Schluß seiner Arbeit kommt der Autor auch auf die Buttlarsche Rotte zu sprechen. Er tut dies – vereinfacht gesagt – indem er sich die skandalösesten Stellen aus Thomasius' Aktenveröffentlichung herausgreift, mit verbindenden Sätzen versieht und aneinanderreiht. Neue Apsekte sind aus dieser Zusammenstellung nicht zu gewinnen.

---

118 *Thomasius*, wie A. 5, 218 ff.

119 S. o. S. 58; *Heinrich Heppe* behauptet (leider ohne Quellenangabe), „noch vor Ablauf des Februar" habe die Gesellschaft Allendorf verlassen gehabt: Kirchengeschichte beider Hessen, Bd. 2, Marburg 1876, 322.

120 Zürich 1952, 84–87.

121 AaO., 84.

122 Ebenda.

123 Ausführliche Beschreibung..., wie A. 23, 29.

124 Diss. med. München 1963 (wieder abgedruckt in: *N. L. v. Zinzendorf*, Materialien und Dokumente, Reihe 2/XIII, Hildesheim 1975), 511–595.

Anders verhält es sich mit dem Aufsatz von Richard Critchfield *Prophetin, Führerin, Organisatorin: Zur Rolle der Frau im Pietismus*[125] aus dem Jahr 1980. Von dieser Veröffentlichung geht im Hinblick auf unseren Gegenstand ein völlig neuer Impulus aus. Er besteht darin, die Geschichte der Eva von Buttlar im Rahmen der Sozialgeschichte der Frau zu betrachten. Nach Critchfield „stellen die sexuellen Ausschweifungen ein interessantes und aufschlußreiches Kapitel in der Geschichte der Frau im Pietismus dar: Die Frau emanzipierte sich unter dem Vorwand der Religion völlig auf sexuellem Gebiet."[126] Hier von einer völligen Emanzipation zu sprechen, halte ich für äußerst fragwürdig. Denn der Autor isoliert „das Sexuelle" aus dem Zusammenhang, in dem es hier erscheint. Überzeugender aber als diese These ist die Fragestellung dieses Aufsatzes an sich. Hieran anzuknüpfen, hielte ich für eine lohnende Aufgabe.

III.

Zum Schluß dieses Berichts möchte ich aus dem vorigen Zitat einen Gedanken herausgreifen, der das Thema abgeben soll für eine abschließende Betrachtung. „... unter dem Vorwand der Religion" hieß es da, habe sich Eva von Buttlar emanzipiert. Deutungen des extravaganten Lebens der Buttlarschen Rotte hat es von Anfang an gegeben. Dabei tritt *ein* Deutungsmuster entschieden in den Vordergrund. Ich möchte es einmal die *Deckmantel-Theorie* nennen: Die religiösen Äußerungen der Mutter Eva und ihrer Gemeinschaft werden gedeutet als Vorwand oder Deckmantel für ein ungezügeltes, wildes Sexualleben.

„In der that aber suchte die grosse Hure/ ihr voriges wüstes Leben nunmehro unter einer heiligen Form wieder anzufahen/ und/ damit sie nicht allein der Hund sey/ so wieder fresse/ was sie gespieen/ mit ihr andere zu gleichem Betrug zu verführen", heißt es 1704 in Dippels *Weg-Weiser zum verlohrnen Liecht und Recht*[127] über Eva von Buttlar und ihre Motivation zur Gründung ihrer Gesellschaft. Und in der Darstellung E. F. Kellers aus dem Jahr 1845[128] liest man vom gleichen Lebensstadium der Eva de Vésias, geborener von Buttlar: „Sie stand damals in ihrem kräftigsten Lebensalter, war dabei reich und einnehmend, und wußte unter dem Deckmantel der Religion ein recht üppiges Leben zu verbergen." Und auch in jüngster Zeit ist die Zuordnung von Religion und Sexualität im Blick auf die Buttlarsche

[125] In: Die Frau von der Reformation zur Romantik. Die Situation der Frau vor dem Hintergrund der Literatur- und Sozialgeschichte, hg. v. *Barbara Becker-Cantarino*, Bonn 1980, 112–137.

[126] AaO., 122.

[127] *Dippel,* wie A.40, 221.

[128] *Keller,* wie A.7, 80.

Rotte weitgehend nach dem gleichen Muster vorgenommen worden: „Natürlich versuchten die Anhänger der Frau v. Buttlar, den prakitizierten ‚Gruppensex' als Mysterium zu rechtfertigen. Dabei beuteten sie vornehmlich die Schriften von John Pordage (...) und von Gottfried Arnold aus und deuteten deren Sophienmystik ganz konkret auf ihre Gemeinschaft um."[129] Mit dieser Pointe interpretiert Rüdiger Mack noch 1978 die religiösen Motive der Buttlarschen Rotte als Vorwand. – Eindeutig in Spannung zu dieser Sichtweise steht aber das aus den Quellen eruierbare Selbstverständnis der Gruppe.

Bekanntlich gab es in der Buttlarschen Rotte das sog. Bundeszeichen der Beschneidung, deren Vollzug man seit jeher zu den abstoßendsten Vergehen der Buttlarschen Gesellschaft gezählt hat. Die „Beschneidung" bestand darin, daß allen weiblichen Mitgliedern der Rotte durch manuellen Eingriff in die Vagina eine Quetschung des Uterus zugefügt wurde. Im Selbstverständnis der Gruppe war diese für die betroffenen Frauen höchst schmerzhafte Manipulation eine rituelle Handlung, die das Ziel hatte, Reinigung zu bewirken.[130] Der Beischlaf mit Frauen wiederum, die sich dieser Prozedur unterworfen hatten, sollte die reinigende Wirkung auch auf den Mann übergehen lassen; und durch wiederholte sexuelle Vereinigung konnte die Wirkung sowohl bei dem Mann wie auch bei der Frau verstärkt werden.[131]

Die Autoren der besprochenen Literatur sehen aber hinter dem extensiven Sexualleben immer lediglich den triebhaften Aspekt[132], und die sog. Beschneidung wurde seit jeher nur als empfängnisverhütende Maßnahme gedeutet.

Eine zukünftige Erforschung der Buttlarschen Rotte müßte den Versuch unternehmen, das Leben dieser Gemeinschaft anhand der Quellen – vor allem der Selbstzeugnisse – erst einmal aus sich selbst heraus zu deuten. Es geht darum, die religiösen Motive der Gruppe ernst zu nehmen und sie nicht von vornherein auszuschließen.

Eine eingehende Untersuchung des Selbstverständnisses der Buttlarschen Rotte ist ein Forschungsdesiderat neben anderen. In unmittelbarer Nähe dazu stehen die Fragen nach den religiösen und traditionsgeschichtlichen Wurzeln der Gruppe. Schon 1845 hatte Keller auf die engen Verbindungen zur Böhmeschen Sophienspekulation[133] und besonders auf den Einfluß des

---

[129] *Mack,* wie A.85, 95.

[130] Vgl. z. B. die Zeugenaussage einer betroffenen Frau, in: *Thomasius,* wie A.5, 273, und daneben die Ausführungen Winters in dem Brief an die zwei jüngsten Schwestern von Callenberg, in: *Becker,* wie A.1, 15–20.

[131] Vgl. *Becker,* aaO., 21 f.

[132] Eine gewisse Ausnahme stellt hier die Arbeit von *Ensign,* s. o. A.49., dar. Ihm ist an einer theologischen Würdigung durchaus gelegen, wenn er das Selbstverständnis der Gruppe wie folgt resümiert: »One can't climb into the heavens; there, seek God where he may be found, in men on earth.« (239).

[133] Vgl. hierzu *Ernst Benz,* Der vollkommene Mensch nach Jakob Boehme, Stuttgart 1937.

englischen Philadelphiers John Pordage[134] hingewiesen; Ritschl hat später Valentin Weigel und seine Lehre von der himmlischen Eva[135] ins Gespräch gebracht. Das Aufzeigen dieser Verbindungslinien ist jedoch bislang weitgehend im Spekulativen geblieben. Begründung und Konkretion ist hier vonnöten.

Die Besprechung der Arbeiten von Tanner und Critchfield hat deutlich gemacht, daß die Untersuchung der Buttlarschen Rotte unter sozialgeschichtlichen Gesichtspunkten bisher noch nicht bzw. nur im Ansatz – unternommen wurde. Das Ehe- und Familienverständnis dieser Gruppe unterschied sich fundamental von dem ihrer Umwelt. Die gesellschaftlich legitimierte und kirchlich sanktionierte Ehe galt hier als „privilegierte Hurerey", wobei man diese Kritik als radikale Absage an familiäre Bindungen überhaupt verstand. Während die asketische Ehekritik etwa Gichtels oder Gottfried Arnolds in gewissem Sinn als „überbürgerlich" bezeichnet werden kann, indem sie die Kanalisierung des Sexuellen auf die Spitze treibt, ist die Ehekritik der Buttlarschen Rotte antibürgerlich: Sie löste institutionalisierte Beziehungen wie die zwischen Eltern und Kindern auf. An deren Stelle trat die heilige Form der Ehe, die sich im wechselnden Beischlaf der Gruppenmitglieder untereinander je neu verwirklichte und über den geschlechtlichen Charakter hinaus noch den der Heilsvermittlung erhielt. Es erscheint mir lohnend, diese teils kurios anmutende Ideologie als Symptomatik zu betrachten, die auf gesellschaftliche, religiöse und theologische Defizite der herrschenden Normen verweist.

Die Erforschung der Gesellschaft der Mutter Eva stellt die Frage nach der Rolle der Frau im Pietismus. Es bleibt zu untersuchen, in welcher Weise man bei Eva von Buttlar als von einer Führerin (Critchfield) sprechen kann und welche sozialen Motive sie zum Heraustreten aus ihrer angestammten Rolle als Ehefrau und Hofdame veranlaßt haben. Außerdem ist Eva von Buttlars Führungsrolle mit der anderer Frauen in Philadelphischen Sozietäten – zu denken ist hier etwa an die Gemeinschaften der Frau Wetzel in Wanfried und der der Frau Gebhard bei Eisenach – zu vergleichen.[136] Es steht zu vermuten, daß das Phänomen der Frau als religiöse Führerin die Identitäts- und Funktionsproblematik der Frau im verarmten Adel und im Bürgertum des frühen 18. Jahrhunderts widerspiegelt.

Nicht zuletzt aber gilt es, die „äußere" Geschichte Eva von Buttlars und ihrer Gruppe nachzuzeichnen, den Fragen nach Zeiten und Orten ihrer

---

[134] Zu Pordage vgl. *Benz*, aaO., 146f.; *Erich Seeberg*, Gottfried Arnold. Die Wissenschaft und die Mystik seiner Zeit, Meerane 1923, 369ff. (Neudruck: Darmstadt 1964); *Nils Thune*, The Behemenists and the Philadelphians. A Contribution to the Study of English Mysticism in the 17th and 18th Centuries, Uppsala 1948.

[135] Vgl. hierzu *Gottfried Arnold*, Unpartheyische Kirchen- und Ketzer-Historie, Teil 2, Frankfurt a. M. 1699, 600f.

[136] Vgl. *Hochhuth*, wie A.9, 110ff.

Aufenthalte nachzugehen. Gelingt es, die Verwurzelung der Gruppe im thüringischen und hessischen Pietismus an Hand von Quellenmaterial herauszuarbeiten – die Vorarbeiten auf diesem Gebiet sind, wie oben gezeigt, bescheiden zu nennen –, so würde dies auch neue Aspekte eröffnen auf die Erforschung der pietistischen Bewegung in diesen beiden Gebieten.

Ulf-Michael Schneider

„Stroh=Kram und Wage“

Johann Samuel Carl in seinem Verhältnis zu den Inspirierten

Im amerikanischen Bundesstaat Iowa liegen, im breiten und fruchtbaren Tal des Iowa River, die sieben, zwischen 1854 und 1864 von deutschen Einwanderern gegründeten Amana-Dörfer. Die Siedlung hält noch heute das Band der aus Europa mitgebrachten religiösen Überzeugung zusammen: Die Amana Church Society nämlich ist direkte Nachfolgerin und Traditionsbewahrerin der im zweiten Jahrzehnt des 18. Jahrhunderts in der hessischen Wetterau entstandenen, radikalpietistischen „Wahren Inspirationsgemeinschaften“. Ihr Kirchenarchiv – mit reichen, bei der Auswanderung aus Deutschland keineswegs zurückgelassenen Beständen auch aus dem 18. Jahrhundert – stellt, zusammen mit der in den letzten Jahren aufgebauten Research Library des ‚Museum of Amana History‘, eine einzigartige, an Vollständigkeit nicht übertroffene Quelle für die Erforschung der Inspirationsgemeinden dar.[1]

Während eines dreimonatigen Studienaufenthalts am ‚Museum of Amana History‘ habe ich 1984 eine der Pietismusforschung bisher nur dem Namen nach bekannte Schrift des Anführers und Haupt-‚Propheten‘ der Inspirierten, ihres ‚Werkzeugs‘ Johann Friedrich Rock gefunden: seine Polemik „Stroh=Kram und Wage“.[2] Sie bildet einen Höhepunkt in einer sich über mehrere Jahre hinziehenden innergemeindlichen Kontroverse unter den Inspirierten selbst: ihrer Auseinandersetzung mit einem ihrer exponiertesten ‚Mitbrüder‘, dem isenburg-büdingenschen Hofarzt Johann Samuel Carl[3], der als einer der frühesten Anhänger der Inspirierten sich schließlich nach

[1] Zur amerikanischen Geschichte der Inspirationsgemeinden vgl. jetzt *Diane L. Barthel*, Amana. From Pietist Sect to American Community. Lincoln and London 1984. – Anschrift des ‚Museum of Amana History‘: Amana, Iowa 52203; U. S. A.– Zur deutschen Gemeindegeschichte im 18. und beginnenden 19. Jahrhundert ist immer noch die monographische Aufsatzfolge von *Max Goebel* heranzuziehen: Geschichte der wahren Inspirations-Gemeinden, von 1688 bis 1850. In: Zeitschrift für historische Theologie 24 (1854), S. 267ff., 377ff.; 25 (1855), S. 94ff., 327ff., 27 (1857), S. 131ff. Die jüngste (und durch umfangreiche Quellen- und Literaturzusammenstellung weiterführende) Informationsmöglichkeit bietet *Hans Schneider* [Art. :], Inspirationsgemeinden. In: Theologische Realenzyklopädie 16 (1987), S. 203–206.

[2] Über Rock zuletzt *Paul Krauss*; Johann Friedrich Rock. Separatist und Inspirierter. 1678–1749. In: Lebensbilder aus Schwaben und Franken. Bd. 15, Stuttgart 1983, S. 86–114.

[3] Aspektreiche Kurzdarstellung über Carl mit umfassender Bibliographie in dem Artikel

einem „für beide Seiten quälenden Lösungsprozeß“[4] von der Gemeinde trennt: ein Sonderfall in der an Streitigkeiten nicht armen Geschichte der Inspirationsgemeinden in der ersten Hälfte des 18. Jahrhunderts.

I.

In einem etwa im Jahre 1740 entstandenen Gedicht versammelt Johann Friedrich Rock die Gegner seiner Gemeinschaft der „Wahren Inspirations-Gemeinen“, um sich von ihnen klar zu distanzieren:

Lieber Graf! ja König! Keyser!
Doctor Carl! Ihr { Edel / Große } Leut!
Seyd mir nur wie dürre Reiser/
Gegen meiner süßen Beut/
Die ich in mir selbst besitze/
Und aus Gnaden hab erlangt.
Sehet' Dieses ist mir nütze/
Wann mein Hertz an JEsu hangt.[5]

Nikolaus Ludwig Graf von Zinzendorf, Christian Gottlieb König, Johann Kayser, Johann Samuel Carl, Johann Christian Edelmann und Andreas Groß – allen diesen, für die Geschichte zumal des radikalen Pietismus bedeutsamen Gestalten ist gemeinsam, daß sie die Theologeme und die spezifische Religiosität der Inspirierten nicht nur aus gründlicher Kenntnis ihrer bereits frühzeitig kontrovers diskutierten Schriften kennen und kritisieren. Vielmehr standen sie durchweg, über längere oder kürzere Zeit in einer engen und durchaus positiv erlebten Beziehung zu den „Propheten=Kindern“[6], wenn sie nicht gar Mitglieder und „Brüder“ der „Wahren Inspi-

---

von *Hans-Jürgen Schrader*, in: Schleswig-Holsteinisches Biographisches Lexikon. Bd. 5, Neumünster 1979, S. 60–64.

[4] *Schrader* (wie Anm. 3), S. 61.

[5] J.J.J. Aufrichtige und warhaftige EXTRACTA, Aus dem allgemeinen Diario Der wahren INSPIRATIONS-Gemeinen. VI. Sammlung. o. O. 1741, S. 206f. – Die 42bändige, 1736–1789 publizierte Hauptquelle der Inspirationsgemeinden überliefert (neben zahlreichen z. B. gemeindehistoriographischen Anhängen und Supplementen) die Aussprachen Johann Friedrich Rocks. Sie ist (zusammen mit anderen Inspiriertendrucken) in unvollständigen, aber einander ergänzenden Teilsammlungen vorhanden in den Universitätsbibliotheken Bonn, Münster und Tübingen, in der Württembergischen Landesbibliothek Stuttgart, außerdem in der Schloßbibliothek Büdingen. – Hier künftig abk.: ‚Sammlung‘.

[6] So die gemeindeinterne Selbstbezeichnung der Gemeinschaft: „Der Nahme: Inspirirt: ist von andern uns beygelegt, und nun so eingeführt. Es heisset so viel, als Propheten=Kinder/ wie die Schrifft diejenigen nennet, die durch die Gabe und Geist der Weissagung erwecket, begnadiget, und zur Behausung GOttes im Geist bearbeitet worden, [...]“ XIII. Sammlung. o. O. 1758, S. (II). Vgl. auch den Titel der ersten Gemeinde-Historiographie: „Kurze Historie Der Inspirirten Und Inspirations=Gemeinden; Auf Teutsch: Der Propheten=Kinder“. In: XVI. Sammlung. o. O. 1772, S. 238.

rations-Gemeinen" waren und deren Ziele öffentlich propagierten, bevor sie sich abwandten und Kritik übten.

Unter all den Auseinandersetzungen, in die sich die Inspirierten bis zum Tode Rocks 1749 in Gelnhausen mit gerade ja auch pietistischen Glaubensfreunden verwickelt sahen, hat das anfangs so harmonische wie später immer mehr spannungsgeladene Verhältnis zum Reichsgrafen Zinzendorf und seiner Brüdergemeine das größte Aufsehen auch über die engeren Grenzen beider Gemeinschaften hinaus erregt.[7] Die bis heute innerhalb der protestantischen Kirche wirkungsmächtige Person Zinzendorfs und das Fortleben seiner herrnhutischen Brüdergemeine sind dabei nicht ohne Auswirkung geblieben für die Erforschung der Inspirationsgemeinden; ihr gewidmete Darstellungen legen – mit guten Gründen – einen Hauptakzent auf den Streit Rocks mit Zinzendorf und tragen damit sowohl der Quellenlage als auch dem Interesse an einer der Hauptgestalten des Pietismus Rechnung.[8]

Im Gegensatz dazu stellt eine Untersuchung innergemeindlicher Auseinandersetzungen bei den Inspirierten selbst ein Desiderat dar. Am Beispiel Johann Samuel Carls und seiner wechselvollen Beziehung zu den Inspirierten wollen daher die folgenden Ausführungen den Weg eines solchen innergemeindlichen Streites nachzeichnen – einen Weg, der von der öffentlichen Propagierung und Apologie der Inspirationssache über quasi-pastorale Leitungsfunktionen in der Gemeinde schließlich in die Separation von ihr und zu ebenfalls öffentlich geäußerter Kritik an ihr führte. Rocks gegen Carl zielende Polemik „Stroh=Kram und Wage" – im Anhang zu diesem Aufsatz nach einer in Amana gefundenen Abschrift erstmals publiziert – kann auf diese Weise in die Geschichte ihres Streites eingeordnet werden. Darüber hinaus könnte eine solche Untersuchung, jenseits einer bloßen Zusammenstellung von Fakten des Verhältnisses Carls zu den Inspirierten, erkenntnisfördernde Einsichten liefern in gemeindliche Leitungsmechanismen und Entscheidungsprozesse bei den Inspirierten, in charakteristische Formen der Auseinandersetzung unter ihnen sowie gerade auch in die Funktionsweisen

---

[7] Ihre seit 1730 entstehenden, durch gegenseitige Besuche im oberlausitzischen Herrnhut wie am Hauptsitz der Inspirierten, der büdingenschen Ronneburg, vertieften, schließlich nach der Exilierung der Brüdergemeine und ihrer Aufnahme 1736 in der Grafschaft Isenburg-Büdingen intensivierten Kontakte sind von den Inspirierten selbst umfangreich dokumentiert worden in der IV., VI. und IX. Sammlung. o. O. 1739/41/44. – Das große Interesse, das die Kontakte beider Gemeinschaften bei den Zeitgenossen auslöste, belegt ein außerhalb der Inspirationsgemeinden veranstalteter, wortgetreuer Nachdruck der IV. Sammlung: Geheimer Brief=Wechsel Des Herrn Grafens von Zinzendorf mit den Inspirirten. Frankfurt/Leipzig 1741.

[8] Vgl. *Goebel* (wie Anm. 1), 25 (1855), S. 137–160, 327–342; *Krauss* (wie Anm. 2), S. 104–110. – Neue Einsichten in das Beziehungsgeflecht der Inspirierten zur Brüdergemeine verspricht die angekündigte Studie von *Hans Schneider* über „Die Anfänge der Herrnhuter in der Wetterau". Vgl. bis dahin *Hans Schneider*, Nikolaus Ludwig von Zinzendorf. In: *Martin Greschat* (Hrsg.), Orthodoxie und Pietismus. Stuttgart u. a. 1982 (= Gestalten der Kirchengeschichte 7), S. 347–372, besonders S. 358 f.

und Verwendungsmöglichkeiten der ekstatischen Inspirationen ihres Anführers und ‚Werkzeugs' Johann Friedrich Rock.[9]

II.

Die sich vom Einfluß französischer Camisarden herleitende[10], 1714 durch drei vermeintlich mit der Gabe göttlich-prophetischer Aussprache versehene Hallensische Studenten in die wetterauer Grafschaft Isenburg-Büdingen getragene Inspirationsbewegung und ihre dort unter der Führung von zunächst ingesamt acht inspirierten ‚Werkzeugen' vollzogene gemeindliche Organisierung[11] hat sofort größte Aufmerksamkeit bei der lutherischen Orthodoxie gefunden. Es kommt zu einer regelrechten, nur schwer zu überschauenden Streitschriftenflut[12], die die Inspirierten veranlaßt, ihrerseits zur Erläuterung ihrer Absichten und Legitimation ihrer Ansichten publizistisch hervorzutreten. Eine von ihnen 1715 edierte Sammelautobiographie faßt unter dem Titel „Unterschiedliche Erfahrungs=volle Zeugnisse [...] Von der so sehr verhassten und verschreyten INSPIRATIONS=SACHE" insgesamt dreizehn Selbstzeugnisse von Gemeindemitgliedern und -anhängern zusammen.[13] Den immerhin zweiten Platz in dieser Sammlung räumt der Herausgeber dem 1677 im hohenlohischen Öhringen geborenen, von dort infolge eines Verfahrens wegen Heterodoxie verwiesenen Johann

[9] Eine ausführliche Untersuchung der Aussprachen Rocks und ihrer Wirkungen wird meine vor dem Abschluß stehende literaturwissenschaftliche Dissertation liefern (Arbeitstitel: Die ‚Wahren' Propheten=Kinder. Studien zu Sprache, Literatur und Wirkung der Inspirationsgemeinden im 18. Jahrhundert).

[10] Über den Beginn der Inspirationsbewegung bei den französischen Protestanten nach der Aufhebung des Edikts von Nantes (1685) und ihr Übergreifen nach England informieren *Robert P. Gagg*, Kirche im Feuer. Das Leben der französischen Hugenottenkirche nach dem Todesurteil durch Ludwig XIV. Zürich/Stuttgart 1961; und neuerdings *Hillel Schwartz*, The French Prophets. The History of a Millenarian Group in Eighteenth-Century England. Berkeley 1980; sowie *Daniel Vidal*, Le malheur et son prophète. Inspirés et sectaires en Languedoc calviniste (1685–1725). Paris 1983.

[11] Die ersten Jahre in der Entwicklung der Inspirationsgemeinden (1714–1719) hat jetzt *Walter Grossmann* dargestellt: The European Origins of the True Inspired of Amana. In: Communal Societies 4 (1984), S. 133–149.

[12] Durchaus unvollständige Bibliographien dieser Streitliteratur bei *Johann Georg Walch*, Historische und theologische Einleitung in die Religions-Streitigkeiten, Welche sonderlich ausser der Evangelisch-Lutherischen Kirche entstanden. 1. Theil, Jena 3. Aufl. 1733, S. 664–670; und *Siegmund Jacob Baumgarten*, Geschichte der Religionspartheyen. Hrsg. v. Johann Salomon Semler. Halle 1766, S. 1053–1056. Vgl. dazu die Addenda und Corrigenda bei *Schneider* (wie Anm. 1), S. 205.

[13] Als Herausgeber dieser Sammlung hat *Else Oswalt* 1921 den Frankfurter Saalhof-Pietisten Christian Fende bestimmt (Christian Fende. Ein Beitrag zur Geschichte des Pietismus in Frankfurt a. M. Diss. phil. [masch.] Frankfurt 1921, S. 25). Diese Zuweisung hat 1982 *Hans-Jürgen Schrader* zuerst wieder aufgenommen (Nachwort des Herausgebers. In: *Johann Henrich Reitz*, Historie der Wiedergebohrnen. Bd. 4. Teil VII [1745], Tübingen 1982 [= Deutsche Nachdrucke. Reihe: Barock 29/4], S. 149*). – Hier künftig abk.: ‚Zeugnisse'.

Samuel Carl ein, der bereits seit 1708 in Büdingen als Hofarzt des Grafen Ernst Casimir wirkt: „Johann Samuel Carls/ Medici Buding. Zeugnüß Von der in unsern Landen enstandenen Neuen Oeconomie Gottes Der so genannten Inspiration, Wie sich solche auch an sein Hertz als ein Finger GOttes legitimiret habe."[14] Damit steht Carl gleich zu Beginn der wetterauischen Inspirationsbewegung in einer Reihe mit den die Gemeinde später leitenden und integrierenden Gestalten Eberhard Ludwig Gruber, dessen Selbstbekenntnis die „Erfahrungs=vollen Zeugnisse" eröffnet[15], und Johann Friedrich Rock, der bezeichnenderweise erst an vierter Position der Sammelautobiographie als Einziger über die Erfahrung eigener Inspirationserweckung berichten kann.[16]

Carls Engagement für die Inspirierten und ihre öffentliche Kundgabe in den „Erfahrungs=vollen Zeugnissen" scheint für die gerade sich formierende Gruppierung umso wichtiger gewesen zu sein, als hinter die theologische Autorität Grubers sofort die medizinische des Hofarztes gerückt werden kann, der gewohnt ist, die mit den prophetischen Aussprachen der Inspirierten einhergehenden körperlichen Konvulsionen und psychischen Ekstasen doch eigentlich als Krankheitssymptome zu deuten und auf medizinisch-naturwissenschaftlich fundierte Gründe zurückzuführen.[17] Die Anerkennung der Inspirationen als eines göttlichen Werks und die Abwehr medizinischer Erklärungsversuche durch einen nicht unbekannten Arzt verleihen so den geistgetriebenen Aussprachen der ‚Neuen Propheten'[18] eine nur zu erwünschte weltlich-wissenschaftliche Legitimierung.

> Als vor einem halben Jahr ein Gerücht aus Zell gekommen/ von einer besondern Weissagungs=Krafft/ so sich an einem jungen Mädgen hervor gethan: wolte mich solche Sache in keine Verwunderung bringen/ sondern glaubte gleich/ es wären gantz natürliche Kräfften/ die gewisse Motus convulsivos hystericos zu begleiten nicht unbequem seyen; da der Natur=Geist/ ob turbas vitales, von seinem ordent-

[14] Zeugnisse, S. 15–20.

[15] Zeugnisse, S. 1–15. – Zu Gruber vgl. NDB 7, S. 179f. Die jüngste Studie stammt von *Donald F. Durnbaugh*, Eberhard Ludwig Gruber & Johann Adam Gruber: A Father & Son as Early Inspirationist Leaders. In: Communal Societies 4 (1984), S. 150–160.

[16] Zeugnisse, S. 23–27.

[17] *Hans-Jürgen Schrader* (wie Anm. 3, S. 60) weist darauf hin, daß Carl in Halle Schüler von Georg Ernst Stahl (1660–1734) war, „dessen Lehre auf spekulativ-theosophischen Grundlagen basierte und hermetisch-alchimistische Elemente enthielt. Besonders beeinflußt durch Stahls medizinische Animismus-Lehre, derzufolge Krankheiten immer zugleich Erkrankungen der Seele und von dort her zu kurieren seien, wurde C. sein gepriesener Meisterschüler". – Umfassende Aufschlüsse über den Mediziner Carl bietet die Münchener medizinhistorische Habilitationsschrift von *Christa Habrich*, Untersuchungen zur pietistischen Medizin am Beispiel Johann Samuel Carls (1676–1757) und seines Kreises. Hürtgenwald: Verlag Guido Pressler (in Vorbereitung).

[18] So eine gängige zeitgenössische Fremdbezeichnung für die Inspirierten, unter der sie auch Aufnahme fanden in die deutschsprachige Enzyklopädie des 18. Jahrhunderts. Vgl. *Johann Heinrich Zedler*, Grosses vollständiges UNIVERSAL=LEXICON Aller Wissenschafften und Künste. Bd. 24, Leipzig und Halle 1740, Sp. 82f.

lichen Lauff abgerissen würde/ und also in raptu convulsivo & semi-ecstatico die vorige colligirte Ideen wieder vorstellete. Dieses Medicinische Raisoniren fiel mir aber gar bald weg.[19]

Obwohl Carl in seiner Argumentation die Möglichkeit einer medizinischen Deutung der Inspirationsphänomene verwirft, so hält er in der ersten Phase seiner Bekanntschaft mit den Inspirierten fest an einer an wissenschaftlichen Grundsätzen orientierten Methodik der Wahrheitsfindung, läßt er Nachrichten Dritter über die Sache ebensowenig gelten wie „dunckle Relationes"[20] gedruckter Berichte und vertraut bei seiner Meinungsbildung einzig auf die eigene, vom Zweifel kontrollierte Anschauung.

Weil aber wegen meiner Abwesenheit und Geschäfften die Sache nicht selbsten prüfen und erfahren können/ so bliebe ich wieder in einigem Zweiffel hangen.[21]

Diese aber werden beseitigt nach seiner ersten Begegnung mit einem der aus Halle angereisten Studenten:

Ich begab mich mit Potten in sein Quartier/ und wollte mich gern weiter informiren lassen; konte aber kein dubium mehr zusammen bringen/ sondern erkannte völlig/ daß gedachter Pott aus seinem eigenen die Außsprach nicht vorbringen könte/ und also die geistliche/ wie die leibliche Bewegung von einem andern Principio herkäme.[22]

Die neue Erfahrung und selbsterlebte Anschauung offenbar göttlich eingegebener, von ekstatischen Körperbewegungen begleiteter Aussprachen versetzt Carl schließlich in eine Bußkampfsituation, in der er Klarheit über den eigenen Gnadenstand sucht.

Es bewegte sich aber mein inwendigster Seelen=Grund so sehr/ als noch jemalen geschehen/ in starckem gleichsam Kochen und Jähren/ daß mir deren Tieffen/ und absonderlich die tieffe Verderbnüsse/ sehr entdecket/ und ich also zu einem eiffrigen Ringen angestrenget wurde.[23]

Die autopsychographische Beschreibung dieser Bußkampfsituation markiert zugleich auch den entscheidenden Wendepunkt der Argumentation Carls von einem letztlich noch vernunftgeleiteten Erkenntnisprozeß hin zu einer Überzeugung, welche sich nunmehr aus dem ‚inneren Wort' speist. Carls so gewonnene Einsicht, daß die „neue Oeconomie Gottes" in der Inspiration sich „als ein Finger GOttes legitimiret habe"[24], entspringt einem für den Pietismus charakteristischen Durchbruch- und Erweckungserlebnis nach einer gemeinsamen Aussprache Potts mit dem neu inspirierten Johann Adam Gruber.

---

19 Zeugnisse, S. 15f.
20 Zeugnisse, S. 16.
21 Ebd.
22 Ebd.
23 Zeugnisse, S. 17.
24 Zeugnisse, S. 15.

Dabey hörte wieder eine gar evangelische und sinnreiche Vorstellung/ da die Werckzeuge wie ein Harpffenspiel in ihren Außsprachen mit einander harmonirten; welches Musicalisches Concert hernach/ in einer Außsprach über mich ins besonder/ zu allem Erstaunen erfahren mußte. Mein Hertz wolte mir gar zerschmältzen vor dem lieb= und wunder=vollen Spiel der Weißheit GOttes: Es wallete vor heißem Hungern und Dürsten. Ich fühlte gar zu deutlich/ wie tieff das arme Hertz in Laodicäa stecke; welche falsche Ruhen man sich gemacht/ um nur fein commod zu bleiben. Alle Winckel meines Hertzens wolten gleich auff einmal alle grobe und subtile Tücke außschütten. Mein Willens=Grund entledigte sich gleichsam auff einmal von allem fremden und mir sonst verborgenen Begierden/ und versenckte sich gantz in JESUM. Es dampffte mein Hertz gleich einem Rauchfaß von beständigem Flehen zu GOtt/ um alle gehörige Geistes=Kräfften zum göttlichen Leben. Das Hertz GOttes bezeugte sich gantz offen/ daß ich beständig durffte auß= und eingehen. Es wurde mir gar eingelegt/ um was ich beten solte/ und was ich vor jetzo erhalten könte. Mein Hertz war auch gar weich/ wie ein durchgrabener Acker/ welcher jedes Sämgen in sich tieff verschluckte. So offt ich mich nur vom äussern und innern Geräusch zur rechten Stille konte samlen/ da befande einen Überfluß der lieblichsten Lockungen/ Zügen/ Erinnerungen; welche sich auch sehr mächtig gegen alles innere Vernunfft= und Schlangen=Wort defendirten.[25]

So wird man sagen können, daß Johann Samuel Carl in seinem ersten öffentlichen Engagement für die Sache der Inspirierten zwar wohl mit der Autorität seiner Profession als „Medicus Budingensis" operiert, in seiner Argumentation jedoch weder seine medizinische Sachkenntnis im Speziellen noch allgemeine „Vernunffts"-Gründe in den Vordergrund rückt und ausspielt. Letztlich ist es der psychische Vorgang einer pietistischen Erwekkung, die ihm Gewißheit über den tatsächlich bei und unter den Inspirierten wirkenden „Finger GOttes" verleiht.

Trotzdem enthält Carls Selbstkenntnis, wenn auch an scheinbar versteckter Stelle, auch Hinweise darauf, daß er sich vielleicht nicht völlig absichtslos den Inspirierten angeschlossen hat, wollte auch sein „Hertz" in einer plötzlich glaubensmäßigen Überwältigung beim Anhören der „Harpffenspiel"-gleichen Aussprachen „gar zerschmältzen". An drei Stellen taucht in ihm nämlich ein Stichwort auf, dessen biblischer Umkreis für den Pietismus am Anfang des 18. Jahrhunderts sowie für die geschichtsphilosophische Deutung der eigenen, als Endzeit begriffenen Gegenwart als auch für gerade daraus sich ableitende praktische Organisationsformen pietistischer Kreise von zentraler Bedeutung ist: Laodicäa.

Ich kam also eben zu einer Ein= und Außsprach/ welche wider Lacodicäa eine sehr Evangelische Vermahnung in sich hielte. Dabey wurde mein Gemüth innerlich in die tieffste Ehrfurcht vor einer gleichsam mehr empfindlichen Gegenwart GOttes gesetzt. Die Rede war gantz schrifftmäßig/ drang aber sehr mächtig an das Gewissen.[26]

---

[25] Zeugnisse, S. 18.

[26] Zeugnisse, S. 16.

Ich fühlte gar zu deutlich/ wie tieff das arme Hertz in Laodicäa stecke.[27]
In allem aber priviligirt sich die Hand GOttes gegen alle falsche Kräfften/ daß diese so bald und mächtig entdeckt und/ wie Laodiceä Blöße/ allen geoffenbart werden: Hingegen bey dem wahren Werck zeiget sich in Worten und Wercken die lautere Aehnlichkeit des Sinnes Christi/ zu täglich wachsenden Kräfften in dem Leben/ so aus GOtt ist.[28]

Mit der Verwendung eines der Gemeindenamen aus der Offenbarung des Johannes ruft Carl die typologische Auslegung dieser Bibelstelle auf, welche die Abfolge der sieben Gemeinden bezieht auf sieben Stationen in der Entwicklung des Christentums. Sie läuft in der Tradition dieser Exegese zwangsläufig am Ende der Zeiten auf das „neue Jerusalem" zu, welches mit der Gemeinde zu Philadelphia biblisch präformiert ist und in dem sämtliche konfessionsgebundenen ‚Mauerkirchen' überwunden sind durch die Sammlung aller Erweckten.[29] Angetrieben von einem dominierenden Endzeitbewußtsein – und angeregt von der englischen Visionärin Jane Leade, auf die die Gründung einer internationalen philadelphischen Societät am Ende des 17. Jahrhunderts zurückgeht – hatten sich auf dem Gebiet des Alten Reichs zur Wende vom 17. zum 18. Jahrhundert „Philadelphische Gemeinden" gebildet, um dem biblischen Auftrag zur Schaffung einer wahren, einigen und ‚bruderliebenden' Christenheit vorzuarbeiten.[30]

Genau dieser, breiteste Kreise des Pietismus erfassenden Bewegung hat

[27] Zeugnisse, S. 18.

[28] Zeugnisse, S. 20.

[29] Zur Tradition der typologischen Bibelauslegung vgl. *Friedrich Ohly*, Vom geistigen Sinn des Wortes im Mittelalter. In: *Ders.*, Schriften zur mittelalterlichen Bedeutungsforschung. Darmstadt 1977, S. 1–31. – Eine besonders instruktive Darstellung der pietistischen Auslegung der sieben Gemeinden in Apok 1–3 bei *Johanna Eleonora Petersen*, Anleitung zu gründlicher Verständniß der Heiligen Offenbahrung Jesu Christi. Franckfurt und Leipzig 1696, Titelkupfer und S.) (3f.: „Erklärung des Titul=Kupffers [...] Welches [...] in diesem Sinnbilde das Israel nach dem Geiste vorstellet/ welches [...] durch die sieben-fache Uberwindung der sieben Asiatischen Gemeinen zu seiner Herrlichkeit muß hindurch=kämpffen: als wohin sich alle Geheimnisse der gantzen heiligen Offenbahrung concentriren." – Die ‚Berleburger Bibel' kommentiert Apok 1,20: „Diß Geheimniß gehet also insonderheit auf die s i e b e n Z e i t e n d e r K i r c h e [...]. Und so sind die 7 Gemeinden mit ihren Engeln oder Bischöffen lauter Figuren, wodurch die siebenfach veränderte Gestalt und der Zustand der gantzen Kirche JEsu Christi, von seiner Himmelfahrt an bis zu seiner letzten Zukunfft zum Gericht, in 7 unterschiedlichen Zeitläuffen und nach seiner siebenfachen Veränderung, vorgebildet wird." Der Heiligen Schrifft Siebender Theil, oder des Neuen Testaments Dritter Theil [...] Nach dem Grund=Text aufs neue übersehen Nebst der buchstäblichen und geheimen Erklärung. Berlenburg 1739 (= Berleburger Bibel), S. 242.

[30] Zur Geschichte der ‚philadelphischen Gemeinden' v. a. *C. W. H. Hochhuth*, Geschichte und Entwicklung der philadelphischen Gemeinden. In: Zeitschrift für historische Theologie 35 (1865), S. 171–290. – *Nils Thune*, The Behmenists and the Philadelphians. A Contribution to the Study of English Mysticism in the 17th and 18th Centuries. Uppsala 1948. – *Norbert Fehringer*, Philadelphia und Babel. Der hessische Pietist Heinrich Horche und das Ideal des wahren Christentums. Diss. theol. Marburg 1971, bes. S. 111–129. [Vgl. zu dieser Arbeit die Bemerkungen von *Hans Schneider*, Der radikale Pietismus in der neueren Forschung. In: JGP 8 (1982), S. 37–40.]

auch Johann Samuel Carl bereits in seiner hohenlohischen Heimat sich zugerechnet, 1704 die Gründung einer philadelphischen Gemeinschaft von Ärzten betrieben und ihre Programmschrift verfaßt.[31] Daher ist es nicht allzu spekulativ zu vermuten, daß er im plötzlichen Auftreten neuer Propheten 1714 im Separatisten-Refugium Isenburg-Büdingen wiederum eine Chance erblickte, die Erweckten um den Kristallisations- und Integrationspunkt ihrer ‚Werkzeuge' zu sammeln. Für eine solche Motivation seines Anschlusses an die Inspirierten spräche zusätzlich eine dadurch sichtbar werdende Kontinuität der Biographie Carls, welcher nach seiner Trennung von Johann Friedrich Rock und den Inspirationsgemeinden unverdeckt publizistische Propaganda für die philadelphische Sache betreiben wird.[32]

III.

Am 27. Oktober 1740 wird Johann Friedrich Rock dem von den Inspiriertengemeinden abgefallenen Carl in einer Aussprache nachrufen: „Ich hatte ihn zum Pfeiler gesetzet in meiner Gemeine"[33], ihn bezeichnen als „Zäncker und weibischen Mann"[34], welcher „die Gemeine des HErrn verlassen, und sich gewendet zu der Todten=Gemeine/ und ist ein wanckend Rohr geworden, das da hin und her getrieben wird."[35]

Es kennzeichnet exemplarisch Carls Bedeutung für die Inspirierten, daß ihr Anführer sich noch zwölf Jahre nach der beiderseitigen Trennung mit ihm in einer Aussprache auseinandersetzt. Und in der Tat war Carl in den dreizehn Jahren seiner Zugehörigkeit zu den Inspirationsgemeinden einer der ‚Pfeiler der Gemeine': Gemeindeältester in Büdingen und damit Mitglied des engeren Leitungsgremiums der gesamten Gemeinde, der Ältestenversammlung, in dieser Funktion häufig betraut mit der liturgischen Leitung der zahlreichen gottesdienstähnlichen „Versammlungen", im Sommer 1725 und Frühling 1726 Begleiter Johann Friedrich Rocks auf dessen Missionsreisen ins Württembergische und bis in die Schweiz.[36] All diese Aktivitäten Carls für die und in der Gemeinde sind dokumentiert in den Sammlungen der „Jahrbücher der Wahren Inspirations-Gemeinen"[37], in denen sich aber gleichfalls die sich steigernden Auseinandersetzungen und zunehmen-

---

[31] Vgl. *Schrader* (wie Anm. 3), S. 60.

[32] Vor allem durch die von ihm gegründete und herausgegebene pietistische Zeitschrift „Geistliche FAMA, mittheilend Einige neuere Nachrichten von göttlichen Erweckungen [...]", Stück 1–19, die (mit Carl als Hrsg.) 1730–1736 unter dem fingierten Druckort „Philadelphia" (= Berleburg) erscheint und „gewissermaßen als Hauszeitschrift und Kommunikationsorgan der Philadelphier gedacht" war [*Schneider* (wie Anm. 30) 9 (1983), S. 123].

[33] VI. Sammlung. o. O. 1741, S. 163.

[34] VI. Sammlung. o. O. 1741, S. 170.

[35] VI. Sammlung. o. O. 1741, S. 171.

[36] Diese Reisen dokumentiert in der XIV. Sammlung. o. O. 1761.

[37] Vgl. Anm. 5.

den Entfremdungserscheinungen spiegeln, die schließlich zur Separation Carls von den Inspirationsgemeinden führen. In diesem Prozeß lassen sich vier Phasen unterscheiden: (1) sporadisch aufbrechende, jeweils an einen konkreten Anlaß gebundene Streitigkeiten, (2) Heiratsabsichten Carls, die in einem Fall durch die Autorität der inspirierten Aussprache Johann Friedrich Rocks vereitelt, in einem zweiten Fall dann aber gegen den Widerstand Rocks und der Gemeinde verwirklicht werden, (3) die endgültige Trennung Carls von der Gemeinde nach seiner Berufung zum Hofmedicus des Grafen Casimir von Sayn-Wittgenstein in Berleburg, welche einhergeht mit gegenseitigen, öffentlich vorgetragenen Anschuldigungen, und (4) zufällige, persönliche Kontakte Carls mit den Inspirierten nach seiner Trennung von ihnen.

In allen diesen Phasen spielt dabei Carls Verhältnis zu dem als ‚Werkzeug' der Inspirationsgemeinden funktionierenden Johann Friedrich Rock eine herausragende Rolle, war doch überhaupt die gesamte Gemeinde bis 1749 auf diese Leitfigur und Integrationsgestalt ausgerichtet.[38] Durch eine Fülle von missionarisch-seelsorgerischen Reisen nicht nur im engeren Bezirk des Zentrums der Inspirationsgemeinden im Isenburg-Büdingenschen und Sayn-Wittgenstein-Berleburgischen, vielmehr ausgreifend bis nach Schlesien, in die württembergischen und pfälzischen Territorien, in die deutsche und französische Schweiz[39], hat Rock die Gemeinde in ihrem Zusammenhalt gestärkt, neue Anhänger für sie gewonnen, sie aber auf diese Weise auch durch seine ständige Präsenz kontrolliert und diszipliniert. Dabei stand ihm für seine innergemeindliche Funktion in den von den Gemeindemitgliedern als direkt von Gott eingegeben erachteten inspirierten Aussprachen ein Mittel von gar nicht zu überbietender Autorität und Durchsetzungskraft zur Verfügung. Von ständig das ‚Werkzeug' begleitenden Schnellschreibern protokolliert und von Kopisten vervielfältigt, konnten diese Inspirationen – und damit der ‚Wille des Herren' – sehr schnell auch entfernt gelegene Gemeindeniederlassungen erreichen.[40] Die Anerkennung der Aussprachen Rocks als eines göttlichen Worts wie die strikte Befolgung der in ihnen ergehenden Handlungsanweisungen ist denn auch conditio sine qua non für

[38] Nur Johann Friedrich Rock setzte die ekstatischen Aussprachen bis kurz vor seinem Tod 1749 fort (seine letzte Aussprache ist vom 26. Januar 1749 überliefert: vgl. XLII. Sammlung. o. O. 1789), während sieben weitere ‚Werkzeuge' ihre Inspirationsgabe relativ rasch nach der Gründung der Inspirationsgemeinden wieder verloren. Der eigentliche theologische Anführer der Gemeinden, Eberhard Ludwig Gruber, stirbt am 11. Dezember 1728 im berleburgischen Schwarzenau.

[39] Eine Übersicht von Rocks Missionsreisen gibt *Goebel* (wie Anm. 1) 25 (1855), S. 100–107, 127–137.

[40] Die von den Inspirationsgemeinden mit größtmöglicher Genauigkeit betriebene Überlieferung der Inspirationen kann anhand des Aktenmaterials im Kirchenarchiv in Amana/Iowa gut verfolgt werden: Die während der Aussprachen angefertigten Mitschriften wurden, wenn möglich noch am gleichen Tag, in eine Reinschrift überführt, welche wiederum in ein zentrales handschriftliches „Diario" übertragen wurde. Letzteres bildete die Vorlage für den endgültigen Druck in den ‚Sammlungen'.

eine fortbestehende Mitgliedschaft in den Inspirationsgemeinden gewesen, ein Widerspruch nicht eine Auflehnung gegen Johann Friedrich Rock, sondern gegen den göttlichen Ratschluß.

IV.

Recht harmlos und marginal nimmt es sich aus, wenn am 23. Januar 1726 Johann Friedrich Rock vor einer Gemeindeversammlung in Homrigshausen in die Inspiration gerät, als „die beyde älteste Brüder, D. Herman und Heuß, mit Br. D. Carl kurtz vor der Untersuchung einen kleinen Liebes=Streit hatten, wer unter ihnen das Wort der Prüfung führen solte? und Br. Carl solches zu thun sich weigerte, und es lieber denen beyen Brüdern überlassen hätte.“[41] In der Aussprache tritt Rock vor Carl hin und spricht einen göttlich eingegebenen Befehl aus:

> Um deßwillen bist du mit beruffen zur Förderung dieses Wercks in= und an denen Seelen: um deßwillen habe Ich dich, spricht die Liebe! aufgefordert und hieher geführet, daß du den Anfang mit gegenwärtiger Gemeinde machest mit Gebet und Ermahnen, damit der Fortgang gesegnet seyn möge, und es abermal zum guten End und Zweck ausschlagen möge. Setze dich, (deutete auf einen Sitz, daß er die Gemeinde im Gesichte hatte,) und unterstütze die stamlende Zunge, damit alles richtig gehe, und keine Hinderniß gemachet werde [...].[42]

„Br. D. Carl“ wird ohne Zweifel gehorcht haben und wenn hier Rocks Aussprache gleichsam nur eine Personalfrage ad hoc regelt, so hat Carl die normsetzende und gedankendisziplinierende Wirkung der inspirierten Aussprachen ebenso erfahren müssen. Schon frühzeitig nämlich scheint es zu Verstimmungen zwischen Carl und Rock gekommen zu sein, die ganz offenbar in der Vermutung Rocks ihren Ursprung hatten, Carl stünde nicht mehr völlig hinter der Lehre der Inspirierten, begänne, vom rechten Pfad abzuweichen. So ist vom 26. Januar 1722 eine Aussprache Rocks überliefert, die im Inhaltsverzeichnis der XI. Sammlung ausdrücklich als „Schmeltzung des Geistes; an Br. D. Carl“ angekündigt wird.[43] In ihr wird gegen Carl der Vorwurf erhoben, er fließe nicht „recht in eins“ mit seinen Brüdern[44], habe sogar Verwirrung unter ihnen gestiftet.

> Daß aber hie und da Beneblungen euren Geist betroffen und verdunckelt haben, und sich in denselben Unlauteres unter gutem Schein herzu gemachet, daß die Krafft der Liebe ist entzogen worden, daran seyd ihr Schuld, und insonderheit du mein Knecht Carl! Du weißt, wie Ich deine Seele in die Tiefe

---

41 XV. Sammlung. o. O. 1764, S. 14.
42 XV. Sammlung. o. O. 1764, S. 15.
43 XI. Sammlung. o. O. 1749, S. A3. (2. Aufl. 1787, S. 378).
44 XI. Sammlung. o. O. 1749, S. 57. (2. Aufl. 1787, S. 71).

geführet, und dich erblicken lassen um etwas die reine Liebe; warum bist du in deinem Geist so vermenget geworden? warum ist dein lauteres Aug fremd sehend geworden?[45]

Bereits knapp zwei Monate später muß Carl am 20. März 1722 vor seiner eigenen Gemeinde in Büdingen wiederum eine Aussprache Rocks über sich ergehen lassen. An diesem Tag steht in der Versammlung der Gemeindemitglieder eine sogenannte „Brüderliche Unterredung" an, in der einzelne Gemeindemitglieder der Prüfung ihres Glaubens unterzogen und ihr geistiger Wandel kritisiert werden. – Das Ganze, wenn man so will, eine Art Vorform moderner psychologischer Methoden, wie sie etwa von Selbsterfahrungsgruppen praktiziert werden.

Vormittags/ bey der Brüderlichen Unterredung mit dasiger Gemeinde/ wurde der Anfang gemacht mit diesem Lied: Fahre fort mit Liebes=Schlägen etc. hernach beteten die 2. ältesten Brüder Carl und Rösch/ und die Mitglieder wurden nach dem aufgefordert/ diese Brüder in die Prüfung zu nehmen/ und dasjenige/ was sie an ihnen unanständiges und unbegnadigtes erkenneten/ offenhertzig zu erinnern/ oder was sonst Schaden und Hinderniß ihnen selbst und der Gemeine brächte etc. etc. als darauf dem Br. D. Carl unter andern auch erinnert wurde/ wie allerley Scrupel und Beneblung im Gemüth aus der Untreue und vielfältigen Abweichung des Hertzens von GOtt entstünden/ welche dann billig aufzusuchen und mit demüthiger Er= und Bekäntniß abzuthun wären etc. kahm hierauf Br. J. Fr. Rock in Inspiration [. . .].[46]

Wie schon am 26. Januar erscheint auch hier wieder der Vorwurf einer „Beneblung im Gemüth", hervorgerufen durch eine „Abweichung des Hertzens von GOtt". Rocks Aussprache nimmt diese Anschuldigungen direkt auf und wenn er in ihr Carl auch nicht durchweg persönlich anspricht, so ist sie vom Inhalt her und in ihrer situativen Verankerung in der „Brüderlichen Unterredung" doch eindeutig als auf ihn gemünzt zu betrachten.

Einige der zentralen Angriffspunkte, die das ‚Werkzeug' Rock gegen Carl vorbringt, seien hier herausgegriffen: Sie beziehen sich insbesondere auf einen ihm unterstellten Egoismus, „das wahre Licht" in „Abweichung" von der Gemeinschaft der Inspirierten zu suchen, wie „die Engel" zu handeln, „die ihre Behausung verliessen".[47] Das Argument, das hier durch Rock in der Inspiration vorgetragen wird, bezieht sich auf den 6. Vers der Epistel des Judas im Neuen Testament und impliziert durch seinen, den Hörern sicherlich gegenwärtigen biblischen Kontext sofort auch eine Strafandrohung:

ICH wil euch aber erinnern/ das jr wisset auff ein mal dis/ Das der HERR/ da er dem Volck aus Egypten halff/ Zum andern mal bracht er vmb/ die da nicht gleubeten. Auch die Engel/ die jre Furstenthum nicht behielten/ sondern verlies-

45 XI. Sammlung. o. O. 1749, S. 57. (2. Aufl. 1787, S. 70).
46 XI. Sammlung. o. O. 1749, S. 86f. (2. Aufl. 1787, S. 109f.).
47 XI. Sammlung. o. O. 1749, S. 87. (2. Aufl. 1787, S. 110).

sen jre Behausung/ hat er behalten zum Gerichte des grossen tages/ mit ewigen banden im Finsternis.[48]

Mit dem Egoismus, dem von Rock angeprangerten „Einschauen in Eigenheit“[49], gehe bei Carl auch eine zu schnell und zu wenig gegründete Heilsgewißheit einher:

> Darum arbeitet zur tieferen Einwurtzelung: Ich bin dem allzuschnellen Auffladdern nicht hold, es giebt zuletzt nur eine taube Frucht, die da viel zu leicht ist; darum beschneidet und richtets zur tiefern Einwurtzelung [. . .].[50]

Und endlich wird dem „Br. D. Carl“ mangelnde Demut vorgeworfen:

> Und was ihr zusammen immer ausdrücket von Geburt und Geburts=Schmertzen, das bringet in die wahre Uebung, so wird das Leichtfahren und in die Höhe fladdern vergehen, und wird auch denen, die da immer wollen liegen bleiben, dadurch Handreichung geschehen zur Aufrichtung. Und lehnet künfftighin eure Ohren denen nicht, die in Unglauben und Zweiffelmuth Abweicher sind, rettet euer Gewissen in Sanfft= und Demuth, und überlasset sie sodann der freyen Würckung der ewigen Güte, die da vor ein jedes zur Beugung und Brechung, zur Zurechtweisung und Wiederbringung hat, was ihm gehöret.[51]

Das sind scharfe, den Kern inspirierter Religiosität berührende Vorwürfe gegen das in der sozialen Hierarchie, im weltlichen Bereich, vielleicht höchststehende Mitglied der Inspirationsgemeinden[52], sie verbleiben aber nicht, wie es zunächst scheinen könnte, in einem allgemeinen Bereich geistlicher Normenkontrolle, sondern lassen sich vielmehr auf das genaueste beziehen auf den individualbiographischen Hintergrund Johann Samuel Carls im Jahre 1722. Sie leiten auf solche Weise bereits frühzeitig jene Krisis in seinem Verhältnis zu den Inspirierten ein, die auf die gegenseitige Trennung hinführen wird.

V.

> D. Carl war in seinen ersten Jahren gesegnet in der Gemeinde und bey Krancken; das machte Ihn zärtlich lieben und hoch achten. Sein Ernst um seyn Heyl war brünstig, Er wolte den kürzesten Weg, bethete dringend zu GOtt um Freyma-

---

[48] *D. Martin Luther,* Die gantze Heilige Schrift Deudsch. Wittenberg 1545. Letzte zu Luthers Lebzeiten erschienene Ausgabe. Hrsg. von *Hans Volz.* 2. Band, Darmstadt 1972, S. 2463.

[49] XI. Sammlung. o. O. 1749, S. 87. (2. Aufl. 1787, S. 111).

[50] XI. Sammlung. o. O. 1749, S. 92. (2. Aufl. 1787, S. 117).

[51] XI. Sammlung. o. O. 1749, S. 93. (2. Aufl. 1787, S. 118).

[52] Zu bedenken wäre ja immerhin die soziale Distanz zwischen dem Akademiker und Hofarzt Carl und dem Handwerker (Sattler) Rock, die durch die Zugehörigkeit beider zur Gemeinde aufgehoben, durch Rocks Inspirationsgabe jedoch wohl eher ins Gegenteil verkehrt wurde.

chung von allen Banden und Fesseln, GOtt hörete, und wolte, aber unmittelbar durchs Creuz, Ihn frey machen.[53]

Diese, der 1772 edierten XVI. Sammlung vorangestellte Charakteristik bezieht sich uneingeschränkt nur auf die Mitgliedschaft Carls zur Inspirationsgemeinschaft in den Jahren 1714 bis 1722 – für die sechs Jahre danach wird sie der anonym gebliebene Redakteur der ‚Sammlungen' so nicht gelten lassen können, kommt es doch 1722 im Zusammenhang mit Heiratsplänen Carls und dann 1726 nach seiner tatsächlich vollzogenen Verheiratung zu einem anhaltenden und nie mehr überbrückten Zerwürfnis zwischen dem Hofmedicus und den Inspirationsgemeinden. Im Verlauf dieser aufsehenerregenden Auseinandersetzung wird die autoritative Durchsetzungskraft der Aussprachen Rocks ihre Geltung gegenüber Carl anfangs zwar noch behaupten können, am Ende aber vollkommen eingebüßt haben.

Frühestens 1716, spätestens aber 1721 war die erste Frau Carls, Rosina Dorothea geb. Scheller, gestorben.[54] „Seine Frau starb, hinterließ Kinder, und die Hauß=Last dem Mann. Als Wittwer, sich von Handreichung im Leiblichen verlassen zu sehen, sezte in Kummer."[55] Wohl auf seinen Reisen in die württembergische Heimat hatte Carl danach die reiche Witwe eines Dr. Rollwaag aus einem kleinen Ort in der Nähe von Heilbronn kennengelernt, „es kam zu Heyraths=Vorschlägen, und die Sache solte jezt zu Stande gebracht werden".[56] Am 9. März 1722 trifft Carl zusammen mit der Witwe Rollwaag in Büdingen ein, zwei Tage später wird eine „Unterredung der Gemeinde" auf der Ronneburg einberufen, in der beide „die Ehe=Sache, welche Sie bey einem Jahr mit diesem im Sinn hatte, vollends auszumachen"[57] beabsichtigten. Die offizielle Gemeindegeschichte der Inspirationsgemeinden, Gottlieb Scheuners 1884 in Amana, Iowa herausgegebene „Inspirations-Historie" faßt das Ergebnis dieser Unterredung so zusammen:

> Der HErr aber floß nicht mit dieser Sache ein und ließ Beiden durch seinen Geist bezeugen, daß Er in ihren Rath nicht willige und besonders Dr. Carl zu einem besseren Loos und Theil ersehen habe (16. Saml. Vorbericht). Sie ließen sich warnen, nahmen den Rath des HErrn an, die Heyrath unterblieb und Dr. Carl blieb im Werk des HErrn an der Gemeine gebräuchlich [...].[58]

---

[53] XVI. Sammlung. o. O. 1772, S. VI.

[54] Vgl. *Schrader* (wie Anm. 3), S. 60.

[55] XVI. Sammlung. o. O. 1772, S. VI.

[56] XVI. Sammlung. o. O. 1772, S. VII.

[57] XVI. Sammlung. o. O. 1772, S. IX.

[58] *Gottlieb Scheuner,* Inspirations=Historie oder Historischer Bericht von der Begründung der Gebets=Versammlungen und Gemeinden [...] Erster Theil, Amana/Iowa 1884, S. 114. – *Scheuners* annalistische Darstellung der Jahre 1714–1817 liegt nun auch in einer amerikanischen Übersetzung vor: Inspirations-History. The History of the Inspiration or Historical Account of the Founding of the Congregation or Community of Prayer. Translated by *Janet W. Zuber.* Part 1/2, Amana/Iowa 1977/78.

Die Aussprache Johann Friedrich Rocks vom 11. März 1722, auf die Scheuner sich in seinem Bericht bezieht, ist das vielleicht herausragendste Beispiel für die strikt gemeindedisziplinierende Funktionsweise der vermeintlich direkt von Gott eingegebenen Inspirationen: Auf sie gestützt, gelingt es Rock, versehen mit absoluter Befehlsgewalt, einzugreifen in den individuellen Lebensplan von Gemeindemitgliedern. Rocks ekstatische Rede ist aber ebenso ein Musterstück radikalpietistischer Rhetorik und Argumentation. „Höre du mein Knecht Carl!"[59] Nach der in den prophetischen Büchern der Heiligen Schrift präformierten Anrede werden Carl zunächst all jene Gnadenwirkungen in Erinnerung gerufen, die er seit seinem Anschluß an die Gemeinde erfahren hat („Ihr wisset, meine Knechte! daß Ich allezeit geholfen habe, wan ihr an euch selbsten verzagen mustet".[60]), um sodann seine hervorgehobene Stellung und verantwortliche Position innerhalb der Inspirationsgemeinden zu betonen („Ich habe dich berufen mit einem heiligen Ruf zur Arbeit in meinem Hause [...]. Ich habe dich gestellet auf die Wart und Wacht".[61]), um schließlich auf eine für den radikalen Pietismus hochsignifikante Weise die ‚creatürliche' Liebe, also die Vereinigung von Mann und Frau, zu kontrastieren mit den „schmalen Creuzes=Wegen"[62], denen Carl folgen soll. Vom falschen Weg seiner geplanten Verheiratung wird Carl auf den richtigen Pfad der Imitatio Christi verwiesen, seiner ‚creatürlichen' Braut der himmlische Bräutigam gegenübergestellt.

> Darum begreiffe es nun, und siehe auf den, von welchem Versorgung, Erhaltung, Erleuchtung, Bewärmung und Einführung in die Ruhe komt! Schaue den Erhöheten am Creuz an, und siehe seine Blöse, die Er um deinet-willen erduldet hat, dessen Nachfolger du werden wilt und solt! den betrachte, den liebe also, seinen Liebes=Saft fasse unter dem Creuz auf, und entblöse dich um Seinet willen, damit Er deine Liebe ganz fasse und halte, daß sie nicht vermengt werde, so wird Er dich erhöhen nach der Anfechtung, und wan du verlassen bist, wird Er sprechen: Ich bin deine Hülfe, keine Creatur![63]

Exakt derselbe Weg wird auch der Witwe Rollwaag gewiesen. Sie sei „zwar berufen als auch ein Mit=Erbe der Gnaden"[64], dürfe aber Carl nicht von seinem geistlichen Brautstand abziehen, soll vielmehr zu sich selber sprechen: „Hierzu bin ich nicht tüchtig und geschickt, mich an einen Knecht zu machen, der dem HErrn vertrauet und vermählet ist!"[65] Auch sie wird durch die Aussprache Rocks aufgefordert, Christus als himmlischen Bräutigam zu wählen: „Ich wil durch Eigen=Liebe und Creatur=Liebe nicht Abgötterey begehen an meinem Freund, der allein erretten und erhalten kan, sondern

[59] XVI. Sammlung. o. O. 1772, S. X.
[60] Ebda.
[61] XVI. Sammlung. o. O. 1772, S. Xf.
[62] XVI. Sammlung. o. O. 1772, S. XI.
[63] XVI. Sammlung. o. O. 1772, S. XII.
[64] XVI. Sammlung. o. O. 1772, S. XIV.
[65] XVI. Sammlung. o. O. 1772, S. XII.

wil hinein dringen in das verborgene seines Herzens, da wil ich mich ergözen in einsamer Stille, da wil ich Vergnügung meines Herzens suchen, haben und behalten, den wil ich umfassen und herzen, biß Er ganz mein eigen geworden ist."[66]

Am Dienstag, den 17. Dezember 1726 heiratet Johann Samuel Carl im Berleburger Schloß Johanna Sophie von Bülow, ein Hoffräulein der Berleburger Gräfin. Eine Pietisten-Hochzeit, die Carl selbst als präsidierender Ältester leitet, war es den separatistischen Inspirierten doch nach ihrer Glaubenseinstellung verwehrt, eine Hochzeit durch einen Vertreter der Amtskirche vornehmen zu lassen.[67] Carl bestimmt in seiner eigenen „Vermählungs-Versammlung" – in Anwesenheit Johann Friedrich Rocks – denn auch die Liturgie, beschließt die Gebete der Teilnehmer mit dem Vaterunser, hält einen „Vortrag" über das erste Kapitel der Apokalypse, Vers 11-16 und „machte daraus erbauliche Nutz=Anwendungen, wie man auch im Hauß=Stand als ein Menschen=Kind unter dem Volck GOttes und seinen Gemeinden, zur Erbauung seines Neben=Menschen, wandlen, und die Tugenden deß, der uns berufen hat, verkündigen, also Zucht und Liebe handhaben und erweisen soll".[68] Er erklärt sich selbst bereit, das Fräulein von Bülow zu ehelichen, und nachdem sie auf seine Frage hin auch ihren Willen bekundet hat, „gaben sie einander die Hände, rufften GOtt und dessen Beystand und die Anwesenden zu Mitgehülfen und Zeugen Ihres vor GOtt geschlossenen Ehe=Verbindnisses kürtzlich an".[69] Das alles nur vier Jahre nach den von Rock so vehement bekämpften ersten Heiratsplänen Carls.

Die aus dem in der XV. Sammlung abgedruckten minuziösen Protokoll dieser Hochzeit etwa abzulesende Harmonie zwischen Carl und den Inspirationsgemeinden ist indes nur eine scheinbare und gleichsam übertünchte gewesen. In Wirklichkeit hat Johann Friedrich Rock, das Zeremoniell der Trauung bedenkenswerterweise ohne Ekstase und Aussprache verfolgend, Carls Eheschließung als eine entschieden gefährliche Zerreißprobe für die Gemeinde begriffen, ihr erbitterten Widerstand geleistet und ihr zum Schluß wohl nur widerwillig zugestimmt. Aus seinen, die Heiratsabsichten bekämpfenden Aussprachen im November und Dezember 1726 läßt sich ein zumindest verdeckter Konkurrenzkampf innerhalb der Gemeinde ablesen und indirekt ein Autoritätsverlust seiner Inspirationen vermuten.

Am 19. November 1726 kommen die Ältesten aller isenburgischen Ge-

---

[66] XVI. Sammlung. o. O. 1772, S. XIV.

[67] Allgemein vgl. *Fritz Tanner*, Die Ehe im Pietismus. Diss. theol. Zürich 1952, bes. S. 7–89 (Kapitel I: Die Ehe als Problem der Separatisten). – Speziell zur Tradition zölibatärer Lebensformen innerhalb der Inspirationsgemeinden und ihrer Bedeutung für deren religiöse Anschauungen vgl. *Jonathan G. Andelson*, The Gift To Be Single: Celibacy and Religious Enthusiasm in the Community of True Inspiration. In: Communal Societies 5 (1985), S. 1–32.

[68] XV. Sammlung. o. O. 1764, S. 150f.

[69] XV. Sammlung. o. O. 1764, S. 151.

meinden am Wohnort von Johann Friedrich Rock, in Himbach bei Büdingen, zusammen, um die bevorstehende Heirat zu verhandeln. Ihre Absicht ist es, die Unruhe innerhalb der Gemeinde beizulegen und zu beratschlagen, wie „aller Anstoß verhütet werden könne".[70] Rocks in dieser Zusammenkunft ausgesprochene Inspiration ist eine einzige Beschwörung der Einheit der Inspirationsgemeinden.

> [...] ihr sollet meine Knechte seyn, und seyd darzu mit einem heiligen Ruf zusamen gerufen, und habt biß daher, [...] erfahren, wie angelegen sichs der Versucher und Widersacher seyn lässet, euch solches zu verkleinern [...] oder euch auf vielfältige Weise von einander zu scheiden und zu schneiden, zu trennen und zu zerreissen [...][71]

Weist Rock am Anfang seiner Aussprache die Gemeindemitglieder und Ältesten – unter ihnen mit Sicherheit auch Carl in seiner Eigenschaft als Ältester der Büdinger Filialgemeinde – auf ihre ausschließliche Verbindung zu dem sich durch Rock offenbarenden Herrn hin, so wird er im weiteren Verlauf noch deutlicher, sie vor einer inneren Zwietracht zu warnen.

> Ihr sollet auch keine Seckte aufrichten, [...] ihr sollet in allen Dingen, bey allen Angelegenheiten, was sich auch ereignet, meinen Mund um Rath fragen [...]. Um deßwillen habe Ich mich in eurer Mitten eröffnet, daß Ich, spricht der HErr! das Ruder führen will, und nicht ihr [...]. Darum schäme sich ein jeder ins besondere, und alle insgesamt, daß ihr so oft davon abtrettet, und [...] wann Ich nicht wehrete, endlich eine Seckt unter euch aufzurichten [...].[72]

Auch wenn Rock es nicht expliziert, so arbeitet seine Inspiration doch deutlich genug mit einem warnenden Verweis auf das in ihrem Hintergrund aufscheinende erste Gebot, ein Rückgriff auf die erste Grundregel christlichen Glaubens, der erhellt, wie es um den Zusammenhalt der Gemeinde und um die integrative Autorität Johann Friedrich Rocks bestellt gewesen sein muß. Um der Einheit der Inspirationsgemeinden willen hat Rock den Heiratsplänen Carls und des Fräuleins von Bülow schließlich zugestimmt und so, wie man schließen kann, seinen absoluten Führungsanspruch in dieser Kontroverse gerettet.

> Indeß vergebet einander, [...] das ist mein Wille! und lasset die Sache zu Ende gehen, damit nicht ein gefährlicherer Riß entstehe, worauf der Widersacher lauret; Ich will nach und nach, wo ihr als meine Knechte nun ernstlicher auf eurer Hut stehet, die Sache ausheilen, und will zu meiner Zeit die zwey verbundene besuchen, nicht, wie sie meynen, sondern wie Ichs finde [...]. Wer nicht will meine reine Liebes=Umfassung allein haben, der muß auf die Creatur fallen, und endlich die Schmertzen, die drauf folgen empfinden.[73]

---

[70] XV. Sammlung. o. O. 1764, S. 131.
[71] XV. Sammlung. o. O. 1764, S. 132.
[72] XV. Sammlung. o. O. 1764, S. 134f.
[73] XV. Sammlung. o. O. 1764, S. 135f.

Das Ehepaar Carl zieht gemeinsam nach Büdingen, Carl bleibt bis auf weiteres Vorsteher der dortigen Gemeinde. Dennoch ist mit dieser Inspirierten-Trauung das letzte Stadium des Lösungsprozesses zwischen ihm und Rocks Anhängerschaft eingeleitet. Scheuners Inspirations-Historie kommentiert: „Der Riß, den der HErr gerne verhüten wollte, kam dennoch, aber nicht gleich, nicht durch der Brüder längeren Gegenstand in dieser Sache, und also ohne ihre Schuld.“[74]

VI.

Knapp eineinhalb Jahre nach seiner zweiten Heirat wird Johann Samuel Carl vom Grafen Casimir von Sayn-Wittgenstein in das Amt des Hofarztes nach Berleburg berufen, verläßt gegen den Widerstand Rocks im Frühjahr 1728 Büdingen[75] und gibt seine innergemeindliche Funktion als Ältester auf. Diese örtliche Trennung vom geographischen Zentrum der Inspirationsgemeinden hätte allerdings nicht unbedingt auch eine vollkommene Abkehr von der Gemeinde bedeuten müssen, existierte doch im nahe bei Berleburg gelegenen Schwarzenau ebenfalls eine Dépandance der Inspirierten unter der Leitung des frühzeitig dorthin gezogenen Eberhard Ludwig Gruber. Trotz der Nachbarschaft zu dieser, wenn auch wohl bereits greisen und hinfälligen Vatergestalt der Gemeinden[76] ist es sehr schnell nach Carls Eintreffen in Berleburg zu seiner vollständigen Entfremdung mit den ‚Neuen Propheten‘ gekommen. Ihre Gründe wird man mit an Sicherheit grenzender Wahrscheinlichkeit in den Carl zunehmend wieder anziehenden Einflüssen philadelphischer Kreise in der Umgebung des Berleburger Hofes zu suchen haben – mithin in einem überkonfessionell orientierten, intellektuell umgreifend aufgeschlossenen theologischen Klima[77] frei von rigiden norm- und verhaltenskontrollierenden Disziplinierungen und Restriktionen, wie Carl sie durch Rocks autokratische Gemeindeführung erfahren mußte. Bei den „Propheten=Kindern“ wird Carl künftig nur noch als ein sehr sporadischer Gast erscheinen, über dessen Zulassung zu den ‚Versammlungen‘ es sogar zu erheblichen Differenzen zwischen einzelnen Filialgemeinden und dem zentralen Leitungsgremium des Ältestenrates kommt.[78]

---

[74] *Scheuner* (wie Anm. 58), S. 137.

[75] Rocks gegen den Weggang Carls aus Büdingen gerichtete Aussprachen vom 18. Mai und 27. Juni 1728 sind dokumentiert in der XVIII. Sammlung. o. O. 1780, S. 51–62.

[76] Gruber wurde in den letzten Monaten seines Lebens von Carl ärztlich betreut. Vgl. XVIII. Sammlung. o. O. 1780, S. 108, 111–113.

[77] Dazu vgl. *Hans-Jürgen Schrader,* Berleburgs Beitrag zur Geschichte der religiösen und literarischen Toleranz in Deutschland. In: Wittgenstein. Blätter des Wittgensteiner Heimatvereins 69 (1981), S. 117–128.

[78] Vgl. XXI. Sammlung. o. O. 1781, S. 96f.: „Hierauf blieben die Brüder beysamen sitzen, und besprachen sich unter andern sonderheitlich über den Handel mit Br. Dr. Carl, den man kurz verwichener Zeit zu Birstein, da er von seiner Sachsen=Reise dahin kommen und in die

Als Carl bereits mehrere Monate in Berleburg residiert und nachdem bekannt geworden ist, daß er die dortigen Gemeindeversammlungen nicht besucht, wandert Rock nach Schwarzenau und ruft die Gemeinde in einer Aussprache am 27. August 1728 auf, ihn wieder an die Inspirierten zu binden.

> Ich gedencke heut in diesem Nun und Augenblick eures Bruders Carls, der Mir, spricht der HErr! wie ein Dohn dem Töpfer unter den Händen mißrathen will. Darum [...] thut Fleiß, ihn auf allerhand Weise, obs ihm schon nicht gefället, zu suchen, ihme nachzugehen, und euer Bestes zu thun: Ladet ihn ein zur brüderlichen Unterredung [...].[79]

Zugleich beklagt Rock die nicht mehr von der Hand zu weisende Gefahr einer endgültigen Trennung Carls von den Inspirierten, seine Hinwendung zu einer auf anderen Prinzipien aufbauenden Glaubensgemeinschaft:

> [...]so thut verborgen und offentlich, was ihr könnet, zu seiner Fassung und Herumholung: sonst, wo er so fortfähret wie bis dahero, wird er gerathen gänzlich in die Versamlung der Heuchler, ja in die Todten=Gemeine, und wird beklagen müssen, daß all sein Gut sey verschwendet und verzehret worden.[80]

Zur unabdingbaren Voraussetzung einer Reintegration Carls erklärt Rock dabei natürlich dessen Unterwerfung unter seinen Führungsanspruch. Folge er diesem Befehl nicht, sei eine Trennung unvermeidbar.

> Diß insonderheit leget eurem Bruder Carl vor: Sich erstlich dem HErrn aufs neue zu ergeben, und dann auch in dem HErrn euch aus ganzem Herzen. So, und nicht anders, kan ihme geholfen werden: so, und nicht anders kan er gebrauchet werden, als ein Arbeiter in meinem Weinberg.
> Dann welche Seele (wäre es auch gleich eine Säule in meinem Hause gewesen), weichen wird, die kan und soll nicht bestehen weder gegenwärtig noch zukünftig.[81]

Trotz aller Bemühungen Rocks, trotz der zu vermutenden Versuche der Schwarzenauer Gemeinde, Carl erneut zu ihrer Gemeinschaft zu bekehren, bleibt der gräflich-sayn-wittgensteinische Hofarzt der ‚verlorene Sohn' der Inspirationsgemeinden, wird er in der nun rasch kulminierenden Auseinandersetzung zur persona non grata unter den Brüdern und Schwestern, die Rock zwingt, überall da regulierend und mahnend einzugreifen, wo Carl noch immer in Kontakt gerät mit einzelnen Gemeinden und wo er „eben

Versammlung eingehen wollen, davon abgehalten und zurück gewiesen, so lange bis er sich mit denen Brüdern wieder ausgesöhnet haben würde; den aber die Büdinger Brüder ohnerachtet dessen, nachhero in ihre Versammlung ein= und zugelassen, mithin diß ihr Verfahren gegen die Birsteiner Brüder noch vertheidiget hatten etc. etc. worüber sich dann diese sehr empfindlich und eifferich gegen Jene heraus liessen." (= Vorbericht zur Aussprache Rocks vom 30. Juli 1730).

79 XVIII. Sammlung. o. O. 1780, S. 77.

80 XVIII. Sammlung. o. O. 1780, S. 78.

81 XVIII. Sammlung. o. O. 1780, S. 78f.

nicht viel erfreuliches unter denen Brüdern geschaffet, weilen seine Arbeit nur zur Vermischung und Verdächtigmachung unserer guten Sach gehet".[82]

Ihren Höhepunkt erreichen die Querelen im Laufe des Jahres 1729. Waren sie bisher eher intern zwischen Carl und Rock sowie den verschiedenen Gemeinden ausgetragen und war der Streit in der persönlichen Begegnung mündlich in Rede und Gegenrede geführt worden, so wird er jetzt in schriftlicher Form fortgesetzt und erreicht auf diese Weise ein neues Stadium, eine neue Qualität innerhalb einer wie immer begrenzten Öffentlichkeit. Carl verfaßt unter dem Titel „Abwägung des Feuers in der Inspirations=Sache" eine Abrechnung mit den Inspirationsgemeinden, die offenbar nicht zum Druck gelangte, den Inspirierten aber wohl mittels zirkulierender Abschriften zur Kenntnis gebracht wurde.[83] Mit dieser nicht überlieferten Schrift steht Carl in einer Reihe mit Kritikern der Gemeinde wie Johann Konrad Dippel, Johann Christian Edelmann und Christian Gottlieb König, die in den Jahren 1737 bis 1739 die Inspirierten öffentlich angreifen.[84] Johann Friedrich Rock hat auf die Streitschrift Carls interessanterweise nicht in Form einer Aussprache geantwortet, vielmehr eine nicht-inspirierte Gegenpolemik verfaßt: „Lächerlicher Stroh=Kram und Wage, womit ein weiser Doctor hat öffentlich wollen das Inspirations=Feuer abwägen; und wäre doch so übel gerathen, daß er selber endlich hat müssen davon lauffen."

Rocks Polemik, die ebenfalls nie gedruckt wurde und deren Existenz bisher nur die „Jahrbücher der wahren Inspirations-Gemeinschaften" bezeugten[85], ist als offenbar fragmentarische Abschrift im Archiv der Amana Church Society erhalten geblieben. Schriftduktus und Papierqualität verweisen den Zeitpunkt der Abschrift in die erste Hälfte des 19. Jahrhunderts; es kann angenommen werden, daß sie noch vor der Auswanderung der Inspirierten nach den Vereinigten Staaten vorgenommen wurde.

In seiner Polemik macht Johann Friedrich Rock dem „Br: Carl" zunächst den zentralen Vorwurf, daß er die Inspirationssache und ihn selbst mit falschen und unzulänglichen Argumenten bekämpfe: Das Inspirations-„Feuer" sei nicht zu „wägen", schon gar nicht mit einer „strohenen Wag". Mit seiner öffentlichen Kritik habe sich Carl lächerlich gemacht. Und natürlich werden von Rock all die Vorwürfe an Carl wiederholt, die schon bisher das gegenseitige Verhältnis belastet hatten: Carls Affinität zum „Hof= und Weltgeist" habe ihn von der „gemeinsamen Arbeit" abgezogen, er habe sich

---

[82] XIX. Sammlung. o. O. 1780, S. 74.

[83] Nachweis dieser Schrift Carls wohl nur in der XX. Sammlung. o. O. 1780, S. 25.

[84] *[Johann Konrad Dippel]*, Bedencken über das heutige mit extraordinairen Concussionen oder Bewegungen des Leibes verknüpffte INSPIRATIONS-Werck [...] o. O. 1. Aufl. 1737; 2. Aufl. 1738. Wieder abgedruckt in *Ders.*, Eröffneter Weg zum Frieden. Bd. 3, Berleburg 1747, S. 595–602. – *Johann Christian Edelmann*, Bereitete Schläge auf der Narren Rücken [...] o. O. 1738. Nachdruck in *Ders.*, Sämtliche Schriften in Einzelausgaben. Hrsg. von *Walter Grossmann*. Bd. 9, Stuttgart-Bad Cannstatt 1971, S. 1–30. – *[Christian Gottlieb König]*, REVUE GENERALE, Oder: Allgemeine Musterung Der Vornehmsten Religions=Partheyen. o. O. 1741, S. 68 ff.

[85] Nachweis XX. Sammlung. o. O. 1780, S. 25.

gerade nicht „mit ganzem Herzen Gott in diesem Inspirations=Kampf oder Glaubens=Weg auf Tod und Leben ergeben", sei vielmehr „reichen Weibern" nachgelaufen und habe sich „immer weiter in Staat und Weltgeist eingeflochten".

> Das Herz war immer getheilet. Er war niemalen ganzherzig, darum ist er auch so bald falsch=mitleidig gegen seines gleichen und hält auch die Feuer-Proben nicht, sondern ist Stroh.

Gemünzt ist dies sicher an der Oberfläche auf Carls Lebensführung als (verheirateter) Hofmedicus am berleburgischen Duodezhof – mitzulesen aber ist immer auch die Kritik am Abweichler vom allein seligmachenden Pfad der Inspirationssache, die Rocks im Grunde zutiefst intolerante Haltung gerade auch gegenüber pietistischen Glaubensbrüdern offenbart, gehören diese nur anderen Strömungen außerhalb der Inspirationsgemeinschaften an. Rock: „Summa Es ist auf Mischereyen angesehen, dafür ich laufe, wie ihr vor dem Feuer."[86]

Am 24. November 1729 kommt es in Berleburg zu einer letzten Begegnung zwischen Rock und Carl.

> Den 24. Dito giengen die 3 Ysenburgische Brüder wieder auf Berlenburg und besuchten [...] gegen Abend den Br. Doct. Carl und seine Frau im Schloß, welcher sich auch von unserer Gemeinschaft abgesondert, waren Beyde freundlich, und die Brüder musten die Nacht über bey ihnen bleiben.[87]

Der Besuch stellt einen letzten Versuch Rocks dar, Carl zur einst gemeinsamen Inspirationssache zurückzubekehren – doch scheint es ein eher einseitiges Gespräch gewesen zu sein:

> Br. Dr. Carl antwortete hierauf wenig; die L. Fr. D. aber wurde hiebey etwas empfindlich bewegt, und wolte an allem gar keine Schuld haben, sondern daß die Brüder ganz argwöhnisch und lieblos gegen ihnen wären, weilen sie nicht mehr so in und zu ihrer Gemeinschaft kämen. Und sie könnte auch nicht die Inspiration fassen [...].[88]

Damit aber war die Grundbedingung für eine weitere Zugehörigkeit zur Inspirationsgemeinde nicht mehr erfüllt und der Weg zu weiterer Gemeinsamkeit verstellt. Nach fünfzehn Jahren hatten die Inspirierten einen ihrer profiliertesten und prominentesten Repräsentanten an ein konfessionell toleranteres Klima verloren.

> Und die Brüder nahmen also nach genossenem Thee den andern Morgen von Beyden brüderlich Abschied und befahlen sie der verborgenen Gnade GOttes.[89]

[86] Zu den Zitaten aus Rocks Schrift vgl. den Abdruck des Textes im Anhang, S. 97–101.

[87] XX. Sammlung. o. O. 1780, S. 24f.

[88] XX. Sammlung. o. O. 1780, S. 25.

[89] XX. Sammlung. o. O. 1780, S. 26. – Eine frühere Fassung der Darstellung wurde von mir 1986 auf dem Herrnhaag dem Göttinger Doktoranden-Kolloquium von Professor Dr. Albrecht Schöne vorgetragen und „in die brüderliche und schwesterliche Prüfung genommen".

Anhang

Vorbemerkung

Johann Friedrich Rocks Schrift gegen Johann Samuel Carl wird hier nach der offenbar einzig erhalten gebliebenen Abschrift aus dem Besitz der Amana Church Society (Aufbewahrungsort jetzt Museum of Amana History: Collection of manuscripts) ediert.

Der Abdruck folgt in Orthographie und Interpunktion dem Manuskript; Seitenwechsel sind durch einen senkrechten Doppelstrich gekennzeichnet; durch Unterstreichungen im Original vorgenommene Hervorhebungen werden kursiv wiedergegeben.

Der Amana Church Society und ihrer Archivarin, Janet Zuber, sowie dem Museum of Amana History und seinem Direktor, Lanny Haldy, danke ich herzlich für die erteilte Publikationsgenehmigung.

Verlachung der falschen Feuers=Wage
durch
Br: Johann Friedrich Rock
selbsten aufgesetzt wie folgt:

Lächerliche Abbildung von einem sonst weißen Mann der einen Strohkram auf offentlichem Markt aufschlug und wollte mit einer Strohwag das Feuer wägen und ich habe ein wenig Feuer in meiner Rocktasche die etwas Feuer tragen kann je zuweilen gehabt das hat er versucht zu fassen, und wann ers greiffen wollte, ward es ihm zu heiß, so, daß er endlich gar davon lief. Jetzt will er auf dem Markte sitzen und || das Feuer, wobey sich eine ganze Gemeinde warmen kann, mit einer strohenen Wag in einem Strohkrahm abwägen, worüber schier zum Thoren und Narren werden muß.

Das lächerliche Bild kam mir heute, da ich gestern Abend D: Carls Schrift:

Abwägung des Feuers in Geistes=Läuterung der Inspirations=Gemeinde etc.

gelesen in meine Phantasie, weil ich es nun nicht so gleich weg schieben konnte, so nahm meine stumpfe Feder und schrieb es ab, nur daß es auß meiner Phantasie kame: dann ich kann nicht leugnen, daß ich mich anfangs erzürnen wollte, über die Thorheit unsers sonst so weißen Bruders; aber hernach mußte mehr lachen über das lächerliche Feuer=Wägen, wobey er seinen Lebenslauf, neben || 20 Puncten gegen die

Professor Schöne und den Teilnehmern an seinem Kolloquium, allen voran Hans-Jürgen Schrader (jetzt Genève), habe ich für Kritik, Anregung und Ermunterung sehr und herzlich zu danken. Da mir vor Drucklegung des Beitrags keine Gelegenheit gegeben wurde, den neuesten Forschungsstand einzuarbeiten (Abgabe des Typoskripts Dezember 1988), kann ich hier nur allgemein auf die inzwischen erschienene, grundlegende Arbeit von *Hans-Jürgen Schrader* verweisen: Literaturproduktion und Büchermarkt des radikalen Pietismus. Johann Henrich Reitz' „Historie Der Wiedergebohrnen" und ihr geschichtlicher Kontext. Göttingen 1989 (= Palaestra 283).

Inspiration anführet und ist doch weder gestorben, worauf erst der Lebenslauf ans Licht kommet oder hat in der That die wahre Feuer=Proben, wovon er so zierlich schreibet ausgehalten, wie es seine Brüder und Mitglieder, die ihn alle von Herzen lieben und er auch wohl weiß, genugsam bezeugen können. Ich zweifle nicht, er wird Zuschauer genug über dem Feuer=Wägen und dazu auf offenem Markt, bekommen. allein wir fürchten, es fahre ein Funk da ers am wenigsten meynet, auß und verziehre ihm seinen Stroh=Krahm und Wag, so, daß er wieder davon laufen sich retiriren und seiner vorgenommenen Thorheiten schämen muß.

Es wird gewiß die Erzählung von seinem Lebens=Lauf die Feuer=Prob nicht halten, so wohl von Erzählung || in Abtreibung der Gemüther, als auch von Abgehung seiner, seines Weibs u. s. weiter, weil auch seine treue Brüder wohl wissen, was die eigentliche Grund=Ursachen sind.

Dann erstlich hat er sich durch den Inspirations=Sturm, wie ers nennet, nicht ganz von dem Hof= und Weltgeist durchs Creutz frey machen lassen, daher er immer hin und her gerissen und von der gemeinsamen Arbeit, denen Brüdern zu vielen Schmerzen, abgezogen worden, so, daß sie freylich mit ihm viel zuthun hatten.

Zweitens, wann er sich mit ganzem Herzen Gott in diesem Inspirations=Kampf oder Glaubens=Weg auf Tod und Leben ergeben hätte, so wäre ihm Geist= und leibliche=Armuth auf dem Fuß nachgefolget, daher kam auch seyn vieles Zagen. Ja statt dessen lief er reichen Weibern nach und wurde immer weiter in Staat und Weltgeist eingeflochten, ja geschwächet. || Wie will da Entscheidung, Abwägung, Rechttheile, Licht und Finsterniß unterscheiden wahr und falsch Feuer, wahr und falsch Wasser, jedes an seinen Ort legen, folgen können?

Mann hat es auch bey ein paar kleinen Reisen wahr genommen, wie verzagt, ungewiß, scrupolos er war. Warum? das Herz war immer getheilet. Er war niemalen ganzherzig, darum ist er auch so bald falsch=mitleidig gegen seines gleichen und hält auch die Feuer=Proben nicht, sondern ist Stroh. Wahre Mitleidigkeit wirket der Herr, in denen, die ihm nachahmen, über dem guten halten und beharren, keine wankende Rohrstäbe sind, sollten sie auch ein Auskehrsel werden.

Freylich weichen da viele ab; aber wohin? Laufet nur! Wir müssen || doch alle wieder mit desto größeren Schmerzen kommen. Exempel sind bereits vor unserem Gewissen. Und weil viele Vermischungen sind so ist ja Feuer nöthig. Warum wirds dann immer verdächtig gemacht, und zwar das wahre mit dem falschen? Summa Es ist auf Mischereyen angesehen, dafür ich laufe, wie ihr vor dem Feuer.

Es schreibt der liebe Bruder er wolle nicht so wohl seine als anderer Glaubigen Scrupel in die Mitte legen etc. Ist das der Aufrichtigkeit gemäß. Wird nicht dies Stroh mit der Waag verbrennen? Was bewegt ihn dazu? Erstlich davonlaufen, wie ein ausgerissener Soldat, und im Streit nicht bestehen, hernach in seiner Retirade ein Federfechter abgeben und vorgeben, es für andere zu thun da er sich gewiß dabey an dem Feuer, so ihn einwenig gebrannt, rächen will.

O lieber Bruder! wir kennen ihn ja!

Im ersten Punct schreibet er, daß die Zukunft Christi im Fleisch, und || die Zukunft Christi im Geist denen Gutwilligen und auf wartenden Seelen zum völligen Übergang ins Gnadenreich bey jeden Erweckungen geholfen. So sagen sie, für die er schreibet und sich mit meynet.

Aber über der Inspirations Bewegung stehen die meisten zurück etc. Welches wir dem l. Bruder überlassen. Er kann es ihnen ja sagen u. auslegen gleich wie er vor sie schreibet; hat er ein gut Aug, so wird er wohl von denen tausenden Gnaden=Ausflüssen zur Heiligung und Reinigung und innige Eingang ins Gnaden=Leben, erzehlen können; daß aber der Weg hierzu so schmahl, und so wenig, die ehemahl fein liefen, darauf beharren, ist unsre Sünde, leider Schuld, und nicht die Inspirations=Gnade und Gabe.

Mir aber ist dieser Punct bedenklich, und hat mich eines theils bewegt, meine Feder anzusetzen, und als || ein schwacher Lehrling denen Gelehrten nachzuahmen. Kommts gleich ungeschickt heraus, so geschiehet es doch treulich. Es ist mir einige Zeit hero öfters im Gemüth geschwebet dies Wort unsers Herrn Jesu:
Des Menschen Sohn muß verworfen werden und zwar von diesem Geschlecht. Ich dachte ihm nach, erwegte es in meinem Gemüth, so bekam ich auf die Frage, so ich bey mir hatte: Muß Er dann noch verworfen werden? die Antwort: Ja! Wie Er ist da Er ins Fleisch gekommen verworfen worden von selbigem Geschlecht, von seinen Brüdern nach dem Fleisch, also muß Er verworfen werden im Geist, von diesem Geschlecht nach der geistlichen Priesterschaft. Und also bald ich die Schrift bekam, dachte ich daran, daß dies kein leerer Einfall gewesen, sondern fange an in die Erfüllung zu gehen. Und wie nach der Verwerfung das Weitzenkorn in die Erde mußte, so gehet es mit Roggen=Gersten, Haber, || Linsen, Erbsen etc.

Also wie dem Haupt so denen Gliedern, und nun die Verwerfungszeit gekommen, ist es Zeit sich zum Leiden zu schicken, seinen Saamen mit treuen Seelen zu säen, und der Erndte mit Gedult erwarten. So bleibet im Verborgenen das glimmende Docht, bis es wieder flammet, und nur desto fruchtbarer wird.

Schreyet und schreibet ihr nur von erleuchteten Seelen, von Beständigkeit, Lichtes=Ruh, Glaubens=Freudigkeit etc. es gehet gewiß über alles Flacker=Werk die Flamme des Herren.

Der zweite Punct ist im ersten beantwortet, und Br: Carl kanns ja am zierlichsten ihnen sagen. Nicht nur das unlautere Feuer hat es gethan, daß so viele Erweckungen wieder verstiebet, sondern auch die falsche Wasser des Weltgeistes, des Staats, der Hoheiten, Weibereyen oder Weibischheiten, Weichlichkeiten, Welt=Geld= und Creatur=Liebe, || Unbeständigkeit u. s. weiter.

Dieser Schlamm und Sumpf, worinnen die Schlangen hecken, hat so viel verschlungen, als das wilde Feuer verzehret hat.

Der 3te Punct, daß es des Geistes Jesu Character sey die zerstreuete Glaubige zu sammlen; lasse er sie aufsehen, was uns vor eine sammlende Gluckhenne erschienen sey. Aber er will sammlen und sie zerstreuen und ihr habt nicht gewollt, klaget die Gluckhenne. Wer ist nun Schuld?

Der 4te Punct ist mir gar zu zierlich und meine Feder zu stumpf. Kann hier nicht nachahmen.

Der 5te Punct von eigenwilligen, eigenmächtigen Beherrschen, gesetzlichem Circul=Formen und Bande zur Unterdrückung des in denen erweckten erschienenen Gnaden=Geistes, in diese oder jene Form zwingen, über nebendinge einen zerstreuenden Streit anfangen etc. bis zu der Seelen Abscheidung etc. || sind gewiß eben unsers Br: Carls stroherne Entschuldigungen u. Einwürfe. Legets dorch auf die rechte Feuer=Wag aber nicht mit euren Vernunftsbegreiflichkeiten: dann diese Hand ist zu weig und weibisch, sie mag das Feuerwägen nicht erreichen; so werdet ihr ganz anders reden.

Der 6te Punct handelt von denen Häuptern, und wir haben keines; sind lauter in Armuth und Elend liegende Brüder. Einer ist gestorben den sie genug geängstet und verworfen haben, ob sie jetzt gleich sein Grab schmücken und noch heimlich zum Theil |: die unwissende ausgenommen :| wie Schlangen nach seinem Feuer=Funken stechen. Der andere läuft davon u. wendet sich zu unseren Feinden. Wären wir nicht wie sichterne Küchlein unter einem guten Dach und könnten uns in der Kälte beym Feuer=Heerd || wärmen, wie schwer sollte es uns fallen, so viel Bombardirens auszustehen. Ich meyne das Hochfliegen und über andere herfahren, vergehet, ob wir gleich über dem Guten halten, wie es uns unser Vorfahrer und die beste Werkzeuge vorgeschrieben und gelehret haben.

Der 7te Punkt handelt davon, daß das Unkraut verbrandt werde. In sümpfigten Wassern wachset es ja nur mehr. Hat der evangelische Geist über die in diesem Punct bemeldte Dinge jeder Zeit geeiffert, warum ist dann unserem Br. Carl das evangelische Feuer=Salz und LiebesEiffern so verdächtig?

Ach, es gehet nicht so Mosaischgesetzlich, wie gemeldet wird. Man eyffert auch nicht über Speiß und Trank. Mich deugte als er meyne Insonderheit, daß man über seyne reiche Weibernehmen, Wankelmüthigkeiten zu viel geeyffert, und ihm nicht so || gleich hat einwilligen können. Meynet er aber sich selbsten nicht, so kann er ja die hievon fragen als ein Haupt unserer Gemeinschaft nach der Wahrheit, so fern seyn Aug nicht benebelt, berichten.

Der 8te Punct ist mir abermal zu künstlich, doch blicket gewiß das geistliche und leibliche Mein, wovon er meldet, allenthalben genug herfür. Worinne ihr andern urtheilet, fället ihr auch selbsten das Gericht, weil ihr eben das, ja noch ärgeres, thut und dazu die Seelen in falsche Freyheiten führet, und die so im Glauben kämpfen, verdächtig machet; etc.

Der 9te Punct heißt, da nun aus solchem Natur= und Geistes=Mein vieles gehandelt wird, das Wort zu reden was sich diesem Licht untergiebet; hingegen Gesetze zu setzen, wo die Seele unbeleuchtet, ja im Gewissen anstößig ist, neben und über dem apostolischen Wort und Werk || ein anders zu erwählen, so kann man den öfteren

Gegenstand nicht so völlig der erweckten Seelen, Unbeugsamkeit, Zuchtlosigkeit zuschreiben, sondern es muß sich die Schuld theilen, daß auf der wirksamen Seite eine Unlauterkeit u. Eigenheit mitstehe.

So heißt dieser ganze Punct.

Die Antwort weiß unser Br Carl am besten. Warum wird dann so viel gespottet? Ja, Ja, salzet ihr nur eure Schäflein, etc. Wann man so gern denen Beyfall gebenden das Wort redet? Wo ist mehr Klagen und Murren als unter denen Brüdern? Es weiß es ja der liebe Br. bey sich. Wann hat man ihm das Wort geredet? Gehet er nicht deswegen fort, weil man ihm nicht recht lassen will? Er kann ja denen Fragen und Klagen aus eigner Erfahrung antworten. Und wo wird neben dem Apostolischen Wort und Werk ein anderes erwählet? || Was ist uns doch dermahlen und bey dieser Inspirations=Erweckung erquicklicher als die Heilige Schrift? Hat uns nicht Gott als die unmündigen und unwissenden das Verständnis hierzu eröffnet? Giebt er nicht durch seinen Geist in unsern Herzen Zeugnis, daß Geist Wahrheit sey? Wird nicht unser Herz im Wort der Wahrheit von innen und außen gedrungen, zu dem durch die Liebe thätigen Glauben zu arbeiten, und das Wissen ins Wesen und Werk, durch Gnade zu bringen? Warum fället man dann ein so böses Urtheil? Ist das nicht Neid? Ist das nicht die Gnaden=Wirkungen verdächtig machen und dazu gewiß nicht unwissend? Wer führet nun über alles herrschsüchtig her? Wir oder ihr? Wer hat die Abweichere zu Richtern in der Gemeinde gesetzt? Sind sie aber niemalen drinnen gewesen, wer befiehlt ihnen fremdte Knechte zu richten? Mit Muthmassungen über Gottes Würkungen und Wegen zu spielen? Kommet es nicht aus Br: Carls Grund? Und ist er ein anderes überzeugt Warum setzt ers in Schriften? und sagst denen die ihn fragen, nicht mündlich? || Was braucht ers denen Brüdern zuzustecken in seiner Abweichung? Ihr möchtet gern accordiren und die Eigenheit auf den Thron setzen, dann würde sich der göttliche Gnaden=Funke bald zurücke ziehen, und hörete die Unruh machende und wieder wahre Ruhe gebende Gnade auf; dafür Gott unsre brüderliche Gemeinschaft in Gnaden bewahren und den so sehr verdächtigen Inspirations=Zaum um uns und unsre Gemeinschaft behalten wolle, um seiner Ehre und mancher armen und schwachen Kinder Bestes willen.

Im 20ten Punct heißts: dies wolle bekräftigen, weil die meiste Werkzeuge wieder zerstreuet, die meiste Arbeiter wieder abgegangen, die vielen Seelen, die doch des Lichts fähig, ja vieles schon theilhaftig worden sind, sich wieder zurücke gezogen, ja noch mehr theure Seelen von ferne stehen und zu sehen, welche alle solchen verstörenden Feuer schuld geben mit unendlichen Seufzern und Klagen darüber.

Das gehet ja gar zu wemütig! [Kustode:] Wer [...]

Walter Grossmann

Élie Merlat, ein Hugenotte im Exil

Über wahre und falsche Inspiration

Selten läßt sich in der Gechichte religiöser oder politischer Bewegungen eine so direkte Linie verfolgen wie die, die von dem Auftreten neuer Propheten in Frankreich in der Folge der Widerrufung des Edikts von Nantes (1685) zu den Inspirierten in der Wetterau führt. Schon Max Goebel, der die erste, reich dokumentierte Darstellung des Entstehens der Gemeinschaft der Wahren Inspirierten gab, hat diese Linie aufgezeigt.[1] Es ist dies nur ein, wenn auch ein bedeutender Fall von vielen in der erstaunlichen Wirkungsgeschichte der neuen französischen Propheten.[2]

Die schon in den Jahren vor der Widerrufung des Toleranz-Edikts einsetzende grausame Verfolgung der Hugenotten stieß besonders in den Tälern der Languedoc und Dauphiné auf hartnäckigen Widerstand. Die Landesverweisung der Pastoren hatte zur Folge, daß sich hier in den kleinen Gemeinden ein Laienpriestertum bildete, das die kirchlichen und seelsorgerischen Aufgaben spontan zu erfüllen suchte. In diese von äußerster Leidensbereitschaft und höchstem Gottesvertrauen erfüllte Atmosphäre fällt das Auftreten eines neuen Prophetentums.[3] Für die im verzweifelten Widerstand in den Cevennen verharrenden Hugenotten wird der Ausbruch prophetischer Aussage zum himmlischen Zeichen der Gerechtigkeit ihrer Sache. Die Aussagen versprechen Hoffnung und werden als göttliche Weisung empfangen. Inspiration wird zum maßgebenden Instrument, das Verhalten und Aktion der Widerständler bestimmte.

Seit in der Nacht zum 3. Februar 1688 das Hirtenmädchen Isabeau Vincent

---

[1] *Max Goebel*, „Geschichte der wahren Inspirations-Gemeinden“, Zeitschrift für die historische Theologie, Bd. 24 (1854), S. 267–322, 377–438, Bd. 25 (1855), S. 94–160, 327–425, Bd. 27 (1857), S. 131–151.

[2] *Daniel Vidal*, L'Ablatif Absolu, théorie du prophétisme. Le discours Camisard en Europe, (1706–1713), Paris, 1977. – *Hillel Schwartz*, The French Prophets. The History of a Millenarian Group in Eighteenth Century England. Berkeley, 1980. Die auf eingehenden Quellenstudium beruhende Arbeit berücksichtigt auch die neuen Propheten auf dem Kontinent. – *Clarke Garrett*, Spirit Possession and Popular Religion. From the Camisards to the Shakers. Baltimore, 1987.

[3] *Charles Bost*, Les Prédicants protestants des Cevennes et du Bas-Languedoc. Bd. 1 u. 2, Paris, 1912. – *Robert P. Gagg*, Kirche im Feuer, Zürich, 1961. – *Daniel Vidal*, Le malheur et son Prophète, Paris, 1983. – *Elisabeth Labrousse*, „Calvinism in France, 1598–1685.“ International Calvinism, Hrsg. *P. Menna Prestwich*, Oxford, 1985, S. 286–314.

prophetische Botschaft zu eröffnen beginnt, entbrennt bitterster Streit um die Frage nach der Unterscheidung wahrer von falscher Inspiration.[4] Er wird weiter geführt, während die protestantischen Führer in den Camisardenkriegen behaupten, ihre strategischen Pläne unter dem Diktat des Heiligen Geistes zu fassen. Auch noch zwanzig Jahre später im Exil in England und auf ihren Missionsreisen auf dem Kontinent erklären sich die neuen französischen Propheten im Besitz der Gabe der göttlichen Inspiration, die eine ansteckende Wirkung auf ihre Umwelt ausübte. Die königlichen Behörden und die katholische Kirche denunzierten die Propheten als Scharlatane und Schwindler, die ihr verbrecherisches Handeln auf diese Weise rechtfertigen wollten, um der verdienten Strafe zu entgehen.[5]

Der Ausbruch des neuen Prophetentums in den Cevennen stellt die aus der Heimat vertriebenen hugenottischen Pastoren vor eine schwierige Entscheidung, entweder die Echtheit des Wunders der prophetischen Erscheinungen zu verteidigen oder diese als Täuschung zu verurteilen und gemeinsame Sache mit dem katholischen Erzfeind zu machen. Die ersten Nachrichten von den neu erstehenden Propheten in der Dauphiné wurden von ihren Religionsbrüdern im Exil mit Begeisterung aufgenommen. Pierre Jurieu (1637–1713) bekräftigte in seinen weitverbreiteten *Lettres pastorales* die Glaubwürdigkeit der „Extase der Schäferin Isabeau Vincent, die im Zustand der Trance Psalmen singt, betet, predigt, und Prophezeiungen über unsere Zeit und unser Schicksal ausspricht."[6] Die Unterstützung von Seiten eines der angesehensten Theologen des Refugié (wie sich die hugenottischen Exulanten bezeichneten) war höchst willkommen und viele seiner Kollegen teilten seine Ansicht. Unter ihnen war der mutige Aktivist Claude Brousson (1647–1698), Advokat aus Toulouse, der im Exil in Lausanne ordiniert wurde. Brousson war enthusiastisch in seiner Bewunderung für die neuen Propheten, in denen er die Zeugen für die Wahrheit der Reformierten Kirche im Feuer sah. Er ging aber noch weiter und forderte seine Brüder, die Pastoren im Exil, auf, in die Heimat zu ihrer verlassenen Herde zurückzukehren. Diesen Weg wählte er selbst und damit bewußt den Märtyrertod. Im November 1698 wurde er in Montpellier hingerichtet.[7]

Élie Merlat, französischer Pastor im Exil, mußte sich mit den Zeugnissen von dem Wirken der neuen Propheten auseinandersetzen. Sie stellten eine der schwierigsten Herausforderungen an seinen reformierten Glauben dar. Die Lehren der Reformierten Kirche lehnten jeden Wahrheitsanspruch von Wundern ab und ebenso jeglichen Glauben an eine direkte Eingebung –

---

[4] Ein seltener Fall besonnener Erwägung des Problems ist die Schrift „Nöthiges und Nützliches Gespräch von der wahren und falschen Inspiration" (1716) von *Eberhard Ludwig Gruber,* Mitbegründer der Gemeinschaft der „Wahren Inspirierten". Walter Grossmann, „Eberhard Ludwig Gruber über wahre und falsche Inspiration", JGP 13 (1977), S. 47–67.

[5] Cr. *M. de Brueys,* Histoire du Fanatisme de notre temps, Paris, 1692.

[6] *Pierre Jurieu,* Lettres pastorales. Seconde Année. III. Lettre. Rotterdame 1688.

[7] *Ch. Bost,* Les Prédicants, Bd. 2, S. 266.

Inspiration – durch den Heiligen Geist in nachapostolischer Zeit. Die Predigt „Le moyen de discerner les esprit ou sermon sur la l. Epitre de S. Jean Ch. 4, v 1", die Élie Merlat am 11. Januar 1689 in Lausanne hielt (und die einige Wochen später, im Februar, im Druck erschien) ist eine der frühesten, wenn nicht der erste Angriff auf den Wahrheitsanspruch der neuen Propheten des Languedoc und der Dauphiné.[8] Élie Merlat (1634–1705), der Sohn eines Rechtsanwalts, wuchs in Saintes am Charente Fluß auf und war früh zum Theologiestudium entschlossen. Er studierte an den streng reformierten Akademien in Saumur und Genf. Zu seinen Lehrern in Saumur zählte Moïse Amyraut (1596–1664), dessen politische Lehren über die Souveränität und Staatsmacht Merlat noch in späteren Jahren beeinflußten. Amyrauts Auffassung von der Prädestinationslehre Calvins, die orthodoxe Calvinisten als „Universalismus hypotheticus" brandmarkten, lehnte Merlat ab.[9]

Als er 1658 von der üblichen Bildungsreise eines jungen protestantischen Theologen in die Schweiz, nach Deutschland, Holland und England zurückkehrte, trat er eine Pastorenstellung in seinem Heimatort Saintes an. Es folgte eine zwanzigjährige schwierige Dienstzeit, erfüllt von beispielhafter Hingabe an die Seelsorge seiner Gemeine in einer seiner Reformierten Kirche feindlichen Umwelt. Am Ende der Periode geriet Merlat in offenen Konflikt mit den Behörden. Er veröffentlichte *Le Renversement de la morale de Jesus Christ* (1674), eine Verteidigung der Moral der calvinistischen Prädestinationslehre gegen den Angriff des berühmten Jansenisten Antoine Arnauld. Merlats Entgegnung veranlaßte den Bischof von Saintes, ihn öffentlich anzugreifen und eine Intrige gegen ihn in die Wege zu bringen. Merlat wurde bezichtigt, beleidigend vom König gesprochen zu haben. Es folgten 1679 grausame Verhöre, Merlat wurde für ein Jahr gefangen gesetzt und darauf aus Frankreich verbannt.[10]

Es ist nicht ohne Ironie, daß Merlat als Autor des *Traité du pouvoir absolu des souverains*, einer Verteidigung der absoluten Macht des Königs, die er nur einige Wochen vor dem Widerruf des Edikts von Nantes veröffentlichte, zum Opfer dieser Macht wurde. Merlat unterscheidet sich in seiner Auffassung von Calvins Staatslehren nicht von Jurieu, der bis 1688 treuer Royalist blieb. Sie fanden beide, daß Calvins Lehre vom Gehorsam der Untertanen jederlei aktiven Widerstand ausschließt. Im Falle, daß die Handlungen des Fürsten das moralische Gewissen des Gläubigen verletzen, ist Passivität oder Schweigen die einzige Form von Ungehorsam.[11]

---

[8] Ein Exemplar von Merlats Predigt befindet sich in der Bibliothek der Société de l'Histoire du Protestantisme Français, Paris, der ich für die Erlaubnis dieses zu benützen danke. Die Angaben der Seitenzahlen im Text (S) beziehen sich auf diesen Druck.

[9] *Rudolf Pfister,* Kirchengeschichte der Schweiz, Zürich, 1974, Bd. II, S. 422.

[10] *N. Weiss,* „Quelques épisodes de la Reforme a Saintes et en Saitagone", Bulletin de la Société de l'Histoire du Protestantisme Français Bd. 42 (1893), S. 386–87.

[11] *W. J. Stankiewicz,* Politics and Religion in Seventeenth-Century France. Berkeley, 1960, S. 170, Cf. *A. Galland,* „Les pasteurs français Amyraut, Bochart, etc. (DuBosc, Claude, Jurieu, Merlat) et la Royauté de droit divin", B. S. H. P. F., Bd. 77 (1928), S. 418–21.

Merlat fand 1680 Unterkunft in der Schweiz und warme Aufnahme in Lausanne, wo ihm ein Pastorat und eine Lehrstellung an der angesehenen Akademie eingeräumt wurden. Im Jahr der Widerrufung des Edikts von Nantes (1685) bekleidete er das Rektorat und unterrichtete bis 1687. Danach widmete er sich ausschließlich dem Pastorat bis zu seinem Tod 1705.[12]

Er gab ein Beispiel für seine exilierten Kollegen mit der Unterzeichnung der Helvetischen *Formula Consensus* von 1675, einem streng orthodoxen reformierten Bekenntnis. Diese kurze Schilderung von Merlats Leben zeigt, wie tief verwurzelt er in der orthodoxen reformierten Theologie war, bereit, seinen Glauben mit theologischen und rechtlichen Argumenten zu verteidigen und für diesen zu leiden. Diese Charakteristik der Persönlichkeit Merlats bliebe unvollkommen, ohne die Erinnerung an seine warme und opferbereite Anteilnahme am Schicksal seiner exilierten Landsleute und seiner Fürsorge für minder begünstigte Pfarrkinder.[13]

Henri Vuilleumier vertritt in seinem großen Werk über die Reformierte Kirche im Schweizer Kanton Waadt die Meinung, daß Merlat als erster der exilierten Pastoren es wagte, nach ruhiger Überlegung und sorgsamer Forschung die Echtheit der prophetischen Zeugnisse in Frage zu stellen. Er entschloß sich, sein Urteil zu einem Zeitpunkt von der Kanzel zu verkünden, als die öffentliche Meinung von Begeisterung und Verehrung für die neuen Propheten erfüllt war. Merlats offene Stellungnahme zeugt von großem Mut, da er erwarten mußte, bestenfalls als Narr, wenn nicht als Verräter an der gemeinsamen Sache denunziert zu werden.[14]

Der Predigt *Le moyen de discerner les esprits*, die er am 11. Januar 1689 in Lausanne hielt, stellte er das Zitat aus dem ersten Johannesbrief voran: „Ihr Lieben, glaubet nicht einem jeglichen Geist, sondern prüfet die Geister, ob sie von Gott sind; denn es sind viele falsche Propheten ausgegangen in die Welt." Damit ist das Leitmotiv die Prüfung der Geister, ob sie von Gott sind, angeschlagen. Merlat ist sich wohl bewußt, daß die singuläre Stellung, die er einnimmt, ihn der Verdächtigung des Hochmuts und unerträglicher Einbildung aussetzt. Aber, so Merlat: „Männer, die Charakter haben, müssen zu gewissen Zeiten Stellung gegen die Mehrheit der Menge nehmen" (S. 2).

Merlat will mit seiner Predigt die „Prétendus Inspirés", diejenigen entlarven, die behaupten, wahre Inspirierte zu sein. Die vernichtende Bezeichnung „Prétendus Inspirés" ist eine Variation der offiziellen diffamierenden Bezeichnung „Religion prétendus reformée", die die französischen königlichen Behörden für die Reformierte Kirche seit dem Edikt von Nantes verwendeten.

Ausgangspunkt für die Predigt ist die zweifache Mahnung, die Johannes

---

[12] *Rudolf Pfister,* Kirchengeschichte der Schweiz, Bd. II, S. 545–46.

[13] *Ch. Bost,* Les Prédicants Protestants, Bd. 1, S. 283.

[14] *Henri Vuilleumier,* Histoire de l'Eglise Reformée du Pays de Vaud. Lausanne, 1930, Bd. III, S. 205.

ausspricht; erstens nicht jeglichem Geist zu vertrauen und uns vor übereilten und irrigen Schlüssen zu hüten. Zweitens die Forderung, die Geister zu prüfen, ob sie von Gott sind, womit der Apostel von uns verlangt, die richtigen Mittel, mit denen wir über den Wahrheitsanspruch entscheiden können, zu finden. Satan, entschlossen das Heilswerk Jesu zu hintertreiben, sandte Boten aus, die gewisse Menschen in ihrem Übermaß an Einbildung überzeugen sollten, daß sie göttlicher Inspiration teilhaftig werden. Diese Unseligen werden zu Fälschern an der wahren Inspiration. Von Dämonen besessen, erkennen sie nicht, was sie in Wirklichkeit sind. Auf sie trifft das Wort des Apostels zu; sie sind falsche Propheten.

Johannes warnt vor den falschen Geistern, mit anderen Worten vor Teufelswerk. Merlat beschreibt die Kräfte des Teufels, mit denen er die menschlichen Sinne bezaubert, den Zustand, in dem sich Körper und Geist befinden, verändert, und wie er sich den Willen seiner Opfer unterjocht (S. 32). Merlat malt seinen Hörern eine wahre Hexenküche vor die Augen, die an Goethes Faust erinnert. Auch Merlats Teufel spielt die Rolle, die Gott ihm zuteilt, der die Spielregeln bestimmt.

Der Johannestext fordert auf zu prüfen, zu unterscheiden, „de discerner". Merlat ergänzt Johannes' Briefstelle mit weiteren Zitaten aus dem Alten und Neuen Testament, in denen ähnliche Forderungen ausgesprochen werden. Er sieht es als seine Aufgabe, „das Material methodisch zu behandeln und daraus ein System zu errichten, das es uns ermöglicht die wahren Zeichen der göttlichen Vollkommenheit zu erkennen, (reduire icy cette matiere en methode et en faire un systeme... il faut que l'on puisse voir des marques certaines de la perfection Divine)" (S. 22). Die Begriffsbestimmung: „Die göttliche Inspiration ist eine unmittelbare Handlung Gottes", legt Merlat seinem Systematisierungsversuch zu Grunde. Er unterscheidet zwei Typen von Inspiration. Der eine, positive, weist sich durch göttliche Vollkommenheit aus, und seine Göttlichkeit ist verbürgt. Der andere, negative, läßt durch seine Unvollkommenheit erkennen, daß er irrtümlich für göttlich inspiriert gehalten wurde. Die menschliche Kreatur ist das Wesen, in dem sich diese positiven und negativen Kräfte begegnen. Um in jedem dieser Ereignisse das wahre Wirken Gottes von der falschen Nachahmung zu unterscheiden, müssen die sicheren Zeichen göttlichen Wirkens, die jede Täuschung ausschließen, erkannt werden. Von universaler Gültigkeit ist vor allem der Grundsatz: „Wir halten niemals für göttlich, was dem Wort Gottes widerspricht (S. 24)." In gut ciceronisch-rhetorischer Tradition führt Merlat die sieben *loci communes* an, aus denen die Beweise für Erkenntnis der wahren Inspiration gefolgert werden können. Zu diesen zählt, daß nichts, was der göttlichen Weisheit oder vollkommener Heiligkeit widersteht, als göttliche Inspiration gelten kann. Ebensowenig kann menschliches Verhalten, das Eitelkeit, Maßlosigkeit, Bosheit, moralische Verworfenheit verrät, seinen Ursprung in göttlicher Inspiration haben. Ferner: „Prophezeien", das Voraussagen von Dingen in der Zukunft, ist Gott allein vorbehalten. Da

Gott es dem Teufel gestattet, das Prophezeien nachzuahmen, muß die größte Vorsicht geübt werden, um des Teufels Täuschungen zu entgehen. Gottes Wissen ist grenzenlos und in der Prüfung seiner Kreaturen sieht er in die Tiefe ihrer Herzen.

Diese Maximen leiten Merlat in der nun folgenden Untersuchung der Prophezeiungen der „prétendus Inspirés" der Dauphiné. Er bereitet seine Hörer mit einem kurzen Bericht über das, was er von den Propheten erfahren hat, vor. Als nächstes wird er die Argumente jener, die an die Echtheit der göttlichen Inspiration der neuen Propheten glauben, prüfen und diese entkräften. Schließlich wird er versuchen, Lehren aus diesen außerordentlichen Begebenheiten zu ziehen, die die wahren Gläubigen stärken und trösten sollen. Merlat wählt als repräsentatives Beispiel die Geschichte der Isabeau Vincent aus Crest an der Drôme, die erste, die angeblich unter dem Einfluß göttlicher Inspiration prophezeite.

Das dreizehn- oder vierzehnjährige Mädchen wuchs im reformierten Glauben im Haus ihres Vaters auf. Als dieser unter dem Druck der königlichen Soldaten, der *Dragonnades*, zum Katholizismus übertrat. verließ sie das väterliche Haus und zog zu ihrem Onkel. In der Nacht vom 2. Februar 1688 wurde sie von einer Art epileptischen Anfall ergriffen, ihr Körper begann zu zittern und sie fiel in einen tiefen Schlaf, aus dem man sie nicht aufwecken konnte. In diesem Zustand, der sich in folgenden Nächten wiederholte, begann sie Psalmen zu singen, die sie vorher nie gelernt hatte, Buße zu predigen und die Heilige Messe zu verdammen. Auch forderte sie diejenigen, die zum Katholizismus übergetreten waren, dazu auf, in die protestantische Kirche zurückzukehren. Sie fügte ihren Aussprachen Vorhersagen hinzu von gewaltigen Veränderungen im Königreich zur Zeit der Herbstlese, die Erlösung von den Verfolgungen bewirken würden.

Merlats Quelle ist die schon erwähnte Beschreibung von Pierre Jurieu, der den Glauben, daß Isabeau unter göttlicher Inspiration stand, unterstützte, und die Denunziation des Bischofs von Nîmes, Ésprit Fléchier, der sie als Schwindlerin anprangerte.[15] Aus Fléchiers Beschreibung wiederholt Merlat am Ende noch ein angebliches Vorkommnis. „Nach ernstem und kräftigem Aufruf zur Reue, zog Isabeau ihre Hände, die auf der Bettdecke lagen, zurück, bedeckte ihr Gesicht mit der Decke, und begann laut zu lachen (S. 34)."

Merlat führt zehn Argumente zum Beweis der Wahrheit der prophetischen Aussage an, denen er mit zehn entsprechenden Gegenargumenten begegnet. Er kann mit Recht behaupten, die Interessen der Propheten ehrlich verteidigt zu haben. Er geht zunächst von der Allmacht Gottes aus, aus der sich logisch folgern läßt, daß Gott nicht davon abgehalten werden kann, heute zu wirken, was er gestern bewirkt hat. Damit ist die Türe für eine zeitlich unbegrenzte Offenbarung und göttliche Inspiration geöffnet. Das

[15] *Ésprit Fléchier,* Lettres choisies. Paris, 1715. Bd. I, S. 399–414.

Pfingstereignis und die Pfingstpredigt werden von denen, die behaupten, vom Heiligen Geist Inspiration empfangen zu haben, als Zeugnis beansprucht. Läßt sich die verzweifelte Lage, in der sich die Hugenotten befinden, deren Kirchen zerstört, deren Priester verbannt und die von den Behörden gezwungen sind, am katholischen Gottesdienst teilzunehmen, nicht mit der Zeit der Apostel vergleichen?

Keine zutreffenderen Worte für die Ereignisse in den Cevennen gibt es als die des Psalmisten. „Aus dem Munde der jungen Kinder und Säuglinge hast du eine Macht zugerichtet um deiner Feinde willen (Ps 8,2)." Prophezeiungen von herannahenden Ereignissen, wenn sie auch nicht in allem genau zutrafen, sagten so große Veränderungen voraus, wie den Frontenwechsel der Engländer von Gegnern zu Verbündeten der Hugenotten.

Die Kraft und Wahrheit einer Botschaft erweist sich am überzeugendsten durch ihren Inhalt. Die neuen Propheten verdammen die katholische Messe, prangern den Übertritt zur katholischen Kirche als Verrat und Feigheit an, predigen Reue, lehren wahren reformierten Glauben und rufen Gott in inbrünstigem Gebet an. Damit hat Merlat eine eindrucksvolle Reihe von Argumenten zur Verteidigung der Inspirés vorgebracht.

Die Strategie Merlats beruht zunächst darauf, diese Argumente Punkt für Punkt zu widerlegen und dann die furchtbaren Folgen der vorgetäuschten und falschen Inspiration heraufzubeschwören. Seine Predigt erreicht ihren Höhepunkt mit der Verurteilung der Propheten und ihrer Anhänger als Betrüger und betrogene Betrüger. Zunächst soll nicht bestritten werden, daß es Gott möglich ist, Propheten zu erwecken, aber die Möglichkeit, es zu tun, bedeutet nicht, daß es Gottes Wille ist, sie zu verwirklichen. Mit dieser aristotelischen Beweisführung erledigt Merlat das erste Argument. Der Gedanke, daß Kinder zu Priestern erwählt sind, ist Blasphemie. Von Kindern, weil sie Hosannah rufen, kann man nicht erwarten, daß sie die Aufgaben eines Pastors erfüllen. Die Rechtgläubigkeit der Dauphiné Propheten, die sie als echte Propheten ausweisen soll, ist noch kein Beweis, da es im Interesse des Teufels ist, mit dem Mantel der Unschuld selbst den Weisen zu täuschen. Sich zu rühmen, historische Ereignisse vorauszusagen, ist eine der frechsten Anmaßungen. Eine Voraussage, daß die Befreiung zur Zeit der Weinlese kommt, ohne Monat und Jahr anzugeben, ist so ungenau, daß sie als Prophezeiung nur zu verwerfen ist. Merlat lehnt es entschieden ab, die Ereignisse in England und die Rolle, die Wilhelm von Oranien spielt, in irgendeiner Weise mit den Leiden in der Dauphiné in Zusammenhang zu bringen (S. 49/50).

An diesem Punkt der Predigt beginnt Merlats stärkster Angriff. Er wendet sich dabei besonders an die Pastoren unter seinen Zuhörern. Er erinnert an den Aufstand in Münster, den immerwährenden Alptraum, der die protestantischen Kirchen plagte. Johann von Leiden verkündete im Namen desselben Heiligen Geistes, der die Apostel zu Pfingsten erfüllte, daß die Stadt Münster zum kommenden Jerusalem ausersehen sei. Die Folge war

Terrorherrschaft in Münster, Sanktionierung von Güter- und Weibergemeinschaft. Merlat stellt die Frage: „Klang die Botschaft dieses neuen Antichrists anfangs nicht genau so versprechend und wunderbar wie jetzt die unserer Inspirés? Satan erkannten sie erst, nachdem eine Unzahl von Menschen zu Grunde gegangen waren (S. 54). War dies die Folge der anabaptistischen Predigt, dann müssen wir uns ihrem Urheber, dem revolutionären Theologen Thomas Müntzer zuwenden. Als Müntzer zu predigen begann, „gelang es ihm, selbst Luther zu täuschen, den großen Luther, den Gott zum Werkzeug für die Reformation erwählte" (S. 55). Dies ging solange, bis Müntzer im Zustand göttlicher Inspiration die Obrigkeit zügellos anzugreifen begann und die Bauern zur Revolte anstachelte.[16] Dies als Beispiel wohin der Anspruch auf göttliche Inspiration führen kann.

Merlat räumt ein, daß, verglichen mit den bewaffneten Anhängern Müntzers und Johanns von Leiden, die Inspirés der Dauphiné arme unschuldige Kinder sind und meistens Mädchen. Lassen sich die deutschen Bauern auch nicht mit den Bauern der Dauphiné, die noch im Zustand mystischer Passivität sind, vergleichen, die Historie von Müntzer darf als Warnung nicht vergessen werden.

Merlat hat nicht prophezeit, er hat nur gewarnt. Spätere Ereignisse zeigen, daß seine Furcht vor einer Wendung zu gewaltsamer kriegerischer Auseinandersetzung nicht unbegründet war. Mit der Aktion, die unter dem Einfluß göttlicher Inspiration begonnen wurde, die gefangenen Hugenotten in der Burg Pont-de-Montvert zu befreien, und die am 24. Juli 1702 zu Kämpfen und der Ermordung des Verwalters, Abée du Chaillard, führte, trat die von Merlat befürchtete Wendung ein.[17] Man datiert von diesem Zeitpunkt den Ausbruch der Camisardenkriege. Merlat schloß seine Betrachtung über Müntzer mit den Worten: „Ich behaupte, daß sich die Inspiration als falsch und irrig erwiesen hat..., und ich wage es zu sagen, daß die jetzige öffentliche Meinung ein trauriges Zeichen unseres bedauernswerten Zustandes ist (S. 61)."

Merlat zögerte nicht, seine Kollegen, die Pastoren, zur Verantwortung dafür zu ziehen, daß sie es dazu kommen ließen, daß sich eine öffentliche Meinung bildete, die die Phantasien der Inspirés noch ermutigte.

Die Pastoren der Refugié reden von Wundern in scharfem Gegensatz zu den Lehren ihrer eigenen Reformierten Kirche. Merlat versucht eine psychologische Deutung, um ihren Wahn zu erklären. Die ärgsten Schuldge-

---

[16] Merlat zitiert aus der Müntzer zugeschriebenen Ansprache an die Bauern vor der Schlacht bei Frankenhausen, 15. Mai 1525. Die Ansprache die zuerst in Historien von Thomas Müntzer (Hanau 1525) gedruckt wurde, entstand wahrscheinlich im Kreis um Müntzer (*W. Elliger,* Thomas Müntzer, Göttingen, 1975, S. 77). Merlat hat seine Zitate einer französischen Übersetzung einer gegen die Anabaptisten gerichteten Schrift entnommen. (Livre qu'un excellent Docteur et Martyr composé contre les Anabaptistes, S. 56.) Diese Schrift habe ich nicht identifizieren können.

[17] *Abraham Mazel/ Elie Marion/ Jacques Bonbonnaux,* Mémoires sur la Guerre des Camisards (Montpellier 1983), 1. Kapitel, S. 4–9.

fühle müssen die Pastoren quälen, die ihre Herde verlassen haben, und gegen die Gebote des Johannes Evangeliums, „Weide meine Lämmer" (Joh 21,15) und „der gute Hirte läßt sein Leben für die Schafe" (10,11) verstoßen. Die Bereitschaft der Pastoren, den Inspirés Glauben zu schenken, ja sie zu verherrlichen, mag ihren Grund in ihrem eigenen schlechten Gewissen und dem Bewußtsein, Gottes Gebot nicht erfüllt zu haben, liegen. Wenn Laienpriester, die prédicants, die Funktion der Pastoren in deren Abwesenheit übernehmen können, dann können sich diese trösten im Gedanken, daß ihre Herde nicht verlassen ist. Merlat war wie alle Pastoren des Refugié vor dieses Dilemma gestellt und hatte sicherlich selbst diese inneren Qualen zu bestehen.

Zum Abschluß seiner Predigt stellt Merlat die Folgen der falschen Inspiration dar. Die Reformierte Kirche bestand immer darauf, daß als Heilige Schrift nur die in der Bibel aufgenommenen Texte gelten. Dies war für sie, die niemals sich rühmte, Wunder zu vollbringen, der entscheidende Grund, sich von der katholischen Kirche zu trennen. Merlat stellt die rhetorische Frage: Welchem Zweck würde eine fortdauernde Inspiration, die Menschen beiderlei Geschlechts und in jedem Alter erfahren, dienen? Prophezeiung und Wunder im Alten und Neuen Testament waren nie Sache der Menge, sondern der wenigen, eines Moses, Aron, Elias, Micha und Jesu. „Die Partei der Lüge und des Irrtums", wie Merlat die katholische Kirche charakterisiert „kann man an ihrem Anspruch auf Inspiration erkennen".

Die Elenden, die heute glauben oder behaupten zu glauben, daß sie inspiriert sind, erhalten die gerechte Strafe. Sie, die den wahren reformierten Glauben besaßen, sind zu Apostaten geworden. Merlat hofft, mit seiner leidenschaftlichen letzten Ermahnung die zur Einkehr zu rufen, die unter den im Kanton Waadt immer stärker werdenden Einfluß radikaler Pietisten gekommen und damit anfälliger geworden sind, für die enthusiastische und millenarische Botschaft.[18] „Euch, die ihr treu im Glauben geblieben seid, die ihr die Gewissensfreiheit besitzt, die das Exil gewährt, ich flehe Euch im Namen des Vaters an, haltet an der Wahrheit fest, haltet Ausschau nach jenen Ärmsten, die Schiffbruch erleiden, schickt ein Schiff aus, sie zu retten, zieht sie zurück ans Land. Geht nicht mit denen unter, die sich in die Wellen werfen, anstatt zu versuchen, sich zu retten. Verwerft die eitlen, phantastischen und lächerlichen Ideen einer Inspiration. Statt ihrem Anspruch auf Überlegenheit Beifall zu schenken, entsetzt euch über ihre Blindheit und verbindet euch mit uns im Bestreben sie zu heilen (S. 88)."

Pierre Bayle schrieb, als er von Merlats Predigt Kunde erhielt, an seinen Freund David Constant: „Ist es wahr, daß Herr Merlat mit all seiner Kraft predigte, daß Inspiration ein Werk des Teufels ist? Damit wird er sich noch verhaßter machen als mit seinem Traktat über die Macht der absoluten

---

[18] *Henri Vuilleumier,* Histoire de l'Eglise Reformée du Pays Vaud, Bd. III, S. 208.

Herrscher..."[19] Élie Merlats Ideal des Exegeten der Bibel ist ein aufgeklärter Pastor, befähigt zu unterrichten (S. 15). Eine Untersuchung seines Textes zeigt, daß er selbst diesem Vorbild entsprach. Er war bereit für seine Überzeugung einzustehen und seine Meinung, so unpopulär sie war, auszusprechen.

---

[19] *Pierre Bayle,* Lettres choisies. Rotterdam, 1714, Bd. I, S. 259.

Donald F. Durnbaugh

Radikaler Pietismus als Grundlage deutsch-amerikanischer kommunaler Siedlungen

Nordamerika war seit jeher das gelobte Land aller jener, die utopisches Gemeindewesen und kommunale Siedlungen gründen wollten. Die erste geplante kommunale Kolonie in Amerika wurde von dem holländischen Kollegianten P. C. Plockhoy 1663 am Ufer des Delaware Flusses gegründet. Seither hat die Möglichkeit von Religionsfreiheit in Verbindung mit verfügbarem Land Scharen von unternehmungslustigen und frommen Seelen in die Neue Welt gelockt, um dort ein Neues Jerusalem zu errichten. Die genaue Zahl solcher Gründungen ist nicht zu bestimmen, da Berichte über bislang unbekannte Unternehmen zum Teil noch ausstehen. Bestor zählte 130 bis zum Jahre 1860; eine Zusammenfassung von Gründungen zwischen 1787 und 1919, die sich zum Teil mit Bestor überschneidet, führt nicht weniger als 270 an. Die Zahl der seit 1945 neu gegründeten Kommunen geht schätzungsweise in die Tausende.[1]

Einige dieser Kommunen hatten politische oder philosophische Theorien zur Basis, die große Mehrzahl jedoch fußte auf religiöser Grundlage. Die religiös orientierten Gruppen waren bei weitem am erfolgreichsten, wenn man Langlebigkeit zum Maßstab des Erfolges macht. Rosabeth Kanter beschreibt die sozialen Momente, die zu solchem Erfolg beitragen, in ihrem Buch Commitment and Community (1972). In zunehmendem Maße wird Kritik laut, daß die Lebensdauer einer Kommune kein gültiger Maßstab ihres Erfolges sei.[2]

Es ist offensichtlich, daß Kommunen mit religiöser Basis wichtig sind. Sie

---

[1] *Arthur Bestor,* Backwoods Utopias: The Sectarian Origins and the Owenite Phase of Communitarian Socialism in America, 1663–1829, second ed. (Philadelphia: University of Pennsylvania Press, 1970), 277–285; *Robert S. Fogarty,* Dictionary of American Communal and Utopian History (Westport, CT: Greenwood Press, 1980), 173–233. The study of the geographer *Hermann Schempp*, Gemeinschaftssiedlungen auf religiöser und weltanschaulicher Grundlage (Tübingen: J. C. B. Mohr (Paul Siebeck), 1969), 300–311, counts 162 communities betwe-en 1663 and 1884, with additional listing of 156 Hutterian colonies; by contrast, he found only 11 religious and socialist communities in Germany.

[2] *Rosabeth Moss Kanter,* Commitment and Community: Communes and Utopias in Sociological Perspective (Cambrigde: Harvard University Press, 1972); for a criticism, see *Jon Wagner,* Success in Intentional Communities: The Problem of Evaluation, Communal Societies, 5 (1985), 89–100. A new book edited by *Donald E. Pitzer,* America's Communal Utopias: The Developmental Process (Madison: University of Wisconsin Press, forthcoming) will argue that

können in verschiedene Kategorien eingeteilt werden. Die meisten lassen sich als der Radikalen Reformation (Anabaptismus), dem Radikalen Puritanismus oder dem Radikalen Pietismus zugehörig identifizieren. Andere könnte man unter der Bezeichnung Radikales Christentum einer Sammelkategorie zuordnen. (Siehe den Anhang mit Beispielen dieser Kategorien.)

Dieses Referat wird sich mit dem Radikalen Pietismus befassen und zwar unter der These, daß der Radikale Pietismus die religiöse Grundlage vieler jener kommunalen Siedlungen war, die während des 17. und frühen 18. Jahrhunderts von deutschen Einwanderern in Nordamerika gegründet wurden. Nach einer kurzen Charakterisierung des Radikalen Pietismus wird sich das Referat mit der Gründung der wichtigsten deutsch-amerikanischen Siedlungen befassen und ihre Verwurzelung im Radikalen Pietismus nachweisen.

Radikaler Pietismus

Professor Hans Schneider hat kürzlich in seinem umfassenden bibliographischen Überblick gezeigt, daß es nur wenig prinzipielle Übereinstimmung bezüglich einer präzisen Definition des Radikalen Pietismus gibt.[3] Hier ist nicht der Ort, die wissenschaftlichen Differenzen darüber zu erörtern. Man könnte jedoch den allgemeinen Grundsatz postulieren, daß die in Frage kommenden Personen und Strömungen in erster Linie auf älteren mystischen Spiritualismus und die Lehren des theosophischen Schuhmachers aus Görlitz, Jakob Böhme (1575–1624), zurückgehen. Diese Zusammenhänge lassen sich an zwei Indizien erkennen. Zum ersten in den spezifischen Zitaten aus den Werken mystischer Spiritualisten sowie Böhmes und seiner Interpreten, zum zweiten in dem Beibehalten der Sprache und des Gedankenguts jener älteren Quellen. Solche Beziehungen sind aber keineswegs nur formell oder theologisch; ihre Fundierung im Radikalen Pietismus wird durch die Praxis der Kommunen erhellt. Ein weiterer formgebender Charakterzug des Radikalen Pietismus ist seine Tendenz zur Trennung von der institutionellen Kirche. Während der kirchliche Pietismus Speners und Franckes die Kirche von innen heraus zu erneuern versuchte, wurden die Radikalen Pietisten entweder aus der Kirche ausgestoßen oder verließen dieselbe im Protest.

Zwei wohlbekannte Persönlichkeiten des späten 17. und frühen 18. Jahrhunderts sind für unser Thema besonders wichtig: Johann Georg Gichtel (1638–1710) und Gottfried Arnold (1666–1714). Die Bedeutung beider liegt

---

communal living is a generic social mechanism available to all religious and secular movements, which is sometimes adopted in a formative stage as a means of survival.

[3] *Hans Schneider,* Der radikale Pietismus in der neueren Forschung, Pietismus und Neuzeit, 8 (1982), 15–42; 9 (1983), 117–151, especially pages 17–31. The divergent conceptions of Emanuel Hirsch and Martin Schmidt are there pointedly discussed.

in ihrer Vermittlung des Gedankenguts älterer mystischer Spiritualisten und Böhmes an die späteren Kommunitarier. Arnolds umfangreiche Schriften dienten als Quellenwerke für die aufkommenden Bewegungen. Gichtel, der seinerseits Arnold beeinflußt hatte, war dank seiner unabhängigen Situation in den Niederlanden ein wesentlicher Verbreiter Böhmistischen Gedankenguts, sowohl durch Drucke (er veröffentlichte 1682 die erste Gesamtausgabe Böhmes) als auch durch seinen umfassenden Briefwechsel. Beider Werke werden wiederholt in den Schriften der deutsch-amerikanischen Kommunitarier als Quellennachweise zitiert.[4]

Im Rahmen dieses Referats werden die Kommunen des Radikalen Pietismus wie folgt definiert: Sie lehnen sich stark an die Schriften des mystischen Spiritualismus und Böhmes an, sind Separatisten und berufen sich auf Arnold und Gichtel. Man könnte noch weitere Kennzeichen anführen, wie etwa Primitivismus (die frühe Kirche als Vorbild), Millenniarismus (Erwartung der Wiederkunft Christi) und Pazifismus (meist in der Form des Gewaltverzichtes). Wir werden hier nicht auf sie eingehen und zwar nicht, weil sie unbedeutend sind, sondern weil sie auch von radikalen christlichen Gruppen außerhalb des Radikalen Pietismus in Anspruch genommen werden.[5]

Es folgen nun kurze Darstellungen der wichtigsten deutsch-amerikanischen kommunitaren Gemeinschaften.

Die Gemeinschaft des Weibes in der Wüste (Society of the Woman in the Wilderness)

Die beiden ältesten amerikanischen Kommunen waren die Gründung P. C. Plockhoys in Delaware (1663) und Boehmia Manor in Maryland (1683). Die erstere ging auf holländische Kollegianten, die letztere auf labadistisches Gedankengut zurück. Obwohl sowohl die Kollegianten wie auch

[4] The growing literature on Arnold ist tracked in a special section of the bibliographical listings in each issue of Pietismus und Neuzeit. His importance is only slowly being recognized outside of Germany. A recent article begins: „The name of Gottfried Arnold is hardly a household word in the English speaking world." – *Frank Roberts,* Gottfried Arnold on Historical Understanding: An Early Pietist Approach. Fides et Historia, 14 (Spring-Summer, 1982), 50–59. The article is a summary of his dissertation, Gottfried Arnold as a Historian of Christianity: A Reappraisal of the Unparteiische Kirchen- und Ketzerhistorie. Ph. D. thesis, Vanderbilt University, 1973. Gichtel is even less known; the most recent longer article on Pietism in a reference work – *F. E. Stoeffler,* Pietism, The Encyclopedia of Religion, ed. Mircea Eliade (New York: Macmillian, 1987), 11, 324–326 – fails to mention him.

[5] A discussion of many of these points is found in *Donald F. Durnbaugh,* Work and Hope: The Spirituality of the Radical Pietist Communitarians, Church History, 39 (1970), 72–90. A longer treatment, although hampered by an inadequate definition of Radical Pietism, is *Delburn Carpenter* The Radical Pietists: Celibate Communal Societies Established in the United States before 1820 (New York: AMS Press, 1975). See also *Victor Peter,* The German Pietists: Spiritual Mentors of the German Communal Settlements in America, Communal Societies, 1 (1981), 55–66.

die Labadisten Verbindung mit dem Pietismus hatten, müssen sie hier übergangen werden, da sie nicht deutscher Herkunft sind.[6]

Ohne Zweifel waren die Gelehrten, die sich 1694 am Wissahickon Fluß unweit von Germantown (flußaufwärts von Philadelphia) niederließen, die ungewöhnlichste aller amerikanischen Kommunen. Sie waren von Johann Jakob Zimmermann (1644–1693), berühmt wegen seiner Errungenschaften auf den Gebieten der Theologie, Astronomie und Mathematik, in Europa gesammelt worden. Eine Zeitlang war Zimmermann Pastor in Württemberg und geehrter Professor an der Heidelberger Universität gewesen, jedoch blieb er seiner heterodoxen religiösen Anschauungen wegen nie lange in ein und derselben Stellung. Zimmermann war ein einflußreicher Förderer und Apologet der Lehren Jakob Böhmes.[7]

Zimmermann rechnete aus, daß das Tausendjährige Reich im Jahre 1694 hereinbrechen würde. Er beschloß daraufhin, daß sich die Frommen in der Wüste sammeln sollten, um sich auf dieses große Ereignis vorzubereiten. Deshalb forderte er die Gläubigen auf, nach Nordamerika zu reisen, um dort die Wiederkunft Christi zu erwarten. Im Jahre 1693 trafen sich mehr als vierzig seiner Anhänger – fast alles Gelehrte – in Rotterdam, um sich nach Pennsylvanien einzuschiffen. Eines allerdings hatte Zimmermann nicht vorhergesehen: Er starb kurz bevor das Schiff in See stechen sollte. Nichtsdestoweniger entschlossen sich die Versammelten, ihre Reise fortzusetzen. Sie wählten Zimmermanns Protegee Johannes Kelp oder Kelpius (1673–ca. 1708) zu seinem Nachfolger. Kelp, der damals erst zwanzig Jahre alt war, hatte die Universität von Altdorf absolviert und war Autor mehrerer gelehrter Bücher.[8]

---

[6] There are two monographs on the Plockhoy experiment, both containing his writings: *Leland Harder* and *Marvin Harder*, Plockhoy from Zurik-see: The Study of a Dutch Reformer in Puritan England and Colonial America (Newton, KS: [Mennonite] Board of Education and Publication, 1972) and *Jean Seguy*, Utopie Coopérative et Oecuménisme: Pieter Cornelisz Plockhoy van Zurik-Zee, 1620–1700 (Paris: Mouton, 1968). The best study of Bohemia Manor is still *Bartlett B. James*, The Labadist Colony in Maryland (Baltimore: 1899), Johns Hopkins University Studies in Historical and Political Science, 17, no. 6; see also *Ernest I. Green*, The Labadists of Colonial Maryland (1683–1722), Communal Societies, 8 (1988), forthcoming. On Labadie, see *Trevor J. Saxby*, The Quest for the New Jerusalem: Jean de Labadie and the Labadists, 1610–1740 (Amsterdam: Nijhoff, 1987).

[7] On Zimmermann, see the standard church histories of Württemberg; his writings are listed in Gottfried Mälzer, Die Werke der württembergischen Pietisten des 17. und 18. Jahrhunderts (Berlin/New York: De Gruyter, 1972), 398–404; *Martin Brecht*, Chiliasmus in Württemberg im 17. Jahrhundert, Pietismus und Neuzeit 14 (1988), 36–49.

[8] The most recent study of Kelp and his community is *Willard M. Martin*. Johannes Kelpius and Johann Gottfried Seelig: Mystics and Hymnists on the Wissahickon, Ph. D. thesis, Pennsylvania State University, 1973, which replaces the extensive early study by *Julis F. Sachse*, The German Pietists of Provincial Pennsylvania (Philadelphia: author, 1895), reprinted (New York: AMS Press, 1970). See also *Elizabeth W. Fisher*, Prophecies and Revelations: German Cabbalists in Early Pennsylvania, Pennsylvania Magazine of History and Biography, 109 (1985), 299–333; *Klaus Deppermann*, Pennsylvanien als Asyl der frühen deutschen Pietisten, Pietismus und Neuzeit, 10 (1984), 190–212; *Ernest L. Lashlee*, Johannes Kelpius and His Woman in the Wilderness,

Auf dem Weg nach Nordamerika verweilte die Gesellschaft, nun unter der Leitung Kelps, ein halbes Jahr in England, wo sie enge Verbindung mit Mitgliedern der philadelphischen Gesellschaft hatte. Diese Gruppe unter der Leitung von Jane Leade (1624–1704) widmete sich der Verbreitung von Jakob Böhmes Schriften und hatte zahlreiche Kontakte mit Böhmes Anhängern auf dem Kontinent.[9] Wegen dieses Aufschubs landete die Gruppe erst im späten Juni 1694 in Philadelphia. Sobald sie in der Gegend von Germantown angekommen waren, schafften sie sich – teils in Höhlen – primitive Behausungen und organisierten ihre halb monastische Gemeinschaft. Die Gruppe nannte sich selbst „The Contented of the God-loving Soul" oder „The Chapter of Perfection" ist aber als „die Gemeinschaft des Weibes in der Wüste" (Society of the Woman in the Wilderness) in die Annalen der Geschichte eingegangen. Diese Bezeichnung geht auf Offenbarung 12,6 zurück.

Laut Überlieferung beschäftigten sich diese Kommunitarier damit, den Himmel zu beobachten, um die ersten Anzeichen der Endepoche der Menschheit nicht zu versäumen. Daneben praktizierten sie als Ärzte und hielten Schule für die Kinder der Nachbarschaft. Sie haben nachweislich viel Schriftliches produziert, obwohl nur Fragmente davon erhalten sind, vor allem mehrere geistliche Lieder und einen erbaulichen Traktakt von Kelp, *Kurtzer Begriff oder Leichtes Mittel zu beten, oder mit GOtt zu reden* (n. p., n. d.), in englischer Übersetzung unter dem Titel *A Method of Prayer* erschienen (1761, 1951).[10]

Der zu den Quäkern gehörende Dichter John Greenleaf Whittier stellte das Leben Kelps und seiner Kollegen in dem Gedicht „The Pennsylvania Pilgrim" dar. Der Dichter bezog sich auf Böhme und auch auf Dr. Johann Wilhelm Petersen (1649–1727) in dem folgenden Abschnitt:

> Or painful Kelpius from his hermit den
> By Wissahickon, maddest of good men,
> Dreamed o'er the Chiliast dreams of Petersen.
> Deep in the woods, where the small river slid
> Snake-like in shade, the Helmstadt mystic hid,
> Weird as a wizard over arts fortbid.
> Reading the books of Daniel and of John,

---

in Glaube, Geist, Geschichte: Festschrift für Ernst Benz, eds. *G. Müller* and *W. Zeller* (Leiden: E. J. Brill, 1967), 327–338; and *Ernst Benz*, Die protestantische Thebais (Wiesbaden: Franz Steiner, 1963).

[9] *Nils Thune,* The Behmenists and the Philadelphians (Uppsala: Almqvist and Wiksell, 1948) and *Serge Hutin*, Les Disciples anglais de Jacob Böhme (Paris: Dancel, 1960).

[10] *Oswald Seidensticker,* The Hermits of the Wissahickon, Pennsylvania Magazine of History and Biography, 11 (1887), 427–441; *E. Gordon Alderfer*, ed., A Method of Prayer (New York: Harper and Brothers, 1951). For a recent evaluation of Kelp's writings, see *Harold Jantz*. German-American Literature: Some Further Perspectives, in America and the Germans: An Assessment of a Three-Hundred-Year History, eds. *Frank Trommler* and *Joseph McVeigh*, (Philadelphia: University of Pennsylvania Press, 1985), 283–293.

And Behmen's Morning-Redness, through the Stone
Of Wisdom, vouchsafed to his eyes alone.[11]

Obwohl die Gemeinschaft einige neue Mitglieder gewann, verließen manche der ursprünglichen Gruppe die Kommune, um einem geregelteren Leben nachzugehen oder um ganz als Eremiten zu leben. Kelp starb um das Jahr 1708, und die Kommune als solche existierte darauf nicht länger.

Die Ephrataner (Ephrata Community)

Der Leiter dieser Gruppe, Johann Conrad Beissel (1691–1768) aus Eberbach/Neckar in der Kurpfalz, hatte Verbindungen sowohl mit dem Labadisten als auch mit den Anhängern Kelps. Nachdem er wegen seiner pietistischen Aktivitäten aus der Heidelberger Bäckerzunft ausgewiesen worden war, lebte Beissel mit anderen religiösen Nonkonformisten in Wittgenstein und der Marienborner Gegend. In Schwarzenau/Eder kam er mit der separatistischen Bewegung der Neutäufer und den Inspirierten in Berührung.[12]

Im Jahre 1720 wanderte Beissel nach Pensylvanien aus, um sich dort Kelps Gesellschaft am Wissahickon anzuschließen, aber als er ankam, mußte er feststellen, daß die Kommune nicht mehr existierte. Nach einem Aufenthalt in Germantown zog er mit einer kleinen Gruppe Gleichgesinnter in klösterliche Abgeschiedenheit in den „Busch", d. h. das schwach besiedelte Hinterland im heutigen Lancaster County. Während dieser Zeit reiste er nach Maryland, um die dortige Labadistenkolonie Boehmia Manor zu besuchen, die nur noch wenige Jahre bestehen sollte. Er erwog kurz, sich dieser Kommune anzuschließen, war aber von ihrem Mangel an religiösem Eifer enttäuscht.

Beissel hielt sich einige Zeit zu den Neutäufern (Dunkers) von Germantown, die sich in Pennsylvanien 1723 formell zu einer Gemeinde zusammengeschlossen hatten, er trennte sich aber bald wieder von ihnen. Die fundamentalen Streitpunkte lagen darin, daß Beissel darauf bestand, seinen eigenen Eingebungen zu folgen, statt sich auf die Autorität der Bibel zu stützen, in seiner Betonung des Sabbats und seiner Berufung auf die Schriften Böhmes, mit denen er über Gichtel und Arnold bekannt geworden war.[13]

[11] *John Greenleaf Whittier,* The Pennsylvania Pilgrim and Other Poems (Boston: James R. Osgood, 1872), 33–34.

[12] An unsympathetic biography is *Walter C. Klein,* Johann Conrad Beissel, Mystik and Martinet (Philadelphia: University of Pennsylvania Press, 1941), reprinted (Philadelphia: Porcupine Press, 1972). A more favorable portrayal is found in the most recent study of the Ephrata Community, *E. G[ordon] Alderfer,* The Ephrata Commune: An Early American Counterculture (Pittsburgh: University of Pittsburgh Press, 1985). See also *Guy T. Hollyday* and *Christoph E. Schweitzer,* The Present Status of Conrad Beissel/Ephrata Research, Monatshefte, 68 (1976), 171–178.

[13] The schism is described in the sourcebook, *Donald F. Durnbaugh,* ed., The Brethren in Colonial America (Elgin, IL: Brethren Press, 1967), 63–89.

Nach 1732 organisierte Beissel seine Anhänger als regelrechte Klostergemeinschaft mit dreierlei Mitgliedern: Die Einsamen Brüder (ehelose Männer), die Einsamen Schwestern (ehelose Frauen) und die Haushälter (Ehepaare, von denen einige Kinder hatten). Die letztere Gruppe wurde als geistlich weniger hoch entwickelt eingeschätzt als die Ehelosen, obwohl sich mehrere Eheleute bereit erklärten, zölibatär zu leben. Die Gemeinschaft, später vielfach als „das Kloster" (the Cloister) bekannt, nahm eine besondere Tracht an, hielt Stundengebete und führte Ordensnamen ein. Beissel, der Vorsteher, hieß Vater Friedsam.

Ephrata gedieh unter Beissels autoritärer Führung und erreichte in seiner Blüte 300 Mitglieder. Einige Konvertiten kamen aus Deutschland, nachdem der fromme und geistliche Charakter Ephratas jenseits des Atlantiks bekannt geworden war. Daneben schuf die Kommune ein blühendes und vielseitiges Wirtschaftswesen. Beissel jedoch befürchtete, daß die Mitglieder dadurch in zu engen Kontakt mit der Außenwelt kommen würden und beendete diese kommerziellen Unternehmungen. Das Klosterleben sollte als strenge Ordnung weitergeführt werden, zur größeren Ehre Gottes und nicht zum vermehrten Komfort und Wohlleben der Insassen.

Auf drei Gebieten erreichten die Brüder und Schwestern von Ephrata ein ungewöhnlich hohes kulturelles Niveau, nämlich Frakturschrift, Chorgesang und Druckerkunst.[14]

Die Kunst der Ephrata Schwestern in Frakturschrift und Buchausmalung entwickelte sich zu einer für Amerika nie vorher erreichten Höhe. Unter ihren Händen entstanden kalligraphische Meisterwerke in Anlage und Ausschmückung, heute Zierden der Museen, wo sie seltene, teure und hochbegehrte Sammlungsstücke darstellen. Manche der schönsten sind als persönliche Gaben für Beissel hergestellt worden. Die handgeschriebenen Chorbücher waren ebenfalls in Fraktur geschrieben.

Zeitgenössische Besucher Ephratas sprachen von der überirdischen Schönheit des Chorgesanges. Die Mitglieder des Chores waren einer noch strengeren Ordnung unterworfen als die anderen Klosterinsassen, damit – laut Beissel – ihre geläuterten Körper rechte Gefäße für die englischen Chöre würden. Zeitgenössischen Berichten zufolge war der Klang, den diese abgezehrten Körper hervorbrachten, in der Tat ätherisch und fähig, die Zuhörer in höhere Sphären zu versetzen. Die Musik

[14] There is an extensive literature on these accomplishments, all noted favorably by contemporary observers; recent studies are: *Betty Jean Martin,* The Ephrata Cloister and Its Music, 1732–1785: The Cultural, Religious, and Bibliographical Background, Ph. D. thesis, University of Maryland, 1974; *Russell P. Getz,* Music in the Ephrata Cloister, Communal Societies, 2 (1982), 27–38; *Frank H. Sommer,* German Language Books, Periodicals & Manuscripts, in Arts of the Pennsylvania Germans, ed. by Scott T. Swank and others (New York/London: W. W. Norton, 1983), 265–304; *Frederick S. Weiser* and *Howell J. Heaney*, eds., The Pennsylvania German Fraktur of the Free Library of Pennsylvania (Breinigsville, PA: Pennsylvania German Society and The Free Library, 1976).

wurde nach Beissels eigenem Notensystem, komplett mit „Meister" und „Diener" Noten, aufgeschrieben und geleitet.[15]

Ihre ersten Werke ließen die Ephrataner bei Benjamin Franklin drucken, jedoch war dies nicht befriedigend, weil er Antiqua verwendete. Nachdem im Jahre 1738 der Separatist Johann Christoph Sauer (1695–1758) seine Druckerei in Germantown eingerichtet hatte, wurden Ephratadrucke (einschließlich des ersten Gesangbuches) dort hergestellt. Sauer jedoch war bald von dem Personenkult um Beissel abgestoßen und weigerte sich, weiterhin für Ephrata zu arbeiten.

Diese Wendung führte dazu, daß sich die Klostergemeinschaft entschloß, selbst eine Druckerei einzurichten. 1745 wurde damit begonnen und bereits 1748–1749 war man so weit, den Folianten Der Blutige Schau-Platz oder Martyrer Spiegel der Tauffs Gesinnten oder Wehrlosen Christen von Tieleman Jans van Bracht (1625–1664), in der ersten deutschen Übersetzung des holländischen Originals zu drucken. Es war damit das größte Buch, das jemals in der Geschichte der amerikanischen Kolonien produziert wurde. Der für Historiker wichtigste Druck von Ephrata ist Chronicon Ephratense von 1786. Trotz der Verherrlichung Beissels stellt es eine hervorragende Geschichtsquelle dar.[16]

Nach Beissels Tod im Jahre 1768 fiel die Rolle des Vorstehers auf Peter Miller (Johann Peter Müller, 1709–1796), einem gebildeten, ehemaligen reformierten Pastor unter den deutschen Siedlern[17] und einem der Herausgeber der Chronicon Ephratense. Miller war ein viel ausgeglichener und liebenswürdigerer Leiter als sein Vorgänger, aber es blieb ihm dennoch nicht erspart, den Niedergang der Gemeinschaft mitzuerleben. Dies war zum Teil der intensiven Besiedlung in der Gegend um Ephrata zuzuschreiben, zusam-

---

[15] Thomas Mann was intrigued by Beissel's music theories and incorporated material on them in his Doctor Faustus, trans. *H. T. Lowe-Porter* (New York: Knopf, 1948). The material was taken, almost word-for-word, from *Hans Theodore David*, Hymns and Music of the Pennsylvania Seventh-Day Baptists, American-German Review, 9 (June, 1943), 4–6. Mann commented that the memory of Beissel „haunts the whole novel" – *Thomas Mann*, The Story of a Novel, trans. *Richard* and *Clara Winston* (New York: Knopf, 1961), 39–40, 63–64. The definitive study of the relationship is *Theodor Karst*, Johann Conrad Beissel in Thomas Manns Roman ‚Doktor Faustus'. Jahrbuch der Deutschen Schillergesellschaft, 12 (1968), 543–585; the most recent treatment ist *Christian Bunners*, The Birth of Freedom out of Bondage: Thomas Mann and the German-American Poet-Composer Johann Conrad Beissel, The Hymn, 36 (July, 1985); 7–10.

[16] *Eugene E. Doll* and *Anneliese M. Funke*, eds., The Ephrata Cloisters: An Annotated Bibliography (Philadelphia: Carl Schurz Memorial Foundation, 1944); *Lamech* and *Agrippa* (pseud.), Chronicon Ephratense: A History of the community of Seventh Day Baptists at Ephrata, Lancaster County, Penn'a, trans. *J. Max Hark* (Lancaster: S. H. Zahm and Co., 1889).

[17] On Miller, see the articles by *Leo Scheibert*: From Reformed Preacher in the Palatinate to Pietist Monk in Pennsylvania: The Spiritual Path of Johann Peter Mueller, in Germany and America: Essays on Problems of International Relations and Immigration, ed. *Hans L. Trefousse* (New York: Brooklyn College Press, 1980), 139–150, and Die Stimme eines Einsamen in Zion: Ein unbekannter Brief von Bruder Jaebez aus Ephrata, Pennsylvanien, aus dem Jahre 1743, Zeitschrift für Kirchengeschichte, 85 (1974), 78–86.

men mit den damit verbundenen weltlichen Einflüssen und Ablenkungen, letztlich aber auch den Auswirkungen der amerikanischen Revolution. Nach der Schlacht am Brandywine Fluß (1777) nahm sich Epharata vieler verwundeter amerikanischer Soldaten an und mehrere Pfleger starben, als in dem improvisierten Lazarett Typhus ausbrach. Einige der Hauptgebäude mußten niedergebrannt werden, um eine Weiterverbreitung der Seuche zu vermeiden.

Die letzten Ephrataner Zölibaten starben im 19. Jahrhundert, so daß die Gemeinschaft nur durch einige Nachkommen der Haushälter weiterlebt. Diese nennen sich The German Seventh Day Baptist Church (Die deutsche Siebentages Baptisten Kirche). Heute gibt es noch etwa 100 Mitglieder, von denen die meisten Verbindung mit der Ephrataner Tochterkolonie Snow Hill (Schneeberg) in Quincy, Pennsylvanien, haben.

Die Harmonisten (Harmony Society)

Um dieselbe Zeit im 18. Jahrhundert, als Ephrata seinem Ende entgegen ging, entstand in Württemberg eine einigermaßen ähnliche neue Bewegung. Dies war eine Gruppe religiöser Separatisten unter der Führung von Johann Georg Rapp (1757–1847), einem Weber aus Iptingen. Rapp lehrte, daß die Landeskirche glaubensabtrünnig sei und daß wahre Christen jeden Kontakt mit ihr vermeiden sollten. Ab 1785 hielten sich seine Anhänger von Gottesdienst und Abendmahl fern, weigerten sich, ihre Kinder taufen oder konfirmieren zu lassen und erlaubten ihren Kindern nicht, Schule oder Glaubensunterricht zu besuchen. Eine Zeitlang schützte der rationalistisch orientierte Beamtenapparat die Separatisten vor dem Zorn der Geistlichkeit. Als aber die „Rappisten", wie sie genannt wurden, den Militärdienst verweigerten und angeblich den französischen Emporkömmling Napoleon als ihren Befreier betrachteten, griff die Regierung aus Angst vor revolutionären Unruhen zu strengen Maßnahmen. Viele der männlichen Mitglieder der Sekte wurden in der Festung Asperg gefangen gesetzt.[18]

Im Jahre 1803 beschloß „Vater" Rapp, Württemberg aufzugeben und sah sich in der Folge nach einer neuen Heimat um. Nachdem er einige Möglichkeiten verworfen hatte, entschied er sich, eine Erkundungsgesandtschaft nach Nordamerika zu schicken, um einen passenden Siedlungsort zu suchen. Unter Rapps Führung zogen vier Männer aus. Nach einigen Monaten

[18] The authoritative historian of the Harmonist movement is *Karl J. R. Arndt*: see his George Rapp's Harmony Society, 1785–1847 (Philadelphia: University of Pennsylvania Press, 1965) and George Rapp's Successors and Material Heirs (Cranbury, NJ: Associated University Presses, 1971). He has also edited a series of extensive source books on the Harmonists (1975–1987). For the German beginnings, Arndt drew extensively on *Julian Rauscher,* Des Separatisten G. Rapps Leben und Treiben, Theologische Studien aus Württemberg, 6 (1885), 253–313.

Suchens (und Kontakt mit der Bundesregierung wegen besonderer Vergünstigungen) wählte Rapp einen Platz nordwestlich von Pittsburgh in Butler County. Er nannte den Ort Harmony. Im Jahre 1804 verkauften mehr als 650 Separatisten ihr Hab und Gut in Württemberg und machten sich auf die schwierige Reise in die Neue Welt.

Obwohl die Gruppe anfangs nicht auf das Gemeinschaftsideal hin orientiert war, wurde aufgrund prophetischer Offenbarung bestimmt, daß die Harmonisten Gütergemeinschaft halten sollten, um eine erfolgreiche Entwicklung in Amerika zu gewährleisten. Im Februar 1805 unterzeichneten die Mitglieder einen Vertrag, in dem sie auf ihren eigenen Besitz verzichteten und Rapp als Führer Gehorsam gelobten. Zwei Jahre später wurde das Zölibat als Regel eingeführt, aber trotzdem gab es später immer wieder vereinzelte Geburten in Harmonisten-Familien.

In den Jahren bis 1810 entwickelte sich Harmony unter Rapps strenger aber begeisternder Führung zu einer stattlichen Kolonie mit gesunder finanzieller Grundlage, so daß es im Jahr 1814 kaum noch etwas Wesentliches zu bauen oder anzulegen gab. Einige Mitglieder sahen der Zeit entgegen, da sie es sich etwas leichter machen und die Früchte ihrer schweren Arbeit genießen würden. Darin irrten sie sich aber, denn Rapp beschloß, daß Harmony als Wohnstätte unzureichend war. Die Kolonie sollte in das entfernte Tal des Ohio Flusses im Territorium Indiana verlegt werden.

New Harmony wurde in Posey County in der äußersten Südwestecke von Indiana angelegt, direkt nördlich des Ohio Flusses an den Ufern des Nebenflusses Wabash. Zwischen 1814 und 1815 wurden Mitglieder, Habe, Werkzeuge und andere Besitzungen der Harmonisten in einer wohldurchdachten Folge von Umsiedlungen auf Schiffen an den neuen Ort transportiert. Wieder erwiesen sich schwere Arbeit, Fleiß und Energieeinsatz als erfolgreich. Trotz der Verluste an Menschenleben durch verschiedene tödliche Krankheiten, die das Leben in der Wildnis mit sich brachte, schufen die Rappisten unter der Aufsicht und Leitung Georg Rapps ein wahrhaftiges Paradies. Festgebaute Ziegelhäuser, breite Straßen, Weingärten, Felder waren in dieser schönsten Ansiedlung westlich von Pittsburgh vereint. Die Krönung war die große, kreuzförmige Kirche mitten im Ort. New Harmony war Wirklichkeit geworden.

Aber wiederum konnte Rapps rastloser Geist nicht auf seinen Lorbeeren ausruhen. Er überzeugte seine Anhänger, daß der Ort zu isoliert, zu ungesund war und sich nicht wirklich für den Weinbau eignete. Dazu kam der Druck, den mißgünstige Nachbarn auf sie ausübten. So kam es, daß die vielgeprüfte Gemeinschaft im Jahre 1825 wieder nach Pennsylvanien zurückzog, und zwar an einen Ort unweit ihrer ursprünglichen Siedlung.[19]

---

19 New Harmony was sold to Robert Owen, the socialist reformer from Scotland. Although his own communal experiment soon failed, it succeeded in bringing many well-educated reformers to Indiana, whose influence in social and educational improvements was large; see *Bestor*, Backwoods Utopias (1970), 202–229. Interestingly, Paul Tillich (known as a religious

Diesmal ließen sie sich am Ohio Fluß westlich von Pittsburgh nieder und nannten die neue Kolonie Ökonomie. Wieder bauten die fleißigen Handwerker eine mustergültige Siedlung, die bis heute viele bewundernde Besucher anlockt. Die Kombination von Landwirtschaft, Textilmanufaktur und geschickter Führung brachte rasch neuen Wohlstand nach Ökonomie, das zur Zeit des amerikanischen Bürgerkrieges einen Wert von Millionen gehabt haben soll.

Obwohl der Tod Georg Rapps im Jahre 1847 Ökonomie ihres charismatischen Führers beraubte, bewiesen sich seine Nachfolger als ebenso fähige und tüchtige Verwalter. Zu Ausgang des 19. Jahrhunderts allerdings war die Mitgliedzahl stark zurückgegangen. Die letzten Aktiva wurden 1898 unter den Überlebenden verteilt und das unbewegliche Eigentum wurde schließlich vom Staat als historische Museumsstätte übernommen.[20]

Blooming Grove

Verbunden mit den Harmonisten war eine wenig bekannte aber höchst interessante Kolonie deutschen Ursprungs genannt Blütenhain (Blooming Grove) in der Nähe von Williamsport, Pennsylvanien.[21] Ihr Begründer, ein Dr. F. C. Haller (1753–1828), ehemaliger Regierungsbeamter in Stuttgart, hatte 1803 dem Vortrupp der Rappisten angehört. Während der Zeit der Landsuche in Maryland und Pennsylvanien entdeckte Haller die Dunkers oder Brethren (dieselben, mit denen Beissel verbunden war), gewann einen sehr guten Eindruck von ihrer urchristlichen Praxis und schloß sich ihnen an. Es gibt auch Grund zur Annahme, daß in Haller Zweifel aufgestiegen waren bezüglich Rapps neuer Ideen von der Notwendigkeit des Zölibats und seiner autoritären Führung allgemein.

Einige von Rapps Anhängern wechselten zu Dr. Haller über. Als er den Ort für eine Ansiedlung im nördlichen Pennsylvanien gefunden hatte, schlossen sich ihm etwa fünfzig Personen an, und einige mehr kamen später nach. Die Gruppe baute eine Holzkirche für ihre Gemeinde, die wegen ihres schönen Gesangs bekannt war. Während der zweiten Hälfte des 19. Jahrhunderts verlor Blooming Grove den Kontakt mit den Brethren und schloß sich enger an baptistische Missionare deutscher Herkunft an.

---

socialist) chose to have his ashes buried in New Harmony; a memorial park is dedicated to him. The relationship is described in *Rüdiger Reitz*, Paul Tillich und New Harmony (Stuttgart: Evangelisches Verlagswerk, 1970).

[20] The story of the dissolution is told in a self-serving book by one of the last trustees, *John S. Duss*, The Harmonists: A Personal History (Harrisburg: Pennsylvania Book Service, 1943).

[21] The standard account is still *Joseph H. McMinn*, Blooming Grove ... A History of the Congregation of German Dunkers Who Settled in Lycoming County, Pennsylvania, 1805 ... (Williamsport, PA: Scholl Brothers, 1901); a more recent description is *Donald F. Durnbaugh*, The Blooming Grove Colony, Pennsylvania Folklife, 25 (Spring, 1976), 18–23.

Die Separatistengemeinschaft in Zoar (The Society of Separatists at Zoar)

Kurz nach der Entstehung der Rappisten-Bewegung trat eine weitere Gruppe von Separatisten in Süddeutschland auf. Diese stand ursprünglich unter der inspirierten Leitung von Barbara Grubermann aus der Schweiz, die 1805 geheime Konventikel in Württemberg abhielt. Trotz der schweren Strafen, die die Behörden auferlegten – einschließlich Gefängnis, Besitzentzug, Unterbringung der Kinder in Waisenhäusern – behauptete sich die Bewegung. Schließlich machten sich im Jahre 1817 etliche dieser Separatisten unter der Führung von Joseph Michael Bäumler (1770–1845) – englisch Bimeler – auf den Weg nach Philadelphia.[22]

In Philadelphia halfen einige Quäker diesen Flüchtlingen, ein großes Landgebiet in Tuscarawas County im östlichen Ohio zu kaufen. Die Separatisten errichteten ihr erstes Blockhaus im Jahre 1817 und nannten die Stätte Zoar (der Ort, an dem Lot Zuflucht fand, nachdem er von Sodom und Gomorrha geflohen war – 1.Mose 19,22–23).

Das Pionierdasein, die großen Schulden und der Existenzkampf zwangen die Kolonie dazu, Gütergemeinschaft einzuführen. Im Jahre 1819 unterzeichneten die Zoariten einen Kontrakt in diesem Sinne. Weiter verpflichteten sie sich, ihre Kinderzahl zu beschränken. Wie in anderen Kommunen folgte wirtschaftlicher Erfolg der Gütergemeinschaft auf dem Fuße nach. Die Verbindung von Arbeitsfleiß, geringem Verbrauch und gemeinsamen Zielen brachte Erfolg. Um 1852 wurde der materielle Gesamtwert der Gemeinschaft auf eine Million Dollar geschätzt.

Ein Jahr später, 1853, starb Bäumler ohne fähige Nachfolger, was zu einem allmählichen Schwinden des ursprünglichen Geistes führte. 1898 schließlich wurden die gemeinsamen Güter auf friedliche Weise unter den überlebenden Mitgliedern aufgeteilt.

Wahre Inspirations-Gemeinde (Community of True Inspiration)

Nach 1817 sah nicht nur die Gründung der Separatistengemeinschaft in Zoar, sondern auch die Erneuerung einer weiteren Bewegung des Radikalen Pietismus – der Wahren Inspirations-Gemeinde. In Amerika ist diese Kommune als die Amana Society bekannt. Die Inspirierten nahmen ihren Anfang

[22] The newer books on Zoar are popular treatments: *Catherine B. Doobs,* Freedom's Will: The Society of Separatists of Zoar (New York: William-Frederick, 1947) und *Hilda Dischinger Morhart,* The Zoar Story (Dover: OH: Seibert Printing Co., 1967). The basic histories remain useful: *George B. Landis,* The Separatists of Zoar, American Historical Association, Annual Report, 1898 (Washington, DC: 1899); *E. O. Randall,* History of the Zoar Society, From Its Commencement to Its Conclusion: A Sociological Study in Communism, third ed. (Columbus, OH: 1904); *Edgar B. Nixon,* The Society of Separatists of Zoar, Ph. D. thesis, Ohio State University, 1933. The Randall history was reprinted (New York: AMS Press, ca. 1971).

im Jahre 1714 in der Wetterau unter der Führung von *Eberhard Ludwig Gruber* (1665–1728) und *Johann Friedrich Rock* (1687–1749).[23]

Die Wurzeln dieser Bewegung reichen in das Frankreich des späten 17. Jahrhunderts und die Camisarden-Bewegung zurück, die sich der zwangsweisen Rückführung der Reformierten in die katholische Kirche widersetzten. Unter den Camisarden, die in den Bergen untertauchten, entwickelte sich ein starkes charismatisches Element. Einige dieser Leute flohen nach England, wo sie unter dem Namen „French Prophets" berüchtigt waren. (Eine Abart davon waren die „Shaking Quäkers", aus denen Ann Lee und die bedeutende amerikanische Gemeinschaftsbewegung der Shakers hervorgingen.) Eine Gruppe dieser französischen Propheten besuchte 1711 die Zentren des Pietismus in den deutschen Territorien, wo sie zwar einige Anhänger, aber noch viel mehr Gegner unter den orthodoxen Protestanten fanden.[24]

Das ist umso weniger verwunderlich, als diese Propheten dazu neigten, außerordentliche ekstatische Aussagen zu machen, die ihnen als die Stimme Gottes und demnach bindende Offenbarungen galten. Hitzige Kontroversen folgten dieser Bewegung auf dem Fuße nach, und eine Menge polemischer Schriften wurden gedruckt. In Halle war die anfängliche Reaktion vorsichtig-günstig, schlug aber bald in das Gegenteil um. Trotzdem wurden mehrere Hallenser Studenten von dieser Bewegung erfaßt und durch sie breitete sie sich in anderen Gegenden aus.

Auf diese Weise kamen die Inspirierten auch in die Wetterau, wo sie sich als religiöse Gemeinschaft organisierten. Sowohl Gruber als auch Rock waren wirksame Wortführer und vertrauenswürdige Leiter, aber leider starb Gruber schon 15 Jahre, nachdem er sich der Gruppe angeschlossen hatte. Rock dagegen konnte sich mehrere Jahrzehnte lang der Leitung hingeben. Auf seinen Tod in der Mitte des Jahrhunderts folgte eine lange Ära des Tiefstandes, während derer die Mitglieder darauf angewiesen waren, die

---

[23] From its inception the Inspirationist movement has been well-documented. The most recent studies are: *Amana Society,* The Amana Colonies: Seven Villages in Iowa (Amana, IA: Amana Society, 1977); *Lawrence L. Rettig,* Amana Today: A History of the Amana Colonies from 1932 to the Present (South Amana, IA: author, 1975); *Diane L. Barthel,* Amana: From Pietist Sect to American Community (Lincoln/London: University of Nebraska Press, 1984); and *Walter Grossmann*, The European Origins of the True Inspired of Amana, Communal Societies, 4 (1984); 133–149. The anticipated monograph by *Hans Schneider* will provide useful information on the European beginnings of the Inspired. *Jonathan G. Andelson* (Grinnell College, IA) is preparing a lengthy study of the Inspirationists in Europe and America. *Matthias Benad* has published material on the Inspirationists in this period as well, for example in Toleranz als Gebot christlicher Obrigkeit: Das Büdinger Patent von 1712 (Hildesheim: Gerstenberg Verlag, 1983).

[24] These developments have been recently studied in: *Hillel Schwartz,* The French Prophets: The History of a Millenarian Group in Eighteenth-Century England (Berkeley: University of California Press, 1980), and *Clarke Garrett*, Spirit Possession and Popular Religion: From the Camisards to the Shakers (Baltimore: John Hopkins University Press, 1987).

Zeugnisse und Prophezeihungen der früheren Führer, die sorgfältig von den Schriftführern festgehalten worden waren, immer wieder vorzulesen.[25]

Im Jahre 1817 erstanden zwei neue Propheten, Barbara Heinemann (1795–1883), ein Bauernmädchen aus dem Elsaß, und Christian Metz (1794–1867). Metz brachte die zerstreuten Inspirierten wieder zusammen. Die Ronneburg bei Büdingen wurde ihr Hauptzentrum. Aber da sie sich standhaft weigerten, Militärdienst zu leisten und an ihren eigenen Gottesdiensten festhielten, kamen sie ständig mit den kirchlichen und staatlichen Behörden in Konflikt. Metz war davon überzeugt, daß sie Europa verlassen mußten und in den Jahren 1843 bis 1846 zogen die Inspirierten in eine Gegend unweit Buffalo im Staate New York.

In dieser Kolonie, die sie „Ebenezer" nannten, empfing Metz 1854 die Offenbarung, die Gütergemeinschaft einzuführen. Dieser Schritt bewährte sich sowohl in wirtschaftlicher als auch geistlicher Hinsicht, aber die zunehmende Besiedlung und wachsende Bevölkerungsdichte machte die Umsiedlung in eine abgeschiedenere Gegend notwendig. Die nächste und endgültige Umsiedlung geschah zwischen 1854 und 1864 nach dem Iowa County im Staat Iowa. Die Inspirierten nannten ihre neue Heimat „Amana" (Bleib treu). Bald konnte der Ertrag ihrer 26000 Morgen Landes die Kolonie von sieben Dörfern mit 1800 Siedlern ernähren. Finanzieller Wohlstand folgte als Frucht von Fleiß und handwerklicher Geschicklichkeit.

Die Inspirierten gewannen einen guten Ruf wegen ihrer Wollwebereien, ihres Möbelbaus und ihrer Nahrungsmittelproduktion. Es fanden sich keine neuen Propheten als Nachfolger Barbara Heinemanns, die ihre Gabe mit ihrer Heirat verlor, aber glaubenstreue Älteste hielten die Gemeinde an die alten offenbarten Prophezeiungen. Heirat war zwar nicht verboten, galt aber doch als ein weniger geistlicher Stand als das Zölibat. Geburten wurden als Folgen von Glaubensschwäche angesehen und Eltern wurden, zusammen mit den Kindern, in den Stand der Lernenden herabgestuft.

Zunehmende Säkularisierung in der allgemeinen Gesellschaft und wirtschaftliche Schwierigkeiten führten 1932 zur Auflösung der Gütergemeinschaft. Das unbewegliche Gut wurde unter der Amana-Bevölkerung im Sinne einer Aktiengesellschaft aufgeteilt. Die Glaubensgemeinschaft wurde als unabhängige Körperschaft umorganisiert. Heutigentags ist Amana ein beliebter Ausflugsort, dessen Einwohner sehr wohlhabend sind. Viele gehören noch immer ihrer Glaubensgemeinschaft an, obwohl Mitgliedschaft nicht mehr Pflicht ist.

Damit sind wir am Ende des geschichtlichen Überblicks über die deutsch-amerikanischen kommunitären Gemeinschaften.

---

[25] The newest studies are *Walter Grossmann*, Eberhard Ludwig Gruber über wahre und falsche Inspiration, Pietismus und Neuzeit, 13 (1987), 47–67, and *Donald F. Durnbaugh*, „Eberhard Ludwig Gruber & Johann Adam Gruber: A Father & Son as Early Inspirationist Leaders", Communal Societies, 4 (1984), 150–160.

Emanuel Hirsch stellte in seinem bedeutenden Werk über die Geschichte der protestantischen Religion ganz richtig fest, daß man „bei jeder traditionsgeschichtlichen Analyse radikalpietistischer Vorstellungen... ,mit erstaunlicher Regelmäßigkeit'" auf Jakob Böhme stoße.[26] Hirschs umfassende Arbeit stellt die erste moderne theologische Behandlung des Radikalen Pietismus dar. Jüngere Arbeiten bestätigen im Allgemeinen die Genauigkeit seiner Beschreibung. C. David Ensigns leider nie veröffentlichte Dissertation ist die beste und vollständigste Arbeit über den Radikalen Pietismus in englischer Sprache. Ensign stimmt mit Hirsch völlig darin überein, daß Böhmistisches Gedankengut eine zentrale Rolle spielt.[27] Obwohl F. Ernest Stoefflers Behandlung des Radikalen Pietismus sich nur auf ein Kapitel beschränkt, geht er doch auf Böhmistische Theosophie, Arndtische Frömmigkeit und quietistische Mystik als Wurzeln der Bewegung ein.[28]

Wie eingangs erwähnt, sind Johann Georg Gichtel und Gottfried Arnold für die Vermittlung von Böhmismus und mystischem Spiritualismus von besonderer Bedeutung. Viel Böhmistisches Gedankengut wurde durch Gichtels Schriften an die radikal-pietistischen Kommunitarier weitergegeben. Gichtel hatte sich im Amsterdamer Exil der Aufgabe gewidmet, das Gedankengut des Schuhmacher-Philosophen zu verbreiten. Die umfangreichen Schriften Gottfried Arnolds waren für die Kommunitarier aus zwei Gründen wichtig: Erstens fanden sie darin Beschreibungen der ersten Christen, deren Leben und religiöse Bräuche sie nachzuahmen suchten und zweitens dienten Arnolds Werke dazu, ihnen die mystischen Schriften aus verschiedenen Ländern zu vermitteln. Arnold gab ihnen die Quelle, aus der sie das Wasser ihrer geistlichen Nahrung schöpften.

Die Bedeutung dieser beiden Männer – und des Böhmistischen Vokabulars – zeigt sich in einer typischen Stelle in der *Chronicon Ephratense*, in der das Genie des Vorstehers Johann Conrad Beissel hervorgehoben werden sollte:

> Before him [i. e., Beissel] the wisdom of God attempted to reveal the mystery of eternal virginity in the old countries, through many precious instruments, of whom those dear men of God, Godfried Arnold, and George Gichtel... may especially be mentioned. The latter's success was great, and I may well say that he had borne the light before the Superintendent; but he remained a virgin, nor did he attain to the secret nuptial couch of the Virgin Sophia, where children are born;

---

[26] *Emanuel Hirsch,* Geschichte der neuern evangelischen Theologie (Gütersloh: Gerd Mohn, 1960) 2, 208–209.

[27] *C. David Ensign,* Radical German Pietism (c. 1675–c. 1760), Ph. D. thesis, Boston University, 1955.

[28] *F. Ernest Stoeffler,* German Pietism During the Eighteenth Century (Leiden: E.J. Brill, 1973), 168–216.

still less did he reach the covenant household of Jesus Christ, but ended his life in a holy separateness.[29]

Die eigentümliche Sprache der Ephratenser, die ihren Zeitgenossen so verwirrend und anstößig vorkam, stammt direkt von der Böhmes, vermittelt durch Gichtel und Arnold, obwohl einige Mitglieder auch selbst mit den Werken Böhmes vertraut waren.

Beissels systematischstes Werk, *Wunderschrift*, erschien 1765 in englischer Übersetzung unter dem Titel *A Dissertation on Man's Fall*. Hier kommt seine Böhmistische Denkweise besonders deutlich zum Ausdruck. Beissel spricht von der Einheit von Feuer und Licht, dem Männlichen und dem Weiblichen in der Gottheit. Durch Luzifers Handlungen wurde Gott gezwungen, die Wesen in männliche und weibliche „Tinkturen" zu trennen, obwohl der Mensch ursprünglich auch im Bilde der Himmlischen Sophia als zweigeschlechtliches Wesen geschaffen war. Als Adam die Paarung der Tiere beobachtete, fiel er in einen tiefen geistlichen Schlaf, während dessen Eva geschaffen wurde. Durch das Essen der verbotenen Frucht trat der Sündenfall ein und menschliche Gelüste nahmen ihren Anfang. Das Paradies war verloren. Erst im zweiten Adam, Jesus Christus, wurden die männlichen und weiblichen Tinkturen wieder vollkommen vereinigt. In Christus findet sich eine „exact balance of temper, where the male fire continually is clothing himself into water and light, and has crucified whatsoever is not mitigated therein". Deshalb, so schloß Beissel, „if I want to be united with virgin Sophia to heavenly fructification, I needs must in that body, wherein I am dressed, suffer with Jesus before the city-gate, where the reproach of Christ is my honourable garb, and his death my life." Körperliche und geistliche Jungfräulichkeit sind Voraussetzungen der Vereinigung mit der Himmlischen Sophia.[30]

Beissels Nachfolger, der ehemalige deutsch-reformierte Pastor J. Peter Miller, faßte Beissels Lehren leichter verständlich zusammen:

> There is a principle of light and one of darkness; their combination makes man, who, created in the image of the divine, resembles it therein. For God has a body which embraces everything. His goodness is the Virgin Sophia, the Holy Spirit. She was raped by the devil and should be cleansed in man; but he [i. e., Adam] desired a woman and fell. – After certain periods everything will be in order; even the devil will be saved – although not glorified, for a creature can lose that privilege by sin. – Everything is based upon humility and the sheltering protection of the Virgin Sophia.[31]

---

[29] Chronicon Ephratense (1889), 286.

[30] See the discussion in *Peter C. Erb*, Eschatology at Ephrata, in The Coming Kingdom: Essays in American Millennialism & Eschatology, eds. *M. Darrol Bryant* and *Donald W. Dayton* (Barrytown, NY: New Era Books, 1983), 19–43; some of the same text is also published in *Peter C. Erb's* introduction to his Johann Conrad Beissel and the Ephrata Community: Mystical and Historical Texts (Lewistown, ME/Queenston, Ontario: Edwin Mellen Press, 1985), 16–20.

[31] *Felix Reichmann* and *Eugene E. Doll*, eds., Ephrata As Seen By Contemporaries (Allen-

Seine Zeitgenossen wußten, woher Beissels Lehren stammten. Christoph Sauer, der Buchdrucker von Germantown, wies in einer polemischen Schrift gegen den Vorsteher von Ephrata auf die Wurzeln jener Lehren in jüdischem und christlichem Gedankengut, sowohl in dem von Gichtel und Beissel selbst: „But for myself I can never be attached to him for the reason that I know that his teaching hitherto has been a compound of Moses, Christ, Gichtel, and Conrad Beissel."[32] Beissel war früh von einem Akademiker in Heidelberg, einem Korrespondenten Gichtels und „großem Verehrer der Jungfrau Sophia" beeinflußt worden. Julius F. Sachse, der Verfasser des umfangreichen frühen Werkes über Ephrata, behauptet, er habe bei Gottfried Arnold das Material für Beissels Anthropologie und Heilslehre gefunden, sowie in geringerem Maße, im Einfluß Böhmes.[33]

Die Spuren von Böhmes und Arnolds Einfluß lassen sich auch deutlich bei den Harmonisten nachweisen. Zur Zeit ihrer Anfänge in Württemberg wiesen die untersuchenden Behörden nach, daß die Werke dieser Autoren im Besitz der Gruppe waren, zusammen mit der Berleburger Bibel und ihrem radikal-pietistischen Kommentar. Vater Rapp bezeugte 1787 in Iptingen in Antwort auf die Frage, welche Bücher sie in ihren Versammlungen läsen: „Nichts als die Bibel. Sonst habe ein ieder Mystische Bücher, allerley. Er habe auch einen Teil von Jakob Böhmen...."[34] (Spätere Bücherlisten in den USA führen die Werke Arnolds, der Böhmistin Jane Leade, der quietistischen Mystikerin Madame de Guyon und ähnlicher Autoren an.[35]) Der gelehrte Kenner der Harmonisten Karl J. R. Arndt erkennt ganz richtig, daß ein „Hirtenbrief" (pastoral letter) Rapps aus dem Jahr 1794 „den starken Einfluß Jakob Böhmes auf Rapps Predigtstil wiederspiegle". Der grammatisch fehlerhafte Brief enthält den typisch Böhmistischen Kommentar über die Jungfrau und Christi Versöhnung, sowie die charakteristischen Vokabeln „Tinktur", „Licht" und „Feuer".[36]

Dieselbe Abhängigkeit bestand bei dem Harmonisten fort. Einer von

town, PA: Pennsylvania German Folklore Society, 1953), 123; the passage was taken from a letter from „K." in Pennsylvania, published in the Berlinsche Monatschrift (1785) and republished in Der deutsche Pionier, 13 (1881–1882), 10–17.

32 *Reichmann* and *Doll,* Contemporaries (1953), 26. The comment is from an extended polemic written by Sauer to justify his controversy with Beissel, published in English translation by *Samuel W. Pennypacker,* Pennsylvania in American History (Philadelphia: W.J. Campbell, 1910), 326–363.

33 Chronicon Ephratense (1889), 5; *Julius F. Sachse,* The German Sectarians of Pennsylvania, 1742–1800: A Critical and Legendary History of the Ephrata Cloister and the Dunkers (Philadelphia: author, 1900), 161–165.

34 *Karl J. R. Arndt,* ed., George Rapp's Separatists, 1700–1803: The German Prelude to Rapp's American Harmony Society: A Documentary History (Worcester, MA: Harmony Society Press, 1980), 106.

35 *Karl J. R. Arndt,* ed., A Documentary History of the Indiana Decade of the Harmony Society, 1814–1824; Volume II, 1820–1824; (Indianapolis: Indiana Historical Society, 1978), 440–441.

36 *Arndt,* Separatists (1980), 242–245.

Rapps Nachfolgern, R. L. Baker, wiederholte die folgende Version der Schöpfungsgeschichte im Jahre 1857:

> Der erste Einfluß, den das Haupt der Schlange (oder der böse Geist) auf den Menschen ausübte, war, seine Vorstellung von einer Gehilfin anzustacheln, als er entdeckte, daß die Tiere vor ihm männlich und weiblich waren. 1. Mose 2,19–20. In diesem Augenblick geschah der erste Sündenfall, indem Adam sein inneres Heiligtum entweihte und seine eigene weibliche Funktion, durch die er (laut 1. Mose 1,28) hätte fruchtbar sein und sich ohne äußerliche Gehilfin vermehren können, mißachtete nach der Ordnung eines Hermaphroditen damals und nach der Ordnung heute; siehe Lukas 20,34–36.

Einige Harmonisten traten einer anderen deutsch-amerikanischen Kommune in Bethel, Missouri, bei. Als viele von denen in den Staat Oregon umzogen, wurde die dortige Ansiedlung „Aurora" genannt, zweifellos angeregt durch einen Buchtitel Böhmes.[37]

Eine ähnliche Ausrichtung fand sich in der Blooming Grove-Kolonie unter Dr. F. C. Haller, Rapps frühem Anhänger. Eine Bibliothek von mehr als 300 Büchern ist dort erhalten, die eine starke Konzentration radikalpietistischer Literatur mit vielen Werken von Böhme, Arnold und Gichtel aufweist. Der einzige Druck, der nachweisbar auf die Dunkers von Blooming Grove zurückgeht, war der Nachdruck eines Buches über den Universalismus von Christoph Schütz. (Die goldene Rose, Symbol der Harmonisten, wurde den Werken des Radikalen Pietisten Schütz entlehnt.)[38]

Die obigen Zitate und Nachweise von Ephrata, den Harmonisten und von Blooming Grove sind repräsentativ für viele andere aus den deutsch-amerikanischen kommunalen Gemeinschaften, deren Geschichte eingangs skizziert wurde. Als einzige mögliche Ausnahme könnte man die Wahre Inspirations-Gemeinde nennen, die ja ihrem Selbstverständnis nach auf direkter Führung von Gott gegründet war. Nichtsdestoweniger waren ihre leitenden Persönlichkeiten zutiefst vom Gedankengut der Radikalen Pietisten beeinflußt und ihre Konvertiten kamen alle aus jenem Lager. So stand z. B. Eberhard Ludwig Gruber direkt unter dem Einfluß der chiliastischen Ideen der philadelphischen Gesellschaft in Deutschland (Dr. Petersen, seine Frau und andere), was seine Ablehnung der Kirche in Württemberg zur Folge hatte. Der führende amerikanische Kenner der Inspirierten hat deren Abhängigkeit von Böhme überzeugend nachgewiesen, vor allem in ihrer Haltung

---

[37] *Arndt,* Harmony Society (1965) 583; *Robert J. Hendricks,* Bethel and Aurora (New York: Press of the Pioneers, 1933); and *John F. Simon,* William Keil and the Aurora Colony, Oregon Historical Quarterly, 36 (1935). The leader, „Dr." Wilhelm Keil, from Prussia, was a student in New York of „mysticism, theosophy, alchemy, magnetism, botany, and his Universaltinktur" – *A. J. F. Zieglschmid,* Dr. Wilhelm Keil's Communal Enterprises: Bethel, Missouri, and Aurora, Oregon, The American-German Review, 13 (December 1947), 28–31.

[38] *Durnbaugh,* Blooming Grove, (1976), 20–21; *Arndt,* Separatists (1980), 84.

gegenüber der Ehe, trotz mangelnder direkter Hinweise auf Böhme in ihren Schriften.[39]

Es liegt also klar auf der Hand: Die geistliche und theologische Grundlage aller dieser Kommunen sind in den Schriften der mystischen Spiritualisten und Jakob Böhmes zu suchen. Daher rührte die separatistische Haltung, die zu Konfrontation mit der Obrigkeit führte. Daher kam ihre scharfe Kritik am hergebrachtem kirchlichen Leben und an der überlieferten Praxis, aus der sie stammten. Hier fanden sie den Mut, den Fußspuren den „ersten und besten Christen" zu folgen.

Nur wenn man diese Grundlage kennt, kann man die Verherrlichung von Zölibat und die Geringschätzung (wenn nicht totale Ablehnung) von Ehe und Nachkommenschaft verstehen. Die Sprache ihrer religiösen Abhandlungen und besonders ihrer Lieder sind ganz offensichtlich dem Vokabular Böhmes und der Mystiker entlehnt. Bis heute hat man diese Sprache im allgemeinen mißverstanden oder als so befremdlich empfunden, daß sie ignoriert worden ist.

Nur in dem Maße, wie die Erforschung der kommunalen Gemeinschaften in die schwerverständlichen Tiefen von Theosophie und Mystik eindringt, wird es möglich sein, ein zureichendes Verständnis der Beweggründe und Ziele dieser frühen deutsch-amerikanischen Gemeinschaften zu gewinnen.[40]

Appendix: Examples of Christian Communitarian Societies

Radical Reformation Communitarians

Hutterian Brethren (1528)
Polish Brethren (1569)
Society of Brothers (1920)
Agape Community (1947)
Koinonia Farm (1942)
Reba Place Fellowship (1957)
Plow Creek Fellowship (1971)
Fellowship of Hope (1971)
New Covenant Fellowship (1972)

Radical Pietist Communitarians

Bohemia Manor/Labadist (1683)
Society of the Woman in the Wilderness (1694)
Renewed Moravian Church (1727)
Ephrata Community (1732)

[39] *Jonathan G. Andelson,* The Gift to be Single: Celibacy and Religious Enthusiasm in the Community of True Inspiration, Communal Societies, 5 (1985), 1–32, especially 5–13.

[40] Even a rather well informed recent overview still overemphasizes the commercial motivations of the Pietist communities: *Klaus J. Hansen,* Auf der Suche nach der neuen Welt. Gütergemeinschaftsexperimente in Nordamerika, in Alles gehört Allen: Das Experiment Gütergemeinschaft vom 16. Jahrhundert bis heute, ed. *Hans-Jürgen Goertz* (Munich: C. H. Beck, 1984).

Trevecka Family (1751)
Blooming Grove (1804)
Harmony Society (1805)
Separatists of Zoar (1817)
Community of True Inspiration/Amana (1843)
Bethel and Aurora (1844)
Bishop Hill Colony (1846)

Radical Puritan Communitarians
Diggers (1649)
Philadelphian Society (1694)
United Society of Believers/Shakers (1787)
Jerusaelm (1788)
Brook Farm (1841)
Hopedale Community (1842)
Oneida Community (1848)
Cokelers (1850)

Radical Christian Communitarians
Doukhobors (1750)
Jesus Families (1927)
Catholic Worker (1933)
Holy Apostles Community of Aiyetoro (1947)
Zion's Order (1951)
Ecumenical Institute (1962)
Church of the Redeemer (1965)
Padanaram (1966)
The Farm (1970)
Movement for a New Society (1971)
Sojourners / Post-American (1971)
New Creation Christian Community (1973)

Thomas Baumann

Jung-Stilling und die Französische Revolution[1]

Dem Andenken meines verehrten Lehrers Klaus Deppermann

„Bey allen diesen Ueberzeugungen und Vorstellungen aber hatte er doch nicht gedacht, daß das Gewitter so schnell und so plötzlich über Deutschland ausbrechen würde – das vermuthete er wohl, daß die französische Revolution den entfernten Grund zum großen, letzten Kampf zwischen Licht und Finsterniß legen würde, aber daß dieser Kampf so nahe sey, das ahnete er nicht..."[2]

Mit diesen apokalyptischen Tönen aus dem fünften Teil der Autobiographie Johann Heinrich Jung-Stillings sind wir schon mitten im Thema unseres Aufsatzes: Wir wollen dem festlichen Orchester, das letztes Jahr zum zweihundertsten Jubiläum der Französischen Revolution aufspielte, verspätet eine eigene – allerdings etwas schrille – Stimme hinzufügen, indem wir die Reaktion Jung-Stillings auf dieses Geschehen untersuchen[3], das auch die zeitgenössische deutsche Öffentlichkeit ungemein aufgewühlt und beschäftigt hat.[4]

Wir versprechen uns von dieser Untersuchung zweierlei: Einmal wollen wir zur Ergänzung des Jung-Stilling-Bildes um die Komponente seines politischen Denkens beitragen, zum andern hoffen wir dadurch den Ursprung der konservativen politischen Prägung der Erweckungsbewegung zu erhellen. In einem kurzen ersten Abschnitt seien einige für die Persönlich-

[1] Der Aufsatz fußt auf einer 1987 von der Albert-Ludwigs-Universität Freiburg angenommenen Magisterarbeit gleichen Titels.

[2] *Johann Heinrich Jung-Stilling*, Lebensgeschichte. Vollständige Ausgabe, mit Anmerkungen herausgegeben von *Gustav Adolf Benrath*, Darmstadt 1976 (1984 erschien ein unveränderter Nachdruck), S. 483.

[3] In der kürzlich erschienenen Festschrift für Karl Otmar von Aretin hat Rainer Vinke einen Beitrag veröffentlicht über „Johann Heinrich Jung-Stillings Reaktion auf die Französische Revolution" in der er sich jedoch konzentriert auf eine Interpretation und biographische Einordnung von Jung-Stillings Schrift „Ueber den Revolutionsgeist unserer Zeit zur Belehrung der bürgerlichen Stände" (1793): *R. Vinke*, Johann Heinrich Jung-Stillings Reaktion auf die Französische Revolution. In: Deutschland und Europa in der Neuzeit. Festschrift für Karl Otmar Freiherr von Aretin zum 65. Geburtstag. Hrsg. von *Ralph Melville, Claus Scharf, Martin Vogt* und *Ulrich Wengenroth*. Wiesbaden 1988, S. 469–487.

[4] Vgl. *Gerhard Schulze*, Die deutsche Literatur zwischen Französischer Revolution und Restauration. Erster Teil: Das Zeitalter der Französischen Revolution 1789–1806. München 1983, S. 83. = Geschichte der deutschen Literatur Bd. VII, 1.

keit Jung-Stillings wichtige Ereignisse und sein Werk prägende Einflüsse in Erinnerung gerufen.[5] Im Anschluß daran wird es sinnvoll sein, sich die Grundzüge von Jung-Stillings vorrevolutionärem politischem Denken vor Augen zu führen, um dann im dritten Teil zu untersuchen, wie sich die Erfahrung der Französischen Revolution auf das Denken Jung-Stillings ausgewirkt hat.

I.

Johann Heinrich Jung-Stilling (1740–1817) erlebte – aus sehr bescheidenen Verhältnissen stammend – einen beeindruckenden gesellschaftlichen Aufstieg vom Schneider und Dorfschulmeister über den Handlungsgehilfen zum promovierten Arzt und erfolgreichen Staroperateur, schließlich zum Professor der Kameralwissenschaften, bis er zuletzt an den Hof Karl Friedrichs, des ersten badischen Großherzogs, berufen wurde. Seit den achtziger und vor allem ab Mitte der neunziger Jahre des 18. Jahrhunderts war er einem wachsenden Publikum auch als erbaulicher Schriftsteller bekannt geworden. Sein Leben hatte ihn aus der Abgeschiedenheit seiner dörflichen Siegerländer Heimat heraus- und mit zahlreichen prominenten Zeitgenossen zusammengeführt; so hatte er nicht nur die Bekanntschaft Goethes (während seines Studiums in Straßburg) und Lavaters gemacht, sondern auch Freundschaft geschlossen mit Fürsten wie Prinz Karl von Hessen-Kassel und Großherzog Karl Friedrich von Baden, ja es war ihm sogar eine Audienz bei dem Zaren Alexander I. gewährt worden.

Um Jung-Stillings Denken und Wirken – auch seine Reaktion auf die Französische Revolution – besser verstehen zu können, seien an dieser Stelle einige ihn prägende Einflüsse genannt. Zunächst ist auf die Kindheit Jung-Stillings hinzuweisen, die überschattet war vom frühen Tod der Mutter und die überharte Erziehung durch den Vater. Seine Empfindlichkeit und Reizbarkeit, seine Unfähigkeit, Widerspruch zu ertragen, wurden von ihm selbst auf seine Erziehung zurückgeführt.[6] Von entscheidender Bedeutung für das ganze Leben Jung-Stillings war weiterhin, daß er schon früh mit dem reformierten Glauben und vor allem mit mystischem und pietistischem

---

[5] Es kann uns hier nicht um eine Darstellung des Lebenslaufs Jung-Stillings in allen Details gehen; es sei jedoch auf einige in letzter Zeit erschienene Arbeiten hingewiesen, die unsere Kenntnis der Biographie Jung-Stillings nicht unwesentlich gefördert haben: *Rainer Vinke*, Jung-Stilling und die Aufklärung. Die polemischen Schriften Johann Heinrich Jung-Stillings gegen Friedrich Nicolai (1775/1776). Wiesbaden, 1987. 382 S. = Veröff. d. Inst. für Europ. Gesch. Mainz, Abt. für Religionsgesch. 129. – *Gerhard Schwinge*, Jung-Stilling am Hofe Karl Friedrichs in Karlsruhe. Zu seinem 170. Todestag. ZGO 135 (N.F. 96), 1987, 183–205. – *Ders.*, Jung-Stilling und seine Beziehungen zur Basler Christentumsgesellschaft. ThZ 44, 1988, 32–53.

[6] *Max Geiger*, Aufklärung und Erweckung. Beiträge zur Erforschung Johann Heinrich Jung-Stillings und der Erweckungstheologie. Zürich 1963, S. 166. – Vgl. zur Auswirkung der Erziehung auf die Persönlichkeit Jungs: *Gerd Propach:* Johann Heinrich Jung-Stilling (1740–1817) als Arzt. Köln 1983, S. 43–50.

Gedankengut eng vertraut wurde. Den von Tersteegen geprägten niederrheinischen Pietismus hatte er aus eigener Anschauung kennengelernt, als er einige Zeit bei einem pietistischen Schneidermeister arbeitete. Jung-Stillings Glaube war dann in Gefahr geraten, als er mit den Gedanken der Aufklärung (vor allem in Gestalt des Leibniz-Wolffschen Determinismus[7]) durch die Lektüre einschlägiger Schriften und während seines Studiums in Straßburg konfrontiert wurde. Obwohl er die Aufklärung ablehnte und bekämpfte – es sei nur an seine gegen Friedrich Nicolai gerichteten Schriften erinnert[8] – blieb Jung-Stilling doch nicht ganz unbeeinflußt von ihr. So legte er den Hauptakzent des Christseins in seinen mittleren Jahren auf tätige Menschen- und Gottesliebe[9] und distanzierte sich von seinen pietistischen Freunden mit der Bemerkung, „er habe nun lange genug von den Pflichten geschwatzt, jetzt wolle er schweigen und sie ausüben".[10] In seinen frühen Romanen preist Jung-Stilling immer wieder das tätige, zum Besten des Nächsten wirkende Christenleben gegenüber der abgesonderten, weltfremden, egoistischen Lebensweise der separatistischen Pietisten. Insgesamt jedoch war sicherlich die durch den reformierten Glauben und die niederrheinische mystische Spielart des Pietismus bestimmte religiöse Grundhaltung das dominierende Element der Persönlichkeit Jung-Stillings. Dies wird gerade auch an dem asketischen Zug einiger Passagen in Jungs staatswissenschaftlichem Werk deutlich.

II.

Um uns nun Jung-Stillings vorrevolutionärem politischem Denken zu nähern, wollen wir im folgenden auf seine frühen kameral- und staatswissenschaftlichen Schriften eingehen, wobei es für unsere Zwecke genügt, wenn wir uns auf das „Lehrbuch der Staats-Polizey-Wissenschaft" von 1788 konzentrieren, Jung-Stillings fachlich wohl bestem Werk, und seine übrigen Lehrbücher[11] sowie die Utopien und Reformprojekte, die er in eine frühen Romane eingebaut hat[12], nur kursorisch zu Rate ziehen.

[7] *Jung-Stilling,* Lebensgeschichte (vgl. Anm. 2), S. 231 f.

[8] Dazu jetzt grundlegend: *Rainer Vinke,* Jung-Stilling und die Aufklärung. Die polemischen Schriften Johann Heinrich Jung-Stillings gegen Friedrich Nicolai (1775/76). Stuttgart, 1987. = Veröff. des Inst. f. Europ. Geschichte Mainz, Abt. für Abendländische Religionsgeschichte 129, 382 S. – Vinke veranschlagt anders als vor ihm Max Geiger den Einfluß der Aufklärung auf Jung-Stilling als relativ gering, vgl. schon seinen Forschungsbericht „Jung-Stilling-Forschung seit 1963" ThR 48, 1983, 260.

[9] *G. A. Benrath* in seiner Einleitung zu Jung-Stillings „Lebensgeschichte", S. XXIX.

[10] *Jung-Stilling,* Lebensgeschichte, S. 291.

[11] In der ihm eigenen Energie hatte *Jung-Stilling* sogleich nach seiner Berufung 1788 an die Kameralhochschule zu Kaiserslautern damit begonnen, Lehrbücher zu verfassen. Bereits 1779 erschien sein „Versuch einer Grundlehre sämmtlicher Kameralwissenschaften zum Gebrauche der Vorlesungen auf der Kurpfälzischen Hohenschule zu Lautern". 1779, 280 S.

[12] Zu nennen sind die Mustersiedlung „Bergthal" in seinem ersten Roman „Die Geschichte

Da der Begriff „Polizei" – im 18. Jahrhundert viel weiter gefaßt als heute[13] – in der polizeiwissenschaftlichen Literatur des 18. Jahrhunderts keine einheitliche Verwendung fand, tat Jung-Stilling gut daran, ihn in der Einleitung zu seinem „Lehrbuch der Staats-Polizey-Wissenschaft" für seine Zwecke zu definieren:

„... ich denke mir unter dem Wort Polizey alle Mittel, welche die regierende Gewalt anwendet, die bürgerliche Gesellschaft so zu ordnen und einzurichten, daß jeder einzelne und mit ihm das Ganze sicher, ruhig und bequem seine irdische Glückseligkeit erlangen kann, und würklich erlangt; ..."[14]

Wie in seinen früheren Lehrbüchern mischen sich auch im „Lehrbuch der Staats-Polizey-Wissenschaft" aufgeklärte Gedanken mit konservativen, von Jung-Stillings Christentum geprägten Anschauungen. In gewisser Weise ist die „Staats-Polizey-Wissenschaft" jedoch Jungs „aufgeklärtestes" Werk. Das wird schon in der Einleitung deutlich, in der Jung-Stilling in § 2 abstrakte Menschenrechte postuliert[15], die Fürsorgepflicht der regierenden Gewalt auf die „zeitliche Glückseligkeit" einschränkt[16], die „wesentliche Pflicht der regierenden Gewalt" aber darin sieht, daß sie eben diese „zeitliche Glückseeligkeit des ihr anvertrauten Staats durch die besten und zweckgemäsesten Mittel bis zur höchsten Stuffe befördern muß"[17]:

„Ein Volk kann ehender ohne einen Regenten, als dieser ohne jenes bestehen, er ist um seinetwillen da, und seine Pflicht ist, seine Unterthanen zu schüzzen und zu beglücken."[18]

---

des Herrn von Morgenthau" (1779) und die Utopien „Pilgersheim" und „Solyma" in der „Geschichte Florentins von Fahlendorn" (1781).

[13] Vgl. dazu *Franz-Ludwig Knemeyer*, Polizei. In: Geschichtliche Grundbegriffe. Historisches Lexikon zur politisch-sozialen Sprache in Deutschland. Hrsg. von *Otto Brunner, Werner Conze* und *Reinhart Koselleck*. Bd. 4. 1978, S. 875–897.

[14] *Johann Heinrich Jung-Stilling,* Lehrbuch der Staats-Polizey-Wissenschaft. Leipzig, 1788, S. XXXIII f.

[15] *Jung,* Lehrbuch der Staats-Polizey-Wissenschaft, S. 2. – Zu Kriterien für Konservativismus bzw. für Aufgeklärtheit vgl. *Klaus Epstein*, Die Ursprünge des Konservativismus in Deutschland. Der Ausgangspunkt: Die Herausforderung durch die Revolution 1770–1806. Frankfurt-Berlin-Wien 1973, S. 19 ff.

[16] *Jung-Stilling,* Lehrbuch der Staats-Polizey-Wissenschaft, § 5, S. 2: „Ich sage mit Fleiß zeitliche Glückseeligkeit, denn da die Menschen über die Erwerbung der ewigen noch bey weitem nicht einig sind, folglich ein Theil derselben, vielleicht die ganze Menschheit, noch nicht die reinsten Begriffe darüber hat, ferner: Da die regierende Gewalt auch von Menschen verwaltet wird die irren können, so kan die ewige Glückseeligkeit, oder die Leitung zu derselben kein Gegenstand für sie seyn."

[17] *Jung-Stilling,* Lehrbuch der Staats-Polizey-Wissenschaft, § 8, S. 4.

[18] Ebd., § 811, S. 344 und § 836, S. 355. – In dem 1789 erschienenen „Lehrbuch der Finanzwissenschaften" formuliert *Jung* ganz ähnlich, S. 2: „... das Wesen der regierenden Gewalt besteht im regieren, und dieses heißt nichts anders als schützen und beglücken, ohne Unterthanen aber findet keine Regierung statt; folglich ist die Obrigkeit um der Unterthanen willen da, aber ohne jene können auch diese nicht bestehen."

Jung-Stilling wünscht sich – freilich sehr moderat formuliert – eine Kontrolle des Regenten durch die höchsten Regierungsgremien:

> „... diese Collegia müsten wenigstens geziemende Vorschläge thun, und der Regent müste Rath annehmen, und ihnen folgen, denn er ist ein Diener Gottes und seines Staats, ein Mensch, der auch fehlt, dessen Fehler aber von den wichtigsten Folgen sind, und darum sollte ihm jede treue und wohlgemeynte Ermahnung sehr willkommen seyn ...“[19]

Alle Gesetze müssen auf das Naturrecht zurückgeführt werden.[20] Sehr fortschrittliche Ansichten hat Jung-Stilling auf dem Gebiet der Bildungspolitik. Er mißt der Volksbildung wie schon in seinen früheren Werken eine große Bedeutung bei und äußert sich ausführlich mit detaillierten praktischen Vorschlägen zur Ausbildung der Lehrer.[21] In der Frage des Kindesmordes plädiert Jung-Stilling für teilweise recht fortschrittlich anmutende vorbeugende Maßnahmen:

> „Tilgung aller Schande durch Heurath, und durch freyes öffentliches Bekänntniß; Tilgung der Armuth, durch Unterstüzzung der Mütter und Erziehung der Kinder; Schuz gegen alle Vorwürfe der Eltern, Vorgesezten und des Publicums; Verschaffung aller Gelegenheiten die Niederkunft sicher verborgen halten zu können; und endlich starke Belohnungen derer, welche eine unehliche Schwangere entdecken und angeben, ...“[22]

Auf wirtschaftlichem und gesellschaftlichem Gebiet hat Jung-Stilling einige gemäßigt fortschrittliche Ansichten. So fordert er zwar die Gewerbefreiheit, will die Zünfte aber nicht ganz abgeschafft wissen, sondern in reformierter

---

[19] *Jung-Stilling,* Lehrbuch der Staats-Polizey-Wissenschaft, § 447, S. 183.

[20] Ebd., § 491, S. 202: „... so soll man jedes Gesez, jede Verordnung kurz und deutlich aus dem Recht der Natur herleiten, und diese Demonstration mit dem Gesez bekannt machen, damit jeder die Verbindlichkeit einsehen könne ...“

[21] Ebd., § 221, S. 88 f.: „Die Schulen für das Volk sind bey weitem die wichtigsten, und ein Gegenstand der die unnachlässigste Sorge des Regenten und seiner Polizey verdient: denn hier werden alle seine Unterthanen gebildet, und auf dieser Bildung beruhts, ob der ganze Staat glücklich oder unglücklich werden soll? ...“ – Im Gegensatz zu seinen Ausführungen im „Versuch einer Grundlehre sämmtlicher Kameralwissenschaften“ von 1779 will Jung-Stilling die Lehrer nicht mehr an bestimmten Seminaren ausgebildet sehen, sondern an den Universitäten, an denen Lehrstühle der „Erziehungs-Wissenschaft“ einzurichten seien, § 225, S. 90. Jung-Stilling will den Lehrern eine breite Bildung vermitteln: „Der Jüngling, welcher sich dem Schulamt widmet, muß erstlich die lateinische Sprache um ihres weitausgebreiteten Nuzens, und um der alten Litteratur willen studiren; darauf folgt dann die Philosophie, dann eine vernünftige faßliche auf die Bibel gegründete Religionskänntniß, ferner Naturlehre, Naturgeschichte, Landwirthschaft, Fabrikwissenschaft, und die Handelskunde. Unentbehrlich sind ihm überdies die schöne Schreibkunst, und die Rechenkunst; auch das Clavier, nebst etwas Zeichnen ist ihm sehr anständig. Endlich muß er ein vortreffliches Collegium über die Erziehung und Bildung der Kinder hören.“

[22] *Jung-Stilling,* Lehrbuch der Staats-Polizey-Wissenschaft, § 152, S. 61. – Vgl. auch *Dieter Gutzen:* Johann Heinrich Jung-Stilling. In: Deutsche Dichter des 18. Jahrhunderts. Hrsg. von *Benno von Wiese.* Berlin 1977, S. 456.

Gestalt erhalten.[23] Zwar plädiert er für die allmähliche Abschaffung der Leibeigenschaft in der Form der „Knechtschaft"[24], meint jedoch, daß die „Leibeigenschaft..., welche nicht mit der Knechtschaft verbunden ist..., ihre guten Gründe haben" könne.[25] Jung-Stilling möchte gern zumindest die ungemessenen Frondienste in gemessene verwandelt sehen, fordert aber keine grundsätzliche Abschaffung der Frondienste.[26] Manche der fortschrittlichen Anschauungen Jung-Stillings sind christlich (pietistisch) motiviert, so etwa seine detaillierten Vorschläge zur Armenfürsorge[27] oder seine von Sympathie begleiteten Äußerungen zur Behandlung der Juden.[28] Er bezeichnet es als „eine der edelsten Arten der Wohlthätigkeit, wenn man den Juden ihr Elend erleichtert"[29] und äußert dann in diesem Zusammenhang apokalyptische Erwartungen, die er mit dem Volk Israel verbindet.[30]

Neben diesen fortschrittlichen Ansichten Jung-Stillings stehen nun konservativ-patriarchalische, die er zum großen Teil von seinem Glauben her begründet. Hier ist zu nennen die Vorbildfunktion, die Jung dem Regenten zumißt:

> „... Ueber alles aber würkt das Beyspiel des Regenten, und derer, die um ihn sind. Er erwerbe sich Liebe, sey das höchste Ideal seines Volks, und was er dann herrschend machen will, das thue er selbst."[31]

Man kann nicht umhin, Jung-Stilling hier eines recht naiven Idealismus zu zeihen, der der Realität der diversen „ancien régimes" des „Heiligen römischen Reiches deutscher Nation" sehr wenig gerecht wird:

> „Ich kans nicht müde werden zu wiederholen: der Regent sey ein Christ, suche seine wahre Gröse in einer vortreflichen Regierung, und seinen Glanz in fruchtbaren, edlen Thaten; er beobachte selbst Mäsigkeit und feine Sitten, und schiese Stralen des ernstlichsten Misfallens auf jeden Wollüstling, und Religionsspötter; er ehre rechtschaffene Geistlichen, und wohne dem Gottesdienst fleisig bey, wenn er auch noch so mangelhaft wäre, und er wird sehen, daß ihm dann alles leichter wird."[32]

---

[23] *Jung-Stilling,* Lehrbuch der Staats-Polizey-Wissenschaft, §§ 1216ff., 522ff.

[24] Ebd., § 796, S. 337. – Jung unterscheidet Leibeigenschaft, die sich „auf die Person und Güter zugleich" bezieht und die er „Knechtschaft" und „Sclaverey" nennt und Leibeigenschaft, die sich nur auf die Güter bezieht.

[25] Ebd., §§ 796ff., S. 337ff. – Zitat: § 799, S. 339.

[26] Ebd., § 815, S. 346 und § 818, S. 347.

[27] Ebd., §§ 953ff., S. 407ff. – Bezeichnend ist sein biblischer Ausgangspunkt: „Das Mosaische Gesez: Es soll allerdings kein Bettler unter euch seyn, geht auch uns in aller seiner Kraft an", § 953, S. 407.

[28] Ebd., §§ 758ff., S. 321ff.

[29] Ebd., § 759, S. 321.

[30] Ebd., § 762, S. 323: „... Wenn einmal ihre Weissagungen in Erfüllung gehen, wenn einmal ein neuer Moses unter ihnen aufsteht der Einfluß aufs Ganze hat, dann wird dies Volk mit allen seinen Kräften, die ganz unverkennbar sind, noch einmal eine große Rolle spielen."

[31] Ebd., § 333, S. 135.

[32] Ebd., § 339, S. 137f.

Jung verlangt von den Untertanen völligen Gehorsam und lehnt jedes Widerstandsrecht kategorisch ab.[33] Pfarrer und Lehrer sollen den „Pflichten der Unterthanen gegen die Obrigkeit" besondere Aufmerksamkeit bei der Verkündigung bzw. Lehrtätigkeit widmen, da diesen gleich nach den Pflichten gegen Gott der höchste Platz zukomme.[34] Jung-Stilling verteidigt die Ständegesellschaft und bezeichnet den Adel als die „einzige Brustwehr des Volkes gegen den Despotismus der herrschenden Häuser"[35], ohne sich jedoch konkret zum Widerstandsrecht des Adels zu äußern. Er bejaht die Todesstrafe für Mörder und fordert öffentliche Hinrichtungen zur Abschreckung potentieller Verbrecher.[36] In seiner Unterscheidung von wahrer und falscher Aufklärung wird wieder seine christliche Grundhaltung deutlich:

> „... Aufklärung nenne ich [– im Gegensatz zum „heut zu Tage gewöhnlichen Sinn"[37] –] die richtige Erkänntniß von Gott, von der Natur, besonders von dem Menschen, und von dem Verhältnis desselben zu Gott, und den daher entspringenden Pflichten gegen den Vater im Himmel und gegen den Nächsten."[38]

Die Toleranz findet ihre Grenze beim Gottesleugner und beim Naturalisten.[39] Zwar dürfe niemand zu einem bestimmten Glauben gezwungen werden,

[33] Ebd., §§ 340f., S. 138; §§ 344f., S. 139f.; § 511, S. 210f.; § 550, S. 228; § 812, S. 344f.; § 845, S. 359f. – Friedrich Karl von Moser, der für das „Lehrbuch der Staats-Polizey-Wissenschaft" sonst viel Lob hat („Der Herr war mit und bei Ihnen, da Sie's dachten und schrieben; es sind wichtige, herrliche, dringende Zeugnisse und Bekenntnisse der Wahrheit drinnen..."), erhebt an dieser Stelle Einspruch: „In einigen wenigen Artikeln z.B. wegen der Publicität, wegen der Gränzen des Gehorsams von Dienern und Unterthanen, bin ich zwar nicht ihres Glaubens und finde darin die Stelle zu eng gespannt. Ich weiß aber, daß es nicht nur der Fürsten-Glaube, sondern auch hie und da Landes-Dogma ist, und man daran, so wenig als von einem Kirchen-Symbol abgehen kann; ich glaube sogar, daß wenn Sie, Lieber, nicht just Hessischer Diener und Professor in Marburg, sondern nur Volkslehrer wären, etwas mehr Wasser unter diesen Essig gekommen wäre..." (Brief an Jung-Stilling vom 29. 9. 1788, abgedruckt in: *P(eter) J(acob) H(einrich) Jung* (Hg.), Sendschreiben geprüfter Christen an weiland den geheimen Hofrath Jung-Stilling. Aus dessen schriftlichem Nachlasse gesammelt und geordnet für seine Freunde. Ein Anhang zu Heinrich Stillings Lebens-Geschichte. Karlsruhe 1833, S. 90.

[34] *Jung-Stilling*, Lehrbuch der Staats-Polizey-Wissenschaft, §§ 344f., S. 139f.

[35] Ebd., § 573, S. 237. – In diesem Zusammenhang zeigt sich wieder Jung-Stillings realitätsblinder Optimismus: „... wie glücklich würde ein Regent sich und sein Volk machen, wenn er eine auf das Recht der Natur und der Beglückung gegründete Grundverfassung für seinen (!) Staat entwürf und ausführte, in welcher er dem Mittelstand [= Adel, T.B.] und dem Volk gewisse Rechte einräumte, die gerade so viele und nicht mehrere Kraft und Gewalt ertheilten, als nöthig wäre, nur dann den Regenten auf den seeligen Mittelweg zu weisen, wenn er sich dem einen oder dem andern Extrem näherte. Hingegen wenn er auch jenen Mittelweg beobachtete, so müste er völlig souverän seyn", als Beispiel für eine solche Verfassung führt Jung-Stilling Großbritannien (allerdings „nach Abzug einiger Anomalen (sic!)" an, § 571, S. 236f.

[36] Ebd., §§ 153ff., S. 61ff.

[37] Ebd., § 184, S. 214.

[38] Ebd., § 283, S. 114. – „Die Vernunft muß einen Faden haben, an dem sie sich durch den Labyrinth dieses Lebens hindurch hilft; und dieser Faden ist die Bibel", ebd., § 289, S. 116.

[39] „... Da nun der Gottesläugner in Ansehung der politischen Tugend ganz creditlos ist, so

„so bald aber sein Glaube schädlichen Einfluß auf die bürgerliche Gesellschaft hat, wie z. B. der Atheismus und Naturalismus, so darf die Polizey einen solchen Menschen ... ganz ausser aller Beziehung mit andern Menschen sezzen."[40]

Jung-Stilling kann sich nicht für die „Publicität" erwärmen.[41] Zwar lehnt er die „Bücher-Censur" ab, nicht zuletzt weil sie unwirksam ist[42], verlangt aber andererseits von der Verwaltung, daß sie alle

„Romane, Geschichte, Schauspiele oder räsonnirende Schriften, die Wollust, Luxus, ungebundene Freyheit, Zweifel an den nothwendigen Glaubens-Wahrheiten, unnüzze Künste, Aberglauben, Verläumdung, Verachtung des Regentenstandes, Schwärmerey, u. d. g. verbreiten [verhindere, weil sie den] nüzlichen Känntnissen gerad zu, oder mittelbar entgegen arbeiten"[43],

als da sind

„christliche und politische Tugend, Vaterlands-Liebe, wahre und reine Begriffe von Gott, der Natur, und der Menschheit; Känntnisse von allem was die Gewerbe erleichtert, verbessert und vollkommener macht, Känntnisse von dem Gewerbe selbst, und endlich richtige und reine Begriffe von den Pflichten der Unterthanen gegen ihre Obrigkeit, besonders in Rücksicht auf ihre regierende und gesezgebende Gewalt".[44]

Damit wird seine Ablehnung der Zensur natürlich wieder unterlaufen.

Fassen wir zusammen: Jungs politisches Denken ist ein Konglomerat aus konservativen und fortschrittlichen Elementen. Aufgeklärt an seiner Staatsauffassung ist sicherlich der Grundsatz, daß die Regierung die „zeitliche Glückseeligkeit des ihr anvertrauten Staates durch die besten und zweckgemäsesten Mittel bis zur höchsten Stuffe befördern" müsse[45], sowie die Postulierung abstrakter Menschenrechte. Auch einzelne Anschauungen auf kulturpolitischem und wirtschaftlichem Gebiet sind fortschrittlich (Volksbildung, Religionsfreiheit, Gewerbefreiheit). Dem stehen nun konservative Ansichten gegenüber wie seine Vorliebe für eine patriarchalische Monarchie oder seine Ablehnung jeglichen Widerstandsrechts.[46] Die Klammer, die die

---

kan er auch schlechterdings in der bürgerlichen Gesellschaft nicht geduldet werden", § 286, S. 115.

[40] Ebd., § 292, S. 118.

[41] Ebd., §§ 315 ff., S. 128 ff.

[42] Ebd., § 321, S. 130 f.

[43] Ebd., § 315, S. 128.

[44] Ebd., § 314, S. 127. – „... ausserdem muß auch die regierende Gewalt mit äusserster Sorgfalt wachen, daß keine lästerliche und spöttische Reden über Gott, über Christum, über irgend eine Religion, oder etwas, das ehrwürdig ist, ausgestosen werden; diese Art der Inquisition ist durchaus nöthig, aber sie darf sich nie weiter als auf solche Dinge erstrecken, die würklich und anerkannt bös sind ...", § 449, S. 184.

[45] Ebd., § 8, S. 4.

[46] Es ist in der Tendenz zwar richtig, insgesamt jedoch zu vereinfachend, wenn *Dieter Gutzen* in seinem sonst sehr instruktiven Lebensbild Jung-Stillings schreibt: „Dem fortschrittlichen sozialpolitischen Programm steht eine absolutistische Staatsauffassung gegenüber, die die Gewalt des Landesherrn allerdings den Geboten Gottes unterordnet, da sich aus ihnen das Wohl

verschiedenen Elemente seiner Staatsauffassung zusammenhält und dieser ihren ganz spezifischen Zug gibt, ist sein christlicher Glaube. Jung-Stilling betont an verschiedenen Stellen die große Bedeutung der christlichen Religion für die Gesellschaft, etwa wenn er die Grenze der Toleranz beim Gottesleugner und Naturalisten zieht, oder wenn er als „wahre" Aufklärung die „richtige Erkänntniß von Gott, von der Natur, besonders von dem Menschen, und von dem Verhältniß desselben zu Gott, und den daher entspringenden Pflichten gegen den Vater im Himmel und gegen den Nächsten" bezeichnet (s. o.). Er versucht seiner absolutistischen Staatsauffassung dadurch die Spitze zu nehmen, daß er das christlich-patriarchalische Element besonders betont: „Der Regent sey ein Christ, suche seine wahre Gröse in einer vortreflichen Regierung, und seinen Glanz in fruchtbaren, edlen Thaten" (s. o.). An dieser Stelle wird deutlich, wie bei Jung-Stilling christlicher Glaube mit einer – bei aller guten Absicht – geradezu gefährlichen Naivität gepaart ist, die ihn die Realität in zu milden Farben wahrnehmen läßt und die sein ganzes politisches Denken belastet. An manchen Punkten – da, wo die Naivität in Weltfremdheit übergeht, etwa bei seiner Forderung nach Abschaffung der Wirts- und Kaffeehäuser[47] – scheint sie direkt mit Jung-Stillings spezifischer, radikal-pietistisch eingefärbter Frömmigkeit zusammenzuhängen. Wie überhaupt sein Glaube nicht nur für zahlreiche fortschrittliche Ansichten verantwortlich ist, sondern durch seinen asketischen Zug auch eine gewisse inhumane Komponente in sein staatswissenschaftliches Denken bringt und ihn nicht davor bewahrt in einer befremdlichen Gefühllosigkeit für die Ungerechtigkeit und Problematik solcher Einrichtungen die Leibeigenschaft und die öffentlichen Hinrichtungen zu behandeln.

Nun, da uns dieses schillernde Bild von Jung-Stillings vorrevolutionärem politischem Denken vor Augen steht, wenden wir uns seiner Reaktion auf die Französische Revolution zu.

III.

Das erste staatswissenschaftliche Werk, das Jung-Stilling nach dem Ausbruch der Französischen Revolution 1789 veröffentlichte, war die „Grundlehre der Staatswirthschaft, ein Elementarbuch für Regentensöh-

des Nächsten als Regierungsmaxime ableiten läßt..." (*Gutzen*, Johann Heinrich Jung-Stilling, S. 456). Schließlich finden sich auch im „sozialpolitischen Programm" konservative Elemente, etwa wenn Jung-Stilling die Todesstrafe für Mörder ausdrücklich bejaht und öffentliche Hinrichtungen fordert, oder wenn er das Institut der Leibeigenschaft nicht prinzipiell in Frage stellt. In Jung-Stillings politischem Denken sind fortschrittliche und konservative Elemente ineinander geflochten.

[47] *Jung-Stilling*, Lehrbuch der Staats-Polizey-Wissenschaft, § 714, S. 301.

ne und alle, die sich dem Dienst des Staats und der Gelehrsamkeit widmen wollen", die 1792 erschien.[48]

Vergleicht man die Staatsauffassung in der „Grundlehre der Staatswirthschaft" von 1792 mit der im „Lehrbuch der Staats-Polizey-Wissenschaft" von 1788, so zeigt sich, daß die Grundlinien im wesentlichen gleich geblieben sind. Es finden sich auch 1792 moderne Ansichten, etwa in der Bildungspolitik oder der Sozialpolitik. Die Verfassungspolitik war 1788 schon konservativ gewesen und blieb es natürlich erst recht 1792. Insgesamt sind jedoch die konservativen Elemente der Staatsauffassung Jung-Stillings 1792 stärker akzentuiert und die fortschrittlichen entsprechend abgeschwächt im Vergleich zu 1788. Eine Gegenüberstellung der Menschenrechtskataloge von 1788 und 1792 vermag das zu veranschaulichen. Im „Lehrbuch der Staats-Polizey-Wissenschaft" von 1788 zählte Jung-Stilling zu den Menschenrechten:

1. das Recht der Selbsterhaltung,
2. das Recht der Selbstvervollkommnung,
3. das Recht des Eigentums,
4. das Recht der Ehre,
5. das Recht der Freiheit.[49]

In der „Grundlehre der Staatswirthschaft" von 1792 nennt er dagegen die folgenden Menschenrechte:

1. das Recht der Selbsterhaltung,
2. das Recht des Wirkungskreises oder der Entfaltung,
3. das Recht der Gesellschaft (d. h. das Recht *auf* Gesellschaft),
4. das Recht der Selbstvervollkommnung[50],

wobei Jung-Stilling das vierte, das Recht der Selbstvervollkommnung als das wichtigste bezeichnet, die anderen Menschenrechte seien „blos um dieses vierten willen da".[51] Daß Jung-Stilling überhaupt von abstrakten Menschenrechten spricht, ist sicherlich aufgeklärt-modern. Es ist jedoch bezeichend, daß 1792 das Recht des Eigentums, das Recht der Ehre und das – in Jung-Stillings Augen durch die Französische Revolution diskreditierte – Recht der *Freiheit* weggefallen sind. Dafür zählt er 1792 das „Recht des

[48] Erscheint uns die Französische Revolution heute, aus der Distanz von zweihundert Jahren wie ein geschichtlicher Augenblick, so erlebten die Zeitgenossen dieses Ereignis als eine etwa zehn Jahre währende bewegte Zeit der Umwälzungen, des Etablierens neuer Verfassungen und Regierungsformen und des Krieges. Spricht man also von „Reaktion auf die Französische Revolution", dann ist immer der Zeitpunkt dieser Reaktion zu berücksichtigen (*Schulze,* Die deutsche Literatur zwischen Französischer Revolution und Restauration, S. 83). Die Abfassung der „Grundlehre" fällt in eine frühe Phase der Revolution, was den relativ gemäßigten Ton Jung-Stillings verständlich macht.

[49] *Jung-Stilling,* Lehrbuch der Staats-Polizey-Wissenschaft, S. 2.

[50] *Jung genannt Stilling, Johann Heinrich,* Die Grundlehre der Staatswirthschaft, ein Elementarbuch für Regentensöhne und alle, die sich dem Dienst des Staats und der Gelehrsamkeit widmen wollen. Marburg 1792. Nachdruck: Königstein/Ts. 1978, 923 S. = Scriptor Reprints, Sammlung 18. Jahrhundert, hrsg. von *Jörn Garber.* § 221, S. 260.

[51] Ebd., § 224, S. 263 f.

Wirkungskreises" und das „Recht der Gesellschaft", die er auf die „Naturgesetze" „befriedige deine Bedürfnisse" und „Lebe gesellschaftlich" zurückführt[52], neu zu den Menschenrechten. Von der Erfahrung der Französischen Revolution – die im übrigen in der ganzen „Grundlehre" nie explizit erwähnt wird – scheinen auch seine mahnenden Ausführungen zum Recht einer Verfassungsänderung von unten beeinflußt zu sein:

> „Die Frage, ob eine Nation das Recht habe, ihren Regenten abzusetzen, und überhaupt ihre Regierungsform zu ändern? wird durch eine andere: Hat ein Volk das Recht, sich aus einem großen Unglück in ein noch größeres zu stürzen? sehr leicht entschieden."[53]

Nach dieser kategorischen Ablehnung jeglicher vom Volk ausgehenden Verfassungsänderung läßt Jung Ausführungen folgen, die uns einen guten Einblick in die Grundlagen seines Denkens geben:

> „Man redet und schreibt so viel von Menschenrechten, und von Handhabung derselben, daß einem Redlichen und Vernünftigen dafür eckelt; man richtet seine Augen auf die Regenten und sucht in dem Glanz worinnen sie stehen, ihre Fehler auf, und denkt an seine eigne nicht; man ringt, man wütet nach Freyheit, und denkt nicht darüber nach, wie man sich immer mehr vervollkommnen müsse, um die Freyheit zum einzelnen und allgemeinen Besten wohl anzuwenden. Jeder will gern selbst herrschen ohne irgend jemand zu gehorchen; der litterärische und physische Luxus hat Ideen in die Köpfe gebracht, die der wahren Aufklärung gerad entgegen stehen, und immer antreiben zu genießen, ohne redlich zu erwerben. Jeder suche in seinem Theil sich selbst zu vervollkommnen, und so sehr zum einzelnen und allgemeinen Besten zu wirken als er kann. Wenn eine Nation einmal selbst alle ihre Pflichten erfüllt hat, und wenn alle ihre Glieder einst das sind was sie werden können, wenn sie selbst einmal alle ihre Balken aus den Augen gezogen hat, dann wird sich der Splitter aus ihres Regenten Auge selbst verlieren, ohne daß sie nöthig hat, ihn auszuziehen. Es ist schrecklich einer Menge von Menschen, wie das gemeine Volk ist, von Wegräumung der Schranken, und von Rechten die Regierungsform zu verändern, vieles vorzupredigen, und man bedenkt nicht, was für ein unabsehbarer Jammer daraus entstehen würde, wenn sich eben das gemeine Volk dieser vermeintlichen Rechte einmal zu bedienen anfienge. Man überzeuge vielmehr die Nationen von ihren Pflichten, gehorsame Unterthanen zu seyn, und befördere die wahre Aufklärung, so werden auch die Regenten dadurch erleuchtet werden."[54]

Wir sehen hier sehr klar den Grundsatz Jung-Stillings formuliert, daß nur über eine Verbesserung des Einzelnen, der an sich selbst arbeiten müsse,

---

[52] Ebd., § 221, S. 260. – Jungs „Naturgesetz" „Lebe gesellschaftlich" läßt sich zurückverfolgen bis auf Samuel Pufendorf, dessen „,Grundgesetz des Naturrechts'... lautete: ‚jedermann soll, so gut er kann, die Gemeinschaft pflegen und bewahren'"; schon Aristoteles hatte ein „natürliche(s) Geselligkeitsbedürfnis() des Menschen... formuliert" (*Horst Möller:* Vernunft und Kritik. Deutsche Aufklärung im 17. und 18. Jahrhundert. Frankfurt 1986, S. 28).

[53] *Jung-Stilling,* Grundlehre der Staatswirthschaft, § 730, S. 748.

[54] Ebd., § 730, S. 748f.

eine Verbesserung des Ganzen und schließlich auch des Regenten zu erreichen sei.[55]

Jung-Stilling entwirft in der „Grundlehre" von 1792 als ideale Staatsverfassung die „Nomokratie", die Gesetzesherrschaft:

> „Diejenige Staatsverfassung wird unter allen möglichen die vollkommenste seyn, in welcher alle Grundsätze der Staatswirthschaft [– unter „Staatswirthschaft" versteht Jung-Stilling „die Gesetzgebung zur Befriedigung der Bedürfnisse des einzelnen und allgemeinen Besten" –] am leichtesten und vollkommensten ausgeführt werden können; eine solche Staatsverfassung nenne ich die Nomokratie."[56]

Die Nomokratie könne allein in einer erblichen *Monokratie* verwirklicht werden, nicht die *aristokratische* und schon gar nicht die *demokratische* Regierungsform sei dazu geeignet:

> „Wenn nicht die Urtheilsfähigen die Gesetze vorschlagen, so werden auch nicht die besten Gesetze gegeben, ... in der Nomocratie aber müssen die besten Gesetze herrschen. Da nun in der democratischen Verfassung das gesammte Volk die Macht des Stärkeren hat, und doch zugleich unter allen Ständen am wenigsten geschickt ist, Gesetze zu erfinden, oder diejenigen auszuwählen, die urtheilsfähig... sind, ... so ist keine Staatsverfassung unsicherer, unvollkommener und der Nomocratie entgegengesetzer, als die Democratie."[57]

Die erbliche Alleinherrschaft beinhalte zwar das Risiko der Despotie, biete dafür aber – im Falle der Regent kein Despot sei – die einmalige Chance, die vollkommenste Regierungsform, eben die Nomokratie, zu verwirklichen.[58] Um die Despotie zu verhindern und die Nomokratie zu befördern, komme es nun auf „wahre Aufklärung des Regentenstandes, und eine zweckmäßige Erziehung der Kinder, die dereinst zum wichtigsten Regierungsgeschäfte bestimmt sind", an.[59]

Wir sehen, die Grundlinien der Staatsauffassung Jung-Stillings sind gegenüber dem „Lehrbuch der Staats-Polizey-Wissenschaft" von 1788 im wesentlichen gleichgeblieben, und auch in diesem Buch Jungs fehlt – wie gerade diese Passage zeigt – eine gute Portion Naivität nicht. Die Französische Revolution wird zwar an keiner Stelle erwähnt, doch stehen einige Passagen – etwa die oben zitierte zur Unmöglichkeit einer Verfassungsänderung von unten – sichtlich unter dem Eindruck der Ereignisse in Frankreich.

Einen deutlich schärferen Ton schlägt Jung-Stilling ein Jahr später in seiner polemischen Flugschrift „Ueber den Revolutionsgeist unserer Zeit

---

[55] Es fällt die Anlehnung Jung-Stillings an christliche Vorstellungen und biblische Bilder ins Auge; hier sind es der Gedanke der Heiligung und das Bild Jesu vom Balken- bzw. Splitterausziehen aus der Bergpredigt (vgl. Matth 7,3–5; Lukas 6,41 u. 42), die Jung-Stilling einsetzt, um die Forderung nach Gewährung der Menschenrechte zu unterlaufen.

[56] *Jung-Stilling,* Grundlehre der Staatswirthschaft, § 84, S. 93.

[57] Ebd., § 885, S. 899 f.

[58] Ebd., §§ 887 f., S. 901 ff.

[59] Ebd., § 888, S. 903.

zur Belehrung der bürgerlichen Stände" (1793) an.[60] Möglicherweise ist das mitbeeinflußt durch die konkrete Konfrontation Jung-Stillings mit der Revolution in Gestalt der Revolutionsarmee Custines während und nach seiner Reise nach Frankfurt im Herbst 1792.[61] Von der veränderten Tonlage abgesehen hat sich an Jung-Stillings Position jedoch wenig geändert: In Jungs Vorstellung ist der politisch-gesellschaftlich-soziale Bereich die Domäne des Regenten (d. h. bei ihm des Fürsten) und der von diesem bestellten fähigen „Staatswirthe". Jung-Stilling erwartet alles vom von „wahrer" Aufklärung bewegten Fürsten. Die Beteiligung des Volkes am Staatsleben beschränkt sich auf den Gehorsam gegenüber der Bürokratie und auf die Arbeit des einzelnen an sich selbst, also auf die „Selbstvervollkommnung", um über diesen Weg eine allmähliche Verbesserung des Gesamtwohls, des „allgemeinen Besten", zu erreichen. Der „Freiheitstrieb" wird mit dem „Selbstvervollkommnungstrieb" identifiziert und dadurch „als Antriebskraft für politisches Wollen unbrauchbar" gemacht.[62] Die in der Französischen Revolution erhobene Forderung nach Freiheit und Gleichheit dagegen ruft in ihm apokalyptische Schreckensvisionen hervor:

> „Freiheit und Gleichheit in diesem Verstand ist ein Thier, das aus dem Abgrund herauf steigt und die Staatsverfassung der Hölle auf Erden einführen will."[63]

Jung-Stillings höchstes staatswissenschaftliches Ziel ist ein blühendes Wirtschaftsleben und ein (allerdings gemäßigt) hoher Lebensstandard für möglichst viele Staatsbürger.[64] In der Schrift „Ueber den Revolutionsgeist unserer Zeit zur Belehrung der bürgerlichen Stände" von 1793 kündigt sich der Übergang Jung-Stillings zur ausschließlich religiösen Schriftstellerei an.

Im ersten Band der von Johann Ludwig Ewald herausgegebenen Zeitschrift „Urania für Kopf und Herz" veröffentlichte Jung-Stilling 1794 ein pathetisches Gedicht, in dem er zu einem Stich, der „Ludwig XVI. auf dem Schafot" zeigt, den Tod des Bourbonen besang.[65] Abgesehen von der wenig überzeugenden künstlerischen Qualität stört vor allem die beinahe blasphemische Überhöhung Ludwigs XVI.:

> „... Seht, wie die Angst die Augbraune hebt, die Stirne heraufzieht!
> Jammer enget den Blik, mächtig lechzet der Geist

[60] Wir zitieren aus: *Jung genannt Stilling, Johann Heinrich;* Sämmtliche Schriften, Bd. VIII. Hildesheim-New York, 1979. [= Nachdruck der Ausgabe Stuttgart 1835–38; Bd. 13/Ergänzungsband]. S. 297–336. – Eine ausführliche Interpretation und biographische Einordnung dieser Schrift Jung-Stillings lieferte jüngst *Rainer Vinke;* Johann Heinrich Jung-Stillings Reaktion auf die Französische Revolution (vgl. Anm. 3). Deshalb kann ich mich hier kurzfassen.

[61] Vgl. *Jung-Stilling,* Lebensgeschichte, S. 479ff. – *Max Geiger,* Aufklärung und Erweckung, S. 286f. – *Vinke,* Jung-Stillings Reaktion auf die Französische Revolution, S. 477f.

[62] *Gutzen,* Johann Heinrich Jung-Stilling, S. 457.

[63] *Jung-Stilling,* Ueber den Revolutionsgeist, S. 329. – Vgl. Offb 11,7; 13,1; 17,8.

[64] Bei aller Hebung des Lebensstandards sei darauf zu achten, daß Luxus vermieden werde.

[65] *Johann Heinrich Jung,* Beim Anblik von Ludwigs XVI. Bild. In: Urania für Kopf und Herz, hg. von *J. L. Ewald,* Bd. 1, 6. Stück, 1794, S. 519f.

Nicht mehr des Königs, nein! des Menschen, am ehernen Thore;
Gnade erflehet er sich, Trost aus der Quelle des Lichts.
Seht, wie der nahe Tod die Lippen im Bogen herab zieht,
Wehmuth bildet den Zug, jede Rache ist fern.
Jede Mine spricht laut, ich sterbe den Tod des Gerechten.
Dieser Endlose Schmerz, stralet der rasenden Wuth
Hohe Vergebung, wie ehmals auf Golgatha, göttliche Liebe
Haucht der ringende Geist, höllischen Frevelern zu...“

Wie Jung-Stilling hier mit unsäglichem Pathos Ludwig XVI. gleichsam als Christusfigur den „höllischen Frevlern“ gegenüberstellt, zeigt, daß sich bei ihm der Übergang vom Denken in politischen (soweit man das bei ihm überhaupt feststellen kann) zum Denken in apokalyptischen Kategorien vollzogen hat. Ludwig XVI. ist für ihn der gerechte Märtyrer, der einem entfesselten, höllisch inspirierten Pöbel zum Opfer fällt. Es fehlt jegliche Auseinandersetzung mit den politischen Anliegen der Französischen Revolution.

Wir sehen hier, wie sich Jung-Stillings Reaktion auf die Französische Revolution nicht auf die – eher geringen – Veränderungen in seiner Staatsauffassung beschränkt: Viel entscheidender und folgenreicher ist die Erweiterung seines Denkens um die apokalyptische Dimension. Zwar finden sich auch schon vor 1789 eschatologische Elemente im Denken Jung-Stillings, die Erfahrung der Französischen Revolution wirkte jedoch gleichsam als Katalysator, der diese einzelnen Elemente zu einer geschlossenen Konzeption zusammenfügt. Seit der Französischen Revolution interpretiert Jung-Stilling das aktuelle Geschehen bis in konkrete Ereignisse hinein in apokalyptischen Kategorien. Die Erfahrung der Französischen Revolution markiert den entscheidenden Wendepunkt nicht nur im Denken, sondern auch im Leben Jung-Stillings: Das Interesse an der Staatswissenschaft kühlt immer mehr ab, die religiöse Schriftstellerei rückt ins Zentrum seines Schaffens, was seinen augenfälligsten Ausdruck darin findet, daß Jung-Stilling 1803 seiner Marburger Professur entsagt und – vom badischen Kurfürsten (später Großherzog) besoldet – nur noch seinem religiösen Auftrag lebt, als Mahner, als Tröster, als Künder kommender Ereignisse, als „Zeuge der Wahrheit“.

Die beiden Werke Jung-Stillings, die „eigentlich die Werkzeuge der Entscheidung seiner Bestimmung geworden sind“[66], waren die 1795 in erster Auflage erschienenen „Scenen aus dem Geisterreiche“ und vor allem der vierbändige Roman „Das Heimweh“ (1794–96).[67] In unserem Zusammen-

[66] *Jung-Stilling*, Lebensgeschichte, S. 488.

[67] Wir benutzten: *Jung genannt Johann Heinrich Stilling*, Sämmtliche Schriften. Bd. III: Das Heimweh und der Schlüssel zu demselben. Hildesheim-New York, 1979. [= Nachdruck der Ausgabe Stuttgart 1835–38, Bd. 4/5]. Da in diesem Reprint zwei Bände zu einem Band zusammengebunden sind, die alte Seitenzahl jedoch beibehalten wurde, zitieren wir: Heimweh I und Heimweh II.

hang genügt es, wenn wir uns auf die Behandlung des ungleich wichtigeren „Heimweh“-Romans beschränken. Betrachten wir zunächst in der gebotenen Kürze die Handlung dieses voluminösen Werkes.

Mit dem Spruch „Selig sind, die das Heimweh haben, denn sie sollen nach Haus kommen“, weckt ein armer Pfarrer in dem jungen Christian von Ostenheim das „Heimweh“ nach dem Orient. Von seinen Eltern wird Christian auf die Reise, die ihn über Frankfurt, Augsburg, München, Wien, den Balkan und Ägypten nach Jerusalem führen soll, vorbereitet. Bevor er jedoch diese Reise in den Orient antritt, wird er von einem geheimnisvollen „Felsenmann“ zum Kreuzritter gesalbt und damit in den Orden des großen Monarchen aus dem Orient unter dem Bundesnamen Eugenius aufgenommen. Zusammen mit seinem Diener Hans Ehrlich macht er sich dann auf die Reise, auf der er durch verschiedene Erlebnisse mit den Prinzipien des Ordens der Kreuzritter immer vertrauter wird, auch die Bekanntschaft mächtiger Feinde des großen orientalischen Monarchen macht – allen voran der Frau von Traun und des Fräulein von Nischlin – und einen inneren Reifeprozeß erfährt. Auf seinem Weg verlobt er sich mit Urania Sophia von Edang, die ihm zunächst als armes Bauernmädchen erscheint, sich dann jedoch als Verwandte des großen Monarchen aus dem Orient entpuppt. Eugenius erfährt, daß er zu hohem berufen ist, aber gerade deshalb auch schwere Glaubensproben bestehen muß, um sich zu bewähren, und sich Uraniens und seiner hohen Bestimmung würdig zu erweisen. Eugenius lernt auch den „grauen Mann“ kennen, eine mit übernatürlichen Fähigkeiten ausgestattete Person, die ihm einige Male aus schwierigen Situationen hilft. Die Reise führt ihn über verschiedene Stationen nach Ägypten, wo Eugenius seine Einweihung zum Felsenmann erfährt: Zu einer Zeit, „wo man alle Erkenntnißquellen des Christen, nämlich die göttlichen Offenbarungen und die Bibel“ verwerfe und „die Vernunft mit Gewalt über jeden andern Grund der Wahrheit hinauf“ setze, müsse eben „aus dieser angenommenen Erkenntnisquelle die Wahrheit entwickelt werden“.[68] Deshalb wird Eugenius in einer Pyramide mit Hilfe der kantischen Philosophie von den Grenzen der Vernunft und von der Unhaltbarkeit der Religionskritik der Aufklärung überzeugt. Im Katharinenkloster auf dem Sinai wird der philosophische Unterricht, den Eugenius in der Pyramide empfangen hatte, ergänzt durch einen Unterricht in der „alte(n) evangelische(n) Glaubenslehre“, zur philosophischen Überzeugung tritt die Glaubensgewißheit.[69] Nach einer erneuten Konfrontation mit Agenten der Erzfeindin, der Frau von Traun, führt ihn die Reise weiter nach Jerusalem, wo in einem unterirdischen Gewölbe im Tempelberg seine Vermählung mit Urania Sophia von Edang stattfindet. Hier erhält Eugenius mit Urania den Auftrag, den Zufluchtsort für die verfolgte Christenheit – das Friedensland Solyma – aufzusuchen und dort

[68] *Jung-Stilling,* Heimweh II, S. 344.
[69] *Jung-Stilling,* Heimweh II, S. 366.

den Plan „zum nahen Reiche Gottes auf Erden“[70] zu entwerfen und mit der Ausführung dieses Planes zu beginnen. Er wird noch in Jerusalem zum Fürsten von Solyma gekrönt. Zusammen mit Urania und der Mehrzahl derer, die ihn auf dem Weg nach Jerusalem – seiner „Einweihungsreise“ – oft unerkannt als geheimnisvolle Felsenmänner begleitet hatten und die nun seine Regierung bilden, macht sich Eugenius auf die Reise, die ihn zunächst nach Samarkand führt. Dort sammeln sich die geprüften wahren Christen aus allen Nationen, um schließlich unter Eugenius' Führung nach Solyma aufzubrechen. Der letzte Teil des Romans ist der Beschreibung Solymas gewidmet.

Jung-Stilling hat seinen Roman mehrschichtig angelegt. Zum einen beschreibt er in der Nachfolge John Bunyans[71] allegorisch den Weg eines Christen – bei Jung-Stilling allerdings eines Christen mit besonderer Berufung – von der Bekehrung zur Vollendung. Die allegorische Bedeutung der Reise Christians von Ostenheim und der auftretenden Romanfiguren ist jedoch hinter der vordergründigen Romanhandlung oft schwer zu entziffern, so daß Jung-Stilling dem „Heimweh“ einen „Schlüssel zu demselben“ folgen ließ, in dem er die Bedeutung der einzelnen Bilder und Namen entschlüsselte und die von ihm gewünschte Interpretation des Romans vorlegte.[72] Die Romanhandlung hat darüber hinaus noch eine andere, kirchengeschichtliche, Ebene. Auf dieser stellt „Eugenius die wahre Kirche Christi dar“, deren „Einweihung durch die Felsenmänner bei der Reformation angefangen habe“ und deren „Verspruch mit Uranien [= der himmlischen Wahrheit] in der ersten Hälfte dieses Jahrhunderts [d.h. des 18. Jahrhunderts] geschehen seye“.[73]

Wichtiger jedoch als die kirchengeschichtlichen Bezüge, die nur durch die Bemerkungen im „Schlüssel zum Heimweh“ zu erkennen sind, ist für Jung-Stilling eine dritte Ebene, die Darstellung des Kampfes zwischen dem Reich Christi und dem Reich des Antichristen[74], der sich in apokalyptischem Rahmen ereignet. Auf dieser Ebene erfolgt Jung-Stillings Interpretation seiner Zeit und die gleichsam prophetische Schau zukünftiger Ereignisse, die

---

[70] *Jung-Stilling,* Heimweh I, S. 498.

[71] *Bunyans* „The pilgrim's progress from this world, to that which is to come...“ (1678) war schon früh ins Deutsche übersetzt worden und hatte weithin Verbreitung gefunden (vgl. dazu *Ulrich Stadler,* Die theuren Dinge. Studien zu Bunyan, Jung-Stilling und Novalis. Bern-München 1980, S. 248, Anm. 9).

[72] So hat er im Vater Christians die „vorbereitende Gnade“ personifiziert, hinter dem Diener Christians, Hans Ehrlich, verbirgt sich der „physische Charakter eines Kreuzritters“ (Heimweh II, S. 281) und so ist im „Heimweh“ „kein Strich ohne Bedeutung, geschweige ein Bild“ (Heimweh II, S. 303). Die Namen, die Jung-Stilling den Romanfiguren gibt, sind meist sprechend, wenn auch teilweise als Anagramme verschlüsselt, so daß die Bedeutung in diesen Fällen erst klar wird, wenn man die Buchstaben vertauscht oder die Namen rückwärts liest (Edang = Gnade, Traun = Natur, Nischlin = Sinnlich, usw.), vgl. *Stadler,* Die theuren Dinge, S. 35f.

[73] *Jung-Stilling,* Heimweh II, S. 294. – Jung-Stilling erweist hier dem hallischen Pietismus seine Reverenz.

[74] Vgl. *Gutzen,* Johann Heinrich Jung-Stilling, S. 458.

in der Verheißung eines Bergungsortes gipfelt, wohin sich die verfolgte Christenheit in den Wirren der letzten Zeit flüchten und die Wiederkunft ihres Herrn erwarten werde.[75] Dieser Interpretation seiner Zeit gilt im folgenden unser vorzügliches Interesse.

Jung-Stillings Denken kreist im „Heimweh" vor allem um drei Themenkomplexe: 1. die Rolle der Aufklärung im apokalyptischen Geschehen, 2. die Bedeutung Frankreichs und der Französischen Revolution und 3. Solyma, den Bergungsort für die verfolgten Christen.

(1) Die Aufklärung arbeitet auf die Vernichtung der wahren christlichen Religion und den Umsturz der Staatsverfassungen hin. Jung-Stilling identifiziert sie mit dem falschen Propheten der Apokalypse, der dem Tier aus dem Abgrund, dem Antichristen, den Weg bereitet.

(2) Frankreich, das in der Aufklärung am weitesten fortgeschritten ist, ist die Wiege des Antichristen. Das „antichristische Reich" nimmt hier seinen Anfang und zwar durch die Französische Revolution. Stilling hält im „Heimweh" die Französische Revolution bzw. den hinter ihr stehenden Geist für das apokalyptische Tier aus dem Abgrund.

(3) Den durch dieses Tier aus dem Abgrund bedrohten Christen verheißt Jung-Stilling nun einen Zufluchtsort im Osten, wohin sie ein von Gott berufener Führer bringen wird. Jung-Stilling entwickelt eine regelrechte „Heilsgeographie".[76] Wie sich die Kirche am Anfang ihrer Geschichte von Osten nach Westen ausgebreitet habe, werde sie am Ende wieder in den Osten zurückkehren.[77] Wie der Osten heilsträchtig sei, so komme das Verderben aus dem Westen.[78] Hier im Westen, vor allem in Frankreich, aber schließlich auch in Deutschland, baue der Antichrist sein Reich, vor dem die Gemeinde in den Osten fliehen werde, wo sie den in Macht und Herrlichkeit wiederkommenden Herrn erwarten werde.[79] Dieser Zufluchtsort Solyma hat jedoch neben der persönlich-allegorischen und der heilsgeschichtlich-

---

[75] Jung-Stilling lokalisiert diesen Bergungsort „Solyma" „in der mongulischen Tartarei": „Warum mich wohl mein Genius während dem Schreiben des Heimweh's" nach Bockhara [= Buchara] und Samarkand leitete... Gott weiß es, ich konnte nicht anders! – ich durchreiste die Welt in meinen Gedanken, nirgends fand mein Fuß Ruhe, als in der mongulischen Tartarei...", Heimweh II, S. 425.

[76] Vgl. dazu *Ernst Benz*, Jung-Stilling in Marburg. 2. Aufl. Marburg, 1971, S. 27ff.; *Geiger*, Aufklärung und Erweckung, S. 290ff.; *Gutzen*, Johann Heinrich Jung-Stilling, S. 459.

[77] *Benz*, Jung-Stilling in Marburg, S. 27f.

[78] In Jung-Stillings „Heilsgeographie" nimmt Rußland als bedeutendste politische Macht im Osten einen wichtigen Platz ein, vgl. dazu: *Tatjana Högy*, Jung-Stilling und Rußland. Untersuchungen über Jung-Stillings Verhältnis zu Rußland und zum „Osten" in der Regierungszeit Kaiser Alexander I. Siegen, Herder-Bibliothek Siegerland e.V., 1984, S. 26–59 und *Geiger*, Aufklärung und Erweckung, S. 253ff.

[79] Ohne daß Jung-Stilling dies gewollt oder gar dazu aufgerufen hätte, lösten diese Bemerkungen im „Heimweh" und in der von 1795 bis 1816 erscheinenden Zeitschrift „Der Graue Mann", in der Gedanken des „Heimwehs" wiederholt und weitergeführt wurden, eine Auswanderungsbewegung nach Rußland aus; vgl. *Benz*, Jung-Stilling in Marburg, S. 32; *Geiger*, Aufklärung und Erweckung, S. 294; *Gutzen*, Johann Heinrich Jung-Stilling, S. 459.

eschatologischen Bedeutung noch eine dritte, indem Jung-Stilling in diesem Friedensland gleichsam ein Gegenbild zu den in der Französischen Revolution verwirklichten politischen Anschauungen entwirft. Das wird besonders deutlich an der Ablehnung der Preßfreiheit oder auch an der Verteidigung des Gottesgnadentums. Der gesamte Charakter dieses Staatswesens ist konservativ, selbst die Forderung nach guten Dorf- und Stadtschulen hat letztlich den Zweck, gute Christen und damit – bei Jung-Stillings enger Verknüpfung von Religion und Staatsverfassung – gute und gehorsame Untertanen heranzuziehen und verliert dadurch einen Großteil ihrer Progressivität. Den aufgeklärten Idealen der Französischen Revolution stellt Jung-Stilling den betont christlichen Staat gegenüber. Es geht ihm nicht – wie anderen Konservativen – darum, einen vorrevolutionären Zustand festzuhalten oder wiederzugewinnen, vielmehr entwickelt er eine konservative Utopie, die keinem geschichtlichen Zustand entspricht, sondern einen zukünftigen „christlichen" Staat propagiert, der u. a. charakterisiert ist durch die absolute Monarchie eines von Gott eingesetzten Fürsten, strenge Zensur und rigide Maßnahmen zur Verhinderung des Luxus. So gesehen ist Jung-Stillings Konservativismus kein „klassischer" Konservativismus. Er vertritt seinen christlich motivierten verfassungspolitischen Konservativismus gleichsam mit progressiven Mitteln.

Jung-Stilling beschäftigte sich auch nach Abschluß seines „Heimweh"-Romans, der übrigens eine beachtliche Resonanz gefunden haben muß[80], mit apokalyptischen Themen und entwickelte seine Eschatologie fort. Seine diesbezüglichen Überlegungen fanden ihren Niederschlag in der 1799 erschienenen „Siegsgeschichte der christlichen Religion", einer sehr stark an Johann Albrecht Bengel orientierten „gemeinnützigen Erklärung der Offenbarung Johannis". Jung-Stilling hat sein Buch verfaßt, um die „wahren Verehrer Jesu für die voreiligen und unreifen Anwendungen der einzelnen Bilder der Apocalypse auf gewisse Vorfälle unserer Zeit zu warnen, und ihnen die wahre Methode zu zeigen, wie dieses heilige Buch gebraucht werden soll".[81] Angeregt zu seiner „Siegsgeschichte" wurde er durch die Lektüre des 1784 in Karlsruhe erschienenen Buches eines ungenannten Ver-

---

[80] In Jung-Stillings eigenen Worten hört es sich zumindest recht eindrucksvoll an: „... eine Menge Exemplare wanderten nach Amerika, wo es häufig gelesen wird. In Asien, wo es christlich gesinnte Deutsche giebt, wurde das Heimweh bekannt und gelesen. Aus Dännemark, Schweden und Rußland bis nach Astrakan, bekam Stilling Zeugnisse dieses Beyfalls. Aus allen Provinzen Deutschlands erhielt Stilling aus allen Ständen vom Thron bis zum Pflug eine Menge Briefe, die ihm den lautesten Beyfall bezeigten; nicht wenige gelehrte Zweifler wurden dadurch überzeugt, und für das wahre Christenthum gewonnen; mit einem Wort es giebt wenig Bücher, die eine solche starke und weit um sich greifende Sensation gemacht haben, als Stillings Heimweh." *Jung-Stilling,* Lebensgeschichte, S. 492.

[81] *Jung-Stilling,* Siegsgeschichte, S. 7. – Wir benutzten: *Jung genannt Johann Heinrich Stilling,* Sämmtliche Schriften. Bd. II. Hildesheim-New York, Olms, 1979. [= Nachdruck der Ausgabe Stuttgart 1835–38, Bd. 2 und 3].

fassers[82], „Einleitung zu näherer und deutlicher Aufklärung der Offenbarung Jesu Christi, oder St. Johannis, nach Chronologie und Geschichte, als Beitrag zum Beweis, daß Bengels apocalyptisches System das Wahre sey".[83] An dem Bengelschen System der Zeitbestimmung apokalyptischer Ereignisse, das durch den ungenannten Verfasser des Karlsruher Buches noch präzisiert wurde, frappierte Jung-Stilling vor allem, daß „es so außerordentlich pünktlich eintrifft, und nach Bengels Tod besonders in unsern Tagen dergestalt eingetroffen ist, daß gar kein Zweifel mehr über dessen Wahrheit entstehen kann".[84] Jedoch habe Bengel und vor allem „seine Nachfolger" dadurch, daß sie die noch zukünftigen Ereignisse sehr genau und bestimmt terminierten, einen gefährlichen Weg beschritten:

„... wenn das nun in der nahen Zukunft nicht so eintrifft; so fällt dann der Verdacht der Unrichtigkeit auf das ganze Bengelsche System, oder gar auf die hohe Offenbarung selbst..."[85]

Deshalb sei der zweite Grund zur Abfassung der „Siegsgeschichte" der gewesen:

„Nach bestem Wissen und Gewissen des seligen vortrefflichen, und ich mag wohl sagen, heiligen Mannes Ehre, und sein herrliches System für Mißverstand und Mißbrauch zu retten, und dadurch zugleich auch den Christen unserer Zeit den Weg zu besserer Einsicht in die erhabene Weissagung des neuen Bundes, zur Stärkung des Glaubens, zu bahnen, deren er in unsern Tagen so sehr bedarf."[86]

Gegenüber dem „Heimweh" legt Jung-Stilling in der „Siegsgeschichte" eine in einigen Punkten modifizierte Eschatologie vor. Ist sein Bild vom falschen Propheten, den er nach wie vor mit der „falschen Aufklärung" identifiziert, gleichgeblieben, so hat sich seine Vorstellung vom Antichristen gewandelt. Er sieht jetzt nicht mehr in der Französischen Revolution das Tier aus dem Abgrund, vielmehr ist der Antichrist für ihn nun eine *Person*, die sich erst noch offenbaren müsse. (Jung-Stilling rechnet mit dem Auftreten des Antichristen in naher Zukunft.) Die Französische Revolution, genauer der „Jakobinismus", hat in Jung-Stillings modifizierter Konzeption als Werkzeug des falschen Propheten die Funktion, dem Antichristen den Weg zu bereiten. Auch wenn Jung-Stilling in der „Siegsgeschichte" die Rolle Frankreichs etwas vorsichtiger bewertet als im „Heimweh", bleibt seine grundsätzlich

[82] Es handelt sich bei diesem Anonymus um den badischen Hofrat Georg Friedrich Fein (1741–1817): *Jung-Stilling,* Lebensgeschichte, S. 747, Anm. zu S. 514.

[83] Ebd.: *Jung-Stilling,* Lebensgeschichte, S. 514 und 516; *Max Goebel,* Jung-Stilling als christlicher Volksschriftsteller am Ende des achtzehnten und im Anfange des neunzehnten Jahrhunderts (1793–1817). Protestantische Monatsblätter für innere Zeitgeschichte 14, 1859, S. 34. – Daß Jung-Stilling schon früher mit Bengel und Oetinger vertraut gewesen sein muß, zeigt deren Erwähnung in seinem Briefwechsel mit Philipp Matthäus Hahn 1779. (Diese Information verdanke ich einem freundlichen Hinweis Prof. Dr. Martin Brechts).

[84] *Jung-Stilling,* Siegsgeschichte, S. 7.

[85] Ebd., S. 9.

[86] Ebd.

negative Haltung bestehen. Frankreich steht für ihn am Anfang einer Reihe europäischer Staaten, die dem Tier aus dem Abgrund huldigen würden. Allerdings ist der Unterschied zu den andern Staaten nur mehr ein gradueller, die „Revolutionssucht" habe auf die ganze „europäische () Christenheit" übergegriffen. Sie ist nach Jung-Stilling die erste Folge des Gerichtes Gottes, wie er bei der Erklärung von Offenbarung 16,1–3 ausführt. Danach bedeuten die „sieben Zornschaalen" die letzten „Gerichte Gottes über die abendländische, oder auch über die ganze Christenheit überhaupt".[87] Die „Schaale des ersten Engels" habe den „Geist der Revolution" enthalten und sei 1786 (sic!) „in die bürgerliche Verfassung der europäischen Christenheit" ausgegossen worden[88]:

> „Es ist erstaunlich, wie mächtig diese erste Zornschaale gewirkt hat: Da, wo sie die Herzen zum Empfang des Revolutionsgeistes vorbereitet fand, da erregte sich alsofort das böse, eiternde, unheilbare Geschwür der Revolutions- und Empörungssucht; durch alle die schrecklichen Folgen derselben, die wir erlebt haben, sind diese bedauernswürdigsten Menschen nicht geheilt worden, sondern ihr Geschwür im Herzen eitert beständig fort, und dieser Eiter vergiftet dergestalt alle Säfte des sittlichen Lebens, daß auch sonst gute gesittete Menschen wüthend und grausam geworden sind, und in ihrer Raserei Thaten ausgeübt haben, für denen die Menschheit zurückbebt..."[89]

Die negative Bewertung der „Revolutions- und Empörungssucht", die schon mit dem Begriff selbst ausgedrückt wird, vor allem aber die Einbindung in einen apokalyptischen Zusammenhang, dieses Darstellen der „Revolutionssucht" als erstes einer ganzen Reihe göttlicher Gerichte, dürfte die Französische Revolution bei den erweckten Lesern der Werke Jung-Stillings endgültig diskreditiert haben. Die politischen Inhalte der Revolution kommen – wie wir oben schon festgestellt haben – überhaupt nicht in den Blick, eine sachliche Auseinandersetzung mit den Anliegen der Revolution wird ersetzt durch ihre pauschale Verdammung gleichermaßen als satanisches Werk des falschen Propheten, der dem Antichristen dadurch den Weg bereite, und als Folge des Gerichtes Gottes über eine im Abfall begriffene abendländische Christenheit.[90]

Im Jahr 1805 ließ Jung-Stilling seiner „Siegsgeschichte" einen „Erste(n)

---

[87] Ebd., S. 303.

[88] Ebd.

[89] Ebd., S. 304.

[90] Im Zusammenhang einer Definition des Zornes Gottes läßt uns Jung-Stilling noch einmal einen tiefen Blick in seine politische Haltung tun: „Ehe ich weiter gehe, muß ich noch eine nothwendige Erläuterung einschalten: Allen sieben Engeln werden ihre Schaalen mit dem Zorn Gottes angefüllt – dieß müssen wir so verstehen: Sie bekommen den Auftrag, unbedingten Gehorsam gegen Gott, gegen Christum, gegen die ordentliche Obrigkeiten, gegen göttliche und menschliche Gesetze, und Fügung in jede bürgerliche Ordnung und Verfassung, unter Androhung schwerer Strafen, durch die gewöhnlichen Wege der göttlichen Regierung von den Menschen zu fordern...", ebd., S. 304f.

Nachtrag" folgen[91], in dem seine apokalyptische Konzeption nochmals leicht modifiziert erscheint, ohne daß wir hier weiter darauf eingehen müßten. Was sich in der „Siegsgeschichte" schon ankündigte, setzt sich im „Nachtrag" fort: Jung-Stilling wird vorsichtiger in seiner Bestimmung der apokalyptischen Ereignisse[92]:

> „Liebe Leser! ich bitte, ich beschwöre Euch, richtet nicht! – Urtheilt – Verurtheilt nicht... Kein König, kein Kaiser, kein Regent, sey Euch der Mensch der Sünden; kein Ort, keine Stadt, sey Euch dies geistliche Sodom und Egypten, bis man Euch zum Mahlzeichen an Stirn und Hand zwingen will. Dann ists auch noch früh genug."[93]

Jung-Stillings-Denken bewegte sich auch nach der Abfassung des „Erste(n) Nachtrag(s) zur Siegsgschichte" in apokalyptischen Bahnen.[94] Vor allem in seiner Zeitschrift „Der Graue Mann" verkündete Jung-Stilling fortan seine apokalyptische Deutung der Zeitereignisse.[95] Mit zunehmender zeitlicher Distanz verlor die Erfahrung der Französischen Revolution an apokalyptischer Brisanz, ohne daß dies Jung-Stillings Naherwartung der Wiederkunft Christi Abbruch getan hätte. Durch das Erlebnis der Befreiungskriege veränderte sich allerdings seine Perspektive: Er blickte nun nicht mehr in banger Erwartung nach Westen, woher der Antichrist kommen müsse, sondern hoffnungsvoll nach Osten, wo der fromme Zar Alexander I. von Rußland seiner Vorstellung vom Bergungsort im Osten neue Nahrung gab.[96]

IV. Zusammenfassung

Ausgangspunkt unserer Untersuchung war die Darstellung der vorrevolutionären Staatsauffassung Jung-Stillings. In Jung-Stillings politischem Denken mischen sich fortschrittliche mit konservativen Elementen, wobei die modernen Züge seiner Staatsauffassung teils von der Aufklärung (Menschenrechte, Volksbildung) und teils von seinem christlichen Glauben (Judenemanzipation, Armenfürsorge) motiviert sind.[97] Dominiert wird Jungs

[91] *Geiger*, Aufklärung und Erweckung, S. 28.

[92] Ebd., S. 330.

[93] *Jung-Stilling*, Siegsgeschichte, S. 543.

[94] *Geiger*, Aufklärung und Erweckung, S. 332.

[95] Ebd., S. 328ff.; *Goebel*, Jung-Stilling als christlicher Volksschriftsteller, S. 36.

[96] Zu Jung-Stillings Beziehung zu Alexander I. und zur Entstehung der „Heiligen Allianz" vgl. *Högy*, Jung-Stilling und Rußland, S. 15ff. und *Geiger*, Aufklärung und Erweckung, S. 320ff. und Kapitel 16 („Politik und Religion nach dem Programm der Heiligen Allianz"); Jung-Stillings „Rußlandhoffnung" bekam – wie Geiger betont – durch die Erfahrung der Befreiungskriege einen gewaltigen Auftrieb, *Geiger*, Aufklärung und Erweckung, S. 322.

[97] Jung-Stilling steht mit seiner von Aufklärung und Pietismus beeinflußten Haltung in seiner Zeit keineswegs allein da. Sie scheint vielmehr für den Spätpietismus des ausgehenden 18. Jahrhunderts charakteristisch zu sein, wie *Martin Brecht* am Beispiel Johann Ludwig

Staatsauffassung jedoch von der Vorstellung eines absoluten Herrschers, der, von christlichen Prinzipien geleitet, seine Untertanen mit väterlicher Fürsorge regiert. Die Erfahrung der Französischen Revolution bewirkte eine Verstärkung der konservativen und eine Abschwächung der fortschrittlichen Elemente der Staatsauffassung Jungs. Diese vergleichsweise geringfügigen Änderungen in der Staatsauffassung Jung-Stillings stehen jedoch im Schatten der tiefgreifenden Veränderung, die die Erfahrung der Französischen Revolution in seinem Denken und Leben überhaupt verursachte: Fortan steht sein ganzes Schaffen im Zeichen eines ausgeprägten Endzeitbewußtseins, das ihm seine staatswissenschaftliche Lehrtätigkeit immer unwichtiger, seine religiöse Wirksamkeit dagegen immer notwendiger erscheinen läßt.

Jung-Stilling antwortet auf die Herausforderung durch die Französische Revolution einmal, indem er eine konservative Utopie propagiert (1), zum andern dadurch, daß er eine Eschatologie entwickelt, die die aktuellen Ereignisse einbezieht (2).

1. Hat Jung-Stilling seine frühen Utopien dazu benutzt, gleichsam spielerisch seine Auffassung von Staat, Wirtschaft und Gesellschaft kundzutun, so erhält die nachrevolutionäre Utopie „Solyma" eine ganz andere Qualität dadurch, daß sie ganz bewußt einen Gegenentwurf zu den durch die Französische Revolution propagierten Ideen darstellt. Die Stoßrichtung gegen die Französische Revolution wird etwa deutlich an der Verteidigung des Gottesgnadentums und der rigiden Reglementierung des Lebens in „Solyma", die sich in strenger Zensur, Kleiderordnung und Ablehnung der Glaubensfreiheit niederschlägt.

2. Die neue apokalyptische Stimmung, in der sich Jung-Stilling befindet, äußert sich zunächst vor allem im mehrbändigen Roman „Das Heimweh" (1794–96), in dem er zum erstenmal seine apokalyptische Konzeption ausführlich entfaltet: Die Aufklärung erscheint hier als der falsche Prophet der Apokalypse, der dem Tier aus dem Abgrund – der Französischen Revolution – den Weg bereitet. Ausführlich entwickelt Jung-Stilling im „Heimweh" seine Vision eines Bergungsortes im Osten für die im endzeitlichen Kampf zwischen Licht und Finsternis schwer bedrängten wahren Christen. (Eine Vorstellung, die er bis an sein Lebensende beibehielt.) Fand sich schon in den frühen Romanen eine gewisse antifranzösische Einstellung[98], so ist diese nun im „Heimweh" erheblich verstärkt und apokalyptisch zugespitzt. Jung-Stilling entwickelt eine regelrechte „Heilsgeographie": Gegenüber dem Westen als dem Ort des Verderbens und Frankreich, als dem Herkunfts-

---

Ewalds und anderer gezeigt hat. Brecht spricht von einem „Pietismus, der... durch die Aufklärung hindurchgegangen ist", *M. Brecht,* Der Spätpietismus – ein vergessenes oder vernachlässigtes Kapitel der protestantischen Kirchengeschichte. JGP 10, 1984, 124–151 und *ders.*, Pietismus und Aufklärung in Lippe. Johann Ludwig Ewald und seine Freunde. Lippische Mitteilungen aus Geschichte und Landeskunde 56, 1987, 75–91 (Zitat S. 76).

[98] *Gutzen,* Johann Heinrich Jung-Stilling, S. 454 und 456.

land des Antichristen, sieht Jung-Stilling nun im Osten, in Rußland, das Heil.[99]

Die im „Heimweh" entworfenen Gedanken werden von Jung-Stilling in der Folgezeit präzisiert und weiterentwickelt, teilweise auch korrigiert, so daß er in der „Siegsgeschichte der christlichen Religion" von 1799 und im „Erste(n) Nachtrag" dazu (1805) eine modifizierte Eschatologie vorlegt. Im Gegensatz zum „Heimweh" sieht Jung-Stilling den Antichristen nun als eine *Person*, die sich erst noch offenbaren müsse. Die Französische Revolution bzw. der hinter ihr stehende Geist wird dementsprechend nicht mehr mit dem Tier aus dem Abgrund identifiziert, sondern wird nun als Mittel des falschen Propheten gesehen, diesem Tier aus dem Abgrund, dem Antichristen, den Weg zu bereiten. Zugleich ist die „Revolutions- und Empörungssucht" ein Teil des Gerichtes Gottes über eine Christenheit, die der christusfeindlichen Aufklärung Gehör gegeben hat und vom wahren Glauben abgefallen ist. Jung-Stilling sieht einen engen Zusammenhang zwischen Religionshaß und Rebellion gegen die ordentliche Obrigkeit. Wer die Religion angreife, mache auch vor der Staatsverfassung nicht halt und so bedeutet für Jung-Stilling ein Eintreten für den geschmähten wahren Glauben zugleich ein Eintreten für die überkommene politische Ordnung. Dadurch, daß Jung-Stilling seine politische Auffassung in den apokalyptischen Zusammenhang stellt (hie Christ und gehorsamer Untertan – da revolutionssüchtiger Tiersanbeter), erhält sie eine durchschlagende Wirkung. Nicht nur die Französische Revolution – jede Auflehnung gegen eine Obrigkeit ist dadurch bei dem Leser, der Stilling folgt, endgültig und völlig diskreditiert. Wirkungsvoller hätte Jung-Stilling die Ideale der Französischen Revolution bei den erweckten Kreisen kaum denunzieren können.

---

[99] *Martin Brecht* hat darauf aufmerksam gemacht, daß Jung-Stillings auf Rußland bezogene Hoffnungen auf Johann Albrecht Bengels Eschatologie zurückgehen: *M. Brecht,* Aufbruch und Verhärtung. Das Schicksal der nach Osten ausgerichteten Erweckungsbewegung in der nachnapoleonischen Zeit. In: Miscellanea Historiae Ecclesiasticae IV, Congrès de Moscou, Août 1970, hg. von *Robert Peters*. Louvain 1972, S. 131–164 (bes. 133ff.).

Peter van Rooden

The Concept of an International Revival Movement around 1800*

> En général, ces difficultés d'origine conceptuelle exaspèrent les professionels, bons ouvriers qui n'aiment pas se plaindre de leurs mauvais outils; leur métier n'est pas d'analyser l'idée de Révolution, mais de dire qui a fait celle de 1789, quand, comment et pourquoi; raffiner sur les concepts est à leurs yeux un travers de débutant. Il demeure que les instruments conceptuels sont le lieu des progrès de l'historiographie (avoir des concepts, c'est concevoir les choses).
> Paul Veyne, *Comment on écrit l'histoire,* Paris 1971, 88

In 1873–5 Dwight L. Moody, the famous and corpulent American revivalist, travelled about Great Britain for the second time in his life.[1] His simple lectures, held in secular buildings, aimed at bringing about revivals. In some of his talks Moody presented his notions – one can hardly call them thoughts – about the legitimacy of this kind of preaching.[2] These were offered in the form of an historical outline. Moses was the first revivalist. Had a revival been preached earlier, the Deluge would have been avoided. Since then, every important religious event had been the result of a revival. Moody presented the Lutherans, the Methodists, the Quakers, even the Catholics, as products of revivals. Such an appeal to history was common with the American revivalists. As usual, Charles Grandison Finney had formulated the matter more pithily than Moody. „Almost all the religion in the world has been produced by revivals."[3]

The horizon of Moody's preaching was not only chronologically very wide. During his calls to conversion he always emphasized the world-wide workings of the Spirit. „Tidings are coming from all parts of the world,

* I would like to thank Prof. Ulrich Gäbler for the freedom he left me to develop my own thoughts on the revival, while continuously stimulating my work. I am heavily indebted to his oral communications and published and unpublished articles.

[1] His tour is described in *John Kent,* Holding the Fort: Studies in Victorian Revivalism, London 1978, 132–168.

[2] Particularly in „Take ye away the Stone!", in: To the Work! To the Work!, London, s. a. 7–21.

[3] *C. G. Finney,* Lectures on Revivals of Religion, ed. by *William Henry Harding,* London 1910, 1–2.

telling us of the great work God is doing. The last tidings from India, told us of a blessed work going on there. The last tidings from Japan and other places – we have the same good news of God pouring out his Spirit."[4] In this respect as well, Moody was not original. Numerous groups within nineteenth-century Protestantism were characterized by such a sense of world-wide connections. This solidarity forms a Protestant parallel to the ultramontane orientation to the universal episcopate of the Pope.

In the 1950s some German church historians proposed circumscribing the concept „revival movement" or *„Erweckungsbewegung"* more strictly and reserving it for a definite group of movements at the end of the eighteenth century and the beginning of the nineteenth. Their suggestion took root and the *Erweckungsbewegung* has become a regular category of church history. This article will argue that the concept has lost its usefulness. Historical categories are meant to highlight certain aspects of historical reality, thus enabling the historian to describe and order it. As these concepts are not reality itself, they ought to be defined as clearly as possible. Only in this way can they be fruitful and suggest the new questions and problems, on which the progression of historical scholarship depends.[5] The concept *„Erweckungsbewegung"*, as defined in the 1950s and 1960s no longer meets these requirements. A review of the course of research over the last thirty years shows that it has lost almost all inner cohesion and is no longer able to generate new problems, but rather hampers the understanding of the history of Christianity in the first half of the nineteenth century.

I.

In 1909 A. Bruckner published a book on the history of the revival movements and the fruits they had born for the church.[6] The popularizing work was a result of the commotion over the revival of 1905, which attained some influence and a lot of attention in Germany. It is not hard to recognize the view on revivals of nineteenth-century evangelists such as Moody. Bruckner was indebted to this tradition. His book was published by the *Rauhe Haus* in Hamburg. Its real theme consists of the relation between revival and church. Bruckner addresses the church and admonishes it not to

[4] *Dwight L. Moody*, „Sinners seeking Christ", in: Adresses, new edition, London, s. a. 61.

[5] This is, of course, the thrust of Max Weber's argumentation on *Idealtypen*. He emphasizes that all historical categories are abstractions of historical reality and that they *therefore* ought to be cogent and logical (see, for instance, his Gesammelte Aufsätze zur Wissenschaftslehre, Tübingen 1922, 209: „gerade *weil* die Inhalte der historischen Begriffe notwendig wandelbar sind, müssen sie jeweils notwendig scharf formuliert werden"). Only in this way can they be fruitful for historical research – an often unemphasised but for Weber extremely important criterion for *Idealtypen* (cf, for example, *ibid.*, 179, 189, 193, 296).

[6] *A. Bruckner,* Erweckungsbewegungen. Ihre Geschichte und ihre Frucht für die christliche Kirche, Hamburg 1909.

reject the recent revival, but to profit from its enthusiasm. A motley review of revivals in history supports his argument. Easter, the Montanists, the Waldenses, the Quakers, German Pietism, the Moravians, Methodism, the revivals in Germany and Switzerland at the beginning of the nineteenth century, the Salvation Army and the revival of 1905 are treated in short chapters. According to Bruckner, every revival harks back to primitive Christianity. Revivals are the results of criticisms of a church, adapting itself to the world. The church should recognize the legitimacy of these criticisms. On the other hand, the revival ought to understand the nature of the church, which embodies the endeavour of Christianity to reform the world, ensuring its historical continuity. Church and revival complement each other. Together they constitute Christianity.

Clearly, Bruckner uses „church" and „revival" as ecclesiological rather than historical categories. A revival is a timeless possibility which realizes itself whenever the fervour of the church has slackened. Such a cyclic view of revival as a periodic event in the history of the church still plays an important role in scholarly works.[7] In this sense the concept has no limits. Staehelin considers (among many others) the Syrian stylites, the medieval flagellants, the Reformation, and Jansenism as revivals.[8] As the concept in this ecclesiological sense has no real content, it does lend itself to use as a sociological category. Bornewasser, following the American church historian McLoughlin, distinguishes between revivals and awakenings.[9] A revival results in the conversion, on a broad or modest scale, of individuals. An awakening occurs when a revival develops into the emergence of a massively organized subculture, which aspires to a fundamental change of society and its institutions. In the long run, the process of organization which is essential for an awakening leads to a decline in religious fervour, and brings about the end of the revival. This distinction, closely related to Max Weber's conception of the *Veralltäglichung des Charismas*, certainly has a bearing on some nineteenth-century developments. In 1854 Amy Bost looked back with

[7] In the Netherlands such a view is to be found in *A. A. van Ruler*, „Réveil en Revival", Wending 10 (1955–56), 282–292 and in *S. van der Linde*, „Het Nederlandse Reveil in de negentiende eeuw", Theologia Reformata 22/2 (1979), 7–19. *A Skevington-Wood*, The Inextinguishable Blaze: Spiritual Renewal and Advance in the Eighteenth Century, London 1960, traces this conception, which he shares, back to Finney (p. 236) and Moody (p. 26–7). *Hans-Walter Krumwiede*, Geschichte des Christentums III. Neuzeit: 17. bis 20. Jahrhundert, Stuttgart etc. 1977, 127–142 explicitly foregoes a discussion of the content of the revival, considering it as part of the dialectic of declension and renewal, which has always determined the history of the church. The numerous publications of J. Edwin Orr are all founded on this view. He has been followed by *Ludwig Rott*, „Erweckungsbewegung", in: Ökumene-Lexion. Kirchen-Religionen-Bewegungen, Frankfurt a. M., 335–6.

[8] *Ernst Staehelin*, „Von der protestantischen Orthodoxie zu den Erweckungsbewegungen", in: Historia Mundi 7: Übergang zur Moderne, Bern 1957, 227–248.

[9] *J. A. Bornewasser*, „Hoe conservatief was het Réveil?", Nederlands Archief voor Kerkgeschiedenis 62 (1982), 207–9; *William Gerald McLoughlin*, Revivals, Awakenings and Reform. An Essay on Religion and Social Change in America, 1607–1977, Chicago/London 1978.

nostalgia on his involvement in the French Réveil: „C'est la médiocrité qui me semble caractériser, déjà depuis des années, ce Réveil que j'ai vu naître si pur, si désintéressé, si directement dirigé vers le Royaume des cieux, si plein de renoncement et si spirituel. Il est devenu depuis longtemps affaire d'Église et d'administration, affaire de comités, affaire de prudence et de ménagements."[10]

Yet such a rhythmical view, which considers church history to be characterized by an alternation of declines and revivals, has strong drawbacks. Firstly, it is always unfair towards the period which precedes a revival. Such times are considered to be periods of lower religiosity, marked by a superstitious ceremonialism, a dead orthodoxy, or a superficial rationalism. No view of this kind can bear the test of historical criticism; a special historical genre has sprung up, dedicated to refuting such peremptory judgements.[11] Closely related to this objection is the consideration that, according to this rhythmical view of church history, nothing really happens. Revivals are not considered as new movements trying to realize new objectives, and therefore rejecting their own times, but as ways of returning to a perennial valid core. This seems to be wrong. When, around 1800, some Protestant groups undertook missionary endeavours on a large scale, they did something new. To understand their endeavours it is not fruitful to assume that they returned to a biblical injunction, which the Reformers had accidentally overlooked.

II.

As an historical concept, the nineteenth-century revival movement was defined in two encyclopaedias of the 1950s. In 1956, in the article *„Erweckungsbewegung"* of the *Evangelisches Kirchenlexikon*[12], Martin Schmidt described his subject as a single historical entity, although consisting of „in sich sehr verschiedene Bewegungen". He reserved its use for the eighteenth and nineteenth centuries and found the common characteristics of the different movements which made up this revival in their opposition to enlightened Christianity and their return to a biblical, Pauline message. Their conflict with the Enlightenment distinguishes them from Pietism. The movement

[10] Cited in *Raoul Stephan*, Histoire du Protestantisme Français, Paris 1961, 244–5; for a comparable criticism of English evangelicalism see *D. N. Hempton*, „Evangelicalism and Eschatology", Journal of Ecclesiastical History 31 (1980), 188.

[11] Especially concerning the periods preceding the Reformation and Lutheran Pietism. Only the traditional interpretation of the Anglo-Saxon revival movements of the eighteenth century has been subjected to a comparable criticism: *Norman Sykes*, Church and State in England in the XVIIIth Century, Cambridge 1934; *G. F. A. Best*, Temporal Pillars: Queen Anne's Bounty, the Ecclesiastical Commissioners, and the Church of England, Cambridge 1964; *Robert G. Pope*, „New England versus the New England Mind: The Myth of Declension", Journal of Social History 3 (1969–70), 95–108.

[12] *Martin Schmidt*, „Erweckungsbewegung" in: Evangelisches Kirchenlexikon 1: 308–312.

began in the 1730s with the birth of Methodism and the preaching of the American Jonathan Edwards. Schmidt devotes most of his attention to the nineteenth-century developments in the German and Scandinavian churches. The Réveil in French-speaking Switzerland and the emergence of the Oxford Movement, which at first sight seems a rather strange parallel[13], are summarily treated. The movement as a whole is characterized as the last great flowering of Christian piety. It reacted against the modern age, but, unfortunately, finally led to a withdrawal from society.

In 1958 Erich Beyreuther's article on the revival movement appeared in the *Religion in Geschichte und Gegenwart.*[14] Essentially, he follows Schmidt's interpretation. Their main difference concerns Beyreuther's choice of the Anglo-Saxon evangelical revival in the years round 1800, during which the great missionary and evangelical societies were founded, as the parallel of the German *Erweckung*. Rather more than Schmidt, who had considered this aspect only in his treatment of the Scandinavian revival, Beyreuther emphasizes the importance of the new forms of organization with which the domestic and foreign missions were undertaken.

Clearly, Schmidt's and Beyreuther's use of the concept *„Erweckungsbewegung"* to denote an historical movement around 1800 stems from its ecclesiological use, sketched above. Revivals are a periodic occurrence in the history of the church. The revival at the beginning of the nineteenth century was the last one, distinguishing itself from its predecessors by its opposition to the Enlightenment. This last element explains, according to Schmidt, the difference in phasing of the movement in different countries. The Enlightenment penetrated earlier in Great Britain, and therefore Methodism came before the German *Erweckung*. Three elements can be distinguished in Schmidt's and Beyreuther's definition of the *Erweckungsbewegung* as an historical concept: 1. the movements responded to a new situation, by 2. returning to an old message, which 3. was propagated by new means. The first element, the new situation, is the most important. The content of the message of the revival remains vague, and consequently it is difficult to determine the extent of the movement as a whole.

Five years later Beyreuther published the volume on the *Erweckungsbewegung* in the series *Die Kirche in ihrer Geschichte.*[15] To date, his book offers the most extensive survey. Beyreuther describes the revival as a critical renewal movement extending to all Protestant territories. A short, general introduction offers a characterization of the movement as a whole employing the above-mentioned three elements. The revival reacted against enlightened

---

[13] Schmidt's comparison of the Anglo-Saxon and continental revival movements was suggested by *Geoffrey Williams*, Flames worth Fanning, 1944.

[14] *Erich Beyreuther,* „Erweckung I. Erweckungsbewegung im 19. Jahrhundert", RGG 2: 621–629.

[15] *Erich Beyreuther,* Die Erweckungsbewegung (Die Kirche in ihrer Geschichte 4 R 1), Göttingen 1963.

Christianity, especially against its theological consequences, by returning to the biblical and reformational doctrine of sin, grace and atonement through Christ, which must realize itself in the testimony and life of the individual believer. In the wake of this message a new feeling of solidarity and brotherhood arose among members of different churches. The activism of the movement led to the use of new means for promoting missionary endeavours. Because it brought an authentic „reformatorisches Anliegen" to the fore, the revival was an independent movement. The first element of the definition remains the most important. Above all, the revival was a reaction against the Enlightenment. Following Schmidt, Beyreuther uses this characteristic to explain the difference in phasing between the various times of emergence of the diverse components which made up the movement as a whole. He now considers Methodism and the American First Great Awakening as parts of the revival, a view that contrasts with that expressed in his *RGG* article of five years earlier.

Surveys of the different movements that according to Beyreuther constitute the revival, follow the introduction. As these are based on various national scholarly traditions, their coherence is not obvious. The survey as a whole is divided into three parts, and it is not by chance that these correspond to different cultural areas. In Great Britain and America the revival consisted of all evangelical movements between 1730 and 1830, together with the beginnings of the Oxford Movement; in Western Europe of the *Réveil* in France, Switzerland and the Netherlands; in Germany of the *Erweckung* and its predecessors in the eighteenth century. Other countries are placed in a remaining group.

The greatest problem with Beyreuther's conception is his characterisation of the revival as a reaction against the Enlightenment. The most eminent representative of the British revival around 1800 was William Wilberforce. All around him, he saw unbelief. Like John Wesley he found the roots of this unbelief in the wealth and luxury which are the inevitable results of a real Christianity. Some of the fruits of a true belief become its greatest enemies. „In our own days, when it is but too clear that infidelity increases, it is not in consequence of the reasonings of the infidel writers having been much studied, but from the progress of luxury, and the decay of morals."[16] Not only did Wilberforce consider the Enlightenment an unimportant opponent: the argument of his main work has an ‚enlightend' structure. His *A Practical view* argues that a real, living Christian faith is a necessary precondition of social and political stability. Everyone can be rationally convinced of this truth, but only a conversion leads to a living faith. This is the formal structure of the argumentation of the Neology.[17]

---

[16] *William Wilberforce,* A Practical View of the prevailing religious systems of professed Christians, in the higher and middle classes in this country contrasted with real Christianity, 21th edition, London 1850,321; cf. 254–6.

[17] *Walter Sparn,* „Vernünftiges Christentum. Über die geschichtliche Aufgabe der theologi-

It is not difficult to trace the direct influence of the Enlightenment on movements considered to be part of the international revival around 1800 as well. Many revivalists were indebted to the common-sense philosophy of the Scot, Adam Reid.[18] Of crucial importance was the influence of the Enlightenment on the organization of the revival movements. In the first half of the nineteenth century Protestantism owed its amazing social influence and vitality to the great missionary and evangelical societies. The societies spread the message of the revival movements and organized their adherents.

The societies were an orginal and characteristic social form which saw its greatest flowering in the eighteenth century.[19] Recent research on the societies strongly emphasizes the close relation between their main characteristics and the Enlightenment. The societies were more or less independent of the traditional institutions and channels of authority in the society of the *ancien régime*. In England, for instance, they had a provincial character and were not controlled by the traditional centre.[20] By the manner in which they organized their members, as well as by their direct activities, they contributed to the modernization of the European societies.[21] Some formal aspects of the piety of different revival movements have an elective affinity with the social form of the society. Consequently, they possessed more or less enlightened features. One should think of their marked individualism, expressing itself in a strong emphasis on personal experience and the reduction of traditional doctrine to a few essential points. This reduction, together with the replacement of the idea of confession by that of Christianity or even

---

schen Aufklärung im 18. Jahrhundert in Deutschland", in: *Rudolf Vierhaus* (red.), Wissenschaften im Zeitalter der Aufklärung, Göttingen 1985, 18–57.

[18] *Ulrich Gäbler*, „Pietistische Erweckung um 1820 als europäisches Phänomen", Westfälische Forschungen 35 (1985), 4; *Sydney E. Ahlstrom*, „The Scottish Philosophy in America", Church History 24 (1955), 257–72.

[19] Reviews of the history of research into eighteenth-century societies are offered by *Ulrich Im Hof*, Das Gesellige Jahrhundert. Gesellschaft und Gesellschaften im Zeitalter der Aufklärung, München 1982, 179–83; *W. W. Mijnhardt*, Tot Heil van 't Menschdom: Culturele genootschappen in Nederland 1750–1815, Amsterdam 1988, 9–24; These scholars do not consider the missionary and other great religious societies. The methodical innovations of the research of the societies, viz. considering the implicit consequences of their original sociability instead of their success in attaining their chosen ends, have not yet reached church history. Im Hof's contribution excepted, the special number of Pietismus und Neuzeit dedicated to the Basler Christentumsgesellschaft (7 (1981)) has a traditional character.

[20] *R. Porter*, „Science, provincial culture and public opinion in Enlightenment England", British Journal for 18th Century Studies 3 (1980), 20–46.

[21] Cf. *Thomas Nipperdey*, „Verein als soziale Struktur in Deutschland im späten 18. Jahrhundert. Eine Fallstudie zur Modernisierung", in: *Nipperdey*, Gesellschaft, Kultur, Theorie. Gesammelte Aufsätze zur neueren Geschichte, Göttingen 1976, 174–205. *F. Kopitzsch*, Grundzüge einer Sozialgeschichte der Aufklärung in Hamburg und Altona, 2. T., Hamburg 1982; *Im Hof*, Das gesellige Jahrhundert; *R. van Dülmen*, Die Gesellschaft der Aufklärer. Zur bürgerlichen Emanzipation und aufklärerischen Kultur in Deutschland, Frankfurt a. M., 1986; *Mijnhardt*, Tot Heil van 't Menschdom.

the whole world, made cooperation between Christians of different churches possible. All in all, the influence of the Enlightenment on the revival movements is unmistakeable. Beyreuther already acknowledged some of their enlightened features, but in the course of further research the nature of the situation to which the revival reacted has become more of a problem.

In 1982 Gustav Adolph Benrath followed the structure of Beyreuther's book in his review article in the *TRE*. However, he no longer uses the term „Erweckung", but speaks of „Erweckungsbewegungen".[22] He distinguishes the revivals from Pietism by assuming that they reacted to the modern, self-assured thought of the Enlightenment. However, he no longer finds the consequences of its rationalism solely or mainly in theology, but in the churches and public life as well. He follows Beyreuther in his description of the message of the revivals as a return to biblical or reformational truths. Yet he stresses its simplified content and the new ways and modern organization of evangelical preaching. As regards the different groups which he considers to be revival movements, he makes a greater distinction between the developments in Anglo-Saxon countries and those on the Continent. In particular he regards Methodism as a force in its own right.

Benrath modifies Beyreuther's conception, while essentially remaining within its boundaries. Greschat and Gäbler use it as starting point. Yet they alter his description to such an extent that it loses its cohesion as an historical concept. In 1985 Martin Greschat, in his general introduction to volume 9/1 of the *Gestalten der Kirchengeschichte*, also gave consideration to the revival movements.[23] The introduction deals with the history of Christianity in Western and Central Europe in the first half of the nineteenth century. Greschat considers this period and area to be paradigmatic for modern church history. There, for the first time, as a result of the French Revolution and the modernizing of economies, the modern age had become a social reality. The revival movement was one of the ways in which Christianity reacted to this new situation. Greschat places the Protestant revival alongside the Catholic recovery at the beginning of the nineteenth century, taking shape in new organizations and the reorientation on Rome. The Catholics also founded numerous local pastoral and charitable institutions and used the new social form of the society. They, too, developed new activities in the fields of education, publishing and propaganda. They, too, were heavily dependent on laymen and women for these new activities. Catholicism also propagated a piety in which belief and an active life were closely related, and characterized by a strong tendency to activism.

This comparison between Catholics and Protestants is a new develop-

---

[22] *Gustav Adolf Benrath,* „Erweckung/Erweckungsbewegungen I. Historisch", Theologische Realenzyclopaedie 10 (1985), 205–220.

[23] *Martin Greschat,* „Die neueste Zeit. Von der Französischen Revolution bis zum Ersten Weltkrieg. Einleitung", in: *M. Greschat,* Gestalten der Kirchengeschichte 9/1, Stuttgart etc. 1985, 7–42.

ment. Beyreuther had given an extensive description of the contacts between groups of the German *Erweckung* and the circle of Bishop Sailer of Regensburg. Yet Sailer should, rather, be considered as a late representative of the Catholic Enlightenment[24], while Greschat alludes to the first initiatives of Ultramontanism, which were completely to repudiate the heritage of Jansenism and the Catholic Enlightenment. Greschat's extension of the concept of revival alters the nature and relation of its different components, distinguished above. Firstly, let us examine the description of the situation to which the revival movement was reacting. For Greschat, Beyreuther's enlightened Christianity and Benraths' consequences of rationalism for the churches and public life, have become the modern age as a social and historical reality. The relation between the different elements of the concept changes as well. Greschat regards the new organizations (which for Beyreuther were the least important element of the Protestant revival) together with their activist piety, as the main characteristics of the Christian – Protestant and Catholic – recovery.

To describe the character of the Protestant revival Greschat consequently has to appeal to the content of its message. He provides his definition with numerous qualifications, stressing that it is extremely difficult to reduce the Protestant revival movements to a common denominator. Even the German *Erweckung* was not a uniform phenomenon or a movement with a clear unity.[25] The revival had various roots. ‚Confessionalisation' only took place when the revival movements had penetrated the existing churches. In the beginning one cannot speak of orthodoxy, but only of a romantic longing for traditional dogma and formulas, interested more in the individual emotions they evoked than in their actual contents. This important point has been noted independently by historians of different European revival movements.[26] All these qualifications, however, are followed by a repetition of Beyreuther's definition of the message of the revival. The core of its piety was characterized by the experience of sin and God's offer of grace in Jesus Christ, resulting in an appeal to conversion and a sanctified life, of which missionary activities formed an essential part. Finally, Greschat also finds it difficult to find a place for the eighteenth-century Anglo-Saxon evangelical movements. He does not compare the German *Erweckung* with Methodism or the American First Great Awakening. Like Beyreuther in his article in the

---

24 *Owen Chadwick*, The Popes and European Revolution, Oxford 1981, 612.

25 *Martin Greschat*, „Die Erweckungsbewegung. Versuch einer Übersicht anhand neuerer Veröffentlichungen", Jahrbuch des Vereins für Westfälische Kirchengeschichte 66 (1973), 97–148.

26 In the nineteenth century it was already noted by *Allard Pierson*, Oudere Tijdgenoten, fourth ed. by *Peter L. Schram*, Amsterdam 1982, 199. *A. Encrevé*, Les protestants de France de 1800 à nos jours. Histoire d'une réintegration, Paris 1985, 61 ff. on the French Réveil follows *D. Dubief*, „Réflexions sur quelques aspects du premier Réveil et sur le milieu où il se forma", Bulletin de la Sociétié pour l'Histoire du Protestantisme Français 114 (1968), 373–402, 387 on the Réveil in Geneva.

RGG, he sees the evangelical revival around 1800, which resulted in the Bible, Tract and Missionary Societies, as belonging to the revival movement. He refrains from describing the relationship between this revival and Methodism and the First Great Awakening. They were connected „in a certain way".

Ulrich Gäbler has mainly devoted attention to theological aspects of the revival. In a number of articles he has shown that the conceptions stressed by Beyreuther, such as sin, grace and reconciliation through Christ, did not form part of the core of the belief and piety of some individuals who are generally reckoned to belong to the revival movements.[27] In his article „Erweckungsbewegung" in the second edition of the *Evangelisches Kirchenlexikon* of 1986[28] he replaces Beyreuther's description of the content of the message of the revival with a purely formal characterisation. The revival movement attempted to change church and society in a biblical-Reformational way. Of course, such a description remains very wide. What is the similarity between the prominent member of the Dutch Réveil, Groen van Prinsterer, for whom the history of the sixteenth century possessed a revelatory character, and the American revivalist Finney, who felt free to acknowledge that every movement for reform since New Testament times had made mistakes, and for whom the major figures of the Reformation were no more than members of a long tradition of revivalists?[29]

In a very recent article Gäbler has broken new ground.[30] He attempts to describe the theological identity of the revival movement by means of a number of rather formal motifs. The most important are eschatological consciousness, experimental religion, and associational concepts („endzeitliches Bewußtsein, Erfahrungsreligion und Sozietätsgedanke"). By means of these motifs Gäbler succeeds in describing the thoughts of prominent members of the revival movements, for instance Chalmers, Wilberforce, Da Costa and Volkening. As these motifs stem from Pietism and the Enlightenment, he convincingly demonstrates that the revival movements cannot be characterized in terms of a return to the message of the Reformation. Yet Gäbler does not ask whether the traditional enumeration of the groups and individuals, who are reckoned to belong to the revival movement, accords

---

[27] *Ulrich Gäbler,* Vernunft, Moral, Bekehrung. Die Erweckungspredigt von Charles Grandison Finney in Nordamerika 1824–1832, Kampen 1980; „Der Weg zum Réveil in Genf", Zwingliana 16 (1983), 142–167; „Zum theologischen Gehalt von Isaac da Costas ‚Einreden wider den Zeitgeist' (1823)", in: *Ulrich Gäbler/P. Schram* (eds.), Erweckung am Beginn des 19. Jahrhunderts, Amsterdam 1986, 223–246.

[28] *Ulrich Gäbler,* „Erweckungsbewegung", Evangelisches Kirchenlexikon 1 (1986), 1081–1088.

[29] *Keith J. Hardman,* Charles Grandison Finney 1792–1875: Revivalist and Reformer, Syracuse (New York), 1987, 38. Cf. Finney's retrospective on his theological education in the fourth chapter of his Memoirs.

[30] *Ulrich Gäbler,* „Erweckung im europäischen und amerikanischen Protestantismus", Pietismus und Neuzeit 15 (1989), 24–39.

with his new characterisation of its theological content. The thoughts of (for instance) Darby, Groen van Prinsterer and Haldane, who are generally considered to be part of the revival, do not answer to his description. On the other hand it is hard to see how Gäbler can avoid the consequence that, on the basis of these motifs, theologians such as Schleiermacher or the Dutch Arminian Abraham des Amorie van der Hoeven ought to be considered part of the revival.[31]

In his article in the *Evangelisches Kirchenlexikon* Gäbler also formalizes the description of the situation to which the revival was a reaction. Gäbler no longer speaks of an objective crisis, but a subjective perception of de-christianisation. The revival is no longer characterized as a response to the Enlightenment or rationalism, but, more generally and indefinitely, as an experience of a spiritual and social decline of Christianity. Thereby he definitely abandons the ecclesiological use of the concept of revival, which, in the last analysis, still determined Schmidt's and Beyreuther's historical definitions. Gäbler cautions that it is hard to distinguish the revival from closely related, but different movements, such as Romanticism, German Idealism, Pietism, Conservatism and Confessionalism. Remarkably, he also mentions Methodism here, although it also figures in his enumeration and survey of the different movements composing the revival, which follows this general introduction. Here, Gäbler is still dependent upon Beyreuther.

III.

Gäbler, in his article in the *Evangelisches Kirchenlexikon* characterized the concept of the revival movement as „a historiographical make-shift solution". The situation seems to be even worse than this. The historical concept of revival, as it was defined in the 1950s, has collapsed. Its intellectual roots lay in a cyclical view of history, which considers revival as a periodic return to an original truth or inspiration. The characteristics of the revival around 1800 were therefore mainly found in the situation to which it was reacting. In the course of the last thirty years the description of this situation has been steadily widened, from enlightened Christianity by way of the social consequences of rationalism, to the whole modern age. Finally, in Gäblers description the situation is only a perceived development, the reality of which no longer needs be analysed. The surveys of the revival steadily pay more attention to the use of new means– the enormous organizational modernization which formed the foundation of the unprecedented flowering of domestic and foreign missions.

These shifts within the original description make it more or less imposs-

[31] *E. H. Cossee,* Abraham des Amorie van der Hoeven 1798–1855: Een Remonstrants theoloog in de Biedermeiertijd, Kampen 1988.

ible to apply the concept in a fruitful way, and to determine which movements, groups or individuals ought to be considered as constituting the revival. This last problem has plagued the historical concept of revival since its inception. In particular, the relationship between Methodism and the revival movement has always been unclear. Such uncertainty usually points to a fundamental weakness of conceptualization. I now propose to treat Methodism in summary fashion, on the basis of recent scholarship, to try to answer the question of why it could not convincingly be fitted into, or excluded from, the revival movement.

John Wesley found his first adherents among the members of the remnants of the religious societies. In the second quarter of the eighteenth century George Whitefield and the Moravians also concentrated on these groups.[32] They went back to a late seventeenth-century programme for churchly reform which had propagated a piety centering on the sacraments, the hierarchy of the church, methodical self-reflection and an authoritarian moralism. In his parental home and in Oxford, John Wesley himself had been closely acquainted with this kind of piety. Yet in the religious societies he found the spiritual elite of the church rather than a programme which he revitalized. The reforms for which the religious societies strove presupposed an active and disciplining role for the church. Yet the powers of the Church of England had been drastically curbed after 1688. The programme of the religious societies had never recovered from this setback.[33]

Wesley's preaching had a different character. He did not aspire to authoritatively prescribed reforms. He had no confidence at all in the aristocracy and scarcely more in the clergy. His attitude towards the Church of England was not characterized by a feeling of solidarity. It was strictly utilitarian. He never offered any other than strategic motives for his decision to remain within the Church. He was convinced that avoidance of a rupture was the best way to evade impediments to his preaching. It was for this reason that, all his life, he maintained the transparent fiction that the Methodists were no more than individuals, with whom he had a personal connection.[34] By trial and error he set up an organization which took over traits from the Moravians and the religious societies. His use of open-air evangelism and itinerant preachers was no more original. All Wesley's decisions concerning the use of such means were based on utilitarian consi-

[32] *J. D. Walsh,* „The Origins of the Evangelical Revival“, in: *G. V. Bennett/J. D. Walsh* (eds.), Essays in Modern English Church History in Memory of Norman Sykes, London 1966, 132–162.

[33] *E. Duffy,* „Primitive Christianity revived: religious renewal in Augustan England“, Studies in Church History 14 (1977).

[34] *Frank Baker,* „The People called Methodists – 3. Polity“, in: *Rupert Davies/Gordon Rupp,* A History of the Methodist Church in Great Britain I, London 1965, 211–256.

derations. Only the success in evangelizing counted. Similar remarks have been made about the elaboration of Wesley's theology.[35]

This ruthlessly result-oriented eclecticism of Methodism makes it quite modern. Like the English enlightened societies it was a provincial movement. Not only geographically, but also socially and culturally its spread did not follow the traditional channels of authority.[36] Its expansion can only be adequately described when it is regarded as a modern social movement. It recruited its adherents mainly in areas[37] and among social groups[38], which on a local level were weakly controlled by the traditional elite. These areas were the centre of the Industrial Revolution and absorbed the phenomenal population growth of England between 1730 and 1850. Methodism grew in the areas and among the groups most closely involved with the modernization of British society not only because of a weakness of traditional controls. The nature and content of its message had an intimate affinity with the social upheaval, which at the same time continuously increased the number of its potential adherents.[39] Methodism furthered the moral emancipation of the lower classes. Its message, as well as the disicpline it enforced amongst its members, promoted self-respect and weakend respect for the personal authority of the traditional elite. It trained its members in elementary organizational skills and furthered their ability to express themselves. It legitimated the pursuit of social improvement. In short, it promoted the new industrial work ethic, while at the same time its close community ties lessened the personal consequences of social disruption.

The nature of Methodist preaching was modern as well. It propagated an exuberant piety, telling stories about God's direct intervention in reality. The traditional popular beliefs about the numinous qualities of certain places, times, and happenings were replaced by God's providences and colourful stories about local versions of the cosmic struggle between God and the Devil. Yet on the other hand, by making its adherents members of a

---

[35] *W. R. Ward,* „The Relations of Enlightenment and Religious Revival in Central Europe and in the English-speaking World", in: *Derek Baker* (ed.), Reform and Reformation: England and the Continent c. 1500–c. 1750, Oxford 1979, 281–303; „Power and Piety, the Origins of Religious Revival in the early Eighteenth Century", The Bulletin of the John Rylands University Library of Manchester 63 (1980), 231–252.

[36] *Henry D. Rack,* „Religious Societies and the Origins of Methodism", Journal of Ecclesiastical History 38 (1987), 582–95.

[37] *Alan Everitt,* The Pattern of Rural Dissent: the Nineteenth Century, Leicester 1972; *E. J. Evans,* „Some Reasons for the Growth of English Rural Anti-Clericalsim, c. 1750–1830", Past & Present 66 (1975), 84–109; *E. Hopkins,* „Religious Dissent in Black Country Industrial Villages in the First Half of the Nineteenth Century", Journal of Ecclesiastical History 34 (1983), 411–424.

[38] *Alan D. Gilbert,* Religion and Society in Industrial England: Church, Chapel and Social Change, 1740–1914, London-New York 1976, 97–109.

[39] *Bernard Semmel,* The Methodist Revolution, London 1974.

national organization, Methodism extended their horizon and made them part of a much wider world than the traditional community.[40]

From about 1760 on the growth rates of those groups of Dissent, which were touched by the evangelical revival, show the same curve as those of Methodism. Their growth was achieved by the same means and took place in the same areas, among the same social groups, for the same reasons. In the 1790s these affinities found institutional expression. Countless local interdenominational organizations were founded, to support itinerancy and to set up and maintain Sunday Schools. An evangelical press came into being.[41]

In the first half of the nineteenth century Methodism, like Congregationalism and the evangelical Baptists, changed itself into a denomination. The interdenominational organizations which had been founded at the end of the eighteenth century were broken in bitter conflicts and subjected to the different churches. This development is best documented in the case of the Methodists.[42] As a consequence of their central organization, local conflicts could quickly attain a nation-wide scale. Yet the development of evangelical Dissent ran along essentially the same lines. Eighteenth-century Dissent had conceived of itself as „the Dissenting interest", as a social and political group. Evangelical Dissent consisted of a number of denominations which conceived of themselves as religious communities.[43] By 1850 the religious landscape of England had been drastically changed.

The emergence of Methodism seems to be best characterized as a modernization. Its organization was rational and extremely flexible. Its clergy did not consist of dignitaries, but was made up of professional specialists. It had a nation-wide, even international horizon. It did not identify with any existing social structure. For its support it was solely dependent on its members, to whom it offered numerous opportunities for participation. The forms of its message were modern, as well, and it satisfied the popular

---

[40] A sophisticated treatment of the popularisation of evangelical Protestantism is to be found in the discussion on the question of whether nineteenth-century Methodism ought to be considered as a continuation of early modern popular religious culture. Cf. *E. P. Thompson,* „Anthropology and the Discipline of Historical Context", Midland History 1 (1972), 41–55; idem, „Patrician society, Plebeian culture", Journal of Social History 7 (1974), 382–405; *James Obelkevich,* Religion and Rural Society. South Lindsey 1825–1875, Oxford 1975; *J. G. Rule,* „Methodism, Popular Beliefs and Village Culture in Cornwall, 1800–1850", in: *R. D. Storch* (ed.), Popular Culture and Custom in Nineteenth-Century England, London 1982.

[41] *W. R. Ward,* „The Religion of the People and the Problem of Control", in: *G. J. Cumming/ Derek Baker* (eds.), Popular Belief and Practice, Cambridge 1972, 237–258; id. Religion and Society in England 1790–1850, London 1972, 44–62; id., „Revival and Class Conflict in early Nineteenth-century Britain", in: *Ulrich Gäbler/Peter Schram* (Hrsg.), Erweckung am Beginn des 19. Jahrhunderts, Amsterdam 1986.

[42] *David Hempton,* Methodism and Politics in British Society, 1750–1850, London 1984; *Rupert Davies/A. Raymond George/Gordon Rupp* (eds.), A History of the Methodist Church of Great Britain II, London 1978; Ward's book and articles.

[43] *Ralph Philip Roberts,* Continuity and Change: London Calvinistic Baptists and the Evangelical Revival, 1760–1820, thesis VU Amsterdam 1989, 109–14.

demand for a simple and exciting message. It can no longer be described in terms of the traditional dichotomy between popular and elite culture. It is, rather, a precursor of modern mass culture.

The closest parallel to this developments is offered by American church history.[44] In the years 1790–1850 the face of American Christianity was drastically altered. The concept „Second Great Awakening" does not quite fit these events. What happened was not a reassertion of an already existing identity, but the emergence of the specific nature of American Christianity.[45] New churches came into being. The numerical relation between the churches was dramatically altered. Methodists and Baptists, very small groups in the 1790s, had by 1850 become the two largest Protestant denominations. The older churches changed their character.[46] In America all churches acquired the above-mentioned characteristics of Methodism. Their organizations were thoroughly rationalized. The churches' own conception of themselves was altered and their identification with traditional social structures was abandoned. Their members acquired a national and world-wide horizon. The organizational renewals led to a massive participation by the laity, which was furthered by the popularization of preaching and the emergence of an evangelical mass culture.

IV.

It is not hard to see why the above-mentioned scholars found it so difficult to fit Methodism into their historical concept of a revival movement around 1800. Methodism did not result in the revitalization of an existing church; instead, it led to the emergence of a new denomination. In many ways it was connected to the continental networks of the West-European Réveil and the German *Erweckung*. In England itself Methodism for some time collaborated on a local level with evangelical Dissent and the evangelical party in the Church of England. On the other hand

[44] Cf. *P. T. van Rooden*, „Heeft de Verlichting de secularisatie bevorderd?", in: *G. Dekker/K. U. Gäbler* (red.), Secularisatie in theologisch perspectief, Kampen 1988, 97–115.

[45] A convincing exposition of this interpretation can be found in the various articles of *Sidney E. Mead* published in Church History in the 1950s and gathered in his The Lively Experiment: The Shaping of Christianity in America, New York 1963; Mead's interpretation forms the startingpoint for *Dietrich Gerhard*, „Die Erweckungsbewegung und ihr Einfluß auf die Struktur des amerikanischen Kirchenwesens", in: *D. Gerhard,* Alte und neue Welt in vergleichender Geschichtsbetrachtung, Göttingen 1962, 192–208.

[46] *Elwyn A. Smith,* „The Forming of a Modern American Denomination", Church History 31 (1962), 74–99; *Samuel C. Pearson,* „From Church to Denomination: American Congregationalism in the Nineteenth Century", Church History 38 (1969), 67–85; *Richard D. Shiels,* „The Second Great Awakening in Connecticut: Critique of the Traditonal Interpretation", Church History 49 (1980), 401–15; *Fred J. Hood,* Reformed America: The Middle and Southern States, 1787–1837, Alabama 1980.

the Methodists were not closely involved in the great evangelical societies, and almost immediately founded their own denominational organization for foreign missions.

The main problem is the implausibility of a representation of Methodism as a reaction against the Enlightenment or the modern age. Methodism was not a movement of reaction. It felt completely at home in the world created by the first phase of the Industrial Revolution. Much the same could be said about American Christianity. In the 1810s Lyman Beecher, the Congregationalist pastor who could be called the American Wilberforce, waged a fierce, but ultimately unsuccessful battle to preserve the bond between his church and the State of Connecticut. Many years later he looked back on the days of his final defeat: „The injury done to the cause of Christ, as we then supposed, was irreparable. For several days I suffered what not tongue can tell *for the best thing that ever happened to the State of Connecticut* (italics in original). It cut the churches loose from dependence on state support. It threw them wholly on their own resources and on God."[47] The only remarkable thing about Beecher is his initial resistance to the separation of Church and State. Charles Grandison Finney, who had never been a pastor in one of the established churches, never found anything wrong with the social and political institutions of the American Republic.

It seems best to abandon the over-all concept of a revival movement occurring in all Protestant territories around 1800. Firstly, in the course of the last thirty years not only has there been no resolution of the confusion about the extent of the concept; it has lost all inner cohesion as well. Secondly, it obstructs our view of more fruitful questions. As the historical definition of a revival movement around 1800 ultimately stems from its use as an ecclesiological notion, it has never shed the idea of reaction to a decline and a return to an orginal inspiration or truth. This leads to rather superficial descriptions of the religious history of the first half of the nineteenth century. Methodism resulted in the emergence of a new church. The transformation of the older American churches and of those parts of English Old Dissent which were influenced by evangelicalism can be described in the same terms. These churches underwent drastic changes. They rationalized their organizations and, even more importantly, conceived of themselves and their relation to society in a new way. They were extremely successful in solving the new problems with which all churches were confronted after the demise of the *ancien régime* in which religion and society had been interwoven with each other. Their adaptation to the functional differentiation between church and society has to be characterized as a modernization. All churches were forced to cope with

[47] Autobiography, Correspondence etc., of Lyman Beecher, D.D., edited by *Charles Beecher*, 2 vols., New York 1864, I, 344.

this development. There should be a more careful distinction between their reactions than the concept of a revival movement allows.

It seems inadvisable to take protestations of resistance against the spirit of the age too seriously. Nineteenth-century Roman Catholicism offers the best example. Troeltsch, blinded by the prejudices of a liberal intellectual, called it „einen ungeheuren Fremdkörper in der modernen Welt".[48] Of course, Ultramontanism presented and conceived of itself as a massive rejection of the values of the liberal world. Yet, thanks to its organizational capacities and creation of a religious mass culture it became the only Christian body which can stand comparison with that other great modern mass movement, Socialism.

In arguing for abandoning of the concept „revival movement" as it was defined in the 1950s I therefore do not propose simply to return to the study of the different movements which were considered to form part of it. The use of a single term for a great number of different movements in the first half of the nineteenth century was based on a correct intuition. In those years all churches were confronted with a loss of their traditional position, in which they had been closely interwoven with society, part of the natural order of things. Thus they had to develop in new directions. It seems fruitful to study and to compare the different ways in which they succeeded in profiting, or failed to profit, from this new situation. One should, however, examine more movements than those traditionally considered to belong to the revival. Such an approach would find support in the different national scholarly traditions, in which the term ‚revival' is occasionally used as a much wider category than is usual in the works considered in this article.[49]

I offer a few examples. The ways in which churches implicitly understood themselves form an important theme in the works of some American church historians. The research into the German *Erweckung* has paid scant attention to the consequences of the reconstruction of Germany after the revolutionary wars for the self-understanding of the churches. This seems to be a promising field of research. The nature and causes of the growth of Methodism have been intensely studied. Yet the comparable fast growth between the 1830s and the 1880s of the churches of the Dutch *Afscheiding*, a right-wing secessionary movement, has been researched hardly at all. In America the great evangelical societies played a crucial role in the transformation of

---

[48] *Ernst Troeltsch,* Die Bedeutung des Protestantismus für die Entstehung der modernen Welt, München/Berlin 1911, 12.

[49] On the French Réveil: *Emile Léonard,* Historie du Protestantisme III, Paris 1964, 188; Lütgert and Schnabel reckoned all early nineteenth-century movements which contributed to religious renewal to the German *Erweckung*. On the Dutch Réveil: *Jasper Vree,* „De Nederlandse Hervormde Kerk in de jaren voor de Afscheiding", in: *W. Bakker*, ed., De Afscheiding van 1834 en haar geschiedenis, Kampen 1984, 60–61. Some British church historians take the evangelical revival and the Oxford Movement together: *David Edwards,* Christian England, 3 vols., London 1981–84, III preface; *Owen Chadwick,* The Victorian Church, 2 vols., London 1976, I, 386.

the Presbyterians and Congregationalists from traditional churches to modern denominations. In England the Congregationalists, changed by the evangelical revival, organized themselves around the London Missionary Society. In France the evangelical societies were the means by which French Calvinism was changed from the traditional „religion des pères“ to a church. The role of the religious societies in the emergence of a new self-understanding among the nineteenth-century German and Dutch churches has not been studied at all. Such fields of study seem much more promising than attempts to elaborate the concept of an international revival movement around 1800, which all too easily becomes entangled with the presupposition of a fundamental opposition between Christianity and the modern word.

Horst Weigelt

Die Allgäuer katholische Erweckungsbewegung und ihre Ausstrahlung in den süddeutschen Raum

In der Forschung ist wiederholt darauf aufmerksam gemacht worden, daß die Allgäuer katholische Erweckungsbewegung einen weiten geographischen Wirkungsbereich besessen hat. Von ganz besonderer Bedeutung ist hierbei, so wird mit Recht bemerkt, ihr Einfluß auf den süddeutschen Raum gewesen, wo sie gerade auch für den Protestantismus von Relevanz gewesen ist. Selbstverständlich hat sie hier in den einzelnen Territorien recht unterschiedliche Resonanz gefunden; besonders starke in spätpietistischen Kreisen und im eng vernetzten Freundes- oder Schülerzirkel von Michael Sailer. Daneben sind aber auch Einzelpersonen von ihr erfaßt und beeinflußt worden. Zu ihnen zählt Aloys Henhöfer, der Initiator der badischen Erwekkung, worauf in der evangelischen und katholischen Kirchengeschichtsschreibung gelegentlich, mehr oder weniger beiläufig hingewiesen worden ist.[1]

Im folgenden soll zunächst Entstehung und Entwicklung der Allgäuer katholischen Erweckungsbewegung skizziert werden. Sodann wird der Blick auf einige wichtige Ausstrahlungen der Allgäuer katholischen Erwekkungsbewegung im evangelischen süddeutschen und schweizerischen Raum zu lenken sein. Schließlich werden Henhöfers Beziehungen zur Allgäuer katholischen Erweckungsbewegung etwas eingehender dargestellt werden.

---

[1] So vermerkte Hubert Schiel 1948 in seiner Sailerbiographie, daß Aloys Henhöfer „durch das Boossche ‚Christus für uns und in uns' im Innersten gepackt und durch den Sailerschüler Fink mit dem ‚wahren evangelischen Geist' bekannt gemacht" worden ist (*Hubert Schiel,* Johann Michael Sailer. Leben und Briefe, Bd. I: Leben und Persönlichkeit in Selbstzeugnissen, Gesprächen und Erinnerungen der Zeitgenossen, Regensburg 1948, S. 277). Oder Hildebrand Dussler O. S. B. schrieb in seiner 1959 erschienenen Monographie über Johann Michael Feneberg innerhalb seines Kapitels über die Auswirkungen der Allgäuer Erweckungsbewegung auf die Kirchengeschichte des 19. Jahrhunderts: „Durch die Erweckungsgeschichten des Martin Boos aufgerüttelt, begann der junge Pfarrer Aloys Henhöfer im badischen Dorf Mühlhausen, eifrig Buße und Glauben zu predigen, eiferte gegen kirchliche Äußerlichkeiten und Werkheiligkeit und hielt außer den öffentlichen Gottesdiensten noch besondere Erbauungsstunden nach Art der Allgäuer Erwecktenkonventikel" (*Hildebrand Dussler,* O. S. B., Johann Michael Feneberg und die Allgäuer Erweckungsbewegung. Ein kirchengeschichtlicher Beitrag aus den Quellen zur Heimatkunde des Allgäus, Nürnberg 1959 (EKGB 33), S. 215).

1. *Die Allgäuer katholische Erweckungsbewegung – Anfänge und Entwicklung*

Trotz einiger territorialgeschichtlicher Untersuchungen ist man bislang noch nicht zu einem übereinstimmenden Urteil über die Anfänge der Allgäuer Erweckungsbewegung gekommen. Während man sie lange Zeit als einen frömmigkeitsgeschichtlichen Aufbruch innerhalb der römisch-katholischen Kirche während der Aufklärungsepoche verstand[2], hat man dies seit den Untersuchungen von Kurt Aland u. a. vielfach in Frage gestellt. Man verwies auf pietistische oder sogar reformatorische Traditionen, die in diesem Voralpengebiet lebendig gewesen wären und zur Erweckung geführt hätten. Einig ist man sich jedoch in der Forschung, daß die zentrale Gestalt der Allgäuer Erweckungsbewegung, und vielleicht sogar ihr Initiator, in ihrer Frühzeit der katholische Geistliche Martin Boos[3] gewesen ist.[4] Seine Erweckung im Jahre 1790 oder schon im Jahre 1788/89[5] wurde die Geburtsstunde der Allgäuer katholischen Erweckungsbewegung. Wie er zu dieser Erfahrung des Christus pro nobis gekommen ist, hat Boos, der im Gymnasium und Lyzeum der Exjesuiten zu St. Salvator in Augsburg in eine „extreme Werkfrömmigkeit hineingeraten“[6] war – zur Steigerung seiner Askese schlief er z. B. jahrelang neben seinem Bett auf dem Fußboden – und der während seines Theologiestudiums an der fürstbischöflich-augsburgischen Universität Dillingen u. a. den Moraltheologen Michael Sailer zum Lehrer gehabt hatte[7], in seiner Lebensgeschichte selbst geschildert.[8]

---

[2] S. *H. Schiel,* Martin Boos, seine Erweckungsbewegung und sein Wirken in der Diözese Trier, in: TThZ 63 (1954), S. 151–173, ebd. S. 162: „Irgendwelche Beziehung oder Abhängigkeit zwischen Boos u. den protestantischen Parallelbewegungen besteht nicht.“

[3] Nachdem die Untersuchungsakten des Ordinariats in Augsburg im 2. Weltkrieg verbrannt sind, ist die Biographie *Goßners* (Martin Boos der Prediger der Gerechtigkeit die vor Gott gilt. Sein Selbstbiograph, Leipzig 1826) die wichtigste Fundgrube für die Kenntnis von Boos. Zu Boos vgl. bes. *H. Dussler,* O. S. B., Martin Boos, in: Lebensbilder aus dem Bayerischen Schwaben, Bd. 6, München 1958, S. 406–421; *H. Schiel,* Martin Boos vor dem Geistlichen Gericht in Augsburg und sein Inquisitionsprotokoll, in: ZbKG 29 (1960), S. 51–104.

[4] Er wurde 1762 in Hüttenried in der Diözese Augsburg als 13. Kind einer wohlhabenden Bauernfamilie geboren.

[5] Über die zeitliche Fixierung s. *Dussler,* Feneberg (s. o. Anm. 1), S. 86, Anm. 41.

[6] *Schiel,* Sailer (s. o. Anm. 1), S. 274; vgl. auch *Georg Schwaiger/Paul Mai* (Hg.), Johann Michael Sailer und seine Zeit, Regensburg 1982 (Beiträge zur Geschichte des Bistums Regensburg 19), S. 90.

[7] *S. Schwaiger/Mai,* Sailer (s. o. Anm. 6), S. 66.

[8] Danach wollte Boos, der am 2. September 1787 die Priesterweihe empfangen hatte und im Frühjahr 1788 Kaplan in Unterthingau geworden war, unbedingt aus eigener Anstrengung – mittels strengster asketischer Übungen – das Heil erlangen. Er gebrauchte die Geißel bis aufs Blut, schlief selbst zur Winterszeit auf dem kalten Boden und fastete viel (*Goßner,* Boos, [s. o. Anm. 3], S. 26). Durch eine katholische Frau, die im Sterben lag, wurde er jedoch auf Christus verwiesen. Diese Damaskusstunde hat er folgendermaßen geschildert: „Schon in den 1780ger Jahren (wahrscheinlich 1788 oder 89) sagte ich zu einer sehr demüthigen und innigen Seele, die ich am Krankenbett besucht: ‚Aber Sie werden doch recht ruhig und selig sterben?‘ Sie fragte mich: ‚Warum denn?‘ Ich: ‚Weil Sie so fromm und heilig gelebt haben.‘ Die Kranke lächelte über meine Worte und sagte: ‚Wenn ich im Vertrauen auf meine Frömmigkeit hinstürbe, so

Im Sommer 1794 kam Boos dann als zweiter Kaplan zu dem katholischen Geistlichen Johann Michael Feneberg[9] nach Seeg im Allgäu[10], wo er seine neue theologische Erkenntnis von der Glaubensgerechtigkeit weitergab. In den letzten Tagen des Jahres 1796 erlebte dann Feneberg seine Erweckung.[11]

Aber nicht nur Feneberg wurde in diesen Tagen von der Erweckung ergriffen, sondern auch zwei seiner Kapläne, die dann für die Allgäuer katholische Erweckungsbewegung von besonderer Bedeutung werden sollten, nämlich Xaver Bayr[12] und Andreas Siller.[13] [14] Letzterer war übrigens der Enkel jenes Hammerschmiedes Johann Siller, der als Zillertaler Emigrant den Protestantismus ins Allgäu getragen hat.[15]

Außer diesen haben später noch die meisten anderen Kapläne, die Feneberg gehabt hat, zur Allgäuer katholischen Erweckungsbewegung gefunden.[16] Der bedeutendste war wohl Johannes Evangelista Goßner[17], der im November 1798 als Kaplan zu Pfarrer Feneberg kam. Allerdings war dieser bereits auf seiner vorigen Kaplanstelle in Neuburg[18] im Oktober 1797 durch die Lektüre zirkulierender Boosbriefe von der neuen Frömmigkeit erfaßt worden.

---

wüßte ich gewiß, daß ich verdammt würde. Aber auf Jesum, meinen Heiland, kann ich getrost sterben.' Sieh, dies Wort aus dem Mund einer kreuzvollen, im Ruf der Heiligkeit stehenden Seele öffnete mir zuerst die Augen. Ich erblickte Christum für uns, frohlockte wie Abraham, als er Seinen Tag sah" (ebd., S. 28). Boos, bislang verzagt und ängstlich, wurde von tiefem Seelenfrieden ergriffen.

9 Zu Johann Michael Feneberg vgl. bes. die materialreiche Monographie von *Dussler*, Feneberg (s. o. Anm. 1), (Lit!).

10 Allerdings war er hier schon zuvor in den Monaten Januar und Februar 1794 aushilfsweise tätig gewesen, als sein Vetter nach einer äußerst schmerzhaften Beinamputation wochenlang das Bett hüten mußte.

11 Etwa anderthalb Jahre später schrieb dieser an Boos: „Gott und Jesu Christo sei ewig Dank, daß er mir durch dich und in dir die Schuppen von den Augen genommen und mir gezeigt hat, daß Gott – ein lebendiger Gott – und Christus das wahrhaftige Leben des Christen – und seine Worte Geist und Leben sind" (*Feneberg*, Goldkörner, Bd. 8, Datum: 18. Juni 1798; zit. nach *Dussler*, Feneberg [s. o. Anm. 1], S. 165f., Anm. 18.

12 Zu Bayr vgl. *H. Dussler*, Feneberg (s. o. Anm. 1), S. 82–85.

13 Zu Siller vgl. *Dussler*, Feneberg (s. o. Anm. 1), S. 101 f.

14 Über deren Erweckung vgl. *Goßner*, Boos (s. o. Anm. 3), S. 47.

15 Vgl. hierzu bes. *Matthias Simon*, Die Allgäuer Erweckungsbewegung und die Vertreibung der Salzburger Protestanten, in: ZbKG 26 (1957), S. 193–198.

16 Vgl. hierzu bes. *Dussler*, Feneberg (s. o. Anm. 1), S. 80–108.

17 Zu Goßner vgl. *Moritz August Bethmann-Hollweg*, Johannes Goßner am 30. März d. J. zu seines Herrn Freude eingegangen, Berlin 1858; *Johann Detloff Prochnow*, Johannes Evangelist Goßner. Eine biographische Skizze nebst Uebersicht der Goßnerschen Missionsthätigkeit, Berlin 1859; *Hermann Dalton*, Johannes Goßner. Ein Lebensbild aus der Kirche des 19. Jahrhunderts, Berlin 1878, zweite verbesserte Auflage; *Wilhelm Heinsius*, Krisen katholischer Frömmigkeit und Konversionen zum Protestantismus, Berlin 1925; *Fritz Fischer*, Moritz August von Bethmann-Hollweg und der Protestantismus, Berlin 1937, Nachdruck Lübeck 1965; *Walter Holsten*, Johannes Evangelista Goßner. Glaube und Gemeinde, Göttingen 1949; *H. Schiel*, Johannes Ev. Goßner vor dem bischöflichen Inquisitionsgericht in Augsburg, das Inquisitionsprotokoll und Goßners Widerrufung, in: ZbKG 23 (1954), S. 165–208.

18 September 1797 – 21. November 1798.

Sailer[19], der um 1795/1796 zu dem Feneberg-Kreis gestoßen war[20], wuchs in den nächsten Jahren, insbesondere während der zweiten ‚Brachjahre', in die Rolle eines Protektors hinein. Beratend und schützend hat er diese Bewegung begleitet, sich ihr aber nie angeschlossen. In späteren Jahren läßt sich bei ihm sogar eine vorsichtige Distanzierung ihr gegenüber beobachten.[21]

Der Ausbruch der eigentlichen Erweckungsbewegung erfolgte wohl erst in der zweiten Hälfte des Jahres 1796, nachdem Boos im allgäuischen Wiggensbach, wo er seit März 1795 als Kaplan[22] amtierte[23], nach einem erneuten religiösen Erlebnis[24] seine Glaubenserkenntnis: ‚Christus für uns, Christus in uns' zu predigen begann. Unter seiner Verkündigung und Seelsorge kam es zu zahlreichen Bekehrungen. Während des Neujahrsgottesdienstes im Jahre 1797 stellten sich dann aber ekstatische Vorgänge ein, die zur Krisis und zu kirchenamtlichen Maßnahmen führten.[25]

Eine Analyse der Quellen[26], die von den Geschehnissen in und um Wig-

---

[19] Von der umfangreichen Sailer-Literatur seien besonders genannt *G. Schwaiger*, Johann Michael Sailer. Der bayerische Kirchenvater, München/Zürich 1982; *Schwaiger/Mai* (s. o. Anm. 6).

[20] Er hatte hier in Seeg am 18. und 19. Dezember 1796 eine Unterredung mit Boos und einigen Erweckten.

[21] So schrieb Boos im Januar 1817 an Anna Schlatter: „Pathmoser [= Deckname für Sailer] zieht sich immer mehr zurück und ab von uns, welches uns oft schwere Stunden macht" (*Goßner*, Boos [s. o. Anm. 3] S. 376).

[22] Bei Pfarrer Abraham Brackenhofer.

[23] Auf die Kaplanstelle von Boos in Seeg ist der Sailer-Schüler Christoph Schmid (1768–1854) gekommen. Hier blieb er von März 1795 bis Dezember 1796. Schmid ist der Begründer der katholischen erbaulichen Kinderliteratur.

[24] Dieses Erlebnis widerfuhr ihm hinter dem Choraltar seiner Kirche.

[25] Darüber hat Goßner in seiner Boos-Biographie folgendermaßen berichtet: „Diese Predigt, die er mit besonderer Salbung und Geisteskraft ausführte, hatte die Kraft und Wirkung des Feuers [...]; bei 40 Personen wurden so erfüllt von der Salbung des Geistes und vom Feuer der Liebe Christi, daß ihr Gefäß es nicht fassen und ertragen konnte, sondern sie in Ohnmacht fielen und hinausgetragen werden mußten. Es entstand ein großer Lärm. Einige schrien: Hosianna! andere: Kreuzige ihn! Weg mit ihm! Fort mit ihm! Indem Einige Gott lobten und dankten, daß Er sein Volk heimgesucht und solche Gnade den Menschen gegeben habe, fluchten Andere und entbrannten in Haß, Wuth und Zorn gegen die Predigt und den Prediger. Diese, die erzürnte Partei, konnten sich nicht mehr halten; sie liefen zum Pfarrer, bestürmten ihn, und forderten mit Gewalt und Ungestüm, daß er auf der Stelle den Caplan fortjagen sollte. Die Friedlichgesinnten liefen dann auch zum Pfarrer, baten und beschworen ihn, daß er den gesegneten Mann behalten und durchaus nicht fortlassen sollte. Der Kampf und Streit dauerte den ganzen Tag und die ganze Nacht. Bald siegte diese, bald die andere Partei über den schwachen Pfarrer" (*Goßner*, Boos [s. o. Anm. 3], S. 51 f.; vgl. *Dussler*, Feneberg [s. o. Anm. 1], S. 179–182). Als der Wiggensbacher Pfarrer Abraham Brackenhofer, der bislang ein fast freundschaftliches Verhältnis zu seinem Kaplan gehabt hatte, von ihm abrückte (s. Bericht von Abraham Brackenhofer an den vorgesetzten Dekan, 6. Januar 1797, mitgeteilt in: *Kurt Aland*, Der Inquisitionsprozeß gegen Anton Bach und seine Anhänger. 1. Anzeige Brackenhofers beim Dekanat Isny, in: ZbKG 18 [1949], S. 110–156; ebd. S. 113–116), sah Boos sich schließlich genötigt, bei seinem Vetter in Seeg Zuflucht zu suchen.

[26] Nachdem die Untersuchungsakten im Augsburger Ordinariatsarchiv 1944 durch Bomben

gensbach berichten, ergibt, daß es unzutreffend ist, diese Bewegung, die in deutlicher Frontstellung gegen die katholische Aufklärungstheologie und Frömmigkeit auf einen christozentrischen, verinnerlichten, tätigen Glauben drang, uneingeschränkt und undifferenziert als Evangelische Glaubensbewegung zu bezeichnen. Allerdings kann verallgemeinernd konstatiert werden, daß in ihr der Glaube an das geschehene Erlösungswerk Christi zentrale Bedeutung gehabt hat. Zum Ausdruck kam dies in der Parole der Erweckten: Christus für uns. Verbunden war dies auch mit einer dezidierten Absage an jegliche Werkgerechtigkeit. Jedoch wurde in dieser Bewegung ‚Glauben' keineswegs entschlossen als fiducia gegenüber der promissio dei gefaßt. Der hier begegnende Glaubensbegriff reicht vielmehr von der Humilitas bis zur Unio Mystica. Die Bewegung wurde nämlich auch aus humanistischen und vor allem mystisch-spiritualistischen sowie pietistischen Traditionen gespeist, was übrigens auch durch die bei den Allgäuer Erweckten nachgewiesene Lektüre bestätigt wird.

Auch muß bei der Allgäuer katholischen Erweckungsbewegung wohl sehr deutlich zwischen ihren anfänglichen Trägern und deren späteren Anhängern, zumeist Laien, unterschieden werden; unter letzteren nahm übrigens das weibliche Element eine starke Stellung ein.[27] Bei den erweckten Laien spielte das Emotionale und Ekstatische eine bedeutende Rolle; auch kam es immer wieder zu Visionen und Auditionen. Vor allem lassen sich aber bei ihnen, insbesondere in späterer Zeit, theologische Sondermeinungen feststellen, die nicht ohne weiteres auf die Väter der Erweckungsbewegung zurückgeführt werden dürfen.

Bald nach den Neujahrstumulten in Wiggensbach, nämlich im Februar 1797, ging das Ordinariat der Diözese Augsburg mit kirchenamtlichen Maßnahmen gegen Feneberg und seine beiden Kapläne sowie gegen Boos vor.[28] Diese trafen besonders letzteren, der deshalb schließlich Ende April 1799 dankbar die Möglichkeit eines Überwechselns in die Diözese Linz ergriff.[29]

---

vernichtet worden sind, ist man angewiesen auf die Zitate in Goßners Biographie von Boos (*Goßner,* Boos [s. o. Anm. 3], S. 34–52) und auf die Zeugnisse aus den Inquisitionsprozessen gegen Feneberg (*H. Schiel,* Michael Feneberg und Xaver Bayr vor dem Geistlichen Gericht in Augsburg, in: ZbKG 26 [1957], S. 163–192) und Boos (*Schiel,* Boos [s. o. Anm. 3]), sowie gegen Bach und seine Anhänger (*Aland,* Inquisitionsprozeß [s. o. Anm. 25]).

27 S. *Dussler,* Feneberg (s. o. Anm. 26), S. 139–161; *Adolf Müller,* Das weibliche Element im schwäbischen Aftermystizismus im Ausgang des 18. und Anfang des 19. Jhrhdts., Vortrag im Buchloer Geistlichentag, Winter 1900/1901, in: Der Schwäbische Postbote, Beilage zur Augsburger Postzeitung 1901, Nr. 54–62.

28 Sie begannen damit, daß der Geistliche Rat Joseph Ludwig Roeßle an der Spitze einer bischöflichen Kommission im Seeger Pfarrhaus erschien und hier in Abwesenheit von Feneberg alle Papiere konfiszierte.

29 Im August 1797 wurden Feneberg und seine beiden Kapläne, Bayr und Siller, sowie Boos vor das kirchliche Gericht in Augsburg geladen (hierzu und zum Folgenden vgl. *Schiel,* Feneberg (s. o. Anm. 2). Nach Abschluß der Untersuchung mußten die Inhaftierten, Feneberg, Bayr und Siller, ihnen vorgelegten, aber von ihnen nicht gelehrten Sätzen abschwören (Fene-

In der Diözese Linz war Boos, der weiterhin mit den Allgäuer Erweckten Kontakt hielt[30], in mehreren Gemeinden tätig; zuletzt, seit 1806, wirkte er in Gallneukirchen, wo er 1810 eine neue Erweckungsbewegung hervorrief. Sie erregte, ähnlich wie im Allgäu, alsbald beträchtliches Aufsehen und führte erneut zu kirchlichen und staatlichen Untersuchungen.[31] Im Juni 1816 ging Boos als Hofmeister nach Schloß Weyhern[32], um dann im Herbst 1817 einem Ruf nach Düsseldorf als Professor und Religionslehrer am dortigen Gymnasium zu folgen.[33] 1819 wurde er schließlich Pfarrer in Sayn am Rhein in der Diözese Trier-Ehrenbreitstein, wo er 1825 verstarb.

Auch nach dem Abschluß der Gerichtsverfahren gegen den Seeger-Kreis und Boos ging die Unterdrückung der Erweckten im Allgäu zunächst noch weiter, wie der Inquisitionsprozeß gegen Ignaz Demeter, Christoph Schmid, Joseph Reiter und Johann Ev. Langenmeyer im Jahre 1799[34] und die

---

berg schrieb: „Die abgeschwornen Sätze sind zwar nicht unser, und das Irrige, was sie enthalten, ist offenbar eingeschoben, oder durch Mißdeutung uns augenscheinlich aufgebürdet worden"; zit. nach *Joseph Widmer*, (Hg.), Johann Michael Sailers sämtliche Werke, Bd. 2: Biographische Schriften, Sulzbach 1841, S. 115); bei Boos handelte es sich um 15 deutsche und 14 lateinische (s. hierzu Jahrschrift für Theologie und Kirchenrecht der Katholiken 4 [1819]). Außerdem wurden Feneberg bei den Karmeliten, Bayr bei den Franziskanern und Siller bei den Kapuzinern Exerzitien auferlegt. Dagegen wurde Boos (hierzu und zum Folgenden vgl. *Schiel*, Boos [s. o. Anm. 3]), den man in das Priesterkorrektionshaus Göggingen zitiert und hier insgesamt acht Monate inquiriert hatte, am 2. September 1797 dazu verurteilt, noch ein Jahr lang in Göggingen Theologie zu repetieren. Auf seine Bitten hin wurde die Strafe in Stadtarrest in Augsburg umgewandelt. Nach dieser Repetitionszeit bei dem Kapuzinerguardian P. Ulrich, die wegen guter Führung auf vier Monate verkürzt wurde, begann für Boos nach einer kurzen Seelsorgetätigkeit in Langeneifnach eine recht unruhige Zeit. Wegen eines abgefangenen Briefes an seine Anhänger wurde er erneut nach Augsburg zum Verhör zitiert, entzog sich diesem jedoch durch Flucht. Tatsächlich gelang es ihm, länger als ein halbes Jahr bei Freunden und Bekannten Unterschlupf zu finden; im Dezember 1798 stellte er sich jedoch freiwillig in Augsburg und wurde bis April 1799 erneut in Stadtarrest genommen. Versehen mit Entlassungszeugnissen der Diözese Augsburg, konnte er dann Ende April 1799 in der Diözese Linz Aufnahme finden. Vermittelt hatte dies Sailer, der mit dem dortigen Bischof Joseph Anton Gall befreundet gewesen war.

30 S. *Dussler*, Feneberg (s. o. Anm. 1), S. 93.

31 Als Boos im Jahre 1816 die Pfarrei Gallneukirchen verlassen hatte, konvertierte „etwa ein Zehntel zum Protestantismus", s. *Dussler*, Feneberg (s. o. Anm. 1), S. 211; vgl. *Georg Loesche* in: Aus Deutschlands kirchlicher Vergangenheit. Festschrift zum 70. Geburtstag von Theodor Brieger, Leipzig 1912, S. 221 f.

32 Hier hat er die Kinder der verwitweten Walburga Freiin von Ruffini unterrichtet (hierzu s. besonders das Schreiben von Josef Maria von Fraunberg an den König von Bayern, 1816, gedr. in: *Schiel,* Martin Boos, seine Erweckungsbewegung [s. o. Anm. 2], S. 215–219). Mit deren erwecktem Mann, Baron Ruffini, hatte er schon von Gallneukirchen aus in Korrespondenz gestanden (s. *Goßner*, Boos [s. o. Anm. 3], S. 351).

33 Hierzu und zum folgenden vgl. *Schiel*, Martin Boos, seine Erweckungsbewegung (s. o. Anm. 2).

34 S. ebd., S. 160: „Im Jahr 1799 erfolgten seitens des zuständigen Dekanats Anzeigen wegen ‚Boosischer Schwärmerei' gegen Ignaz Demeter, später Erzbischof von Freiburg, Christoph v. Schmid, den bekannten Jugendschriftsteller und späteren Augsburger Domkapitular, Schloßkaplan Josef Reiter, Pfarrer Joh. Ev. Langenmeyer und Joh. Ev. Goßner, damals Domkaplan in Augsburg. Eine Untersuchung gegen Goßner erfolgte erst 1802." Vgl. *H. Schiel*,

Untersuchung gegen Johann Evangelista Goßner im Jahre 1802 zeigen. Ein Abebben der Verfolgung läßt sich erst seit 1803 beobachten, als das Hochstift Augsburg aufgrund des Reichsdeputationshauptschlusses zum Kurfürstentum Bayern kam. Der aufklärerisch gesinnte Minister Maximilian Freiherr von Montgelas ging aus kirchenpolitischen Gründen in den nächsten Jahren gegen die Allgäuer katholische Erweckungsbewegung nicht vor. Deshalb konnte sie in dieser Zeit immer mehr Personen erfassen. Einige von ihnen sollten dann innerhalb dieser Bewegung eine führende Rolle spielen, so beispielsweise Ignaz Lindl.[35] Zu den Vertretern der Erweckungsbewegung, die damals in Bayern eine besonders rege und weitreichende Aktivität entfaltet haben, gehörte Johann Evangelista Goßner. Dieser wirkte zunächst von 1804 bis 1811 in der großen Pfarrei Dirlewang an der Tiroler Grenze, von wo er auch Kontakte zu Spätpietisten, besonders zu Mitgliedern der Deutschen Christentumsgesellschaft, aufgenommen hat. Von 1811 bis 1819 hatte er dann das Benefiziat an der Münchner Frauenkirche inne. Hier erhielt er nicht nur großen Zulauf aus allen Stadtteilen[36], sondern auch auswärtige Besucher stellten sich ein; seit 1816 vor allem aus Berlin, wo man sich „eingehend mit der von Boos ausgegangenen Bewegung" beschäftigt hat.[37]

Diese Lage änderte sich jedoch gegen Ende der Ära Montgelas im Jahre 1817, d. h. mit dem Vordringen der Restauration und des Ultramontanismus. Nun ging man in Bayern erneut gegen die Allgäuer katholische Erweckungsbewegung vor. Daraufhin verließen mehrere ihrer führenden Gestalten, wie Boos, Goßner und Lindl, das Land.[38] [39] Sie blieben jedoch mit dem Freundeskreis in Bayern weiterhin in Kontakt.[40]

Ignaz Demeter und die Erweckungsbewegung in der Diözese Augsburg, in: Freiburger Diözesan-Archiv, NF 30 (1930), S. 344–367.

[35] Ignaz Lindl, Pfarrer in Baindlkirch. Dieser wurde 1812 durch Goßner, damals Benefiziat an der Münchner Frauenkirche, für die Anschauungen der Allgäuer Erweckten gewonnen.

[36] Zu dem Kreis um Goßner gehörte anfänglich auch der Mediziner u. Philosoph Johann Nepomuk von Ringseis (1785–1880), der bereits 1816 durch Briefe an Clemens von Brentano und Friedrich Carl von Savigny die spätpietistischen Kreise mit der Allgäuer Erweckungsbewegung bekannt gemacht hat. Ende 1816 verließ er jedoch den Kreis um Goßner und suchte später Anschluß an Görres. Er wurde einer der führenden Vertreter der Münchner katholischen Restauration. S. Erinnerungen des Joh. Nepomuk von Ringseis. Hg. v. *Emilie Ringseis*, 4 Bde., Regensburg 1886–1891.

[37] *Schiel,* Boos (s. o. Anm. 2), S. 155. Vgl. *Jakob Gerlach* (Hg.), Ernst Ludwig von Gerlach. Aufzeichnungen aus seinem Leben und Wirken 1795–1877, Bd. 1, Schwerin 1903, S. 96. Vgl. *Fischer*, Bethmann – Hollweg (s. o. Anm. 17).

[38] Zu Ignaz Lindl vgl. *Schiel*, Briefe (s. u. Anm. 84), 693; *Ernst Hammerschmidt,* Artikel ‚Ignaz Lindl', in: LThK, Bd. 6, zweite, neu bearb. Aufl., Freiburg 1961, Sp. 1064.

[39] Boos wich, wie bereits vermerkt wurde, ins Rheinland aus, blieb jedoch in der römisch-katholischen Kirche. Dagegen sind Lindl und Goßner schließlich zur evangelischen Kirche übergetreten. Die Konversion Lindls geschah 1824 in Leipzig. Der Übertritt Goßners zur evangelischen Kirche erfolgte am 23. Juli 1826 in Königshain in Schlesien; gestorben ist er 1858 als Pfarrer der Bethlehemskirche in Berlin.

[40] Da sie befürchteten, daß ihre Briefe abgefangen oder konfisziert und bei Untersuchungen gegen sie verwandt werden könnten, wählte man schon frühzeitig Decknamen. So war Zobo

2. *Ausstrahlungen der Allgäuer katholischen Erweckungsbewegung auf den süddeutschen und Schweizer Raum*

Die Allgäuer katholische Erweckungsbewegung hat mannigfach auf den süddeutschen und Schweizer Raum eingewirkt. Im folgenden soll jedoch nur ihrer Ausstrahlung auf Franken und auf die deutsche Schweiz etwas nachgegangen werden.[41]

2.1. *Beziehungen der Allgäuer katholischen Erweckungsbewegung nach Franken*

Von den führenden Vertretern der Allgäuer katholischen Erweckungsbewegung haben insbesondere Boos und Goßner zu Kreisen des Spätpietismus und später zu denen der evangelischen Erweckungsbewegung in Franken Kontakte gehabt. Diese waren keineswegs nur brieflicher Natur; vielmehr hat man sich auch gelegentlich besucht. Die Beziehungen nach Nürnberg liefen zunächst über den Kaufmann Johann Tobias Kießling, dessen Haus eines der Zentren der dortigen Partikulargesellschaft der Deutschen Christentumsgesellschaft bildete. Mit diesem unermüdlichen Förderer des österreichischen Geheimprotestantismus war Boos bereits in Linz, wohin dieser regelmäßig zur Handelsmesse gezogen ist, bekannt geworden.[42] Außer zu Kießling hatte man auch zu anderen Mitgliedern der Christentumsgesellschaft Verbindungen, so zu dem Pfarrer von St. Lorenz, Johann Gottfried Schöner, dem Leiter der Partikulargesellschaft. Um diesen sowie die anderen Mitglieder persönlich kennenzulernen, ist Goßner 1808 in Begleitung seiner Haushälterin Ida Bauberger und Bayrs von seiner Pfarrei Dirlewang aus nach Nürnberg gereist.[43] Über die Mitglieder der Nürnberger Partikulargesellschaft der Deutschen Christentumsgesellschaft ist man dann auch mit Pfarrer Christian Buchrucker im Steigerwald in Verbindung gekommen.[44]

Wie eng die Beziehungen zwischen der Nürnberger Partikulargesellschaft und der Allgäuer katholischen Erweckungsbewegung gewesen sind, läßt sich beispielsweise daran zeigen, daß hier in Nürnberg im Verlag der Raw-schen Buchhandlung[45], dem Publikationsorgan der Partikulargesellschaft,

das Pseudonym für Boos, Silas für Siller, Markus für Bayr, Homo stand für Goßner und für Feneberg wurde Nathanael gebraucht; der Deckname für Sailer war zunächst Pathmoser, später Erasmus. (Eine Zusammenstellung der wichtigsten Decknamen findet sich bei *Dussler*, Feneberg [s. o. Anm. 1], S. 108, Anm. 1.)

[41] Infolge des vorgegebenen Rahmens kann dies allerdings nur skizzenhaft geschehen.

[42] S. *Goßner*, Boos (s. o. Anm. 3), 215: „Mein Umgang bestand vorzüglich schon von länger her mit Kaufmann Kißling von Nürnberg in seiner Markthütte zu Linz"; vgl. *Dussler*, Feneberg (s. o. Anm. 1), S. 216.

[43] *Dalton*, Goßner (s. o. Anm. 17), S. 114.

[44] Vgl. *Dussler*, Feneberg (s. o. Anm. 1), S. 216.

[45] Über die Raw'sche Buchhandlung vgl. bes. *Walter Hahn*, Der „Verlag der Raw'schen

mehrere Schriften von Anhängern der Allgäuer Erweckungsbewegung gedruckt worden sind.[46]

Als sich dann in Franken die Erweckungsbewegung allmählich ausbreitete, bestanden Verbindungen nach Nürnberg zu Gotthilf Heinrich Schubert, der seit 1809 das dortige Realinstitut leitete, und zu dem an dem gleichen Institut tätigen Orientalisten Arnold Kanne.[47] Als dieser unter der Lektüre von Briefen aus dem Goßner-Boos-Lindl-Kreis sein abschließendes Bekehrungserlebnis erfahren hatte[48], wies er empfehlend auf die Schriften von Sailer, Lindl, Goßner und Boos hin, indem er daraus zitierte.[49]

In Erlangen machte sich der Einfluß der Allgäuer katholischen Erweckungsbewegung sogar direkt bemerkbar. Hier war nämlich seit 1815 der Kemptener Landgerichtsassessor Martin Ried, einer der bedeutendsten Laien dieser Bewegung, als Kreis- und Stadtgerichtsrat tätig. Er hat hier an der Erweckung des reformierten Pfarrers und Theologieprofessors Christian Krafft Anteil gehabt und hat sich auch von 1819 bis zu seinem Tod im Jahre 1828 im Missionsverein engagiert, den dieser ins Leben gerufen hatte.[50]

2.2. Beziehungen der Allgäuer katholischen Erweckungsbewegung nach der Schweiz

Zwischen der Allgäuer katholischen Erweckungsbewegung und der Deutschen Schweiz bestanden mancherlei Kontakte, die frühesten wohl zu

Buchhandlung" und die Deutsche Christentumsgesellschaft in Nürnberg 1789–1826, in: ZbKG 45 (1976), S. 83–171 u. *ders.*, Verlag und Sortiment der Joh. Phil. Raw'schen Buchhandlung in Nürnberg unter Johann Christoph Jacob Fleischmann 1827–1853; in: ebd. 48 (1979), S. 71–175.

[46] S. *Hahn* (s. o. Anm. 45), Verlag der Raw'schen Buchhandlung, S. 156, Nr. 135a; S. 158, Nr. 144; S. 164, Nr. 185; S. 165, Nr. 193.

[47] Vgl. *Dussler*, Feneberg (s. o. Anm. 1), S. 216.

[48] Vgl. ebd.; s. *J. Arnold Kanne*, Leben und aus dem Leben merkwürdiger und erweckter Christen aus der protestantischen Kirchen. Erster Theil. Nebst angehängter Selbstbiographie des Verfassers, Bamberg und Leipzig 1816, S. 296: „Am Nachmittag, da ich docirte, kam unser lieber Schubert, ein edler Freund Christi, vor meine Classe, rief mich heraus, und theilte mir eine Menge Papiere mit, die er mit der Post von München erhalten hatte. Die enthielten lauter Geschichten von neulich Erweckten, die alle zu Christo als dem Bezahler für unsere Sünden bekehrt waren. Anfangs hatte ich gegen die Weise des Predigers, der so bekehrt hatte, als eine etwas einseitige, sogar Erinnerungen, aber mir selbst wurde nun geholfen, und ich entdeckte auch meinem Freunde sogleich den Zusammenhang zwischen meinem Gebet und seinen Münchner Papieren."

[49] *Kanne*, Sammlung wahrer und erwecklicher Geschichten aus dem Reiche Christi und für dasselbe. Erster Theil. Dritte Auflage, Nürnberg 1842, S. 21–24 u. S. 167ff.; Dritter Theil. Dritte Auflage, Nürnberg 1842, S. 72–81; S. 87–104; S. 169–181.

[50] Vgl. *Matthias Simon*, Evangelische Kirchengeschichte Bayerns, Bd. 2, München 1942, S. 603; *Johann Michael Leupold*, Ein Lebenslauf und sein Ergebniß für die allgemeine Bildung, Erlangen 1868, S. 93; *Georg Pickel*, Christian Krafft. Professor der reformierten Theologie und Pfarrer in Erlangen. Ein Beitrag zur Geschichte der Erweckungsbewegung in Bayern, Nürnberg 1925 (EKGB 2), S. 44; *Dussler*, Feneberg (s. o. Anm. 1), S. 127 u. 216.

Lavater und seinem Freundeskreis. Sie waren jedoch nicht sehr intensiv, da Lavaters Kräfte in diesen Jahren vom Beginn der Erweckungsbewegung bis zu seinem Tode am 2. Januar 1801 anderweitig absorbiert waren.[51]

Erste Informationen über den Ausbruch der Allgäuer katholischen Erweckungsbewegung hatte Lavater aller Wahrscheinlichkeit nach nicht von seinem Freund Sailer, sondern von anderer Seite erhalten. Als er Sailer jedoch um nähere Auskünfte bat[52], teilte ihm dieser am 17. November 1797 unter dem Siegel der Verschwiegenheit mit: „Von der sogenannten Kemptersecte kann ich ‚Dir in das Herz' dies schreiben. Die edelsten Seelen, die Gottes Liebe auf die sonderliche Weise erfuhren, wurden verketzert, gelästert – und die vornehmste Absicht der Lästerer gieng in ihren fürchterlichen Tendenzen nur dahin, den Professor Sailer auch noch als Sectenstifter um alle, auch die unschuldigste Täthigkeit zu bringen. Ita coram DEO aber der Herr tröstete mich auch in diesem Leiden. Ich schwieg, selbst vor meinen besten Freunden. Haec tibi et maxime tuis, mit Bitte um Stillschweigen."[53]

Zu den eigentlichen Vätern der Allgäuer Erweckungsbewegung hat Lavater damals offensichtlich nur ganz lose Beziehungen gehabt, intensivere dagegen zu zwei Laien, die zu den bedeutendsten Repräsentanten dieser Frömmigkeitsbewegung zählten, nämlich zu dem Augsburger Juristen Johann Konrad Schmid[54] und besonders zu dem Präsidenten des oettingischen Fürstentums Johann Baptist von Ruoesch.[55] Letzterer unterrichtete Lavater bereits wenige Tage nach dem Ausbruch der Erweckung im Allgäu über die dortigen Vorgänge. Er stellte Feneberg als die führende Gestalt dieser Bewegung dar[56] und berichtete ihm Einzelheiten über die Erweckung in dessen Seeger Kirchspiel, in dem man wie Elia ein „sonderbares Wehen"[57] verspü-

---

[51] Am 16. Mai 1799 war Lavater wegen vermeintlicher konspiratorischer Aktivitäten auf Anordnung des Helvetischen Direktoriums arretiert und zur Untersuchungshaft nach Basel deportiert worden. Am 26. September 1799 erhielt er dann bekanntlich durch einen halbtrunkenen Grenadier eine Schußverletzung, an deren Folgen er nach vielmonatiger Leidenszeit am 2. Januar 1801 verstarb.

[52] Brief: Lavater an Sailer, 1. Mai 1797, gedr. in: *H. Schiel,* Sailer und Lavater. Mit einer Auswahl aus ihrem Briefwechsel, Köln 1928, Nr. 60, S. 119, Z 29ff.: „Ist nirgendwo keine zuverläßige Nachricht von dem, was im Kemptischen mit der heiligen Geist Sekte vorgefallen seyn soll, zulesen?"

[53] Brief: Sailer an Lavater, 14. November 1797, gedr. in: ebd. Nr. 61, S. 121, Z 11–20.

[54] Über Schmidt siehe bes. *Dussler,* Feneberg (s. o. Anm. 1), S. 132ff. (Lit!).

[55] Zu Ruoesch s. *Dussler,* Feneberg (s. o. Anm. 1), S. 128ff.; hierzu und zum folgenden vgl. auch *Horst Weigelt,* Johann Baptist von Ruoesch und Lavater. Aspekte einer ökumenischen Freundschaft, in: ZbKG 52 (1983), S. 29–44.

[56] S. Briefe: Ruoesch an Lavater, 21. Januar und 10. Februar 1797, 16. Januar 1798, Zentralbibliothek Zürich [ZBZ], FA Lav. Ms. 524, Nr. 319f. u. 322. Ruoesch hat Feneberg übrigens sehr geschätzt; deshalb hat er ihm den Beinamen Secundus Appius Claudius Caecus gegeben, um dadurch seine Integrität hervorzuheben. Vgl. hierzu *Friedl Brehm,* Aus den unveröffentlichten Tagebüchern des J. B. von Ruoesch. Feneberg – „Wie ein zweiter Appius Claudius", in: ZbKG 27 (1958), S. 204–208.

[57] Vgl. Reg 19, 12f.

re.[58] Aufschlußreich ist es, daß Ruoesch dieser Mitteilung den Gebetswunsch anfügte: „Gott gebe, daß wir bald sagen können: das ist der Herr.“[59] Wenig später informierte er Lavater über die Verfolgungen der Erweckten in Seeg durch die kirchlichen Oberen, die sich einbilden, die „Meister“ zu sein, „die die Schlüssel der Erkenntniß allein zu haben wähnen und sie deshalb an einem großen Hacken an der Seite tragen“.[60] Diese opponierten gegen Feneberg, weil er „Leüten Gehör“ schenke, „die unmittelbare Mittheilungen des Heilands erfahren haben wollen“. Daraus wird recht gut deutlich, daß die unvermittelte Christuserfahrung als ein entscheidendes Charakteristikum der frühen Allgäuer Erweckungsbewegung zu gelten hat.[61] Deren Anhänger werden, so wußte Ruoesch weiter zu berichten, „Sailerianer“ genannt, obgleich Sailer selbst „an der ganzen Sache noch zweifelt“. Jedoch trügen die Verfolgungen und Leiden zu einer Läuterung bei. „Nur die Schlaken des irrdischen Sinnes werden dabey im Rauch aufgehen.“ Auch späterhin hat Ruoesch in seinen Briefen an Lavater des „hart gedrückten Kirchlein[s] zu Seeg“[62] gedacht.

Selbstverständlich hat auch Lavaters großer Freundes- und Bekanntenkreis an seinen Kontakten zur frühen Allgäuer katholischen Erweckungsbewegung partizipiert und sie zum Teil später weiter ausgebaut. Zu denjenigen, die in den folgenden Jahren besonders mannigfache und intensive Beziehungen zu den bedeutendsten Vertretern dieser Erweckungsbewegung gehabt haben, gehörte die Kaufmannsfrau Anna Schlatter[63] aus St. Gallen. Als Ledige hat sie eine Zeitlang im Pfarrhaus Lavaters gelebt und später als junge Frau einen liebevollen, verehrenden Briefwechsel mit ihm geführt.[64] Sie hat mit nahezu allen bedeutenden Vertretern der Allgäuer Erweckungsbewegung nicht nur in Korrespondenz gestanden, sondern hat sie auf ihren weiten Besuchsreisen auch persönlich kennengelernt.[65] So korrespondierte

---

[58] Brief: Ruoesch an Lavater, 21. Januar 1797 (s. o. Anm. 56), Nr. 319.

[59] Vgl. Joh 21,7.

[60] Hierzu und zu den folgenden Zitaten s. Brief: Ruoesch an Lavater, 10. Februar 1797 (s. o. Anm. 56), Nr. 320.

[61] Vgl. ebd.: „Wer sollte wohl fromme Seelen deshalb verfolgen, weil sie glauben, daß eben der Herr, der doch von jeher seine Freude hatte sich den seinen mitzutheilen, ihnen nahe komme, sie stärke, und leite? – Und wer ist wohl, der einer solchen Hand aus der Wolke nicht bedarf, der es nicht ahnet, und in jedem Bedürfnis darnach seufzt?“

[62] Brief: Ruoesch an Lavater, 29. Dezember 1797 (s. o. Anm. 56), Nr. 321.

[63] Zu Anna Schlatter vgl. *Walter Wendland*, Artikel ‚Anna Schlatter‘, in: RGG, Bd. 5, zweite völlig neubearb. Aufl., Tübingen 1931, Sp. 166.

[64] In der ZBZ finden sich sieben Briefe Lavaters an Schlatter bzw. Bernet (ebd. Ms. 580, Nr. 19–25) und 22 Briefe Schlatters bzw. Bernets an Lavater (ebd. Ms. 525, Nr. 290–311). Über Lavater und Anna Schlatter-Bernet s. u. a. *Hans-Martin Stückelberger*, Kirchen- und Schulgeschichte der Stadt St. Gallen. Von Vadians Tod bis zur Gegenwart. Bd. 3, 1750–1830. St. Gallen 1965, S. 234 f. u. 241 (Lit.).

[65] S. *Dussler*, Feneberg (s. o. Anm. 1), S. 84. Vgl. *F. M. Zahn*, Leben und Nachlaß Anna Schlatter's, Bd. 1 u. 2, Elberfeld 1865.

sie beispielsweise seit 1814 mit Boos[66] und hat ihn zwei Jahre später auf Schloß Weyhern in Bayern besucht.[67]

Ebenfalls schon recht bald nach dem eigentlichen Ausbruch der Erweckung, vor allem aber in späterer Zeit, haben dann mancherlei Kontakte zwischen der Allgäuer katholischen Erweckungsbewegung und dem Basler Zentrum der Deutschen Christentumsgesellschaft bestanden. Mittelsperson war vor allem Goßner. Dieser ist bereits von seiner Pfarrei Dirlewang aus seit 1808 mit Mitarbeitern des Basler Zentrums in Verbindung getreten.[68] Als er dann Anfang 1811 sein Amt niederlegte, begab er sich Ende Februar nach Basel, um sich „zur Übernahme eines neuen, leichteren Amtes in seiner Kirche und seiner Heimat leiblich und geistlich zu erholen und zu stärken".[69] Spittlers Vorstellungen gingen jedoch dahin, Goßner als Mitarbeiter der Christentumsgesellschaft ständig in Basel zu halten. Als Spittler im Mai Basel verließ, um in seiner württembergischen Heimat der Musterung zum Wehrdienst nachzukommen – aber wenn möglich seine Freistellung zu erreichen –, hat Goßner ihn als Sekretär, allerdings nur bis zu seiner Rückkehr im August 1811, vertreten.[70]

3. *Verbindung zwischen der Allgäuer katholischen Erweckungsbewegung und Henhöfer*

Henhöfers frühe theologische Entwicklung hat stark unter dem direkten und indirekten Einfluß der Allgäuer katholischen Erweckungsbewegung gestanden. Dieser lief vor allem über die beiden Sailerschüler Johann Baptist Fink und Martin Boos.[71]

In ein näheres Verhältnis zu Fink[72] ist Henhöfer erst in den letzten drei Monaten der Jahre 1818 getreten, zu einer Zeit also, als er seine Hofmeisterzeit auf Schloß Steinegg[73] bei Pforzheim bereits seit einigen Monaten been-

[66] Über den Briefkontakt zwischen Schlatter und Boos s. *Goßner*, Boos (s. o. Anm. 3), S. 351 f. u. *Dussler*, Feneberg (s. o. Anm. 1), S. 109, Anm. 2 u. S. 139, Anm. 2 sowie S. 212.

[67] S. *Goßner*, Boos (s. o. Anm. 3), S. 351 f. u. 374.

[68] S. *Ernst Staehelin*, Die Christentumsgesellschaft in der Zeit von der Aufklärung und der beginnenden Erweckung, Basel 1970 (ThZ.S2), und ders.: Die Christentumsgesellschaft in der Zeit von der Erweckung bis zur Gegenwart, Basel 1974 (ThZ.S4); in beiden Bdn. pass. Im Spittler-Archiv, deponiert im Staatsarchiv Basel, sind von 1808 bis 1833 insgesamt 180 Briefe (SpA,V,11) erhalten.

[69] *Staehelin*, Christentumsgesellschaft von der Erweckung (s. o. Anm. 68), S. 6.

[70] Ebd., S. 6f.

[71] Obgleich die Bedeutung von Boos für Henhöfer zweifelsohne wesentlich höher zu veranschlagen ist, wird dennoch aus chronologischen Gründen zunächst auf Fink eingegangen werden.

[72] Über Fink s. u. a. *Wilhelm Heinsius*, Aloys Henhöfer und seine Zeit, neu hg. v. Gustav Adolf Benrath, Neuhausen-Stuttgart 1987, S. 40 f.

[73] Hier war er nach dem Empfang der Priesterweihe seit dem 12. Juni 1815 als Hauslehrer und Erzieher bei Julius Freiherr von Gemmingen tätig gewesen. Er hatte vor allem die Aufgabe

det hatte und Pfarrer in dem unweit entfernt liegenden Mühlhausen, dessen Patronat sein bisheriger Dienstherr, Julius Freiherr von Gemmingen, innehatte, geworden war.[74] Diese Pfarrei erschien Henhöfer als eine „verwahrloste“[75] Landgemeinde, die in formalen Frömmigkeitspraktiken erstarrt war; jedenfalls schilderte er so deren Zustand retrospektiv in seiner 1824 gedruckten Rechtfertigung, die auch als Vorspann zur zweiten Auflage seiner Schrift Christliches Glaubens-Bekenntniß publiziert wurde. Deshalb versuchte er, seine Gemeinde durch Gesetzespredigt und durch Kirchenzuchtsmaßnahmen zu bessern.[76] „In der Kirche“, so schrieb er in seiner Rechtfertigungsschrift, „predigte ich Moral über Moral, und immer einen Sonntag strenger als den andern. Ich dachte, wenn man die Leute fleißig und ernstlich an ihre Pflichten erinnere, so werde es schon besser werden“.[77] Dadurch konnte er zwar bei seinen Parochianen allmählich eine gewisse sittliche Besserung, aber keine grundlegende geistliche Erneuerung erreichen.[78]

---

gehabt, die sieben Kinder dieser adeligen Familie „Deutsche und lateinische Sprache, Geographie, Geschichte, auch Schönschreiben, Rechnen und [den] reine[n] Unterricht der Religion und Moral“ (*Emil Frommel*, Aus dem Leben des Dr. Aloys Henhöfer, weiland röm. Priesters, späteren evang. Pfarrers zu Spöck und Stafforth. Ein Beitrag zur Geschichte des religiösen Lebens in der evangel. Landeskirche Badens seit den letzten 40 Jahren. 2. Ausgabe, Barmen 1880, S. 2; vgl. *Heinsius* [s. o. Anm. 17], S. 34) zu lehren. Außerdem hatte er alle Sonn- und Feiertage in der Pfarrei Neuhausen Aushilfe zu leisten und alle zwei Wochen in Hamburg und Steinegg Christenlehre zu halten.

[74] Die Ernennung erfolgte am 3. März 1818 und der Umzug in die Pfarrei geschah Ostern 1818; die kirchliche Investitur wurde am 1. Juli 1818 vollzogen. Bemerkenswert ist, daß demnach Henhöfer niemals Kaplan gewesen ist. Auf diesen Mangel an praktischer Tätigkeit ist später von römisch-katholischer Seite nachdrücklich hingewiesen worden. Vgl. Wie Aloys Henhöfer aus einem Unfreien ein Freier ward. Aus den Acten dargestellt, zu dessen geschichtlichtreuen Rechtfertigung. Herausgegeben von einem Wahrheitsfreunde, Hadamar 1824 (zukünftig zitiert: Acten), S. 3.

[75] *Henhöfer*, Rechtfertigung, S. I. Über Henhöfers Rechtfertigung, die sowohl als Separatdruck (Geschichtlich-treue Rechtfertigung der Rückkehr zur evangelischen Kirche. Von A. H., evang. Pfarrer zu Graben in Großherzogthum Baden, Heidelberg 1824) als auch als Vorwort („Einleitung“), zur zweiten Auflage seines Glaubensbekenntnisses von 1824 (Christliches Glaubens-Bekenntniß des Pfarrer Henhöfer's von Mühlhausen; [...] Seiner ehemaligen Gemeinde, seinen ehemaligen Zuhörern und allen seinen Freunden gewidmet. [...] Heidelberg 1824) erschienen ist; vgl. *Eckhard Hagedorn*, Henhöfers autobiographische Rückblicke, in: Theologische Beiträge 20 (1989), S. 149–164; ebd. S. 149. Im folgenden wird Henhöfers Rechtfertigung immer nach dem Vorspann zur zweiten Auflage seines Glaubensbekenntnisses von 1824 zitiert.

[76] Sein „sehnlichster Wunsch beim Antritt dieser neuen Pfarrei“ sei es gewesen, so schilderte er später, „die Gemeinde zu heben, und das Ort wieder in bessern Ruf zu bringen“ (*Henhöfer*, Rechtfertigung [s. o. Anm. 75], S. I).

[77] Ebd., S. II.

[78] *Henhöfer* schrieb in seiner Rechtfertigung ebd. S. III: „Zwar zeigte sich nach und nach mehr äußerliche Ordnung in der Gemeinde, auch mancher Fehler, der bisher im Offenen gieng, hörte auf, oder zog sich mehr in die Stille und Einsamkeit zurück. Ich aber sah wohl, daß dadurch die Herzen, mit denen ich als Seelsorger es hauptsächlich zu thun hatte, noch lange nicht gebessert sind, und daß ein strenger und eifriger Ortsvorstand leicht ein Gleiches hätte thun und bewirken, und somit mein Amt ersetzen und überflüssig hätte machen können (...). Aber auch selbst die ernsten und strengen Moralpredigten wollten nach und nach keine Wirkung mehr

In der Zwischenzeit vollzog sich aber bei Henhöfer selbst eine theologische Umwandlung. Diese war keine subita conversio[79], sondern eine über einen längeren Zeitraum sich erstreckende Entwicklung, wobei sich deutlich zwei Phasen unterscheiden lassen. Die erste Phase war stark von Fink bestimmt, der sehr wahrscheinlich erst im Oktober 1818 als Nachfolger Henhöfers nach Steinegg gekommen war.[80] Auf seine Beeinflussung durch Fink ist Henhöfer nicht nur in seinen beiden Lebensläufen aus den 1830er Jahren und aus dem Jahr 1860[81], sondern auch in seinem 1824 gedruckten Rechenschaftsbericht eingegangen.[82]

Johann Baptist Fink, am 13. Januar 1793 in Griesheim bei Offenburg geboren[83], war nach Studien in Freiburg und Wien an der Universität Landshut ein Schüler Sailers geworden.[84] Am 16. Mai 1818 empfing er die Priesterweihe und wurde nach einem viermonatigen Dienst als Kooperator in Stockach im Spätjahr 1818 Hofmeister in der von Gemmingen'schen Familie in Steinegg; zugleich war er Hilfspriester in Neuhausen. Hier in Steinegg ist Henhöfer Fink, den er schon von seiner Freiburger Studienzeit her kannte[85], häufig begegnet. Denn auch nach dem Eintreffen des neuen Erziehers weilte er in der Regel zweimal wöchentlich auf Schloß Steinegg, das ihm, wie er an den Dekanatsverweser Franz Joseph Lechner schrieb,

---

thun. Es gieng wie in einer Mühle, wo man anfangs zwar durch das Geräusch erschreckt und vom Schlafe gehindert wird, bald aber so sanft schläft als im stillsten Zimmer."

79 *Henhöfer,* Lebenslauf (1833/1840), S. 155: „Im Spätjahr dieses Jahres (1818) wurde ich durch Gottes Gnade zur Erweckung und von Sonntag zu Sonntag mehr zum Lichte geführt." Über diesen von Henhöfer zwischen dem 6. Oktober 1833 und dem 8. August 1840 abgefaßten Lebenslauf, der erstmals von *Lebrecht Meyer* (Eine neue Selbstbiographie von Aloys Henhöfer, in: Karlsruher Tagblatt, Nr. 40, Februar 1923, Beilage: Die Pyramide, S. 172f.) veröffentlicht worden ist, s. *Eckhard Hagedorn,* Henhöfers autobiographische Rückblicke, in: Theologische Beiträge 20 (1989), S. 149f.; dort ist auf S. 150–164 der Lebenslauf aus den 1830er Jahren erneut ediert worden, und danach wird im folgenden zitiert.

80 Diese Datierung des Dienstantrittes von Fink als Hofmeister in Steinegg ergibt sich aus den Archivalien des Erzbischöflichen Archivs Freiburg; vgl. hierzu auch *Hagedorn,* Rückblicke (s. o. Anm. 79), S. 155, Anm. 27.

81 Über diesen Lebenslauf Henhöfers von 1860 s. *Hagedorn,* Rückblicke (s. o. Anm. 79), S. 149f.

82 S. *Henhöfer,* Lebenslauf (1833/1840) (s. o. Anm. 79), S. 155 u. Henhöfer, Lebenslauf (1860) (s. o. Anm. 81), S. 155. Allerdings hat er in dem Rechenschaftsbericht (*Henhöfer,* Rechtfertigung [s. o. Anm. 75], S. III f.) Fink nicht namentlich erwähnt.

83 Hierzu und zum folgenden s. Erzbischöfliches Archiv Freiburg, Ordinariatsakten 8570. Besetzung der Pfarrei Niederwihl, 1828–1886 u. Ordinariatsakten 9790. Randegg Kirchenvisitationen.

84 Am 13. September 1813 teilte Sailer dann Ignaz Heinrich von Wessenberg mit, daß sich Fink um eine Aufnahme ins Meersburger Seminar bemühe und daß er ihm diesen „omni possibili modo" (*H. Schiel,* Johann Michael Sailer. Briefe, Regensburg 1952, S. 390, Nr. 376) empfehle.

85 *Henhöfer,* Lebenslauf (1833/1840) (s. o. Anm. 79), S. 155: „als er früher in Freiburg hatte, wo ich ihn schon kannte."

„gleichsam Heimat und Geburtsort“[86] war, um dort die Kinder in Musik und französischer Sprache zu unterrichten. Er selbst aber fand hier, so gestand er in dem selben Brief, „Aufheiterung, und was mir noch mehr als das ist, und was ich so nöthig habe, Erbauung“. Aber auch Fink hat seinerseits Besuche in Mühlhausen bei Henhöfer abgestattet und dort mit diesem zusammen an Konventikeln[87] teilgenommen. Bei diesen erneuten Begegnungen erlebte Henhöfer einen ganz anderen Fink als er ihn in Freiburg kennengelernt hatte; seine verwandelte christliche Existenz führte er auf den Einfluß Sailers in Landshut zurück.[88] Im Umgang mit Fink vollzog sich nun auch bei Henhöfer eine Veränderung, über die er in seinem Rechenschaftsbericht vom 18. Oktober 1823 schrieb: „Um diese Zeit aber kam eine bedeutende Veränderung in meinem Leben und Wirken vor. Ein Schüler Sailers hatte mich auf die heilige Schrift, und auf mein Herz aufmerksam gemacht, und viel, viel hatte Gottes Gnade um diese Zeit im Stillen an meinem Herzen gethan.“[89] In seinem Lebenslauf aus den 1830er Jahren, in welchem er ausführlicher auf Fink eingegangen ist, hob er dagegen die tiefe innere Unruhe hervor, die von diesem ausgegangen sei und die sich auf ihn übertragen habe. Er schrieb: „Die Unruhe seines Herzens wirkte auf mich.“[90] Ja, in seinem 1860 abgefaßten Lebenslauf behauptete er sogar, daß er stärker als Fink „in innere Unruhe u[nd] Anfechtung“[91] geraten sei. Faßt man diese zeitlich relativ weit auseinanderliegenden Aussagen zusammen, dann läßt sich konstatieren, daß Henhöfer unter dem Einfluß des Sailer-Schülers Fink einerseits zur Schriftlektüre und andererseits zur Selbstbeobachtung angehalten worden ist. Dadurch ist er in eine innere Krise geraten, die in Unruhe und Anfechtung ihren Ausdruck fand.

Diese offenbar durch den Umgang mit Fink bei Henhöfer hervorgerufene Veränderung ist um so bemerkenswerter, als dieser sich nur ein Vierteljahr in Steinegg als Hofmeister aufgehalten hat.[92] Von schweren Glaubenszweifeln geplagt und im Gefühl, der Erziehungsaufgabe nicht gewachsen zu sein, strebte Fink im Dezember 1818 wieder zurück nach Landshut in die Obhut Sailers.[93] Bei diesem suchte er nach den Worten Henhöfers „Friede, wie er

---

[86] Brief: Henhöfer an Franz Joseph Lechner, 14. September 1819, in: Acten (s. o. Anm. 74), S. 213.

[87] Bezüglich der Konventikel in Mühlhausen vgl. Brief: Henhöfer an das Generalvikariat, 13. Juli 1820, in: Acten (s. o. Anm. 74), S. 219f.

[88] S. *Henhöfer*, Lebenslauf (1833/1840) (s. o. Anm. 79), S. 155: „Der neue Hofmeister Namens Fink war ein Schüler Sailers, und hatte von Landshut einen ganz anderen Sinn mitgebracht, als er früher in Freiburg hatte, wo ich ihn schon kannte.“ *Ders.*, Lebenslauf (1860) (s. o. Anm. 81), S. 155: „Aufgeweckt durch Professor Sailer in Landshut.“

[89] *Henhöfer*, Rechtfertigung (s. o. Anm. 75), S. III.

[90] *Henhöfer*, Lebenslauf (1833/1840) (s. o. Anm. 79), S. 155.

[91] *Henhöfer*, Lebenslauf (1860) (s. o. Anm. 81), S. 155.

[92] S. Erzbischöfliches Archiv Freiburg, Ordinariatsarchiv 9790 (s. o. Anm. 83). Randegg. Kirchenvisitationen: „... dann ¼Jahr Hofmeister zu Steinegg bei Pforzheim und zugleich Hülfspriester für Steinegg und die Pfarrei Neuhausen.“

[93] Hier in Landshut kann sich Fink höchstens bis August 1819 aufgehalten haben. Am

von ihm in diese Unruhe hineingeführt worden war".[94] Eine der frühesten kontroverstheologischen Schriften, die als Entgegnung auf Henhöfers Rechenschaftsbericht erschienen sind, gibt übrigens ähnliche Gründe für Finks alsbaldigen Rücktritt von seinem Hofmeisteramt an, deutet diesen jedoch nicht theologisch, sondern psychologisch.[95]

Henhöfer wäre, wie er in seinen beiden handschriftlichen Lebensläufen ausdrücklich bemerkte, gern seinem Freund nach Landshut zu Sailer gefolgt. Als Inhaber einer Pfarrei sei ihm dies jedoch verwehrt gewesen.[96]

Möglicherweise noch im Jahre 1818, wahrscheinlich jedoch erst im Jahre 1819, wurde Henhöfer dann mit der Schrift ‚Christus für uns und in uns' bekannt[97]; als Verfasser gilt unhinterfragt Boos. Die Lektüre dieser Schrift, die Henhöfer von „Freunde[n] aus der Nähe"[98] heimlich[99] erhalten hatte, ist zeitlich wohl nach seiner Begegnung mit Fink erfolgt.[100]

Durch die Beschäftigung mit diesem Buch wurde Henhöfer nach seinen eigenen Worten „weiter geführt u.[nd] mehr zum Evangelium gebracht".[101] Da also offensichtlich dieses Werk eine solche grundlegende Relevanz für seine theologische Entwicklung gehabt hat, wird im folgenden zunächst etwas näher auf diese Schrift eingegangen; erst dann soll die Frage gestellt werden, worin deren Bedeutung für Henhöfers theologische Existenz bestanden hat.

---

28. August 1819 trat er nämlich eine Repetitor- und Kaplanstelle am Meersburger Priesterseminar an. Dort ist er für die nächsten drei Jahre Repetitor am Erzbischöflichen Seminar für praktische Bibelexegese und Stadtkaplan gewesen; außerdem versorgte er die Filiale Stetten (s. Schematism des Bisthums Constanz 1821, Constanz [1821], S. 13). Als er erkrankte, wurde er Vikar in Ebringen und als er wieder gesund geworden war, wurde er Lehrer am Gymnasium in Bruchsal. 1827 wurde er Pfarrer in Bräunlingen, 1834 Pfarrer in Randegg und 1844 in Niederwyhl. Hier ist er am 21. Juni 1850 gestorben. Vgl. *J. König*, (Hg.), Necrologium Friburgense. Beitrag zur Personalgeschichte und Statistik der Erzdiöcese. Zweite Abtheilung: 1847–1877, in: Freiburger Diöcesan-Archiv 17 (1885), S. 13.

[94] *Henhöfer,* Lebenslauf (1833/40) (s. o. Anm. 79), S. 155.

[95] Fink, der einerseits „von Haus aus eine starke Anlage zur Melancholie" gehabt habe und in dem andererseits „mißverstandene Lehren und Ermahnungen eines würdigen Seelenfreundes", d. h. Sailers, „einen Mysticismus geweckt" hätten, sei „so gemüthskrank" geworden, „daß er sich selbst für unfähig hielt zu den Verrichtungen des übernommenen Dienstes" (Acten [s. o. Anm. 86], S. 4 f.). Die offensichtlich sehr schwierige psychische Konstitution von Fink tritt auch sehr eindrücklich in einem bislang in der Forschung unbekannten seelsorgerlichen Brief Sailers an Fink vom 9. Februar (ohne Jahreszahl) hervor; er findet sich im Bischöflichen Zentralarchiv Regensburg, Nachlaß Sailer, Nr. 9.

[96] *Henhöfer,* Lebenslauf (1833/40) (s. o. Anm. 79), S. 155: „Gerne wäre auch ich ihm [sc. Fink] gefolgt, aber ich mußte bleiben[,] denn ich hatte eine Pfarrei." *Ders.,* Lebenslauf (1860) (s. o. Anm. 81), S. 155: „wäre auch gerne gegangen, wenn ich nicht eine Pfarrei gehabt hätte."

[97] *Henhöfer,* Lebenslauf (1860) (s. o. Anm. 81), S. 156.

[98] Ebd.

[99] Ebd. S. 156: „unter der Hand bei." Vgl. *Jacob Grimm/Wilhelm Grimm,* Deutsches Wörterbuch. Bd. 10, Leipzig 1877, Sp. 328.

[100] Diese Annahme legt auch die Abfolge in *Henhöfers* Lebenslauf (1860) (s. o. Anm. 81), S. 156 nahe.

[101] *Henhöfer,* Lebenslauf (1860) (s. o. Anm. 81), S. 156.

Diese Schrift war nach Goßner, einem Freund von Boos, ursprünglich nicht zum Druck bestimmt, sondern nur als „Manuscript für Freunde“[102] gedacht gewesen. Ihre Publizierung, zunächst anonym[103], wurde von Goßner nicht zuletzt deshalb vorgenommen, weil darin gerade diejenigen religiösen Erweckungen behandelt wurden, die Boos in Gallneukirchen so viel Trübsal und Verfolgung eingebracht hatten.[104]

Nach einer Rezension aus dem Jahre 1820 soll diese Schrift, die in erster Auflage ohne Jahresangabe und mit dem fingierten Druckort Bethanien unter dem Titel: Christus das Ende des Gesetzes zur Gerechtigkeit einem Jedem, der da glaubt, erschienen ist[105], bereits 1816 als Privatdruck erschienen sein.[106] Dagegen behauptete Goßner, die erste Auflage sei „wahrscheinlich im Jahre 1817 oder 1818“[107] publiziert worden. Seit der zweiten Ausgabe, die 1818 herausgegeben wurde, erschien dann die Schrift unter dem veränderten Titel: Christus für uns und in uns, unsere Gerechtigkeit, und unsere Heiligung, nach den Zeugnissen der heiligen Schrift, der ältesten und neuesten Erfahrung.[108] Verlegt wurde diese Ausgabe in Nürnberg bei dem der dortigen Partikulargesellschaft der Deutschen Christentumsgesellschaft angehörenden Verleger Johann Philipp Raw.[109] Im Laufe der Zeit hat das

---

102 *Martin Boos,* Christus das Ende des Gesetzes zur Gerechtigkeit einem Jeden, der da glaubt. Der Glaube ist nicht jedermanns Sache. 2.Thess 3,2. Bethanien. Gedruckt in diesem Jahr, S. 7.

103 Erst in späteren Auflagen hat Goßner seine Anonymität aufgegeben und sich als Herausgeber der Schrift bekannt.

104 *Boos,* Christus (s. o. Anm. 102), S. 7: „Da übrigens der Verfasser eben wegen diesen Erweckungen von blinden Eiferern, die die Gerechtigkeit Gottes nicht kennen und ihre eigene geltend machen wollen, so sehr gedrückt und verfolgt wurde, so verdienen sie auch gedruckt zu werden.“

105 S. o. Anm. 102. Ein Exemplar mit diesem Titel findet sich im LKA Nürnberg. Der fingierte Druckort Bethanien meint Nürnberg. Mit an Sicherheit grenzender Wahrscheinlichkeit ist schon diese erste Ausgabe im Verlag der Raw'schen Buchhandlung in Nürnberg (s. u. Anm. 109) gedruckt worden. Nach dieser Erstausgabe wird im folgenden stets zitiert.

106 *L. N.,* Rezension: Christus, das Ende des Gesetzes zur Gerechtigkeit einem Jeden, der da glaubt, in: Litteraturzeitung für katholische Religionslehrer 11 (1820), S. 248–255, ebd. S. 248: „Die vorliegende Schrift ward im Jahre 1816 nicht durch den Buchhandel sondern durch Schleichwege verbreitet, welche sogar die Aufmerksamkeit mehrerer weltlicher Regierungen beschäftigten.“

107 *Boos,* Christus für uns und in uns. 10. Auflage, Hamburg 1864, S. 7: „Diese Vorrede wurde zur ersten Auflage gemacht, die, ich weiß nicht mehr, in welchem Jahre, wahrscheinlich im Jahr 1817 oder 1818 erschien.“

108 S. *Goßner,* Boos (s. o. Anm. 3), S. 137: „Boos (...) Erweckungsgeschichten, die unter dem Titel: Christus für uns und in uns sc. (oder in der ersten Auflage: Christus das Ende des Gesetzes) schon 1818 und früher öffentlich im Drucke erschienen und noch bei Rau in Nürnberg zu haben sind.“ Vgl. Litteraturzeitung 11 (1820) (s. o. Anm. 106), S. 248f. Der vollständige Titel dieser zweiten Ausgabe lautet: Christus für und in uns, unsere Gerechtigkeit und Heiligung nach den Zeugnissen der Heiligen Schrift, der Väter und der ältesten und neuesten Erfahrungen. Der Glaube ist nicht jedermanns Ding. 2.Thess 3,2. Zweyte Auflage. Bethanien 1818. Der fingierte Druckort meint Nürnberg. Ein Exemplar dieser zweiten Ausgabe findet sich in der Studienbibliothek Dillingen.

109 *Hahn,* Verlag der Raw'schen Buchhandlung (s. o. Anm. 45), S. 164, Nr. 185; über Johann

Buch zahlreiche Auflagen erlebt, da die Nachfrage von Anfang an groß gewesen ist.[110] Auch scheinen Kritik und Polemik unbeabsichtigt zur Publizität dieses Werkes beigetragen zu haben.[111]

Während Goßner als Herausgeber dieses Werkes eindeutig feststeht, ist dies hinsichtlich seines Autors nicht der Fall. Veranlaßt durch eine kritische Rezension in der Litteraturzeitung für katholische Religionslehrer[112] hat nämlich Boos am 25. September 1820 gegenüber Generalvikar Josef Ludwig Alois von Hommer versichert, daß er sich zu diesem Buch „unmöglich" als zu seinem „Machwerk bekennen" könne. Es sei ein „Quodlibet, an dem mehrere andere ohne mein Wissen und Wollen gearbeitet und zusammengetragen haben".[113] Hierbei handelt es sich keineswegs nur um eine bloße Schutzbehauptung; denn in dem Werk selbst sind bereits ausdrücklich zwei Beiträge[114] als nicht von Boos stammend kenntlich gemacht. Darüber hinaus kann wohl davon ausgegangen werden, daß noch weitere Teile von anderen Autoren verfaßt sind. Vor allem ist an Goßner selbst zu denken; auf ihn geht möglicherweise die Zusammenstellung der Zitate[115] aus den Kirchenvätern, sowie von mittelalterlichen Theologen und zeitgenössischen Autoren zurück.[116] Schließlich sind selbstverständlich auch redaktionelle Überarbeitungen nicht auszuschließen.

Boos hat also mit seiner Versicherung, daß es sich bei diesem Werk um ein Quodlibet handle, nicht die Unwahrheit gesagt. Jedoch stammen die Erweckungsgeschichten, die bei seinen katholischen Gegnern der eigentliche Gegenstand der Kritik waren, unstreitig von ihm selbst. Allerdings sind ihm

---

Philipp Raws am 30. Mai 1782 erfolgte Ehrenmitgliedschaft in der Nürnberger Partikulargesellschaft der Deutschen Christentumsgesellschaft s. ebd., S. 89.

[110] S. Brief: Boos an Iwan (Pseudonym), 24. Juli 1818, gedr. in *Goßner*, Boos (s. o. Anm. 3), S. 754f. Die einzelnen Auflagen sind in verschiedenen Verlagen erschienen.

[111] Hingewiesen sei beispielsweise auf die Besprechung in der Litteraturzeitung für katholische Religionslehrer aus dem Jahre 1820 (s. o. Anm. 106). Sie bewirkte, daß die Schrift in der Diözese Trier, in der Boos seit 1819 als Pfarrer von Sayn tätig war, häufig gelesen wurde. Am 1. Oktober 1820 schrieb er an Goßner: „Es ist dermalen ein fürchterlicher Lärm durch die M. Liter. Zeitung in hiesiger Gegend ausgebrochen (...) Das Büchlein: Christus, das Ende des Gesetzes, ist wie eine Pestilenz recensirt worden, und wird nun von allen Geistlichen gelesen, verspottet und verspieen sammt mir" (*Goßner*, Boos [s. o. Anm. 3], S. 384).

[112] S. o. Anm. 106.

[113] Brief: Boos an Josef Ludwig Alois von Hommer, 25. September 1820, in: *Schiel*, Boos (s. o. Anm. 2), S. 173.

[114] Der erste Beitrag trägt die Überschrift: Bekehrungsgeschichte; er findet sich als Anhang zu den Gallneukirchner Erweckungsgeschichten (s. *Boos*, Christus [s. o. Anm. 102], S. 88–100). Sein Verfasser ist der Sailerschüler Martin Völk, wie aus der 10. Ausgabe dieses Werkes von 1846 (S. 79) hervorgeht. Der zweite Beitrag, betitelt mit: Vom Glauben und der Rechtfertigung, steht am Ende des Werkes (*Boos*, Christus, [s. o. Anm. 102], S. 157–168); der Name des Autors wird abgekürzt mit den Buchstaben J. G. St. bzw. G. T. St. wiedergegeben.

[115] S. z. B. *Boos*, Christus (s. o. Anm. 102), S. 101f. u. S. 110–126.

[116] Diese Vermutung stützt sich vor allem darauf, daß Goßner im ersten Winter seines Benefiziats in München, also im Jahre 1812, entsprechende literarische Studien getrieben hat. Vgl. *Dalton*, Goßner (s. o. Anm. 17), S. 141; Dalton beruft sich hier u. a. auch auf *Prochnow*, Goßner (s. o. Anm. 17).

diese Berichte abgenötigt worden. An seine vertraute Briefpartnerin Anna Schlatter[117], die an seinem Verhalten als Seelsorger bei einigen der von ihm geschilderten Erweckungen Anstoß genommen hatte[118], schrieb er nämlich: „S. [sc. Sailer] hat's bloß mit der Zange aus mir herausgezwungen; ich wollte nicht."[119] Auch sind diese Berichte, so geht aus dem gleichen Brief weiter hervor, gegen seinen Willen unter den Erweckten von Hand zu Hand weitergereicht worden.[120]

Inhaltlich gliedert sich das gedruckte Werk in zwei umfangmäßig recht unterschiedliche Teile; der zweite macht nur etwa ein Viertel des ersten aus. Der erste Teil trägt die Überschrift: Erweckungs-Geschichten (von M. Boos in Gallneukirchen) 1810. Darin finden sich elf Berichte[121] über Erweckungen aus der Zeit der Wirksamkeit von Boos als Priester in Gallneukirchen in der Diözese Linz.[122] Insgesamt ist ihnen eine gewisse Stereotypie sowohl hinsichtlich der sprachlichen Formulierungen als auch des äußeren Ablaufes eigen. So wird das Verhalten der Erweckten vor ihrer Bekehrung ausnahmslos als ängstlich, furchtsam, unruhig sowie fried- und freudlos charakterisiert; nach derselben sind diese jedoch vergnügt, mutig, ruhig, froh und friedevoll. Die Bekehrung selbst wird durchgängig als ein zeitlich exakt fixierbares, stark emotionales Erlebnis geschildert. In allen diesen Erwekkungsgeschichten wird aber stets die Rechtfertigung durch den Glauben an das Werk Christi betont. Vorangestellt ist diesen Berichten eine kurze Darstellung der gemeindlichen Situation in Gallneukirchen, die Boos zur erwecklichen Verkündigung veranlaßt hat[123], sowie eine kurze theologische Zusammenfassung seiner Lehre.[124] In deren Zentrum stand demnach die Vorstellung, daß nur das Vertrauen auf das Werk Christi das Heil gewähre, nicht aber das Tun des Menschen. Zu dem ‚Christus für uns' tritt aber der ‚Christus in uns'. D.h., im Gerechtgesprochenen kommt es zu einer Ein-

---

[117] Vgl. *Goßner*, Boos (s. o. Anm. 3), S. 351: „Die Zehnte meiner Correspondenten ist Anna Schlatter."

[118] Vgl. Brief: Boos an Anna Schlatter, s. a., in: *Goßner,* Boos (s. o. Anm. 3), S. 640ff. Anna Schlatter stieß sich beispielsweise an der siebenten Geschichte, in der die Erweckung eines Ehebrechers auf dem Sterbelager erzählt wird. Als jener Sterbende Boos bekannte, daß er „erst kürzlich, vor drei Tagen die Ehe gebrochen" (*Boos,* Christus [s. o. Anm. 102], S. 49ff) habe und deshalb nicht in „den Himmel kommen" (S. 50) werde, sicherte dieser ihm die Seeligkeit mit den Worten zu: „Ich habe Mitleiden mit dir, mit deinem Fall und Unglück, aber verdammt darffst du deßwegen nicht werden (...). Denke, z.B. nur an David; er war Ehebrecher und Mörder zusammen, und doch sitzt er und Tausende seines Gleichen im Himmel." (S. 50).

[119] Brief: Boos an Anna Schlatter, s. a., in: *Goßner,* Boos (s. o. Anm. 3), S. 640.

[120] Ebd., „Daß meine Erweckungs-Geschichten und Sätze so weit herumkommen, ist mir nicht lieb, denn ich kann mich selber oft genug ärgern, warum noch Andere?"

[121] *Boos,* Christus (s. o. Anm. 102), S. 16–87.

[122] Sie sind also nicht direkt der Allgäuer Erweckungsbewegung zuzurechnen. Allerdings stand Boos, von dem die Erweckung in Gallneukirchen ausgegangen ist, dazumal weiterhin in reger Verbindung mit den Allgäuer Erweckten.

[123] *Boos,* Christus (s. o. Anm. 102), S. 9–13.

[124] Ebd., S. 13–16.

wohnung Christi. Hierin macht sich zweifelsohne die mystische Tradition, der Boos seit seinem Studium tief verbunden war, bemerkbar.[125]

Im zweiten Teil, der als Nachtrag zu den Erweckungsgeschichten überschrieben ist, wird versucht, die im ersten Teil bereits kurz zusammgengefaßte Lehre theologisch näher zu entfalten und aus der Heiligen Schrift sowie der Tradition zu begründen.[126] Hierbei wird zunächst auf die Rechtfertigungslehre anhand von 22 Thesen eingegangen.[127] Besonders bemerkenswert ist die dritte These, in der dezidiert erklärt wird, daß „gerecht und selig werden" nicht „durch unsere Werke, sondern durch den Glauben an den Sohn Gottes, Jesum Christum" geschieht, und zwar unter Verweis auf den siebenten und achten Kanon des tridentinischen Rechtfertigungsdekretes.[128] Übrigens hatte Boos schon in der neunten Erweckungsgeschichte aufzuzeigen versucht, daß sein Rechtfertigungsverständnis mit dem tridentinischen Rechtfertigungsdekret übereinstimme.[129] Sodann bemüht sich der Nachtrag zu den Erweckungsgeschichten um den Nachweis, daß auch die Kirchenväter, allen voran Augustin, sowie Scholastiker und neuere katholische Schriftsteller die Glaubensgerechtigkeit betont hätten.[130] Allerdings sind die angeführten, aus dem Zusammenhang gerissenen Zitate größtenteils wenig geeignet, um zu beweisen, daß von deren Autoren auch dieses Rechtfertigungsverständnis vertreten worden ist. Schließlich wird auf die Losung: ‚Christus in uns, unsere Heiligung' in 25 Thesen eingegangen.[131] Es wird wiederum zunächst ein Schriftbeweis[132] geführt und dann auf Beispiele aus der Kirchengeschichte sowie der Heiligenlegende verwiesen.[133]

Es stellt sich nun die Frage, worin die von Henhöfer in seinen autobiographischen Zeugnissen konzedierte Beeinflussung durch die Schrift ‚Christus für uns und in uns' theologisch bestanden hat.

Unter Zurückweisung der Vorstellung, der Mensch könne von sich aus das Heil erwerben oder auch nur in irgendeiner Weise daran mitwirken, insistierte Henhöfer in seinem Glaubensbekenntnis vom Sommer 1822[134] – auf dieses allein wird hier Bezug genommen[135] – darauf, daß dem Sünder

---

[125] Es wäre ein dringendes Desiderat, die mystische Tradition, in der Boos stand, näher zu untersuchen.

[126] *Boos*, Christus (s. o. Anm. 102), S. 101–168.

[127] Ebd., S. 102–108.

[128] Ebd., S. 102. Bezüglich Sess. VI, c. 7 u. 8 s. Denz. 792a–843.

[129] *Boos*, Christus (s. o. Anm. 102), S. 62ff.

[130] Ebd., S. 99–122.

[131] Ebd., S. 127–135.

[132] Ebd., S. 135–140.

[133] Ebd., S. 140–144.

[134] Dieses Glaubensbekenntnis, das aus Vorarbeiten heraus gewachsen ist, hat Henhöfer im Sommer 1822 während seiner Suspendierung von seiner Patronatspfarrei Mühlhausen auf Schloß Steinegg verfaßt. Vgl. hierzu u. a. *Heinsius* (s. o. Anm. 17), S. 76–88.

[135] Nicht zuletzt deswegen, weil es den Rahmen dieser Ausführungen sprengen würde, können Henhöfers Predigten aus dem Jahre 1819/20 nicht berücksichtigt werden. Zu diesen Predigten s. *Heinsius*, Krisen (s. o. Anm. 17), S. 292 (Quellen- und Literaturverzeichnis).

allein durch den Glauben an Christus die Gerechtigkeit vor Gott geschenkt werde. Diese Absage an jede Form der Werkgerechtigkeit sowie dieses Dringen auf Glaubensgerechtigkeit findet sich nun aber, wie gezeigt wurde, in dem Werk ‚Christus für uns und Christus in uns'. Die Weiterführung und nähere Hinführung zum Evangelium, die Henhöfer nach seinem eigenen Zeugnis durch die Lektüre dieser Schrift erfahren hatte[136], bestand demnach in der theologischen Erkenntnis, daß Glaube im eigentlichen Sinn immer Vertrauen auf das satisfaktorische Leiden und Sterben Christi ist. Boos hatte in seiner Schrift erklärt: „Wenn wir arme Sünder an diesen für uns leidenden, zahlenden und sterbenden Christus durch den heiligen Geist lebendig glauben, so werden wir mittelst Glaube, Taufe und Buße fromm und gerecht vor Gott."[137] Und Henhöfer schrieb im Sommer 1822 in seinem Glaubensbekenntnis: „Denn was Christus auf Erden that, that er nicht sein, sondern unser wegen, unsere Sünden hat er abgebüßt, uns hat er den Himmel verdient. Nicht also wir haben Sünden abzubüßen, nicht wir haben den Himmel zu verdienen, sondern annehmen sollen wir, was er uns erworben."[138]

Jedoch zeigen sich bei aller theologischen Übereinstimmung zwischen dem Werk von Boos und dem Glaubensbekenntnis von Henhöfer zwei bedeutende Unterschiede.

Erstens betonte Boos stärker als Henhöfer die Mitbeteiligung des Menschen beim Rechtfertigungsgeschehen. Wie nämlich seine Erweckungsberichte ausnahmslos zeigen, ging er davon aus, daß der Mensch an seinem Heil mitwirken könne und müsse, indem er sich dem gnadenreichen Handeln Gottes gegenüber zustimmend verhält. Dies geschieht durch die humilitas oder, um mit den Worten von Boos zu reden, durch „demüthig, wie ein Kind" sein[139] oder durch „recht arm im Geiste seyn".[140] Bei Henhöfer fehlt zwar die Vorstellung von einer subjektiven Mitwirkung des Menschen nicht völlig[141], jedoch hat er die Passivität im Rechtfertigungsgeschehen weit stärker hervorgehoben.

Zweitens spielte bei Henhöfer – und dies ist wohl das eigentlich Entscheidende – die Vorstellung von einer geheimnisvollen inneren Lebensgemein-

---

[136] *Henhöfer,* Lebenslauf (1860) (s. o. Anm. 81), S. 156: „... brachten mir Freunde aus der Nähe das Büchlein von Boos: Christus für u. in uns, unter der Hand bei, wodurch ich weiter geführt u. mehr zum Evangelium gebracht wurde."

[137] *Boos,* Christus (s. o. Anm. 102), S. 14.

[138] *Henhöfer,* Glaubensbekenntnis, 1824 (s. o. Anm. 75), S. 20.

[139] *Boos,* Christus (s. o. Anm. 102), S. 15.

[140] Ebd., S. 48; vgl. S. 64: „Man muß nämlich arm im Geiste seyn."

[141] Z. B. *Henhöfer,* Glaubensbekenntnis, 1824 (s. o. Anm. 75), S. 9f.: „Wie beim Acker, so ist es bei dem Menschen. Soll der Mensch gut werden und gute Früchte tragen (...). Dazu aber sind obige drei Stücke nöthig: 1) Etwas von Seiten Gottes (...). 2) Etwas von Seiten des Menschen, und das ist das Annehmen oder der Glaube. Der Mensch muß den Saamen auch in sich auf- und annehmen, und nicht oben aufliegen lassen (...). 3) Etwas durch die Wirkung beider Theile, und das ist die neue Geburt."

schaft des Wiedergeborenen mit Christus, d. h. von einer wesenhaften Einwohnung Christi im Gläubigen, nicht eine solche Rolle wie bei Boos. Bei diesem hatte infolge seiner Verwurzelung in der mystischen Tradition der ‚Christus in uns' eine grundlegende Bedeutung. So konnte er beispielsweise ausführen: „Da Christus unsere Arznei, unser Brod unsere Speise, unser Leben ist, und eine Arznei außer uns, uns nicht heilen, ein Brod, eine Speise außer uns uns nicht nähren, ein Leben außer uns uns nicht beleben, nicht unser Leben seyn kann, so muß Er in uns seyn, um uns zu heilen, zu nähren, zu beleben."[142] Allerdings hat Boos stets daran festgehalten, daß die Einwohnung Christi im Menschen erst nach dessen Rechtfertigung erfolge.[143] Nun findet sich zwar auch bei Henhöfer immer wieder die Vorstellung, daß Christus wesentlich im Gläubigen einwohne.[144] Der ‚Christus in uns' hat bei ihm jedoch keineswegs die theologische Relevanz wie bei Boos. Hieraus wird evident, daß dessen Verbleiben in der römisch-katholischen Kirche keinesfalls eine geschichtliche Zufälligkeit, sondern eine theologische Notwendigkeit gewesen ist.

Henhöfer ist demnach durch Fink und vor allem durch Boos theologisch entscheidend beeinflußt worden. Bezüglich des letzteren hat er sogar konstatiert, daß er durch dessen Schrift „näher zum Evangelium gebracht"[145] worden sei. Allerdings sind daneben noch andere theologische und frömmigkeitsgeschichtliche Kräfte zu veranschlagen, die seine religiöse Entwicklung nachhaltig mitbestimmt haben. Dies hat Henhöfer in seinem Rechenschaftsbericht und in seinen beiden Lebensläufen auch indirekt selbst eingeräumt, indem er mehrfach auf seine Kontakte nach Württemberg hingewiesen hat.[146]

---

142 *Boos,* Christus (s. o. Anm. 102), S. 127f.

143 Ebd., S. 13: „fiengen (...) an, den lebendigen Glauben an Christus zu predigen, nebst der inwendigen und auswendigen Heiligung, die aus der Rechtfertigung, d. i. aus dem Glauben und aus der Liebe folgen sollte."

144 Es ist möglich, daß Henhöfer, wie *Heinsius* ([s. o. Anm. 17], S. 79f.) meint, hierbei „offenbar von Martin Boos und seinem ‚Christus für uns und in uns' beeinflußt" ist. Jedoch ist wohl davon auszugehen, daß er auch noch aus anderen Traditionen geschöpft hat.

145 *Henhöfer,* Lebenslauf (1860) (s. o. Anm. 81), S. 156.

146 In seinem Lebenslauf von 1860 (s. o. Anm. 81), berichtete Henhöfer, daß er das Werk Christus für uns und in uns von „Freunde[n] aus der Nähe" (S. 156) erhalten hat. Noch deutlicher wird dies in seinem Lebenslauf aus den 1830er Jahren, in dem er davon zu berichten weiß, daß seit dem Spätjahr 1818 „von allen Seiten (...) katholische und evangelische Zuhörer" (*Henhöfer,* Lebenslauf [1833/40] [s. o. Anm. 79], S. 156) zu seinen Gottesdiensten geeilt seien. Bei diesen Beziehungen nach auswärts dürfte es sich wohl in erster Linie um Kontakte zu württembergischen Pietisten gehandelt haben. Seine Beziehungen zur evangelischen Brüdergemeine in Korntal reichen bis 1819 zurück (s. *Heinsius,* Henhöfer [s. o. Anm. 17], S. 43). Außerdem ist zu berücksichtigen, daß der württembergische Pietismus gewissermaßen auch schon in Mühlhausen Fuß gefaßt hatte, wie die Konventikel des Schreiners Brougier zeigen. Neben dieser direkten persönlichen Beeinflussung durch pietistische Kreise und einzelne Erweckte ist zu beachten, daß Henhöfer auch durch die Lektüre pietistischer Schriften Impulse erhalten hat. In seinem gedruckten Rechenschaftsbericht schrieb er nämlich, daß er „durch die Schriften der Alten, und einiger neuern frommen und gelehrten Männer, zur lebendigen

Henhöfers Beziehungen zur Allgäuer katholischen Erweckungsbewegung sind jedoch mit seiner Freundschaft zu Fink und seiner Lektüre der Schrift von Boos keineswegs vollständig erfaßt. Es läßt sich nämlich nachweisen, daß er um diese Zeit auch noch Schriften von Sailer[147] und Goßner[148] gelesen hat, worauf in diesem Zusammenhang jedoch nicht näher eingegangen werden kann.

Die schon wiederholt konstatierte Beeinflussung Henhöfers durch die Allgäuer katholische Erweckungsbewegung ist also zutreffend. Allerdings vollzog sich diese – wie gezeigt werden konnte – wesentlich differenzierter als bislang angenommen worden ist.

Erkenntniß der Gnade Gottes in Christo Jesu" gekommen sei (*Henhöfer,* Rechenschaft [s. o. Anm. 75], S. V).

[147] Spätestens seit Herbst 1820 hat Henhöfer Sailers Schrift Moral (s. Sailer-Bibliographie, in: *Schiel,* Briefe [s. o. Anm. 84], S. 656, Nr. 155) gekannt. Er hat nämlich am 30. November 1820 in seinem Verantwortungsschreiben an das Generalvikariat in Bruchsal darauf hingewiesen, daß er hinsichtlich der Neuwerdung des Menschen völlig mit Sailers Schrift Moral übereinstimme; sie sei, so schrieb er, „so aus meinem Herzen geschrieben, daß ich alles hierher setzen möchte" (Acten [s. o. Anm. 74], S. 23; vgl. S. 38). Sodann sei darauf aufmerksam gemacht, daß Henhöfer seit Februar 1821 Sailers Werk Pastorale (s. Sailer-Bibliographie, in: ebd. S. 647, Nr. 52) gekannt hat. s. Brief: Henhöfer an Franz Ludwig Mersy vom 9. Februar 1821, Erzbischöfliches Archiv Freiburg, A 32/53: „Ich habe gestern Sailers Pastoral zum erstenmal unter die Hand bekomen, u. konnte mich nicht genug verwundern, daß man nur einige Bedenklichkeiten gegen meine Predigten haben konte, da dieser Mann das nämliche in alle Welt hineinschreibt. Im dritten Bande habe ich mir 2 Stellen gezeichnet, die meine ganze Lehre u. Lehrgang erhalten, u. die ich Ihnen statt einer weitern Ausführung angeben will. Seite 70 Nachdruck Nr. 97 stehet ein Brief als Schluß in der Lehre u. d. Beicht, der ganz aus meinem Herzen geschrieben ist, u. nach welchem Gang hier alles behandelt wird. Eben so Seite 7 § III Nr. 12." Ferner sei darauf hingewiesen, daß Henhöfer auch Sailers 1810 erschienenes Werk Die Weisheit auf der Gasse (s. Sailer-Bibliographie, in: ebd. S. 654, Nr. 130) in seiner Bibliothek gehabt hat (vgl. *Gerhard Schwinge* [Hg.], Katalog der Henhöfer-Bibliothek in der Landeskirchlichen Bibliothek Karlsruhe, Karlsruhe 1989, S. 68, Nr. VI a 13). Auch besaß er Sailers Übersetzung von Thomas a Kempis Werk Die vier Bücher der Nachfolgung Christi (s. Sailer-Bibliographie, in: ebd. S. 649, Nr. 74)((vgl. *Schwinge* [Hg.], Katalog, S. 32, Nr. I b, 19 a; es handelt sich um die 5. Ausgabe, die 1821 bei Joseph Grözinger in Reutlingen erschienen ist).

[148] Henhöfer hat seit 1820 Goßners Auslegung des Neuen Testamentes Geist des Lebens und der Lehre Jesu Christi gelesen (s. Brief: Henhöfer an Friedrich Ludwig Mersy, 9. Februar 1821 [s. o. Anm. 147]: „Goßner hat das neue Testament erklärt unter dem Titel: Geist des Lebens u. der Lehre / Jesu Xti (...) herausgegeben (...). Sollten Sie es wünschen so können Sie es von mir zur Einsicht haben.") und häufig zitiert. Auch hat er dieses Werk vielerorts sehr empfohlen und verbreitet. s. Acten [s. o. Anm. 74], S. 80: „Goßners Geist der Lehre sc. suchte H. allenthalben zu empfehlen und zu verbreiten, und jubelte, als ein Pfarrer dieses Buch, das auch in der Burg Steinegg fleißig gelesen und beherzigt wurde, durch ihn angeschafft hatte: ‚Der Herr segne dieses Buch an dem Herzen unseres Bruders', sagte er."

Gustav Adolf Benrath

Aloys Henhöfer und die Erweckung in Baden*

Bis auf den heutigen Tag verdankt die evangelische Landeskirche in Baden Aloys Henhöfer sehr viel, obwohl sie das zu seinen Lebzeiten nicht sogleich zu erkennen und anzuerkennen vermochte. Im Gegenteil: Es bedurfte erst eines etwa drei Jahrzehnte andauernden Ringens zwischen ihm und der kleinen Zahl seiner gleichgesinnten Freunde auf der einen Seite und der mächtigen, staatskirchlichen, von oben herab regierenden Kirchenbehörde zusammen mit der überwiegenden Mehrzahl der Pfarrerschaft auf der anderen Seite, bis ihm schließlich die verdiente öffentliche Anerkennung zuteil wurde. Im Jahr 1856 verlieh ihm die Theologische Fakultät Heidelberg unter ihrem Dekan Richard Rothe die Würde eines theologischen Ehrendoktors. Bei diesem Anlaß rühmte sie ihn als „Bekenner und untadeligen Verkündiger des reinen Evangeliums und als den ehrwürdigen Beginner der in der Kirche dieses unseres Landes nunmehr fröhlich erblühenden Frömmigkeit".[1] Indem sie seine persönlichen Verdienste hervorhob, sprach sie zugleich auch der von ihm ins Leben gerufenen Erweckung ihre Anerkennung aus. Aber es war ein weiter Weg von jenen Anfängen bis zu diesem Ergebnis.

Am Ende des Napoleonischen Zeitalters stand das in den Jahren 1806 bis 1810 neugebildete Großherzogtum Baden, gerade so wie auch die übrigen neuen Mittelstaaten im Westen und Süden Deutschlands, vor der schwierigen Aufgabe, aus der Vielzahl von kleinen und kleinsten Territorialpartikeln, die ihnen zugefallen waren, ein einheitliches Staatswesen zu bilden. Von Wertheim am Main bis nach Konstanz am Bodensee erstreckte sich das neue Großherzogtum und umfaßte nun die verschiedensten Traditionen: Bevölkerung und Mundart, Sitten und Gebräuche, Recht und Wirtschaft waren so unterschiedlich geprägt wie nur denkbar. Von Unterschieden und

---

* Vortrag anläßlich der wissenschaftlichen Tagung der Historischen Kommission für die Erforschung des Pietismus gemeinsam mit dem Verein für Kirchengeschichte der Evang. Landeskirche in Baden am 15. 9. 1989 in Karlsruhe.

[1] Der lateinische Text – Abbildung zuletzt in: Aloys Henhöfer (1789–1862) und die badische Erweckungsbewegung. Ausstellungskatalog hrsg. von der Badischen Landesbibliothek, erarbeitet von *Gerhard Schwinge*, Karlsruhe 1989, S. 73 – lautet hier: Aloysium Hennhoefer parochum Spoeccensem purioris evangelii confessorem et praeconem integerrimum, pietatis Christianae in ecclesia patria hac nostra aetate iam laetius efflorescentis inceptorem venerabilem ... – Die beiden relativierenden Komparative im lateinischen Text (purioris evangelii, laetius efflorescentis) dürfen infolge des unterschiedlichen Sprachgebrauchs im Deutschen mit dem Positiv wiedergegeben werden (des reinen Evangeliums, der fröhlich erblühenden Frömmigkeit).

sogar Gegensätzen waren auch die kirchlichen Traditionen bestimmt, und so lautete auf kirchlichem Gebiet die vordringliche schwierige Aufgabe ganz entsprechend: Zusammenschluß und Vereinheitlichung. Regierung und Kirchenbehörde planten eine Zusammenführung wenigstens der beiden evangelischen Kirchen, und zwar der lutherischen Gemeinden, die hauptsächlich im nördlichen Mittelbaden und im Süden Badens verbreitet waren, mit den reformierten Gemeinden im Raum zwischen Mannheim und Mosbach, die einst zur Kurpfalz gehört hatten. Nach Jahren der Vorbereitung gelang es im Jahre 1821 der aus Vertretern der beiden evangelischen Konfessionen zusammengesetzten Generalsynode, die Union der Lutheraner und Reformierten zustandezubringen und die vereinigte evangelisch-protestantische Landeskirche zu begründen.[2] Der weit über Baden hinaus bekannte Dichter, Theologe, Gymnasialdirektor und Kirchenrat Johann Peter Hebel (1762–1826) wirkte bei dieser Union an maßgeblicher Stelle mit. Er wurde zum ersten Prälaten der vereinigten Landeskirche ernannt; als solcher hatte er übrigens auch ein politisches Mandat in der Ersten Kammer des neuen badischen Landtages wahrzunehmen. Man hätte für das Amt des Prälaten keinen Besseren finden können als ihn. Hebel war zu seiner Zeit der anerkannte Repräsentant des evangelischen Kirchen- und Schulwesens im Lande. Nicht nur seine zahlreichen alten lutherischen Freunde und Schüler fühlten sich von ihm aufs beste vertreten, sondern auch die ehemals pfälzischen reformierten Pfarrer schätzten ihn und seine Theologie. So wie Hebel dachten, lehrten und predigten landab, landauf die allermeisten Theologen in Baden. Es war die Theologie der frommen Aufklärung, zu der sie hinneigten, nur mit dem Unterschied, daß sich mittlerweile die jüngere Generation der Pfarrer von dem alten, patriarchalischen Staatskirchentum laut oder leise loszumachen begann, um sich den Grundsätzen und Zielen des theologischen und kirchlichen Liberalismus zuzuwenden und mit seiner Hilfe in Analogie zur neuen Staatsverfassung ein neues freiheitliches kirchliches Leben in Gang zu bringen. Die alte lutherische Orthodoxie war in Baden seit Jahren wie vergessen. Der Pietismus Speners und Franckes hatte in Baden zu keiner Zeit Fuß gefaßt, und so stießen die neuen Kräfte zunächst auf keinerlei Widerstand.[3]

In ähnlicher Weise hatten die Prinzipien der frommen Aufklärung übrigens auch in der katholischen Kirche in Baden Anklang und Eingang gefunden. Hier war es der erwählte Bischof von Konstanz, Ignaz Heinrich Freiherr von Wessenberg (1774–1860), der sie förderte und der mit Hebel zusammen Mitglied der Ersten Kammer des badischen Landtages war. So

---

[2] Hiervon handelt die Aufsatzsammlung: Vereinigte Evangelische Landeskirche in Baden 1821–1971, hrsg. von *Hermann Erbacher*, Karlsruhe 1971 und zuletzt meine Skizze: Die evangelische Kirche in Baden 1771–1821, in: Baden-Württemberg im Zeitalter Napoleons (Ausstellungskatalog), Stuttgart 1987, 297–311.

[3] *Jörg Schneider,* Die evangelischen Pfarrer der Markgrafschaft Baden-Durlach in der zweiten Hälfte des 18. Jahrhunderts, Lahr 1936.

ergaben sich im Unterschied zu früher allerlei Berührungspunkte auch zwischen der katholischen und der evangelischen Kirche. In manchem war man sich weithin sogar einig, so z. B. in der Ablehnung des römischen Zentralismus und in dem Bestreben, Engherzigkeit und Veräußerlichung der alten jesuitischen Frömmigkeit zu überwinden. Auch den jüngsten Regungen der Romantik und eines neuen „Mystizismus", wie man ihn nannte, war man gemeinsam abgeneigt.

I.

Aloys Henhöfer, in den Anfangstagen der Französischen Revolution, am 11. Juli 1789 als Sohn katholischer Bauersleute in Völkersbach nordöstlich von Rastatt geboren[4], lernte in seinen Jugend- und Bildungsjahren beides kennen: Die Formen und Inhalte spätbarocker Volksfrömmigkeit einschließlich fleißigen Rosenkranzbetens und eifriger Wallfahrten brachte ihm seine fromme Mutter nahe, deren Herzenswunsch es war, daß er Priester werden solle. Nach seiner Schulzeit in Rastatt begegnete ihm dann während seines Theologiestudiums in Freiburg und im Priesterseminar in Meersburg der fortschrittlichere Katholizismus Wessenbergs. Im Alter von knapp 26 Jahren wurde Henhöfer in Meersburg zum Priester geweiht. Seine erste Anstellung erhielt er 1815 als Hauslehrer und Erzieher im Hause des katholischen Grundherren und Kirchenpatrons Julius von Gemmingen auf Schloß Steinegg bei Pforzheim, und zwei Jahre später wurde er Pfarrer der katholischen Gemeinde Mühlhausen an der Würm, wo er ernsthaft, energisch und pflichtbewußt, wie er war, Moral und Buße predigte, um den Lebenswandel seiner Gemeindeglieder zu verbessern. Teils durch persönlichen Gedankenaustausch, teils durch Lektüre wurden ihm in dieser Zeit Anregungen von verschiedenen Seiten zuteil: Auf der einen Seite durch die katholische Allgäuer Erweckungsbewegung, hinter der die geistliche Autorität des katholischen Theologen Johann Michael Sailer (1751–1832) und seines Schülers Martin Boos stand[5], und auf der anderen Seite durch den evangelischen Pietismus im benachbarten Württemberg, namentlich in Korntal, Leonberg und Calw. Die an sich verschiedenen Impulse wirkten in dieselbe Richtung: Henhöfer vertiefte sich immer mehr in die Bibel und insbesondere in die Gnadenlehre des Apostels Paulus. Auf diese Weise wurde in den Jahren 1818 bis 1820 aus dem Moral- und Bußprediger der Gnadenprediger, so wie er es selbst später im Rückblick formuliert hat: „Von jezt an predigte ich mit eben so viel Eifer das Wort von der Versöhnung und von der freien Gnade Gottes in Christo... und es entstand eine große Erweckung in der ganzen Ge-

[4] Als biographische Gesamtdarstellung ist bisher noch nicht ersetzt: *Wilhelm Heinsius,* Aloys Henhöfer und seine Zeit (1925), Neuausgabe Neuhausen-Stuttgart und Karlsruhe 1987.

[5] Hiervon im Detail und mit neuen Ergebnissen Horst Weigelt, s. o. S. 173–195.

gend."[6] Gegen den Vorwurf religiöser Schwärmerei, mit dem seine Pfarrkollegen rasch bei der Hand waren, setzte er sich ausdrücklich zur Wehr: „Es war nicht Schwärmerei, denn wir hatten einen festen Grund und Boden, Gottes-, nicht Menschenworte, die heilige Schrift, die Erklärung der Väter..., es war rein nichts anders als die Lehre von Selbstkenntnis, von Buße, Glauben und neuem Leben, oder wie der Apostel es nennet: Glaube, der in Liebe thätig ist."[7] Das klingt einfach, ja wohl gar trivial. Aber es war viel. Es war das Entscheidende. Es war das Ergriffensein, Ergreifen und Begreifen der Tatsache, daß Christentum Gnadenreligion und nicht Gesetzesreligion ist. Henhöfer predigte seitdem immer deutlicher für einen bewußten, innerlichen Herzensglauben gegen ein veräußerlichtes Gewohnheitschristentum, das sich, wie er sagte, im Messehören, Rosenkranzbeten, Kapellen- und Wallfahrtengehen und in einem ehrbar bürgerlichen Leben erschöpfte. Ähnlich wie einst Luther, so meinte auch Henhöfer, mit dieser seiner Kritik durchaus auf katholischem Boden zu stehen und hier wirken zu sollen. Allein, er wurde von seiner Kirchenbehörde verklagt, verhört, seines Amtes enthoben und im Sommer 1822 schließlich exkommuniziert. Als sich sein Kirchenpatron Freiherr Julius von Gemmingen-Steinegg und etwa 220 Gemeindeglieder im Frühjahr 1823 dafür entschieden, in die evangelische Kirche überzutreten, schloß er sich ihnen an. Unter Mitentscheidung von Prälat Hebel wurde Henhöfer in den Kreis der evangelischen Pfarrkandidaten aufgenommen. Um den konfessionellen Frieden nicht zu gefährden, entsandte man ihn allerdings nicht wieder nach Mühlhausen. Vielmehr versetzte man ihn in die Rheinebene, wo er zunächst in Graben (1823–1827) und danach 35 Jahre lang bis an sein Lebensende als evangelischer Pfarrer in Spöck und Staffort gewirkt hat (1827–1862).

Genau so wie zuvor in der katholischen Kirche hielt es Henhöfer in der evangelischen Kirche als Pfarrer und Seelsorger für seine oberste Pflicht, die getauften Christen aus dem Wahn ihrer Selbstsicherheit wachzurütteln und durch die Botschaft von der Liebe Gottes zur Buße, zum Glauben und zum neuen Leben aufzurufen: „O der Gedanke an ein Jenseits, an ein Fortleben nach dem Tode, an eine große lange Ewigkeit, an einen Richter und an eine Vergeltung in der Ewigkeit sollte doch im Stande seyn, auch den rohesten sichersten Weltmenschen aus seinem Schlummer aufzuwecken und zum Nachdenken über das zu bringen, was... schnell, heute noch für diese lange Ewigkeit Noth thut."[8] Trotz der Länge und Breite seiner Predigten – unter eineinhalb Stunden ging es bei ihm am Sonntag meistens nicht ab – muß Henhöfer, auch in seiner volkstümlich mittelbadisch gefärbten Diktion, ein fesselnder Prediger gewesen sein: Bald derb, bald zart, streng und gütig, je

[6] *Eckhard Hagedorn,* Henhöfers autobiographische Rückblicke, in: Theologische Beiträge 20 (1989) 149–164; Zitat: 156.

[7] Christliches Glaubens-Bekenntniß des Pfarrers Henhöfer's von Mühlhausen... Zweyte unveränderte Auflage, Heidelberg 1824, Einleitung, S. VI.

[8] Christliches Glaubens-Bekenntniß (s. o. Anm. 7), S. LXV.

nach dem, wie es das biblische Wort und die Situation der Hörer erforderte, dabei aber stets gut vorbereitet, deutlich, treffsicher und oftmals originell in dem, was und wie er es sagte, vor allem aber sachbezogen, das heißt: auf die Gnadenbotschaft und auf die Lehre vom Heiland, vom Heil und vom Heilsweg konzentriert. Der einzige, richtige Heilsweg aber hieß: „Buße, Glaube, neues Leben", – neues Leben jedoch nicht als Vorbedingung, sondern als Folge des Heils, so wie er es seinen Hörern immer wieder eingeprägt hat: „Erst selig, dann heilig." Erst wenn der Glaubende durch das ihm aus Gnaden geschenkte und von ihm bedingungslos ergriffene Heil beseligt ist, ist er dazu imstande, das neue Leben der Heiligung zu führen, zu dem er verpflichtet ist.

So trug Henhöfer die Erweckungspredigt unerschrocken in die badische evangelische Kirche hinein, wo sie bis dahin unbekannt war. Schon wenige Jahre nach seinem Übertritt hieß es in einem Visitationsbericht (1828), daß „der Pfarrer Henhöfer ein für sein Amt hochbegeisterter Mann und ein wahrer christlicher Geistlicher ist". Und viele Jahre später (1842) wird seine Predigt noch ebenso als „herzlich, ergreifend, oftmals begeisternd" bezeichnet. Dabei wurde ausdrücklich hervorgehoben „die Liebe und Milde, welche neben diesem starken Glauben waltete". Schließlich aber hieß es ganz einfach: „Daß unter einem solchen Hirten eine christliche Gemeinde gedeihen muß, leuchtet von selbst ein."[9]

II.

Unbequem wurde Henhöfer der badischen evangelischen Kirche aber schon im Jahre 1830. Ende Juni 1830 beging man im evangelischen Deutschland die Dreihundertjahrfeier des Augsburgischen Bekenntnisses, in dem die reformatorische Lehre verbindlich enthalten ist. In eben diesem Jahr wurde in Baden probeweise ein neuer Katechismus eingeführt. Dieser neue Katechismus sollte für die beiden alten reformatorischen Katechismen Ersatz schaffen, den Kleinen Katechismus Luthers und den Heidelberger Katechismus, denen man bei der Union den Abschied gegeben hatte, um die innerprotestantische konfessionelle Trennung zu überwinden. Zur gleichen Zeit sollte er im Sinne der aufkommenden Vermittlungstheologie zwischen traditioneller Lehraussage und modernem Denken vermitteln. Ausgerechnet Henhöfer, der frühere katholische Priester, sah sich jetzt dazu veranlaßt, die evangelische Kirche in Baden an ihre bleibend notwendige Bindung an das

[9] Diese Zitate entstammen einer Mitteilung (Neureut, 21. 10. 1864) aus den Akten, mit der Julius Sachs, Dekan des Kirchenbezirks Karlsruhe-Land, einer Bitte Emil Frommels um Auskunft für seine geplante Henhöfer-Biographie (s. u. Anm. 16) entsprach. Handschriftlich im Archiv des evangelischen Pfarramts Spöck. – Für die freundliche Mitteilung dieser und anderer Aktenstücke sei Herrn Pfarrer Wolfgang Hessenauer in Spöck auch an dieser Stelle herzlich gedankt.

evangelisch-reformatorische Bekenntnis zu erinnern. Nach Henhöfers Urteil wich der neue Katechismus vom Augsburgischen Bekenntnis weit ab, und seine vermittelnden Aussagen erschienen ihm als unerträglicher Kompromiß. Es handelte sich dabei nicht etwa um nebensächliche Punkte, sondern um das Zentrum, um die evangelische Lehre vom Heiland, vom Heil und vom Heilsweg. Im Blick auf die Lehre vom Heiland lautete im Probekatechismus die Frage: „Was sagt die Heilige Schrift von seiner Natur und seiner Verbindung mit Gott?" Henhöfer fand allein schon die Formulierung verwerflich. Nicht von irgendeiner unbestimmten Natur sei hier zu sprechen, sondern von den bestimmten beiden Naturen des Gottmenschen müsse die Rede sein. Auch sei Christus mit Gott nicht nur irgendwie verbunden, „sondern er ist selbst der wahrhaftige Gott". Des weiteren rügte Henhöfer die Tendenz, die Lehre vom Heil aus ihrer objektiven Geltung ins Subjektive zu verschieben und auf seine mögliche Wirkung in dem Gläubigen zu beschränken. Das Leiden Christi diente nicht nur dazu, „das erhabenste Bild des Glaubens und der Tugend" darzustellen, sondern es war vielmehr schmerzhaftes Büßen für unsere Sünde, es war objektive Erlösung vom Gesetz und unverzichtbarer Vollzug der Vergebung. Besonders scharf kritisierte Henhöfer schließlich die unklare Lehre vom Heilsweg mit den Worten: „Hier wird zusammen Glaube, Buße und ein gottseliges Leben zur Bedingung gemacht, um der Erlösung teilhaftig zu werden – katholischer Heilsweg!"[10] Henhöfer stand inzwischen nicht mehr allein: Drei Pfarrer und drei Vikare schlossen sich ihm an. Gemeinsam brachten sie ihre Kritik zum Druck. Gegenschriften erschienen. Die Gemeinden wurden in die Auseinandersetzung mithineingezogen. Pfarrer Christoph Käß in Graben, einst ein Gegner, jetzt ein Mitstreiter Henhöfers, verfaßte eine Art Gegenkatechismus, dem er die ersten acht Artikel des Augsburgischen Glaubensbekenntnisses beidrucken ließ.[11] In der Nachfolge Luthers stellte Käß von neuem die Lehre vom Gesetz und von der Sündenerkenntnis an den Anfang. Entschieden wandte er sich gegen jede blinde Tröstung und wohlfeilen Gnadenzuspruch. Offen sprach er aufs neue vom Zorn Gottes und mit einer nachdrücklichen Mahnung schloß er: „Wer dem Fürsten dieser Welt glücklich entronnen ist, der muß wachen und beten, daß er weder durch falsche Lehre, noch durch fleischliches Leben von seinem Heilande weggelockt, und wieder in das antichristliche Wesen verflochten werde. Dabei müssen wir sorgfältig auf die Zeichen der Zukunft unseres Heilandes achten, und uns also halten, daß wir zu jeder Stunde bereit sind, den Herrn zu empfangen."[12]

---

[10] Die Zitate finden sich in: Der neue Landeskatechismus der evangelischen protestantischen Kirche des Großherzogthums Baden geprüft nach der heiligen Schrift und den symbolischen Büchern, Speier 1831.

[11] Katechismus der christlichen Heils-Lehre, nach dem Bekenntnisse der vereinigten evangelischen Kirche im Großherzogthum Baden, verfaßt von *Chr. Käß*, Pfarrer zu Graben, Speyer 1833.

[12] Ebd., S. 169.

Henhöfer und seine Freunde vermochten die endgültige Einführung des neuen Katechismus zwar nicht zu verhindern, aber sie setzten zuvor doch immerhin eine leichte Verbesserung des Wortlautes durch. Vor allem erreichten sie die Zusicherung, daß der neue Katechismus die Verpflichtung auf das Augsburgische Bekenntnis nicht in Frage stelle. Damit konnten sie sich zufrieden geben. Weit mehr als erwartet, hatten sie durch ihren Widerstand das reformatorische Bekenntnis in den Blickpunkt gerückt, und die bis dahin wie selbstverständlich bestimmende Vorherrschaft des Liberalismus war in Frage gestellt. Eine kirchliche und theologische Opposition war im Entstehen begriffen.

III.

Die erweckliche Predigt und das reformatorische Bekenntnis sollten nach Henhöfers Meinung aber nun nicht nur das Leben des Einzelnen verändern und erneuern, sondern auch das Leben der Gemeinden. Schon in Mühlhausen hatte die Erweckung ihre Kraft aus den Betstunden und Bibelstunden geschöpft, und in den Dörfern auf der Hardt war es nicht anders. Hier waren die „Stunden", wie sie den Anregungen des älteren Pietismus entsprachen, zwar nicht völlig unbekannt. Ja, der hochgeschätzte Markgraf und spätere Großherzog Karl Friedrich hatte sie einst (1783) unter bestimmten Bedingungen sogar gutgeheißen: Der Pfarrer sollte sie leiten, zum Gottesdienst-Ersatz dürften sie aber nicht werden. Doch wo sie es je gegeben hatte, waren sie längst wieder eingeschlafen. Sie waren inzwischen verpönt. Die Pfarrerschaft wollte nichts von ihnen wissen, und Regierung und Kirchenbehörde standen im Zeichen der Restauration und des Vormärz allen abweichenden Regungen und Bewegungen unter der Bevölkerung mißtrauisch und feindlich gegenüber. Überall witterten sie zentrifugale Kräfte. In wiederholten Schüben waren verarmte Landleute aus den badischen Dörfern nach Rußland und nach Amerika ausgewandert, und in den 1830er Jahren setzte auch schon die Binnenwanderung in die wachsenden Städte ein, die sich später zur Landflucht steigern sollte.[13] Wenigstens auf kirchlichem Gebiet sollten Einheit, Ordnung und Geschlossenheit des Volkes erhalten bleiben. So suchte man das landeskirchliche System mit staatskirchlichen Mitteln von oben herab abzusichern, und die Pfarrer als Staatsbeamte waren angehalten, jede Art von Separatismus, Konventikeltum und Geheimbündelei anzuzeigen. Die geistliche Gemeinschaftsbildung der Laien war in Henhöfers Augen nun aber nicht nur nichts Verdächtiges und, im Gegenteil, nicht nur etwas Gutes, Förderungswürdiges, sondern geradezu eine Lebensnotwendigkeit für die fortdauernde Wirkung und Verbreitung der Erweckung.

[13] *Albert Ludwig,* Das kirchliche Leben der evangelisch-protestantischen Kirche des Großherzogtums Baden, Tübingen 1907, S. 5.

Pfarrer Christoph Käß in Graben nahm die Versammlungen in einer eigenen Schrift gegen den Vorwurf des kirchenfeindlichen Separatismus in Schutz. Dabei skizzierte er auch den Ablauf der Stunden: Zu Beginn und am Ende gemeinsamer Gesang aus dem kirchlichen Gesangbuch oder aus dem Liederkästchen von Hiller, freies Eingangs- und Schlußgebet des Stundenhälters, Verlesung einer Predigt oder eines Abschnitts aus Johann Arndts Wahrem Christentum oder auch der Tageslosung aus Hiller oder Goßner. Im Mittelpunkt stand dann die gemeinsame Besprechung dieser Texte oder aber auch der letzten Sonntagspredigt des Gemeindepfarrers. Zweck der Stunden sei „das Bewußtwerden der Gemeinschaft im Herrn". Denn, so schrieb Käß, „auch die Kirche kann nach ihrer Einrichtung unter uns, und nach der ganzen Lebensweise der heutigen civilisirten Welt dieses herrliche Mittel zur Belebung des christlichen Sinnes nicht in solchem Grade gewähren, als zu wünschen wäre ...".[14] Schlicht und recht ging es in den Stunden zu, die nach Feierabend selbst zur Zeit der Heuernte hin und her in den Bauernhäusern stattfanden. Am 8. Juni 1842 schrieb Luise Henhöfer an ihren Mann, der sich auswärts aufhielt: „Wie wir gestern Abend nach Hauße giengen, war alles so still und ruhig, so daß ich zu Malchen sagte, unsre Leute schlafen schon alle, wie wir gegen Christophs Hauße kamen, hörten wir lesen. Brecht las vor er hatte ein Licht am offen Fenster und der Hof war mit Leuten angefüllt, wir blieben stehen, dann wurde gesungen und ein kurzes Dankgebet gebracht für den Segen und Schutz des vergangnen Tags ..."[15] Trotz alledem unterlagen die Stunden jahrelang dem Vorwurf der Ordnungswidrigkeit. Henhöfer mußte sich im Jahre 1845 gegenüber dem „Großherzoglichen Hochpreißlichen Oberkirchenrat in Karlsruhe" eigens dafür verantworten, daß er jede Woche regelmäßig mit sogenannten Pietisten und zwar mit sieben bis acht Stundenhaltern besondere Zusammenkünfte halte. Henhöfer schrieb, er lasse sie ins Pfarrhaus kommen. „Ich rede mit ihnen, frage sie wie Kinder in der Kinderlehre, berichtige und helfe nach, wo ihre Erkenntniß mangelhaft ist. Auf diese Weise habe ich die Stunden in meiner Hand, ohne selbst hinzugehen, ich kann sie vor Verirrung und Sectirerei bewahren, halte sie im Zusammenhang mit der Kirche und mache sie für dieselbe selbst fruchtbar. Außer den Stundenhältern darf aber niemand kommen. Es ist nichts als ein Hausbesuch, der aber statt mit andern Gesprächen mit einem Kapitel der heiligen Schrift ausgefüllt wird."[16] Henhöfer blieb nach dieser Antwort unbehelligt. Man hatte inzwischen wahrlich ganz andere Sorgen. Schon kündigten sich die großen politischen und sozialen Konflikte an, die in dem sonst so oft gerühmten badischen Musterland zur Revolution der Jahre 1848/49 führen sollten. Die Ära Johann Peter Hebels, auf die so viele Bade-

---

14 Die religiösen Privatversammlungen oder die sogenannten Konventikel, mit besonderer Beziehung auf die Umgegend von Karlsruhe, beleuchtet von Pfarrer Käss, in Graben, Karlsruhe 1834, S. 5ff.; Zitate: S. 6 und 6f.

15 Handschriftlich im Archiv des evangelischen Pfarramts Spöck.

16 *Emil Frommel,* Aus dem Leben des Dr. Aloys Henhöfer, Karlsruhe 1865, S. 402.

ner so lange und so sehnsüchtig zurückgeblickt hatten, die gute alte Zeit war nun endgültig vergangen.

IV.

Man kann der evangelischen Pfarrerschaft von damals nicht vorwerfen, sie hätte am politischen Geschehen ihrer Zeit keinen Anteil genommen. Einige Pfarrer setzten sich für die Gestaltung des öffentlichen Lebens recht eifrig ein und wirkten im Landtag ebenso mit wie in den kirchlichen Synoden. Pfarrer Karl Zittel aus Bahlingen am Kaiserstuhl, der bekannte Vertreter des kirchlichen und politischen Liberalismus, meinte, der damals spürbar werdenden Abwendung von der Kirche und von den kirchlichen Fragen könne man nur durch eine Trennung von Kirche und Staat entgegenwirken. Die Kirche als ganze und in allen ihren Gliederungen müsse größere Selbstverantwortung übernehmen. Ähnlich wie der Landtag auf politischem, so müsse auf kirchlichem Gebiet die Generalsynode gesetzgebende Vollmacht erhalten, und um ihren Einfluß in der Öffentlichkeit zu verstärken, habe die Kirche ohne Rücksicht auf ein bestimmtes Glaubensbekenntnis die christlich-religiösen Kräfte aller Richtungen aufzufangen und zu begleiten. Nur dahin habe „die Kirche zu wirken, daß die erweckende Persönlichkeit Jesu allen Gliedern nahegebracht werde“, und sie habe sich damit zu „begnügen, daß man in Christo den Erlöser bekenne und verehre, durch den allein man zu Gott kommen wolle und könne“.[17] Henhöfer erschien das dürftig und unklar. Die Entgegnung übernahm einer seiner früheren Vikare, Pfarrer Karl Mann. Auf die Frage „Was thut unserer Kirche noth?“ (1843) gab Karl Mann die Antwort der Erweckungsbewegung: „Erneute tiefe Einkehr in das eigene Herz, klare Überschauung der wahren Beschaffenheit des... Menschenlebens, ernste Erwägung aller göttlichen Taten auf Erden... und endlich liebende Betrachtung des einzig dastehenden Bildes Jesu, des Gekreuzigten und Auferstandenen... wird uns zurückführen zur freien geistigen Aneignung unserer evangelischen Heilslehre...“ Man pries „das Dasein der Kirche als eine fortgehende Tat Gottes“; ihre Kraft, so betonte er, liege einzig und allein im Worte und im Bekenntnis der wahren Heilslehre. Und im ausdrücklichen Gegensatz gegen die liberale Konzeption eines mit dem Zeitgeist immer weiter fortschreitenden Protestantismus erklärte er kurz und bündig, „daß keine Hülfe möglich ist als in der Umkehr zu der alten und ewig neuen Lehre des Evangeliums“.[18]

Aber war dieser erneuerte Ruf nach innen und zurück die einzig mögliche Antwort, war er die einzig richtige Antwort auf die Nöte der Zeit? Ging er an der Wirklichkeit der 1840er Jahre mit ihren unversöhnlichen Gegensätzen

[17] *Karl Zittel,* Zustände der evangelisch-protestantischen Kirche in Baden, Karlsruhe 1843; Zitate S. 179 und 180.

[18] *Karl Mann,* Was thut unserer Kirche noth?, Karlsruhe 1843; Zitate S. 35, 17, 38, 59.

etwa absichtlich oder unabsichtlich vorbei? Das war nicht der Fall. Henhöfer und seine Freunde hatten einen scharfen Blick für das kirchliche und das öffentliche Leben ihrer Zeit mitsamt seinen Schattenseiten. Aber von Verfassungsänderung und Zukunftsprogrammen hielten sie nicht viel. Die Aufgaben, die das Staatskirchentum zu übernehmen nicht willens und nicht imstande war, mußten ihrer Meinung nach in persönlicher Ansprache von der glaubenden Gemeinschaft Gleichgesinnter, gegebenenfalls auf Vereinsbasis, angepackt werden, dem alten Prinzip des Pietismus getreu: Weltverwandlung durch Menschenverwandlung. Erste Bemühungen setzten in Karlsruhe ein, wo sich 1837 unter Henriette Frommel, und in Leutesheim bei Kehl, wo sich 1844 unter Regine Jolberg ein Kreis von Frauen zur Kinderpflege, zur später überall verbreiteten Kindergartenarbeit, zusammenschloß. In Karlsruhe bildete sich im Jahre 1841 außerdem ein Verein, um „arme und verlassene Kranke persönlich zu besuchen und denselben neben leiblicher Unterstützung auch mit dem Worte evangelischen Lichtes und Trostes zu dienen".[19] Aus diesen winzigen, senfkornartigen Anfängen entstanden in den folgenden Jahren nach dem Vorbild von Kaiserswerth und Straßburg die Diakonissenhäuser in Karlsruhe und Nonnenweier. Die diakonischen Einrichtungen aller Art, die in den folgenden beiden Jahrzehnten begründet wurden, – von Wertheim im Nordosten und Lützelsachsen an der Bergstraße über Lahr und Freiburg bis hinauf auf die Tüllinger Höhe bei Lörrach und bis nach Beuggen am Hochrhein – waren getragen vom Geist und von den Kräften der Erweckung. Auch in Baden ist die kirchliche Diakonie eine Frucht der Erweckungsbewegung.[20] So fand der bekannte Aufruf zur Begründung der Inneren Mission, den Johann Hinrich Wichern auf dem Kirchentag zu Wittenberg 1848 vortrug, in Baden alsbald tatkräftigen Widerhall. Am 24. Januar 1849 wurde in Durlach der „Evangelische Verein für innere Mission Augsburgischen Bekenntnisses in Baden" begründet, der bis heute als A. B. Verein in den Gemeinden lebendig tätig ist. Seine Statuten waren von dem Henhöfer-Freund Pfarrer Karl Daniel Justus Rein in Nonnenweier verfaßt. Die Pflichten der Vereinsmitglieder waren hiernach:

1. Persönliches entschiedenes Bekennen Jesu Christi als unseres Heilandes Herrn und GOttes.
2. Persönliches entschiedenes Bekennen unseres Glaubens an die ganze Bibel als GOttes Wort.
3. Persönliches und entschiedenes Verwerfen aller und jeder Zeitlüge, und zwar kraft des Wortes GOttes.
4. Persönliches Verbreiten der von GOtt geoffenbarten Heilswahrheiten, sowohl durch mündliches Wort als durch Blätter und Schriften.

---

[19] Zum Ganzen: *Hermann Erbacher,* Die Innere Mission in Baden, Karlsruhe 1957; Zitat S. 85.

[20] *Otto Hahn,* Der Aufbruch der Inneren und der Äußeren Mission in Baden als Frucht der Erweckung, in: *Peter Lohmann* (Hg.), Ganz ungeniert. Beiträge zum 90. Geburtstag von Otto Riecker, Eppingen 1986, S. 94–122.

5. Persönliches Aufsuchen und Lindern der geistlichen und leiblichen Noth, besonders in den Wohnungen der Armuth, an Krankenbetten, in Hospitälern und Gefängnissen: Also persönliche Ausübung seelenrettender Sünderliebe mit barmherziger Samariterliebe.

6. Persönliches Anschließen der Glieder an die Vereine zur Rettung verwahrloster Kinder, Bekehrung entlassener Strafgefangener etc.

7. Freudige Hinweisung auf die Zukunft Dessen, der gesprochen hat: Ich komme bald!

8. Anhaltendes ernstliches priesterliches Gebet.

Den Vorsitz des Vereins übernahm der Pädagoge und Theologe Wilhelm Stern, Direktor des Lehrerseminars in Karlsruhe, der Ende 1832 auf die Seite Henhöfers getreten war und seitdem die Sache der Erweckung mit kämpferischem Mut in der Öffentlichkeit vertrat. Die ausdrückliche Bindung des Vereins an das Augsburgische Bekenntnis und die erklärte erweckliche Zielsetzung hatten jedoch zur Folge, daß sich nicht alle Teilnehmer an der Gründungsversammlung zum Beitritt entschlossen. Es kam vielmehr im September 1849 zur Parallelgründung eines eigenen „Landesvereins für innere Mission" unter dem Heidelberger Vermittlungstheologen und späteren Prälaten Carl Ullmann, und Wichern gelang es nicht, die beiden Vereine nachträglich zusammenzuführen. So wurden jetzt Grenzen sichtbar, wie sie in ähnlicher Weise auch schon dem älteren Pietismus gezogen waren: Die Ganzheit oder auch nur die Mehrheit der Pfarrerschaft und der Gemeinden zu durchdringen und für sich zu gewinnen, blieb der Erweckungsbewegung versagt.

Die Sache der inneren Mission war selbstverständlich auch Henhöfers Sache; namentlich an der Gründung des Hardthauses in Neureut (1851) beteiligte er sich aktiv. Aber eine Führungsaufgabe übernahm er hier, neben anderen denkbaren Gründen, wohl auch deswegen nicht, weil er bereits für die äußere Mission leitend tätig war, die von Anfang ebenfalls zu den Anliegen der Erweckungsbewegung in Baden zählte. Im Jahre 1844 hatte man ihm den Vorsitz des für die Basler Mission tätigen „Evangelischen Missionsvereins in Baden" übertragen, weil man an ihm „bei aller Entschiedenheit in der Lehre" die Fähigkeit zum Ausgleich gegensätzlicher Meinungen zu schätzen wußte.

V.

Über dem Erweckungsprediger, dem Anwalt des reformatorischen Bekenntnisses, dem Verteidiger der „Stunden" und dem Freund der äußeren und inneren Mission darf der Theologe Henhöfer nicht vergessen werden. Von seinen frühen Veröffentlichungen im Zusammenhang des Übertritts und des Katechismusstreits einmal abgesehen[21], hat Henhöfer seit den 1840er Jahren eine ansehnliche Zahl von Schriften verfaßt, mit denen er – übrigens mehrfach ohne Nennung seines Namens – zu kirchlichen Tagesfragen und zu Fragen der Lehre das Wort ergriff. So nahm er die Ausstellung des sogenannten heiligen Rocks in Trier zum Anlaß, in deutlichen Worten, aber ohne Polemik „Die wahre katholische Kirche und ihr Oberhaupt" (1845) zu beschreiben: Die wahre katholische Kirche ist die Kirche der Wiedergeborenen, deren Haupt Christus ist, nicht der Papst; und die wahre katholische Lehre ist diejenige, die den Menschen durch Buße und Glauben zum neuen Leben führt. Wenige Jahre später (1850) bewertete Henhöfer im Rückblick die Revolution von 1848/1849 als die Folge des Abfalls vom Glauben; er übte aber auch, ähnlich wie Wichern, kirchliche Selbstkritik mit dem Satz: „Der christliche Communismus fehlte... Dies... verschaffte dem republikanischen Communismus Eingang."[22] Schließlich ließ er sich mit seiner Schrift über die „Die christliche Kirche und die Concordate" (1860) auf ein Thema aktueller Auseinandersetzung zwischen Staat und katholischer Kirche in Baden ein.[23]

Bemerkenswert ist es indessen, daß Henhöfer in den früheren ebenso wie in diesen seinen späteren theologischen Schriften mehrmals teils in katechetischer, teils in konfessionell-apologetischer Absicht die Lehre vom Abendmahl behandelt hat. Sie galt ihm neben der Lehre vom rechtfertigenden Glauben als die zweite christliche Hauptlehre[24]:

> „O wie groß, wie erhaben und hehr steht uns nicht das heilige Abendmahl da; es ist hier Alles als in einem Central- und Mittelpunkt zusammengefaßt und vereinigt, was Gott, was der dreieinige Gott an uns gethan hat... zu Eigenthum und versiegelt soll uns Alles werden... Und dies Alles dazu, daß Glaube, Liebe und Hoffnung, daß wahres Christenleben in uns erweckt und wir darin gestärkt werden, daß wir Gott... in der Tiefe seiner Liebe erkennen... und aus Liebe, nicht bloß aus Pflicht und Pflichtgefühl oder aus Furcht ihm dienen lernen, daß wir in dieser Liebe aber auch untereinander eins... seien... daß aber auch endlich eine Sehnsucht, ein Heimweh in uns geweckt werde, den Vater selbst zu sehen, der uns so geliebt hat und liebt..."[25]

---

[21] Eine Übersicht enthält die von *Gerhard Schwinge* erstellte Bibliographie in: *Wilhelm Heinsius* (Neuausgabe; s. o. Anm. 4), S. 292f.

[22] In der anonym veröffentlichten kurzen Schrift: Baden und seine Revolution. Ursache und Heilung, Karlsruhe (o. J., ca. 1850). Zitat nach *Emil Frommel* (s. o. Anm. 16), S. 407.

[23] Inhaltsangaben mit Auszügen aus den meisten dieser Schriften finden sich bei *Emil Frommel* (s. o. Anm. 16), S. 453–478.

[24] So auch schon im Titel der umfangreichen Schrift (nach Emil Frommel, S. 458): Die Unterscheidungslehren zwischen der katholischen und der evangelischen Kirche, hergeleitet aus zwei Hauptlehren aus der Lehre von der Rechtfertigung und von dem heil. Abendmahl und darauf zurückgeführt. Mit Rücksicht auf die bischöflichen Forderungen und Streitigkeiten in Deutschland, Stuttgart 1856.

[25] Das Abendmahl des Herrn und sein Endzweck nebst den Unterscheidungslehren der verschiedenen Kirchen von *Pfr. Dr. Henhöfer* in Spöck, Karlsruhe 1862, S. 26.

Es scheint daher angezeigt, in Zukunft nicht nur Henhöfers Rechtfertigungslehre, sondern auch seiner Abendmahlslehre größere Aufmerksamkeit zu schenken, als bisher geschehen. Seine Lehre war die lutherische Abendmahlslehre ohne irgendwelche Einschränkungen, aber auch ohne irgendwelche hochkirchlichen Neigungen, die seiner nüchternen Art nicht entsprachen.

Sein ganzes Leben lang sah Henhöfer die biblische Lehre vom rechtfertigenden Glauben und vom Abendmahl durch zwei mächtige Gegenkräfte bedroht: Aberglauben und Unglauben, und zwar umso mehr, als er diesen Gegenkräften keinen bloß innerweltlichen Ursprung zuschreiben konnte, galten sie ihm doch von jenem gelenkt, „der immer hinter dem Vorhang steht und die Fäden des Aberglaubens spinnt und in seiner Hand hat, und der Vater und Urheber aller Sünde, Unwahrheit und Lüge ist".[26] Kaum zwei Wochen nach seiner Heirat hatte er einst mit seiner Frau auf dem Heimweg von Staffort nach Spöck darüber gesprochen, „daß mit dem Unglauben das Reich des Teufels angefangen habe und mit dem Glauben das Reich Gottes wieder anfange". Seite an Seite mit dem Unglauben aber stand der Aberglaube auf dem Plan. Der Gedanke daran ließ Henhöfer nicht wieder los. In den meisten seiner Schriften kam er auf ihn zurück. Den Aberglauben sah er überall dort am Werk, wo der falsche, gesetzliche Heilsweg verkündigt und wo die Lehrgrundlage der Heiligen Schrift verkürzt oder aber unzulässig ausgedehnt wurde, und das war – wie konnte er anders urteilen – zumal in der römisch-katholischen Kirche der Fall. Den Unglauben aber sah er dort im Vordringen begriffen, wo eine Art Vernunftreligion aufgerichtet wird.[27] In den Jahren vor der deutschen Revolution von 1848/49 hielt Henhöfer die Macht des Aberglaubens für bedrohlicher als die des Unglaubens. In dem restaurativen Jahrzehnt nach der Revolution von 1848 durfte er sich der Verbreitung der Erweckungspredigt durch eine wachsende Schar gleichgesinnter Pfarrer und Lehrer erfreuen, desgleichen der erklärten Hochschätzung des reformatorischen Bekenntnisses im Zeichen der „positiven Union" unter dem Kirchenregiment des Prälaten Carl Ullmann, dazu auch der ungehinderten Entfaltung der „Stunden" seit der nunmehr garantierten Versammlungsfreiheit in Baden sowie schließlich des Aufblühens der Arbeit der inneren Mission im ganzen Land, – nicht zu vergessen die ehrenvolle öffentliche Anerkennung seiner Lebensarbeit durch die Theologische Fakultät Heidelberg (1856).

Aber in seinem letzten Lebensjahr verdüsterte sich sein Blick. Jetzt schien

---

[26] *[Aloys Henhöfer]*, Das Abendmahl des HErrn oder die Messe. Christenthum und Papstthum, Diamant oder Glas. Herausgegeben von *Dr. Marriott* in Basel, Stuttgart 1852, S. 264.

[27] „Die erste Kirche ist die des Aberglaubens..., die zweite die des Unglaubens, die alle Grundwahrheiten der Kirche Gottes beseitigen und eine Vernunft-Religion aufstellen wird. Ihr sehen wir noch entgegen. Mehr aber als die bloßen Elemente sind vorhanden, und ihre Zeit dürfte nicht ferne sein. Sie ist das volle Antichristenthum...", *Aloys Henhöfer*, Die wahre katholische Kirche und ihr Oberhaupt, Heidelberg 1845, S. 48.

ihm der Unglaube mit voller Wucht durchbrechen zu wollen, so wie er es in seiner allerletzten Schrift mit dem bezeichnenden Titel „Der Kampf des Unglaubens mit Aberglauben und Glauben“ (1861) dargelegt hat. Jetzt, so schien ihm, hatte der Unglaube das Gesetz des Handelns an sich gerissen; Glauben und Aberglauben sah Henhöfer gemeinsam in die Defensive gedrängt. Es war der triumphale Sieg des theologischen und kirchlichen Liberalismus unter Richard Rothe[28] auf der Generalsynode von 1861, was Henhöfer zu dem Urteil bewog: „Die Zeit, in welcher wir dermalen leben, ist eine sehr ernste Zeit. Es beginnt der lezte große Kampf, der Kampf des Unglaubens mit Aberglauben und Glauben.“[29] Der Unglaube ist nicht nur atheistisch-materialistischer Natur und als solcher der Versuch des Menschen zur Selbstbehauptung und Daseinsbewältigung ohne Gott. In subtiler Weise dringt er auch in die Kirche des Glaubens ein und sucht sich hier über die Duldung und Gleichberechtigung hinweg zur Alleinherrschaft aufzuschwingen. Die Lehre vom Heiland, vom Heil und vom Heilsweg ist von neuem in höchster Gefahr. Denn Christus gilt hier nur noch als „ein ausgezeichneter Mensch, berufen und gesandt von Gott zum Lehrer der Völker, um ihren Fortschritt zu fördern“, das Heil aber, wenn man es überhaupt noch so nennen darf, ist nichts anderes als die Beseitigung angeblich irriger und mangelhafter Vorstellungen von Gott, und der Heilsweg des Unglaubens schließlich heißt: „Die Sünden meiden und nimmerthun“, – oder aber positiv gewendet: „Tue recht und scheue niemand.“ Henhöfer sah kaum noch eine Hoffnung, den Durchbruch des Unglaubens auf die Dauer aufzuhalten, und es war ihm nicht mehr bestimmt, für den Glauben gegen den Unglauben in der Weise aufzutreten, so wie er lebenslang für den Glauben gegen den Aberglauben Zeugnis abgelegt hatte. Aber die alte wie die gesteigerte neue Gefahr beschäftigte ihn bis in seine letzten Tage und Stunden hinein.

So kam es, daß er die Kräfte, die in der von ihm ins Leben gerufenen Erweckung in Baden lebendig geworden waren, zuletzt unterschätzt hat. Sie waren in Wirklichkeit stärker als er es befürchtete. Durch seine Freunde und Schüler, unter ihnen die Vikare, die sich von ihm prägen ließen, war die Erweckung inzwischen bis in weit entfernte Gemeinden des Landes verbreitet worden.[30] Zwar hatten sie die Vormacht des theologischen und kirchli-

[28] Vgl. hierüber: *August Hausrath*, Richard Rothe und seine Freunde, Bd. II, Berlin 1906, S. 397–400, 404–411.

[29] Der Kampf des Unglaubens mit Aberglauben und Glauben, ein Zeichen unserer Zeit, von *Dr. A. Henhöfer*, Pfarrer zu Spöck, S. 1. – *Emil Frommel* referiert zwar auf S. 469–477 seiner Biographie (s. o. Anm. 16) den Inhalt dieser Schrift, macht aber zu ihrem geschichtlichen Anlaß und Zusammenhang, der sich m. E. klar erkennen läßt, keine Andeutung.

[30] *Heinrich Neu*, Pfarrerbuch der evangelischen Kirche Badens von der Reformation bis zur Gegenwart, Lahr 1938, Teil I, S. 133 nennt für die 25 Amtsjahre Henhöfers in Spöck (1827–1862) insgesamt 26 Vikare, unter ihnen Emil Frommel (1828–1896), den späteren Hofprediger Kaiser Wilhelms I.

chen Liberalismus nicht zu brechen vermocht, aber sie stellten sie seither andauernd in Frage. Henhöfer hat zuammen mit seinen Freunden der Erweckung in der evangelischen Landeskirche in Baden das Daseinsrecht erkämpft. Daß sie hier in der Kirche und für die Kirche und nicht außerhalb und gegen die Kirche gewirkt hat und noch wirkt, ist Henhöfers unbestreitbares Verdienst.

Rezensionen

Wollgast, Siegfried: Philosophie in Deutschland zwischen Reformation und Aufklärung 1550–1650, Berlin, Akademie-Verlag, 1988. 1037 S.

Das Buch des marxistischen Philosophiehistorikers ist nicht allein dem Umfang nach ein opus magnum. Hier wird als Frucht langjähriger Arbeit eine zusammenfassende Darstellung über ein Gebiet vorgelegt, das bisher über Gebühr vernachlässigt wurde. Die deutsche Philosophie der vorcartesianischen Epoche galt gemeinhin als unbedeutend gegenüber der westeuropäischen. Abgesehen von vereinzelten Monographien fehlte ein zusammenfassender Überblick. Insofern ist diese Philosophiegeschichte ein Ereignis, das hoffentlich in absehbarer Zeit ein Pendant mit der Neubearbeitung der entsprechenden Epoche im „Ueberweg" finden wird. Der Vf. mußte sich den Weg durch riesige Massen an Quellen und Literatur bahnen und dabei immer auch vergleichend den Stand der westeuropäischen Entwicklung im Blick behalten. Nicht selten weist er die marxistische Forschung auf Desiderate oder interessante Aufsätze hin. Bei aller Distanz, die zur „bürgerlichen Forschung" gewahrt wird, ist diese nach Möglichkeit zur Kenntnis genommen. Gegebenenfalls wird sie nicht nur freimütig kritisiert, sondern in ihren Ansätzen auch gewürdigt. Bei der Beurteilung ist zu berücksichtigen, daß das Manuskript bereits 1983 abgeschlossen wurde. Obwohl der Vf. durch eigene Forschungen über die Epoche ausgewiesen ist, war er natürlich auf die einschlägige Spezialliteratur angewiesen. Nach Möglichkeit wurde auch die westliche Forschung berücksichtigt. Daß hier gelegentlich Lücken blieben, dafür sollte man Verständnis haben. Manchmal fällt es dem Autor auch schwer, sich bei der Differenziertheit mehrerer Forschungsmeinungen sicher zu orientieren.

Zunächst ist dem Vf. zu danken, daß er den Stoff überhaupt präsentiert und ihn damit der seit der Aufklärung herrschenden Geringschätzung entrissen hat. Dabei handelt es sich häufig um Vorgänge, die mit der Kirchengeschichte, darunter dem Pietismus und seinen Vorbedingungen, zu tun haben, und darum ist die Besprechung dieses Werkes in dieser Zeitschrift unerläßlich. Der Vf. hat hier keine Berührungsängste und lehnt die vulgärmarxistische Deutung der Kirchengeschichte als bloßen Reflex ökonomischer Vorgänge ab. Seinem Insistieren auf den Zusammenhang der Geistesgeschichte mit der der Gesellschaft und Wirtschaft ist grundsätzlich zuzustimmen, wenn man auch immer wieder anders gewichten wird als er. Die herausragenden Geister stehen auch in dieser Philosophiegeschichte im Vordergrund, wobei es sich freilich um Persönlichkeiten handeln kann, die man sonst wenig kennt. Daneben werden allerdings zumindest zum Teil auch die kleineren Figuren um sie herum oder bestimmte Zentren gewürdigt. Biographische Informationen, Situationsbeschreibungen, Erörterungen über die Überlieferung, Werkreferate und Auseinandersetzungen mit der Forschung sind aneinandergereiht. Diese etwas lockere Darstellungsweise kommt der Lesbarkeit zugute. Wollgast läßt es natürlich nicht bei einer Bestandsaufnahme bewenden. Die Denkgeschichte des behandelten Jahrhunderts hat für ihn eine bestimmte Tendenz zu einer in die Aufklärung mündenden Opposition. Diese Konzeption fordert zur Auseinandersetzung heraus. Zunächst ist allerdings die Anlage des Werkes zu beschreiben.

Der Stoff ist in zwölf Kapitel gegliedert. Vorweg wird ein relativ kurzer Überblick über die politischen, sozialen, wirtschaftlichen und kulturellen Verhältnisse der Epoche in Deutschland geboten. Das geht nicht ohne Allgemeinheiten und Vergröberungen ab. Nach Meinung des Vf.s bleibt die deutsche Philosophie nicht in demselben Maß wie die ökonomische Entwicklung hinter Westeuropa zurück. Immer wieder meldet sich ein gewisses nationales Selbstbewußtsein, was angesichts der bisherigen Behandlung der Epoche auch sein Recht hat. Gewichtiger für die Fundierung von Wollgasts Konzeption ist das 2. Kapitel „Von der Naturphilosophie zur modernen Naturwissenschaft". Hier wird die meist unterschätzte Bedeutung der Wissenschaftsgeschichte einmal gebührend herausgestellt. Der Beitrag der Naturphilosophie der Renaissance zur Entwicklung der modernen Naturwissenschaft wird sichtbar. Dabei geht es durch so fremde und wilde Gebiete wie Alchemie, Kabbala oder Magie. Aber sie haben ihren Beitrag zur modernen Philosophie ebenso geleistet wie Bacon und Descartes, und dies wird man gerade auch für Deutschland zur Kenntnis nehmen müssen.

Die Eigenart der Denkentwicklung in Deutschland sieht der Vf. zum einen durch den traditionellen Aristotelismus der Schulphilosophie, zum andern durch „originale, progressive Denkanstöße", die aus dem protestantischen Bezugssystem ausbrechen, bestimmt. Die „Schulphilosophie" in Deutschland (3. Kapitel), vor allem die des Protestantismus, aber mit den katholischen Impulsen, die sie aufgenommen hat, wird sachlich und differenziert beschrieben. Der Blick geht dabei auch immer wieder über den bloßen Aristotelismus hinaus. Gelegentlich fallen harte Verdikte über die philosophische Denkform des protestantischen Staatskirchentums, aber dann wird doch wieder ihre Bedeutung für die deutsche Aufklärung und Klassik betont (213f.).

Das 4. Kapitel beschäftigt sich mit dem „philosophischen Weltbild Johannes Keplers". Der Vf. ordnet Kepler mit seiner Dogmenkritik einem idealistischen Pantheismus zu und widerspricht damit der Deutung J. Hübners, der Kepler immer noch als protestantischen Theologen sieht. Dieser Streit um die Zuordnung wiederholt sich bei anderen Gestalten. Keplers Widerspruch gegen Teile des christlichen Dogmas ist nicht zu bestreiten, aber er wollte zweifellos innerhalb des christlichen Glaubens bleiben. Es fragt sich also, ob es sich hier um Versuche einer Weiterentwicklung oder um einen Ausbruch aus dem Christentum handelte.

Die weitere Anlage der Darstellung leuchtet mir nicht recht ein. Vom 2. Kapitel her würde man erwarten, daß die Linie der Naturphilosophie, ausgehend von Paracelsus, verfolgt wird, wie es chronologisch der Entwicklung entsprochen und die Zusammenhänge damit auch durchsichtig gemacht hätte. Stattdessen wird an verschiedenen Punkten angesetzt, wobei zeitlich Früheres dann relativ spät behandelt wird. Möglicherweise lag dem Vf. daran, bestimmte Sachverhalte spät als Zielpunkt der Entwicklung zu präsentieren. Auf jeden Fall ist es rühmlich, daß nunmehr Johann Valentin Andreae seinen Platz in der deutschen Philosophiegeschichte erhält (5. Kapitel). Vf. folgt häufig van Dülmens gesellschaftsgeschichtlicher Einordnung, über die die neueste Andreaeforschung bereits hinausgeführt hat. Insofern ist dieses Kapitel bereits überarbeitungsbedürftig, auch was die Rosenkreuzer anbetrifft. Verständlicherweise will der Vf. Andreae nicht zu nahe an die Orthodoxie herangerückt wissen. Dies würde seine Linienführung stören. Aber es könnte ja an dem gewesen sein, daß das herrschende System beweglicher war, als man sich heute vorstellt.

Der Sozinianismus in Deutschland (6. Kapitel) war zweifellos eine der Bewegungen, die auf den Deismus hinführen. Vf. hebt besonders die bedeutung Altdorfs und des dortigen Philosophen Ernst Soner hervor. Ob die Proportionen ganz stimmen, vermag ich nicht zu beurteilen. Der Zusammenhang mit der Gesamtbewegung des Sozinianismus wird gut sichtbar.

Mit Joachim Jungius behandelt das 7. Kapitel wieder einen Naturwissenschaftler, der auch Beziehungen zu den Kreisen und Intentionen der Rosenkreuzer hatte. In seiner Hochschätzung der Mathematik für die Philosophie wird er Descartes zur Seite gestellt. Vf. sieht in ihm bereits einen Repräsentanten des mechanistischen Materialismus. An Friedrich von Spee wird der Beitrag zur Entwicklung des Toleranzdenkens in Deutschland vorgeführt (8. Kapitel). Der Philosophiehistoriker läßt sich hier einmal bewußt auf die Kulturgeschichte ein, weil sie anschaulicher die Ausbildung der neuen bürgerlichen Philosophie illustriere als die Schilderung der Produktivkräfte oder der politischen Prozesse. Auch von Spee gilt als Beweis, daß Deutschland gesellschaftlich keineswegs hinter Westeuropa „hinterherhinkte".

Ausführlich, aber erst jetzt wird Valentin Weigel im 10. Kapitel als typisch und wichtig behandelt. Hier kann sich der Vf. auf eigene Forschungen stützen. Der Abschnitt über Weigels Anschauungen beginnt: „Weigel ist idealistischer Pantheist. Es ist ein Pantheismus voll oppositonellen Sprengstoffs, der auf die herrschende Ideologie zersetzend wirkt" (S. 535). Ob diese auch sprachlich grobe Charakterisierung dem Theologen und Christen Weigel gerecht wird, ist sehr zu fragen, auch wenn gar nicht zu bestreiten ist, daß er in die Bereiche philosophischen Denkens ausgegriffen hat. Immerhin wird später auch seine Auffassung vom leidenden Christus mit ihrer kritischen Ausrichtung vorgeführt. Der Vf. weiß, daß sich bei Weigel Traditionen der Reformation und der Renaissance, die zum Teil ihrerseits durchaus christlich sind, mischen. Weigel ist also samt seinen Wirkungen viel komplexer, als die Etikettierung „Pantheist“ erkennen läßt. In dem sich eng an die Darstellung Weigels anschließenden 10. Kapitel „Zur pantheistisch-mystischen Entwicklungslinie“ stellt sich der Vf. dieser Problematik. „Ich messe dem Pantheismus im 16. und 17. Jh. besondere Bedeutung für die Entwicklung des philosophischen Denkens bei. Das besagt nicht, daß in Deutschland in dieser Zeit nur Pantheismus existiert oder progressiv gewirkt hat“ (S. 603). Einer Reintegration Weigels in die Kirche und zugleich ins Luthertum, wie sie die Kirchengeschichtsforschung betreibe, wird mehrmals energisch widersprochen. Die tatsächlich erfolgte Rezeption des Radikalen auch innerhalb des Systems paßt nicht in die von Feuerbach übernommene Konzeption des Vf.s vom idealistischen und materialistischen Pantheismus. Dabei ist der idealistische Pantheismus so weit gefaßt, daß er viele Ausprägungen christlichen Denkens umgreift und somit an sich noch nicht allzu viel besagt. Erst in der Tendenz zum materialistischen Pantheismus erhält hier die These ihre gegenchristliche Brisanz. In diesen Trend ordnet der Vf. auch die Mystik ein und widerspricht damit ihrer abschätzigen Bewertung im Marxismus. Innerhalb dieses Kapitels wird nun endlich auch von Paracelsus und Schwenckfeld gehandelt, was, wie gesagt, besser früher geschehen wäre. Zusammen mit den grundsätzlichen Überlegungen über den Pantheismus wird damit die Schlüsselfunktion des Kapitels vollends erkennbar. Einleuchtend ist, daß das 12. Kapitel sich Jakob Böhme zuwendet. Auch ihn will der Vf. nicht zu sehr „nach rechts“, d. h. zu Luther hin gerückt wissen, und damit hat er gegen einschlägige Tendenzen der Kirchengeschichtsforschung wohl auch recht. Allerdings wäre dann nochmals über die spiritualistisch-christlichen Traditionen Böhmes zu reden. Die radikalen Anhänger Böhmes will Vf. weder den Vorläufern des Pietismus noch dem mystischen Spiritualismus zugerechnet wissen. Ihre Bedeutung liege in ihrer Kritik an den Institutionen. Hier rächt es sich, daß diese Philosophiegeschichte nicht auch konsequent als Traditionsgeschichte durchgeführt ist. Dann würden sich die Zusammenhänge doch anders darstellen.

Das letzte Kapitel versammelt unter dem Titel „Auf dem Weg zur Frühaufklärung“ Disparates. Zunächst wird hier der wichtige Neustoizismus gewürdigt. Die Relativierung der Rolle Schlesiens erscheint im Vergleich mit anderen deutschen Territorien berechtigt. Von Tschesch und von Franckenberg samt der Kabbala hätte man noch dem Böhmekreis zuordnen können. Die Zusammenhänge von Philosophie und Dichtung werden an Opitz, Czepko, Gryphius und Scheffler vorgeführt. Möglicherweise gibt es hier noch weitere Aspekte. In dem Abschnitt über Gryphius wird der Pietismus als eine Linie der Frühaufklärung bezeichnet.

In den „Schlußbemerkungen“ wird dies aufgenommen. Mit Dilthey werden die Tendenzen zur Auflösung der Gottesvorstellung hervorgehoben. Die Frühaufklärung setze in Deutschland ebenso früh ein wie in Westeuropa.

Zu den Anfängern wird auch Spener neben der von Pufendorf und Thomasius repräsentierten weltlichen Linie gerechnet. Daß es Berührungspunkte und gegenseitige Beförderungen von Pietismus und Frühaufklärung gab, ist nicht zu bestreiten. Man sollte aber darüber den von Anfang an vorhandenen konservativen Widerspruch des Pietismus gegen die Aufklärung nicht vergessen. Der Geschichtsverlauf stellt sich dadurch zwar komplizierter dar, läßt aber dann auch manche weiteren Entwicklungen besser verstehen.

Eine unbestreitbare Stärke dieser Philosophiegeschichte besteht zweifellos darin, daß sie auch den gewichtigen Beitrag der Außenseiter in Wissenschaft und Kirche thematisiert und würdigt. Emanuel Hirsch könnte seine „Geschichte der neuern protestantischen Theologie" heute schwerlich mehr unter Absehung von diesen Sachverhalten schreiben. Wie Hirsch hebt aber auch Wollgast den angeblich unaufhaltsamen Trend zur Auflösung christlicher Vorstellungen, zum Pantheismus und zum Materialismus hervor, obwohl er für die Komplexität der Entwicklungen nicht blind ist. Hirschs Beschreibung des Schicksals des modernen Denkens ist seinerzeit von Max Geiger scharf kritisiert worden. Ähnliche grundsätzliche Anfragen sind auch an Wollgast zu stellen. Der Sieg gehört schließlich nicht so einfach den Oppositionellen gegen die herrschenden Systeme und Institutionen. Das Schlagwort „Pantheismus" ist so weit und damit so unscharf, daß es vielfach auch Alternativen christlichen Denkens und nicht einfach letztlich entchristlichte Vorstellungen umfaßt. Auch die Radikalen verbleiben auf dem Boden des Christentums und verstehen sich von dorther. Daß sie dabei anstatt des Aristotelismus Traditionen des Neuplatonismus und der Renaissance aufnehmen, führt eher zu Modifizierungen als zu einer Auflösung des Christentums. Die Frömmigkeit und auch die Theologie nehmen teilweise die neuen Impulse auf, wobei es zugestandenermaßen zu Entschärfungen und Verkirchlichungen kommt. Aber auf diese Weise erfolgt auch eine Modernisierung und Anpassung der Kirche an die neue Zeit. Daß das neue Gedankengut in die Kirche, Theologie und Frömmigkeit aufgenommen worden ist, kann nicht in Abrede gestellt werden. Dort hat es, wenn auch abgemildert, sogar seine größte Breitenwirkung erfahren. Die Geschichte des Pietismus von der Arndtschen Frömmigkeitsbewegung an ist dafür ein instruktives Beispiel. Daß die neuen Gedanken auch immer wieder ihre Sprengkraft erwiesen und zu Abspaltungen führten, ist nicht zu bestreiten. Auch dies gehört zur weiteren Geschichte des Christentums. Eine Interpretation der Radikalen im Rahmen der Kirchengeschichte und Theologie ist dann keine unzulässige Vereinnahmung, wenn das eigene Profil der neuen Positionen und der durch sie aufkommenden Spannungen zutreffend beschrieben wird. Den Spener-Franckeschen Pietismus hauptsächlich der Frühaufklärung zuzuschlagen, geht sicher nicht an. Dabei ist der Zusammenhang mit der Arndtschen Frömmigkeitsbewegung ebenso außer Acht gelassen wie die spätere Geschichte des Pietismus. Hier muß das Nebeneinander unterschiedlicher Richtungen, die sich in manchem berühren, besser unterschieden werden.

Geschichtsschreibung dient immer auch der Selbstverständigung. Das vorliegende Werk dient der Begründung eines materialistischen Weltbildes, das möglicherweise eine Offenheit zu einem pantheistischen Idealismus bewahrt. Trotz aller Anfechtungen und Umformungen hat sich der christliche Glaube daneben behauptet. Schon angesichts dieser Tatsache müßte die Perspektive der Philosophiegeschichte offener gehalten werden, als es bei Wollgast der Fall ist. Dem Respekt vor einer geschlossenen Konzeption, mit der sich die Auseinandersetzung lohnt, tut dies keinen Abbruch.

Münster — Martin Brecht

Frey-Jaun, Regine: Die Berufung des Türhüters. Zur „Chymischen Hochzeit Christiani Rosencreutz" von Johann Valentin Andreae (1586–1654). Bern u. a., Peter Lang, 1989. 200 S. = Deutsche Literatur von den Anfängen bis 1700, 3.

Zu den am schwierigsten zu deutenden Schriften Andreaes zählt die „Chymische Hochzeit". Selbst Kenner der Materie, die die Erzählung mehrfach gelesen haben, sind sich über ihren Sinn nicht ohne weiteres sicher. Die 1616 gedruckte „Chymische Hochzeit" galt bisher neben der „Fama Fraternitatis" und der „Confessio Fraternitatis" als eine der ursprünglichen Rosenkreuzerschriften und zog deswegen immer wieder das Interesse auf sich. Ihre Allegorik und alchemistische Parabolik führten zu einer wilden Vielfalt der Deutungen. Leider ist schon die für eine Einordnung relevante Abfassungszeit unsicher. Andreae nennt die „Chymische Hochzeit" als eines seiner frühesten literarischen Produkte vor der „Fama" und „Confessio". Zum Druck kam sie jedoch erst nach ihnen bei Andreaes Straßburger Verleger Lazarus Zetzner. Deshalb ist es wahrscheinlich, daß Andreae, anders als bei den anderen beiden Rosenkreuzerschriften, die Veröffentlichung veranlaßt hat.

Die vorliegende Zürcher germanistische Dissertation dürfte methodisch und inhaltlich einen Durchbruch für das Verständnis der „Chymischen Hochzeit" bedeuten. Der zunächst verblüffend anmutende Obertitel „Die Berufung des Türhüters" bezieht sich auf den Rahmen der Erzählung, an deren scheinbar fragmentarischem Ende Christian Rosenkreuz zum Türhüter im Haus des Herrn berufen wird. Die Vf.in geht ihre Aufgabe nicht wie meist üblich von den alchemistischen Passagen oder deren Interpretation im Gefolge C. G. Jungs her an, sondern von der Literaturwissenschaft und Traditionsgeschichte. Sie kommt damit zu überprüfbaren Grundlagen und deckt die Verlegenheiten und Unschärfen der bisherigen Deutungen auf.

Andreae bezeichnete später die „Chymische Hochzeit" als „ludibrium", was einleuchtend als fiktive, nicht allzu ernst zu nehmende Dichtung interpretiert wird. Überzeugend ist der Aufweis der Kritik an einer bestimmten Ausprägung der damaligen Alchemie, die sich auch sonst bei Andreae findet. Dies läuft jedoch nicht auf eine Ablehnung der Alchemie hinaus. Sie bleibt als Dienerin der Natur und des Himmels anerkannt. Die Vf.in nimmt die bisherigen Einsichten über die literarischen Vorlagen der „Chymischen Hochzeit" auf, führt sie weiter und bündelt sie. Daß alchemistisches Schrifttum verwendet worden ist, ist offensichtlich. Aber der Faden der Erzählung ist weithin von der italienischen Novellistik, Boccaccio und der ihm nahestehenden „Hypnerotomachia Poliphili" abhängig. Dazu kommen Einflüsse der „Parabolae" Bernhards von Clairvaux, der sich damals auch im Protestantismus neuer Hochschätzung erfreute. Insgesamt wird ein für die Spätrenaissance bezeichneter „Synkretismus... traditioneller christlicher Allegorie, biblischer Reminiszenzen und heidnischer Mythologie" konstatiert (S. 52), der dann dem Autor später selbst problematisch wurde.

Die Arbeit spricht instruktiv von einer „allegorischen Appellstruktur" der „Chymischen Hochzeit" (S. 55), das wörtliche Verständnis des Textes ist zu transzendieren. Hinter der dichterischen Handlung als Literarsinn ist ein „sensus chymicus" und ein „sensus mysticus" verborgen, und darin besteht die schwierige, aber charakteristische Vieldeutigkeit der Erzählung, die die Interpretation immer wieder irritiert hat. Hermeneutisch greift die „Chymische Hochzeit" wie später gelegentlich auch der Pietismus auf vorreformatorische Modelle des mehrfachen Schriftsinnes zurück, was zu Spannungen mit der protestantischen Identität führen könnte.

Die Rahmenerzählung der Berufung zum Türhüter ist auf die in alchemistischem Gewande dargebotene Geschichte der Königshochzeit, gemeint ist die Vereinigung Christi mit seiner Gemeinde, bezogen. Die Komplexität der Berufungsproblematik wird einleuchtend entfaltet. Abgesehen von den Unwürdigen kennt die „Chymische Hochzeit", angeregt durch Paracelsus, zwei Gruppen Berufener. Die einen sind zur „natürlichen Kunst" berufen, damit sind die anerkannten alchemistischen Naturwissenschaftler gemeint. Über ihnen steht das Wissen von der „himmlischen Kunst", der neuen Geburt, in dem für Andreae die christliche Superwissenschaft des Glaubens bestand. Die himmlisch-chymische Hochzeit meint bei Andreae letztlich die unio mystica. Möglicherweise muß hier die Interpretation noch präzisiert werden. Zutreffend erkannt ist, daß die Sündhaftigkeit der Seele als Braut im Vergleich zu Luther abgeschwächt ist. Unklar bleibt der theologische Sinn der Renovatio. Der Nachweis, daß Andreae Osiandrist war und zu einer wesentlichen Gerechtmachung tendierte, scheint mir nicht erbracht. Allerdings wird die Übernahme von Vorstellungen Weigels und Paracelsus' über die Ausbildung des himmlischen Leibes wahrscheinlich gemacht. Die dichterische Einkleidung läßt zumindest bis jetzt nicht immer ganz präzise den theologischen Sinn erkennen. Andreae empfand dies später selbst als problematisch.

Daß das Geschichtsbild der „Chymischen Hochzeit" bereits chiliastisch gefärbt ist, wird einigermaßen überzeugend dargelegt. Hier hätte man sich einen Vergleich mit der „Christenburger Schlacht" gewünscht. Der Türhüter ist keine Nebenrolle. Er ist der „Vir spiritualis", Liebhaber der Weisheit, die er aus den Büchern des Makrokosmos, Mikrokosmos und der Bibel schöpft. Er ist damit der christliche Theosoph. Der spiritualistische und gnostische Einschlag in Andreaes Rollenverständnis ist unverkennbar.

Überblickt man die Igredienzien der „Chymischen Hochzeit", so springt tatsächlich zuerst der Synkretismus ins Auge: Renaissanceliteratur, Alchemie, Bernhard, Paracelsus und Weigel. Die Differenz zum reformatorischen Erbe erscheint bisweilen beträchtlich. Gemeinsamkeiten mit dem Pietismus fallen auf. In einem Anhang sucht die Vf.in zu zeigen, wie sich die Dichtung Andreaes in seinen späteren lateinischen Schriften stärker verchristlicht, ohne daß sich der Konflikt zwischen „Athen und Jerusalem" ganz lösen läßt. Aber so wild wie in der „Chymischen Hochzeit" hat Andreae nie mehr experimentiert und gemixt.

Der Vf.in ist zu danken, daß sie die Interpretation einer der interessantesten Schriften Andreaes methodisch auf sichere Grundlagen gestellt hat. Davon ausgehend wird man im Detail an manchen Stellen noch weiterkommen können. Auf einige Versehen ist hinzuweisen: S. 22 Z. 12 Brut statt Brust. S. 41 Anm. 4 wohl doch Consanguina. S. 80 Z. 20 Gemächer. S. 93 Z. 10 romanisch statt romantisch. S. 102 stammt das Bild des vom Feuer durchglühten Eisens nicht aus der Alchemie, sondern aus der patristischen Abendmahlsdiskussion. S. 117 Z. 14 puritanisch. S. 182 Z. 5 hochverehrten statt hochverkehrten.

Münster — Martin Brecht

Das Erbe des Christian Rosenkreuz. Vorträge gehalten anläßlich des Amsterdamer Symposiums 18.–20. November 1986. Johann Valentin Andreae 1586–1986 und die Manifeste der Rosenkreuzerbruderschaft 1614–1616. (Hrsg. von der *Bibliotheca Philosophica Hermetica.*) Amsterdam, In de Pelikaan, 1988. (Alleinvertrieb durch: Dr. Ernst Hauswedell & Co., Verlag Stuttgart.) 228 S.

Wer selbst schon einmal der neugegründeten Bibliotheca Philosophica Hermetica (BPH) in Amsterdam einen Besuch abgestattet hat, kann ermessen, was diese erstrangige Forschungsstätte für jeden Forscher bedeutet, der sich den Schriften der hermetischen Denker, der Mystik, der Alchemie und den Rosenkreuzern – so die vier Hauptabteilungen der BPH – widmet. Gerade auch für den Pietismusforscher birgt die BPH dank dem Mäzenatentum ihres Begründers, des Industriellen Joseph R. Ritman, viele ungehobene Schätze. Zum 400. Geburtstag Johann Valentin Andreaes veranstaltete die BPH ein internationales Symposium, zu dem die wichtigsten Andreae-Forscher geladen waren. Entsprechend der Forschungslage, in der noch vieles umstritten geblieben ist, kommen auch kontroverse Meinungen zu Gehör; doch machen Anordnung und Akzentsetzung des Sammelbandes deutlich, daß nach Auffassung der Veranstalter Andreae „als Schöpfer der Gestalt des Christian Rosenkreuz und als Verfasser der R. C.-Manifeste anzusehen ist" (so F. A. Janssen, der Direktor der BPH, in seinem Vorwort, S. 9). Gerhard Wehr sieht in dem einleitenden Essay „J. V. Andreae und die rosenkreuzerischen Manifeste" (S. 12–27) Andreae als Repräsentanten ganzheitlichen, universellen Denkens: Zum utopischen Denken in der „Christianopolis" gesellt sich im „Theophilus" der auf praktische Weltgestaltung ausgerichtete pädagogische Realismus. Zu der Dimension der Wörter tritt diejenige der Sachen, zur Gotteserkenntnis die Erkenntnis der Natur und Kunst. Die Gestalt des Christian Rosenkreuz, wie ihn die „Fama Fraternitatis" schildert, steht für die Vereinigung von östlicher und westlicher Weisheit, ja für „das Ziel einer großen, einer weltumspannenden Kultursynthese" (S. 20). In solch ganzheitlicher Zielsetzung bleibt nach Wehr auch der reife Andreae dem jugendlichen Rosenkreuzer-Gedanken treu (vgl. S. 22–26).

Martin Brecht gibt in seinem Aufsatz „‚Er hat uns die Fackel übergeben...' Die Bedeutung Johann Valentin Andreaes für Johann Amos Comenius" (S. 28–47) einen meisterhaften Überblick über den Gesamthorizont der Wirkungsgeschichte Andreaes. Dabei nennt er Andreaes Einfluß auf Descartes, Spener (Reform der Kirche!), Leibniz (Interesse für Andreaes Projekte einer gelehrten Gesellschaft), Herder und Goethe (die Studierzimmerszene im „Faust" ist durch Andreae angeregt). Zu den bedeutendsten Wirkungen gehört aber zweifellos die auf Comenius, auf dessen Erforschung sich vor allem die Erziehungswissenschaft konzentriert, während er in der Kirchengeschichtsschreibung vernachlässigt wird (vgl. S. 30). Im Drängen auf eine Verbesserung der Lebensführung (Heiligung), zu der christliche Unterweisung und Kirchenzucht beitragen sollten, treffen sich gemeinsame Anliegen von Andreae und Comenius. Brecht zeigt, wie der Doppelentwurf von Andreaes „Peregrini in patria errores" und „Civis christianus" von großer Bedeutung für ein Meisterwerk von Comenius, das berühmte „Labyrinth der Welt und Paradies des Herzens" (1622/1623), geworden ist (S. 33–36). Nach der 1647 aufbrechenden Krise im Verhältnis der beiden Freunde – die Mißstimmung entzündet sich an Andreaes Kritik „der scholastischen Pansophie" – ermöglicht Comenius Andreae die Drucklegung von dessen „Theophilus" im Jahre 1649; die Abschrift einer Abschrift ersetzt Andreaes eigenes Manuskript, das beim Calwer Stadtbrand 1634 vernichtet worden ist.

Roland Edighoffer weist mit einer feinen Geste gegenüber den Gastgebern in seinem Beitrag „,Errores in patria'. Zur Ambivalenz der Schöpfung bei Johann Valentin Andreae" (S. 48–62) zunächst auf die Bedeutung der Niederlande für die geistige Entwicklung Andreaes hin. Er nennt dabei u. a. den Einfluß von Justus Lipsius, Daniel Heinsius, Hugo Grotius und Erasmus. Dann arbeitet Edighoffer drei Grundvorstellungen heraus, die in Andreaes Werken zu finden sind: 1) Die „errores" (Irrfahrten, Irrtümer), die trügerischen Verlockungen der „Frau Welt"; 2) den Prozeß der Umkehr und die Wiederherstellung der „vera Patria"; 3) das Problem der „Chymischen Hochzeit", bei deren Interpretation Edighoffers ausgezeichnete Kenntnisse der Alchemie von großem Nutzen sind. Die Schöpfung (wie auch die Alchemie, vgl. S. 58) erweist sich als „ambivalent" (S. 52): Die vorfindliche Welt ist eine Karikatur des ursprünglichen göttlichen Entwurfs; sie kann aber durch tiefgreifende, elementare Umwandlung („Wiedergeburt") zur „Patria" der Christen umgestaltet werden: „Die quasi alchemistische Umwandlung des früheren Peregrinus" in einen „neuen Menschen" wirkt sich „auf die ganze Schöpfung" aus (S. 55).

Carlos Gilly, Bibliothekar der BPH, berichtet in seinem Aufsatz „Iter Rosicrucianum. Auf der Suche nach unbekannten Quellen der frühen Rosenkreuzer" (S. 63–89) über seine systematische Suche nach zeitgenössischen Schriften für und wider die Rosenkreuzer in zahlreichen europäischen Bibliotheken und Archiven. Weitere 300 einschlägige Druckschriften konnten so zutage gefördert werden. Dazuhin werden von möglichst vielen Drucken und Handschriften für die BPH Mikrofilme hergestellt. In Amsterdam entsteht so ein bedeutendes Archiv des frühen Rosenkreuzer-Schrifttums, für das eine entsprechende dreibändige Bibliographie vorbereitet wird. Daß auch die Bibliographie der Werke Andreaes noch mancher Ergänzungen bedarf, sei hier angemerkt und an einem kleinen Fund des Rezensenten verdeutlicht. In das von Andreaes Freund Balthasar Gockel (1581–1656), Prediger am Ulmer Münster, verfaßte Werk „Unterschiedliche LAsterPredigten" (Ulm 1644; vorhanden in der Stadtbibliothek Ulm, Signatur: Smr 266) ist fol. c $[1]^{r}$ – c 2^{r} ein bisher unbekanntes Widmungsgedicht Andreaes eingerückt: „Admodùm Rev. VIRO, Dn. BALTHASARO GOCKELIO, Eccles. Ulman. in sum̄o templo Antistiti dignissimo, Fratri in Christo amantissimo" (71 Hexameter).

Antoine Faivre weist in seinem Beitrag „Les Manifestes et la Tradition" (S. 90–114) den Rosenkreuzer-Manifesten ihren Platz im Traditionsstrom der Esoterik, innerhalb einer „Philosophia perennis", zu. Er berücksichtigt dabei deren mittelalterliche Ausprägungen, die neue Blüte der „Philosophia occulta" in der Renaissancezeit, besonders im Paracelsismus und in der lateinischen Renaissanceliteratur, sowie schließlich die Entstehungszeit der Manifeste selbst an der Schwelle zum neuzeitlichen Denken. Für die Manifeste werden mittelalterliche Zahlenspekulation und naturphilosophische Überlegungen (Mikrokosmos-Makrokosmos-Entsprechungen, Lehre vom Buch der Natur) bedeutsam. Zu den zeitgenössischen Wirkungen des Paracelsismus zählt die Signaturenlehre, deren Spuren in den Manifesten, wie wenig später auch in Jakob Böhmes Werk „De Signatura rerum" (1622), sichtbar werden. Auch Johann Arndt, ein wichtiger Gewährsmann Andreaes, verdankt Paracelsus viel. Aus immenser Belesenheit heraus entwirft Faivre ein facettenreiches Bild von dem spannungsvollen Verhältnis der Manifeste zur esoterischen Tradition in einer Zeit, da die deutsche Theosophie eines Valentin Weigel und Jakob Böhme gerade erst Gestalt gewinnt. Kürze, Knappheit und das paradoxale Nebeneinander zweier gegensätzlicher Themen („unsichtbare Kirche" im Sinne einer universellen Geistkirche und „Geheimgesellschaft") charakterisieren die neue Botschaft.

Heleen M. E. de Jong konzentriert in der Abhandlung „The Chymical Wedding in the Tradition of Alchemy" (S. 115–142) ihr Augenmerk auf die quellenkritische Frage: Welche hermetisch-alchemistischen Texte mag Andreae gekannt haben? Die Kenntnis dieses Hintergrundes, der Alchemie mit ihren vielen symbolischen Bezügen, wird dann auch für die Interpretation förderlich sein. Bemerkenswert für das Verständnis des Lutheraners Andreae ist der Hinweis auf Luthers Wertschätzung der Alchemie (vgl. S. 118). Eine beeindruckende Fülle alchemistischer Texte wird vorgestellt oder wenigstens kurz charakterisiert. De Jong faßt zusammen: „To me it is obvious, that Johann Valentin Andreae was aware of their spiritual value when he used alchemical symbols and allegories in *The Chymical Wedding*" (S. 135).

Martin Brecht zeichnet in seinem nach dem Symposium eingesandten Aufsatz „Der Babylonische Turm oder das Chaos der Urteile über die Rosenkreuzerbruderschaft. Johann Valentin Andreaes Absage an die Rosenkreuzer" (S. 143–151) klar und übersichtlich Struktur und Inhalt von Andreaes „Turris Babel sive judiciorum de Fraternitate Rosaceae Crucis chaos" (1619) nach. Laut Brecht gibt Andreae das von ihm ausgelöste und seiner Kontrolle entglittene Rosenkreuzertum offensichtlich zugunsten „eines einfachen Christentums" auf. „Er suchte die Erneuerung von Christentum, Gesellschaft und Wissenschaft von dem neuen, einfachen Ansatz aus zu erreichen" (S. 151). Ob schon Andreaes eigene erste Rosenkreuzerschrift „Fama Fraternitatis" „nicht ganz ernst gemeint war, muß" nach Brecht „offenbleiben" (S. 145).

John Warwick Montgomery fragt in seinem Referat „The world-view of Johann Valentin Andreae" (S. 152–169) warnend: Kann Andreae zu Recht als Hermetiker bezeichnet werden? (vgl. S. 153). War er überhaupt jemals Rosenkreuzer? Montgomery wendet sich gegen die entsprechende Auffassung von Frances A. Yates, die einen der Ursprünge des Rosenkreuzertums in England sucht. Ebenso kritisiert er Richard van Dülmens Auffassung, Andreae sei „der Hauptinitiator des Mythos von der Bruderschaft des Rosenkreuzes" (S. 155). Montgomery stützt sich bei seinem Gegenentwurf z. T. auch auf Roland Edighoffers monumentale Habilitationsschrift „Rose-Croix et Société idéale selon Johann Valentin Andreae" (T. 1 Neuilly s/Seine 1982; T. 2 Paris 1987), z. B. für die These, Andreaes „Chymische Hochzeit" sei „a Christian corrective to the Rosicrucian manifestos“ (S. 163). Montgomery geht aber noch weiter, wenn er Andreaes Verwicklung in die Rosenkreuzersache überhaupt abstreitet. Die „Chymische Hochzeit“ sieht er im Lichte einer „Lutheran Alchemy“, die er von der “Gnostic, Occult Alchemy“ des Paracelsismus absetzt. Diese kontroverse – als Gegengift zu vorschnellen Vereinnahmungen wertvolle – Stellungnahme zeigt, daß in der Diskussion um Andreae noch keine endgültigen Antworten auf alle zentralen Fragen gefunden worden sind.

Adam McLean, der an die Forschungen von Yates anknüpft, geht in seinem Referat „The impact of the Rosicrucian manifestos in Britain“ (S. 170–179) vor allem anhand schottischer Beispiele den rosenkreuzerischen Einflüssen in Großbritannien nach, die sich bis auf die Gartenkultur erstrecken (vgl. den schottischen Einfluß auf den rosenkreuzerischen Architekten der Heidelberger Schloßgärten, Salomon de Caus). Interessant ist hier der Hinweis auf den hermetischen Einfluß bei dem schottischen Mathematiker John Napier, dem Erfinder der Logarithmen.

Drei engagierte, bekennerhafte Reden runden den Sammelband ab: Paul A. Ladame: „Die Botschaft der Rosenkreuzer Manifeste“ (S. 180–188), Alex H. van den Brul: „Christian Rosenkreuz und seine Bedeutung für unsere Zeit“ (S. 189–195) und Joseph R. Ritman: „Der Schlüssel zur hermetischen Philosophie“ (S. 196–218) und „Schlußwort“ (S. 220–222). – Die deutsche Fassung der ursprünglich offensichtlich auf französisch verfaßten Rede von Ladame ist nicht ganz frei von Übersetzungsfehlern (mit dem „Sex der Engel“ dürfte S. 182, entsprechend dem französischen „sexe des anges“, das „Geschlecht der Engel“ als scholastisches Disputationsthema gemeint sein, usw.).

Ofterdingen　　　　Reinhard Breymayer

Bernheiden, Inge: Individualität im 17. Jahrhundert. Studien zum autobiographischen Schrifttum. Frankfurt/M. – New York, Peter Lang, 1988. 333 S. = Literarhistorische Untersuchungen Bd. 12.

Die von Dieter Breuer in Aachen angeregte Dissertation geht von der berechtigten Feststellung aus, daß im Zuge der einschlägigen Forschung die autobiographische Literatur des 17. Jahrhunderts kaum berücksichtigt wurde. Dies hat nicht nur mit fehlender Übersicht zu tun, sondern auch mit der mangelnden ästhetischen Attraktivität eines lebensgeschichtlichen Zweckschrifttums, das nach landläufiger Einschätzung ordnungskonformem Rollenverhalten verhaftet blieb und somit für die aktuelle Frage nach der literarischen Ausbildung personaler Identität wenig Anhaltspunkte bietet. Bernheiden rekapituliert mit großer Sorgfalt den aktuellen Stand der wissenschaftlichen Diskussion wie auch die Begrifflichkeit der sie leitenden Frage nach den Reflexen von „Individualität". Darunter wird – vornehmlich in Anlehnung an Hegel – das Verhalten eines Autors verstanden, der „sich mit sich selbst und seiner Welt auseinandergesetzt hat, das heißt, über sich und seine konkrete Umwelt reflektiert hat, hierüber zu einer Selbstgewißheit gelangt ist und diese realisiert hat" (S. 25). Daß dieser Ansatz nicht unproblematisch ist, ergibt sich vorab aus dem Textstatus des Quellenmaterials, das zu großen Teilen für die Öffentlichkeit oder z. B. für die Familie oder die Standesgenossen bestimmt war, demgemäß „Individualität" eher „unterdrückte" als herausstellte. Überdies zeigt sich, daß auch in den Fällen, in denen sichtlich Konfliktsituationen verarbeitet wurden, eher Rollenkonflikte als individuelle Selbstfindung in den Vordergrund trat: So etwa im Fall des holsteinischen Adeligen Detlev von Ahlefeldt der Zwiespalt zwischen standesbewußtem Verhalten (am Leitbegriff der „Ehre" orientiert) und seiner Verpflichtung als Untertan des dänischen Königs.

Trotz dieser und anderer methodischer Bedenken bewährt sich Bernheidens Perspektive jedoch als heuristisches Prinzip der Untersuchung. Diese gliedert sich nach Sinn- und Handlungsfeldern der Akteure: Politik, Religion (mit den Unterabschnitten „Orthodoxe", „Pietisten", „Mystiker"), Bildungswesen. Den Abschluß bildet ein Kapitel über die Selbstreflexion der Autobiographen. Innerhalb dieser Abschnitte werden in sicherem Zugriff exemplarische Texte analysiert. Dabei ist der Befund nicht überraschend, daß Standes- und Machtverhältnisse allenfalls unter konfessionspolitischen oder militärischen Gesichtspunkten problematisiert wurden. Bei den Zeugnissen der „Orthodoxen" (S. v. Birken, J. V. Andreae) beobachtet Bernheiden eine schwer zu bestimmende Doppelgesichtigkeit. Birkens Kontakte zu religiösen Dissidenten z. B. (Breckling, Gichtel) schlagen sich nicht in seinen durchaus konventionellen Frömmigkeitsäußerungen nieder. Andreaes Autobiographie dagegen weist auf Spuren einer „unterdrückten" Individualität, insofern sein lebensgeschichtlicher Rückblick um Einzelheiten der frühen „Rosenkreuzer"-Phase einen Bogen macht und Affinitäten z. B. zum Weigelianismus ausdrücklich verleugnet. In biographischen „Texten" der Pietisten und „Mystiker" (hier zu A. H. Francke, J. E. und J. W. Petersen, J. C. Dippel und A. Vetter) äußert sich dagegen mit der Kritik des theologischen Traditionalismus zugleich eine um religiöse Selbstfindung bemühte Schriftkultur. Auch diese Ergebnisse waren zu erwarten.

Ich verzichte darauf, die Einzelanalysen im weiteren vorzustellen: U. a. zu Johann Beer, Samuel Rachel, zu der Jüdin Glückel von Hameln, zu Christian II. von Anhalt und zu Johann Georg Bövingh. Stattdessen möchte ich den dokumentarischen Teil dieses Werks ausdrücklich hervorheben (Bibliographie S. 38–124). Zum ersten Mal wird hier – mit Erfolg – der Versuch unternommen, das autobiographische Schrifttum des Jahrhunderts unter Einschluß von Tagebüchern, chronikalischen Aufzeichnungen usw. komplett zu erfassen (127 Schriften von 121 Autoren; 166 Ausgaben; ferner auch Handschriften). Damit ist nicht nur der bibliographische Kenntisstand dokumentiert, sondern zugleich für jeden einzelnen Text eine minutiöse Aufnahme der Überlieferung (hs. Vorlage, Editionsfaktoren, Lücken, Kürzungen, Übersetzungen, Druckgeschichte etc.) geleistet. Angesichts des unwegsamen literarischen Terrains, das die Verfasserin kartographieren wollte, wird man ihr mögliche Ergänzungen[1] nicht ankreiden, sondern im Gegenteil voraussagen dürfen, daß vor allem dieser Teil ihres Buches zu einem gern benutzten Instrument der Forschung werden wird. Insofern ein Gutteil der Schriften von Geistlichen stammen, wobei auch der katholische Raum gebührend berücksichtigt wird, ist von dieser Dissertation auch die Kirchen- und Frömmigkeitsgeschichte unmittelbar betroffen.

Heidelberg — Wilhelm Kühlmann

Hof, W.J. op 't, Niet, C.A. de, Uil, H.: Eewout Teellinck in Handschriften. Kampen, De Groot Goudriaan, 1989, 55 S.

Im Anschluß an die Studie über *De bibliographie van de werken van Eewout Teellinck* (Kampen, 1988; vgl. PuN 15, 1989, 229) erschien 1989 eine neue Arbeitsfrucht von der „Stichting Studie der Nadere Reformatie", die sich wiederum mit der Eewout Teellinck-Forschung beschäftigt. Eewout Teellinck (1571–1629) war ein älterer Bruder von Willem Teellinck, der als Begründer des niederländischen Pietismus betrachtet werden kann. Auch Eewout war wie sein Bruder ein überzeugter Pietist. Beide haben einen großen Teil ihres Lebens in Middelburg (Seeland) verbracht und dort eine hervorragende Rolle im Entstehen des seeländischen Pietismus gespielt. Dieser Landstrich stand unter dem tiefgreifenden Einfluß des englischen Puritanismus.

Im Unterschied zu seinem Bruder Willem war Eewout kein Theologe

[1] Das „Itinerarium" des Christian Knorr von Rosenroth (Hs. HAB Wolfenbüttel), danach in der älteren Zeitschriftenliteratur ausgewertet (Teiledition von Arnold Fuchs in: Geschichtsblätter für Stadt und Land Magdeburg 49/50, 1914/15, S. 184–194, und in: Zeits. des Vereins für Hamburgische Geschichte 24, 1921, S. 87–139), ist wohl deshalb nicht aufgenommen, weil Bernheiden „reine Reisetagebücher" nicht zum autobiographischen Schrifttum zählt. Ob nicht aber gerade in diesem Genre nach Indizien für literarisch faßbare „Individualität" zu suchen wäre? So fehlt auch das aufschlußreiche Prager Tagebuch des Melchior Goldast, veröffentlicht von Heinz Schecker in: Schriften der Bremer Wissenschaftlichen Gesellschaft. Reihe D, Jg. 5 (1931), S. 217–280. J. V. Andreaes Lebensrückblick (ed. F. H. Rheinwald 1849) liegt in mehreren z. T. eigenhändigen Manuskripten vor. Der von Bernheiden eingesehene Cod. Guelf. 67. 11. Aug. 8° umfaßt nur die Bücher I–V (!), während der Cod. hist. 8°, 57 der Württembergischen Landesbibliothek Stuttgart die Bücher VI–VIII sowie der Cod. hist. 8, 55 (ebenda) den vollständigen Text enthält.

oder Pfarrer. Er nahm eine wichtige Stelle im bürgerlich-politischen Leben ein. Daraus wird deutlich, daß der reformierte Pietismus in den Niederlanden nicht nur eine Angelegenheit der Geistlichkeit, sondern auch der Gemeinde gewesen ist. Innerhalb der Gemeinde war nicht nur die untere und mittlere Schicht des Volkes, sondern auch die gesellschaftliche Oberschicht daran beteiligt. Diese Tatsache kann einen wichtigen Beitrag leisten zu einer Antwort auf die Frage, welche Bedeutung die „Nadere Reformatie“ für das gesellschaftliche und kulturelle Leben gehabt hat. Unter diesem Gesichtspunkt ist es aufschlußreich, einen Pietisten wie Eewout Teellinck zu beschreiben und dabei nicht nur seine geistlichen Schriften, sondern auch seine „weltlichen“ Gedanken und Aktivitäten zu erforschen. Weil dafür nicht viele veröffentlichte Schriften zur Verfügung standen, war man genötigt, die Handschriften von und über Eewout Teellinck aufzuspüren und zu benützen. Diese nicht geringe Arbeit ist von den drei obengenannten Verfassern geleistet worden, die innerhalb der Stiftung den Arbeitsausschuß *„Handschriften“* bilden. Sie vertreten als Kirchenhistoriker, „Neerlandist“ und Archivar (in der Provinz Seeland) genau die drei Disziplinen, deren Zusammenwirken ein gutes Resultat gewährleistet.

Die Studie bietet nach einer kurzen biographischen Skizze eine Darstellung der gefundenen Handschriften, wobei die Autoren die Möglichkeit, daß einige Handschriften noch nicht entdeckt worden sind, offen lassen. Die lateinischen Handschriften sind mit einer niederländischen Übersetzung versehen, die neben dem ursprünglichen Text steht. Das Buch wird mit einem Anmerkungsapparat und einem Register abgeschlossen.

Die Übersetzung der lateinischen Texte geschah, weil man beabsichtigt, die Kenntnisse der „Nadere Reformatie“ einem möglichst breiten Leserkreis zur Verfügung zu stellen. Die lateinische Sprache sollte kein Hindernis sein. Ich bezweifle aber, ob auf diese Weise diese Absicht realisiert werden kann. Der „breite Leserkreis“, mit dem der Teil der niederländischen Kirche gemeint ist, der sich – noch – interessiert für die Quellen seiner geistlichen Tradition, besteht selber aus Pietisten. Das bedeutet, daß er in erster Linie an den geistlich-inhaltlichen Aspekten interessiert ist und nicht so sehr an dem historischen Kontext, zumal sich dieser auf die gesellschaftlich-kulturelle Situation des 17. Jahrhunderts bezieht. Ich vermute, daß in dieser Hinsicht diese Forschungsarbeit nicht sehr erfolgreich sein wird. Aber das ändert nichts daran, daß in wisssenschaftlicher Hinsicht eine wichtige Arbeit verrichtet ist.

Utrecht — Cornelis Graafland

Wall, Ernestine G.E. van der: De mystieke Chiliast Petrus Serrarius (1660–1669) en zijn wereld. Diss. theol., Leiden 1987. 826 S.

Petrus Serrarius entstammte einem flämischen Emigrantengeschlecht und wurde in London als Sohn eines wohlhabenden Kaufmannes geboren. Schon bald verließ die Familie England und zog nach Amsterdam. Man kehrte jedoch 1608 wieder nach London zurück, ließ sich dann aber Anfang der zwanziger Jahre endgültig in Holland nieder.

Sowohl in England wie auf dem Kontinent gehörte der Vater zu den einflußreichsten Mitgliedern der wallonischen Gemeinde. Über die Jugend und die Schulausbildung von Serrarius gibt es keine Anhaltspunkte, nicht einmal ein Aufenthaltsort ist bekannt. Die ersten gesicherten Daten bietet die Studentenzeit in Oxford (1617–1619) und Leiden (1620–1624). In den Niederlanden durchlief er die Ausbildung zum Pfarrer in der wallonischen Kirche. Tatsächlich wirkte er bis 1626 als Hilfspfarrer in Seeland und danach in Köln, wo er die Nachfolge seines Leidener Mitstudenten John Durie antrat. Dieser hatte sein Amt aus Zweifel über seine innere Berufung verlassen und war zu seiner Mutter nach Schottland gezogen. Auch Serrarius' Zeit in Köln dauerte nicht lange, denn er wurde der Heterodoxie angeklagt und durch die wallonische Synode 1628 seines Amtes enthoben. Sicherlich waren seine Kritik am sogenannten Namenchristentum und die Hinwendung zu mystisch-spiritualistischen Überzeugungen für diese Verurteilung ausschlaggebend. Hinfort lebte Serrarius in Amsterdam. Über seine persönlichen Lebensumstände ist wenig bekannt: Eine Ehe endete nach zwei Jahren mit dem Tod seiner Frau (1633), wahrscheinlich blieb er danach unverheiratet. In den dreißiger Jahren arbeitete er als Korrektor, möglicherweise trug väterliches Erbe zu seinem Lebensunterhalt bei.

In seinem Denken verwebt Serrarius chiliastische, geschichtstheologische und ekklesiologische Ideen ineinander. Natürlich hängen sie aufs engste zusammen. Den Grundton gibt die Erwartung eines himmlischen Reiches auf der Erde an, wie er es durch die Bibel angekündigt sah. Diese chiliastische Basis bestimmt das Denken über Kirche und Geschichte. Die urkirchliche Zeit wird idealisiert, wobei Serrarius die Abgeschiedenheit der ersten Christen von der Welt, ihre Eintracht und ihre geistlichen Gaben hervorhebt. Bald habe der Verfall eingesetzt, die Reformation nur relative Besserung gebracht. Die eigene Zeit bekommt einen besonderen Platz eingeräumt: Noch nie war die Lage so schlecht. Deshalb stehe der Anbruch von Christi zukünftigem Reich unmittelbar bevor. Dann werde die Kirche in voller apostolischer Herrlichkeit erstehen, ja selbst noch großartiger sein als die Urgemeinde. Diese Wiederherstellung der verfallenen Kirche sei indes allein Gottes Werk, weshalb alle kirchenreformerischen Bemühungen ohne göttlichen Auftrag geschähen und deshalb zum Scheitern verurteilt seien. Unter dieses Verdikt fällt bei Serrarius auch die Reformation. Ausdrücklich distanziert er sich von den radikalen englischen Chiliasten, die auf eine soziale und politische Neuordnung abzielten. Seine Zukunftserwartung hat in gesellschaftlicher Hinsicht eine „konservative" Signatur. Zum festen Bestandteil chiliastischen Denkens gehört es, der „Bekehrung" der Juden einen besonderen Platz einzuräumen, da diese nach Römer 11,25f. der Vollendung der Geschichte ja vorangehen müsse. Serrarius vertritt einen ausgesprochen philosemitischen Standpunkt, den er in zahlreichen persönlichen Begegnungen unter Beweis stellte, wofür ihm Amsterdam mit seiner sefardischen und aschkenasischen Judenschaft eine vorzügliche Voraussetzung bot. Sehr aufmerksam beobachtete er das Auftreten des jüdischen Pseudomessias Schabbetaj Zbi (Sabbatai Zevi) (1626–1676), weil er darin ein Vorspiel zum Kommen des wahren Messias sah. Diese eschatologische Bewegung hat er kräftig unterstützt.

Seine Theologie entwickelte Serrarius in einem ausgebreiteten Schrifttum, das neben selbstständigen Arbeiten auch Übersetzungen aus dem Lateinischen, Englischen, Deutschen und Französischen enthält. Natürlich stießen seine Überzeugungen in den gefestigten Kirchen und bei der zünftigen Theologie auf heftigen Widerstand. Serrarius stellte sich diesen Einwänden und ging mehrere Kontroversen an. Mit den calvinistischen Theologen M. Amyraut und S. Maresius setzte er sich ebenso auseinander wie mit Taufgesinnten, Quäkern, Sozinianern, J. de Labadie oder der französischen Mystikerin Antoinette Bourignon. Seine Schriften zeigen, wie intensiv er sich mit mystischen und chiliastischen Traditionen beschäftigt hat. Nicht zufällig steht am Anfang seiner literarischen Tätigkeit eine Ausgabe von Taulers Werken. Er kennt natürlich auch Boehme und Schwenckfeld, besonders jedoch Weigel, den er auch ins Niederländische übersetzte, aber auch Denck und Entfelder, dazu die drei „Hohenpriester des Chiliasmus" Thomas Brightman, Joseph Mede und Johann Heinrich Alsted. Seinen Horizont erweiterten persönliche Begegnungen mit zeitgenössischen Gesinnungsfreunden – und auch Gegnern. Serrarius hatte einen außerordentlich großen Freundes- und Bekanntenkreis, den er sorgfältig pflegte, so daß er an einem weitgespannten, sich international erstreckenden Netz von Beziehungen Anteil hatte. Da die Verfasserin diesem Austausch gründlich nachgeht, präsentiert sie neben der eigentlichen Biographie des Serrarius ein „Who is Who" der religiösen nonkonformistischen Szene Amsterdams um die Mitte des 17. Jahrhunderts. Zu seinen Bekannten oder Freunden zählen Männer wie Benedictus Spinoza, Jan Amos Comenius, Friedrich Breckling, Christian Hoburg, Johann Georg Gichtel, John Durie, Samuel Hartlib, Georg Lorenz Seidenbecher, Heinrich Oldenburg, Franciscus Mercurius van Helmont, Christian Knorr von Rosenroth.

Auf die Frage nach der Bedeutung von Serrarius für die Kirchen- und Theologiegeschichte kommt die Verfasserin zu einer doppelten Antwort. Zum ersten habe er im internationalen Netz von Hartlib, Comenius und Durie eine herausragende Rolle eingenommen und zu verschiedenen Projekten seinen Beitrag geleistet. Zum anderen könne er zwar nicht als origineller

Denker gelten, habe jedoch das Verdienst, das reiche mystisch-spiritualistische und chiliastische Erbgut des 16. und 17. Jahrhunderts aufgenommen und einer nächsten Generation vermittelt zu haben. Mit ihrer Dissertation hat die Verfasserin in mehrfacher Hinsicht einen wichtigen Beitrag zur Erforschung der Kirchengeschichte des 17. Jahrhunderts geliefert. Sie erschloß bisher unbekanntes Quellenmaterial zu Serrarius und seinen Partnern, erhellte neue Zusammenhänge, vor allem aber hat sie Differenzierungen und Klärungen in der so unübersichtlichen Welt des religiösen Nonkonformismus angebracht, insbesondere die Unterscheidungen zwischen den verschiedenen Formen von Chiliasmus erweisen sich als außerordentlich hilfreich. Man kann auf die angekündigte ergänzende Monographie gespannt sein. Dort soll die Gedankenwelt des Serrarius und seiner Gesinnungsgenossen noch eingehender besprochen werden.

Basel — Ulrich Gäbler

Wolfenbütteler Beiträge. Aus den Schätzen der Herzog August Bibliothek. Band 8. Hg. von *Paul Raabe.* Frankfurt am Main, Vittorio Klosterman, 1988. VIII + 416 S.

Dieses Periodikum drängt sich hier zur Besprechung wegen zweier, gut über die Hälfte des ganzen Bandes umfassender Studien in besonderer Weise auf. *Pentti Laasonen,* Kirchenhistoriker in Helsinki, legt eine Studie „Johannes Gezelius d. J. und die Rezeption des deutschen Pietismus in Finnland" vor (S. 121–232; übersetzt durch *Traute Stude*). Die Darstellung beruht auf gründlichem Studium ungedruckter und gedruckter Quellen (s. S. 177–181), von denen vornehmlich lateinische Gezel-Korrespondenzen in einem umfangreichen Anhang abgedruckt sind (S. 187–218). Regestüberschriften, Übersetzungen und Erläuterungen unterblieben. Vieles ist aber im darstellenden Teil angesprochen und belegt. Diese Darstellung zeichnet die Lebensgeschichte Gezels, sein Verhältnis zu Spener und zum Pietismus in drei Phasen geordnet, nach: „Freund Speners..." (S. 123–141), „Gegner der Irrlehren..." (S. 141–156) und „... Kritiker des Pietismus..." (S. 156–176). Weit über den biographischen Rahmen hinausgreifend macht Vf. deutlich, daß diese Phasen auch die nötigen Antworten waren auf das Erstarken radikal-spiritualistischen Geistes, aber auch auf eine sich verhärtende orthodoxe Position, etwa im Blick auf die angebliche Unantastbarkeit von Bibelübersetzungen. Wichtige Ergebnisse der uns oft wegen der Sprachbarriere unerreichbaren finnisch-skandinavischen Forschung zum Pietismus und seiner Bekämpfung durch die Orthodoxie noch nach 1708 werden uns durch *Laasonen* vermittelt.

Vgl. hier im Literaturverzeichnis: Pajula (2mal) 1898–1900, Ruuth 1915–38, Lehtonen 1921, Pohjolan-Pirhonen 1945, Kansanaho (3mal) 1947–54, Parvio 1959, Laasonen (2mal) 1977–83, Salminen (2mal) 1978–85.

Höchst aufschlußreich wird die Kritik gerade an einem einst dem Ringen Speners um den Erweis seiner Rechtgläubigkeit sich verdankenden Werk, den „Tabulae catecheticae", vorgeführt (S. 171 ff.). Samuel Schelwig steht hier im Hintergrund.

In dieser quellenorientierten Studie *Laasonens* haben wir eine ausgezeichnete Einführung in die Geschichte des Pietismus in Finnland vor uns.

Der unvollständig erhaltene *Briefwechsel Spener-Gezel*, auf den *Paul Grünberg* 1912 aufmerksam machte, liegt nun leicht zugänglich vor, den Drucken 1709 und Tengström 1833 [in W-Deutschland nicht nachweisbar!] sowie einer Uppsalenser Handschrift entnommen. Das neu entdeckte ausführliche Brief-Gutachten-Manuskript Speners vom 5. 10. 1685 ist Gezel als Empfänger zuzuweisen und wird unter Kennzeichnung der vom Druck in den Spenerschen „Consilia" 1709 I 72–83 abweichenden Textstellen abgedruckt (S. 204–214; ergänze Spener: Schriften 16,1, 1989, 56★ und vgl. ebd. 21★ff. zur Frage der Textqualität.). – Sodann falsifiziert *Laasonen* S. 137f. m. A. 85–88; S. 217f., Nr. 22 die in Spener 16,1 59★ sub 7. 11. 1687 vorgenommene Empfängerzuweisung und die irreführende Vermutung zu Petersen: Gezel ist der Adressat des fraglichen Schreibens, und sein Kampf mit *Andreas Petraeus* ist ein Thema in diesem Brief! – Was *Laasonen* S. 150 A. 147, S. 160 m. A. 194 und S. 218–219 Nr. 23 zu einem Stück weder von noch an Spener in „Letzte... Bedenken" 1711 mitteilt, ergänzt und präzisiert auf das trefflichste Spener: Schriften Bd. 15/1 (1987), 39★, 78★.

Die zweite Studie von *Klaus Jaitner* (Florenz), „Der Pfalz-Sulzbacher Hof in der europäischen Ideengeschichte des 17. Jahrhunderts", muß der Pietismusforschung ebenso dringend zur Beachtung empfohlen werden (S. 273–404). Zwar wird nur in Teil IV „der Frühpietismus..." ausdrücklich thematisiert (S. 328 ff.). Aber es wäre verhängnisvoll, wenn die umfassend informierenden Ausführungen zu Herzog Christian August (1622–1708), zum Poemer-Hartlib-Kreis (u. a. J. V. Andreae!) und – ausführlich! – zu Franz Mercurius van Helmont nicht zur Kenntnis genommen würden. Das Vierteljahrhundert von 1663–1689 (in diesem Jahr starb Christian Knorr von Rosenroth) war – nach *Jaitner* – das der „größte[n] Wirksamkeit", „als zahlreiche Schriften neuplatonischen, theosophischen, chiliastischen, alchimistischen, magischen, mystischen und kabbalistischen Inhalts veröffentlicht wurden." (S. 390). Es ist in wenigen Sätzen nicht zu umreißen, welches Panorama von europäischem Zuschnitt *Jaitner* vor dem Leser entfaltet: Diese ungeheuer vielfältigen biographischen Interdependenzen und geistigen Einflüsse wie Anregungen von den Niederlanden bis nach Danzig, von England bis nach Italien, diese manchmal atemberaubenden Möglichkeiten im Blick auf Konversionen, ‚Toleranz' und Philosemitismus, die sich in dem kleinen Pfalz-Sulzbach zum Staunen des Beobachters auftun, fangen etwas ein von der so schwer faßbaren Universalität des 17. Jahrhunderts. Kaum eine Bewegung, kaum ein Name von Rang, der etwas zur geistigen Durchdringung der Zeit und zum Neubau im 17. Jahrhundert beizutragen hatten, fehlen bei *Jaitner*. Ob, wie *Jaitner* meint, „die Intellektuellen... in Sulzbach... alle [!] außerhalb der lutherischen oder katholischen Orthodoxie (standen)" (S. 392), ist freilich eine dringend zu erörternde Frage. Die Differenz zwischen unserem Bild von Orthodoxie und ihrer offenbar erst langsam wahrgenommenen viel größeren Pluralität, ist jedenfalls erheblicher als es Polemik und Kontroversen bisher zu sehen vermöchten!

Jaitners erheblich mehr als einen Forschungsbericht repräsentierender Beitrag mit einer in 800 Anmerkungen belegten immensen Fülle an handschriftlichen Quellen und an Literatur könnte weit über Pfalz-Sulzbach hinaus fast so etwas wie ein ‚Handbuch' genannt werden: Eine Separatveröffentlichung mit Quellen-Verzeichnis, Primär- und Sekundärbibliographie sowie mit Registern (gerade auch Sachregister!) wäre gut denkbar. Keinesfalls freilich brauchen sich laufende Forschungsvorhaben zu Sulzbach durch *Jaitner* überflüssig vorzukommen: *Manfred Finke* (Essen) hat mit Recht schon in „Chloe" 1984 geistes-, frömmigkeits- und toleranzgeschichtliche Fragen am Beispiel Sulzbach als ergiebiges Forschungsfeld umrissen, auf dem die Einzelbemühungen noch mit reichlicher Ernte werden rechnen können! Gerade *Jaitners* Studie zeigt auf das deutlichste, daß sie nicht hätte geschrieben werden können ohne eine Fülle solcher Einzelstudien, deren eine wir von *M. Finke* erwarten dürfen.

Erlangen — Dietrich Blaufuß

Schulz, Hartmut H. R.: Johann Salomo Semlers Wesensbestimmung des Christentums. Ein Beitrag zur Erforschung der Theologie Semlers. Würzburg, Königshausen & Neumann, 1988. 255 S.

Semler „orientiert... sich ganz bewußt an der historisch-positiven Gestalt des Christentums und sucht dessen Eigenart in einem Vergleich mit dem Judentum und Heidentum genauer zu bestimmen, wobei er das Heilswerk Jesu Christi primär als Erlösungsgeschehen interpretiert... Wiederholt hat Semler eine Art trinitarische Wesensbestimmung des Christentums gegeben, ohne jedoch dabei die spezifischen Begriffe und Bestimmungen der altkirchlichen Trinitätslehre in die Wesensbestimmung aufzunehmen." Diese beiden Sätze stammen nicht aus der Zusammenfassung des zu rezensierenden Werkes (dort fehlt vielmehr ein Resümee zum Schluß), sondern aus Gottfried Hornigs Aufsatz „Schleiermacher und Semler" (Internationaler Schleiermacher-Kongreß 1984, hg. v. K.-V. Selge, 1985, S. 890). Dennoch geben sie die Essenz des Buches von Schulz in knappster Weise wieder.

Damit ist schon die Problematik des Werkes, einer von Hornig betreuten Bochumer evangelisch-theologischen Dissertation, angedeutet: Das Thema ist zu sehr in dem Spezialgebiet des Lehrers angesiedelt, als daß man bahnbrechend Neues erwarten könnte. Schließlich hat Hornig sich schon seit fast 30 Jahren um die Erschließung der Theologie Semlers bemüht und diesen dabei gegen die Beschuldigung des Rationalismus und Subjektivismus verteidigt.

Schulz greift dieses Anliegen auf, wenn er sich zunächst mit der bisherigen Semlerforschung auseinandersetzt (5–20), die noch bis zuletzt die Wesensbestimmung des Christentums meist als subjektivistisch (Rendtorff, Heß) oder moralisierend (Schmittner, Ahlers) ansah. Ein weiteres vorbereitendes Kapitel zeichnet die Herausbildung des Begriffs „Wesen des Christentums" von der Scholastik bis zur Aufklärung nach (21–41). Dabei folgt Schulz weitgehend einer Untersuchung des katholischen Theologen Hans Wagenhammer, den er nur für den Bereich des 18. Jahrhunderts korrigiert: Schon bei Mosheim läßt sich 1734 explizit die Formel „Wesen des Christentums" nachweisen (39f.).

Ausführlich untersucht wird dann Semlers erste Verwendung des Begriffs in einer gegen das pietistische Ideal des Theologiestudiums gerichteten Schrift von 1757 (42–48). Semler wandte sich hier gegen die Entgegensetzung von akademischer Theologie und dem rechten Wesen des Christentums, das nicht durch eine Repristination altkirchlicher Frömmigkeit zu erreichen sei. In der Auseinandersetzung um die obsessio diabolica präzisierte Semler die Problemstellung, indem er zu einer Besinnung auf die fundamentalen Glaubensartikel mahnte (50–63). Schulz resümiert, daß der *junge Semler* das Wesen des Christentums „im Vergleich zum Judentum und bzw. oder zum Heidentum in einem objektiv unterscheidenden Sinne bestimmt" (66), bei der positiven Bestimmung eine „trinitarische, das Erlösungsgeschehen betonende Struktur" verwendet (68a), sich dabei auf Johannes und Paulus beruft (71) und schließlich alles auf die heilsnotwendig zu glaubenden wesentlichen Stücke der Heilsordnung bezieht (75).

War Schulz also bis dahin von konkreten theologischen Auseinandersetzungen ausgegangen, so folgt er bei der Betrachtung des *älteren Semler* einer systematischen Methode. Hermeneutische Eckpunkte sind für Semler die Unterscheidung von Kerygma und Dogma, die Angewiesenheit der christlichen Privatreligion auf eine objektive Wesensbestimmung des Christentums, die Bibelauslegung mit Hilfe der Akkomodationstheorie und vor allem der religionsgeschichtliche Vergleich. Semler bestimmte auch weiterhin das Wesen des Christentums aus dem Neuen gegenüber dem Heidentum, an dem er vor allem das mangelnde Sündenverständnis und die partikularistische Esoterik kritisierte (106–112), und dem Judentum, dem er ein veräußerlichtes Gesetzesverständnis, den Exklusivitätsanspruch und die nationale Messiaserwartung vorwarf (113–129). Im Gegensatz dazu ist das Christentum durch Universalität und Unendlichkeit (Perfektibilität) gekennzeichnet (130–148). Inhaltlich ist weiterhin die trinitarische Struktur bestimmend, wobei nicht die spezifische Terminologie der klassischen Trinitätslehre aufgegriffen wird, die Darstellung von Gott dem Vater als Schöpfer und Erhalter, vom Sohn als Messias, Versöhner und Erlöser und vom Heiligen Geist, der zur Heiligung des Lebens treibt und die wachsende Erkenntnis der Offenbarung bewirkt, aber den Rahmen für die objektive Wesensbestimmung abgibt (149–205). Die subjektive Komponente wird zwar für den späten Semler immer wichtiger, der die Bewährung des Glaubens in der Liebe und die Relativität der Kirche gegenüber der persönlichen Aneignung der christlichen Wahrheit unterstreicht, dabei aber an der Verbindung zu einer objektiven Bestimmung festhält (206–221).

Als wesentliche Schwäche des Buches erscheint mir – erstaunlich gerade bei Semlers bahnbrechender Bedeutung für die historische Theologie – die weitgehende Vernachlässigung historischer Fragestellungen. Beispielsweise nimmt die Unterscheidung zwischen „jungem" und „späterem" Semler eine wichtige Rolle ein; es wird aber nicht datiert, geschweige denn begründet, wo der Übergang zum späteren Semler anzusetzen ist. Wo Schulz sich bemüht, Semlers Schriften in ihre historische Situation einzuordnen, wie in dem Kapitel über den jungen Semler, gewinnt seine Darstellung an Überzeugungskraft; aber gerade hier bringt er eingestandenermaßen keine neue Sicht der Dinge (76). Sonst wird aber nur noch Semlers öfters herangezogene Entgegnung auf den Fragmentisten an ihren historischen Ort gestellt (96–98.115–118.124f.168f.) und im übrigen Semlers Theologie als geschlossenes theoretisches Gebäude behandelt. Die Begründung, es lasse sich „aufgrund bestimmter Konstanten seines Denkens und seiner Theologie angeben, welche theoretischen Grundlagen seine Aussagen über das Wesen des Christentums haben" (77; vgl. auch 149 Anm.), scheint mir Semlers systematische Kraft zu überschätzen. Gelegentlich verwickelt Schulz sich in Aporien; z. B. bei der Bewertung von Semlers Kirchenverständnis (vgl. 187f. mit 212–218) oder auch bei der Abwehr des Moralismusvorwurfs (145f.), wenn er später der Heiligung und „Bewährung des Christen durch tätige Nächstenliebe" einen so großen Stellenwert einräumen muß (191f.211). Sogar einige Semler-Zitate bei Schulz (z. B. 84.111) legen die Frage nahe, ob nicht doch die Abzweckung auf das Moralische für Semlers Wesensbestimmung des Christentums leitend ist. Der Rezensent kann diese Frage aus Semlers Schrifttum nicht beantworten, hält sie aber durch Schulz' Ausführungen noch keineswegs für entschieden.

Enttäuschend ist auch die schon im Untertitel angedeutete ausschließliche Beziehung des Themas auf die Theologie Semlers. Weder wird Semler in die Aufklärungstheologie eingeordnet (die Problematik des Begriffs der Neologie [2f.] hätte doch aufgrund der Ergebnisse neu aufgegriffen werden können!), noch die Wirkungsgeschichte auch nur angerissen. Dabei erscheint gerade Semlers Stellung zum Judentum, die den heilsgeschichtlichen Zusammenhang von Altem und Neuem Testament auflöste (161; vgl. auch

E. Hirsch, Geschichte der neuern evangelischen Theologie IV, S. 63), verhängnisvoll für die weitere Entwicklung zu einer Preisgabe des Judentums. Schulz bietet hier aber nur Apologetik (vgl. bes. S. 118f.), ohne die Tragweite von Semlers Weichenstellung zu erfassen.

Festzuhalten bleibt, daß Schulz bei der Analyse der Theologie Semlers sicher einige neue Einsichten bringt, auch wenn er weitgehend Thesen seines Lehrers aufgreift. Was er über diesen hinaus bietet, nämlich die Systematisierung von Semlers Wesensbestimmung des Christentums, erweist sich allerdings gerade als problematisches Unternehmen.

Ennepetal — Martin Friedrich

Gundert, Wilhelm: Geschichte der deutschen Bibelgesellschaften im 19. Jahrhundert. Bielefeld, Luther-Verlag, 1987. 453 S. = Texte und Arbeiten zur Bibel Bd. 3.

Der vorliegende Band bietet zum ersten Mal eine Gesamtdarstellung der Geschichte der deutschen Bibelgesellschaften im 19. Jahrhundert. Er füllt damit eine Lücke, die um so schmerzlicher wurde, als die Bewegung der Bibelgesellschaften in Vergessenheit zu geraten drohte. Symptomatisch dafür ist, daß die „Theologische Realenzyklopädie" – anders als noch die „Realencyklopädie für protestantische Theologie und Kirche" (3. Aufl.) und „Die Religion in Geschichte und Gegenwart" (3. Aufl.) – einen Artikel „Bibelgesellschaften" überhaupt nicht mehr enthält (vgl. S. 34). Mit Rücksicht auf die Unbekanntheit des Stoffes scheint m. E. eine etwas ausführlichere Inhaltsangabe am Platze.

Gewiß stehen die Bibelgesellschaften des 19. Jahrhunderts oft im Schatten ihrer großen Vorgängerin, der 1710 gegründeten von Cansteinschen Bibelanstalt. Gundert widmet ihr ein einführendes Kapitel (Kap. II), nachdem er in Kapitel I auf die interessante und nahezu unbekannte Tatsache hingewiesen hat, daß bereits 1561, 150 Jahre vor der Cansteinschen Bibelanstalt, in Urach die „erste wirtembergische Bibelanstalt" gegründet wurde. Sie konnte jedoch nur fünf Jahre arbeiten; im Unterschied zu den späteren Bibelgesellschaften verbreitete sie auch keine deutschen Bibeln, sondern slowenische und kroatische Ausgaben.

Zu den Voraussetzungen für das Entstehen der Bibelgesellschaften gehört zunächst der geistige Hintergrund, den Pietismus und Erweckungsbewegung, aber auch Rationalismus und Aufklärung bildeten. Als gemeinsame Merkmale aller Bibelgesellschaften lassen sich ökumenische Offenheit, starke Aktivität der Laien und Streben nach Bildung feststellen. Aber auch wirtschaftliche Voraussetzungen müssen mit berücksichtigt werden. Die billigsten Bibeln (aus Lemgo und Basel) kosteten Ende des 18. Jahrhunderts noch einen Taler und damit doppelt so viel wie die teuerste Cansteinbibel. Die Cansteinsche Bibelanstalt verkaufte ihre Bibeln zwar zu niedrigen Preisen und in großen Mengen, konnte trotzdem aber den Bedarf nicht decken. Auf diesem Hintergrund der geistigen und wirtschaftlichen Voraussetzungen bildete schließlich dreierlei den Anlaß zur Entstehung der deutschen Bibelgesellschaften: Die Deutsche Christentumsgesellschaft, 1780 in Basel gegründet, die englische Erweckungsbewegung mit der aus ihr 1804 hervorgegangenen British and Foreign Bible Society (BFBS) und der Aufstieg und Sturz Napoleons.

Die ersten deutschen Bibelgesellschaften, die zwischen 1804 und 1810 entstanden, die „deutsche Bibelgesellschaft" in Nürnberg und Basel, die erste preußische Bibelgesellschaft und die Bibelgesellschaften in Danzig und Königsberg, stellten eine erste unmittelbare Reaktion auf die Gründung der BFBS dar.

Besonders aufschlußreich ist Gunderts Darstellung der katholischen Bibelbewegung. Wer bis dahin die Bibelgesellschaften für eine rein evangelische Einrichtung hielt, wird hier eines anderen belehrt. In den ersten Jahren des 19. Jahrhunderts war die katholische Bibelbewegung in ihrer Bibelverbreitung nahezu so stark wie die evangelische. Bereits 1803, ein Jahr vor Gründung der BFBS, war in England die katholische „Bible Society" entstanden, die allerdings keine Ausstrahlung auf den Kontinent hatte, und schon 1805 wurde die Regensburger Bibelgesellschaft gegründet. Geistiger Nährboden der katholischen Bibelbewegung war die Allgäuer Erweckungsbewegung um Johann Michael Feneberg und Martin Boos, beide Schüler von Johann Michael Sailer, der – was nur wenig bekannt ist – eine Übersetzung des Neuen Testaments aus der Vulgata erstellt hat (2 Bände, Graz 1822/23). Die bedeutendsten Gestalten können hier nur genannt werden: Georg Michael Wittmann, Johannes Evangelista Goßner (1826 konvertiert), Leander van Eß (dessen Übersetzung des Neuen Testaments 1821 auf den Index gesetzt wurde), Johannes Hyazinth Kistemaker und Joseph Franz von Allioli. Die katholische Bibelbewegung, ebenso wie die protestantische stark ökumenisch ausgerichtet, wurde Rom bald verdächtig. Denn 1816 wurden bereits drei neue Übersetzungen für Laien verbreitet und es gab drei große Bibelgesellschaften in Regensburg, Heiligenstadt und Kleve. Rom verurteilte 1816 in zwei Breven die Bibelverbreitung in der Volkssprache, 1817 löste Pius VII. die Regensburger Bibelgesellschaft auf (und damit alle anderen Bibelvereine), 1864 wurden im Syllabus errorum Pius' IX. die Bibelgesellschaften zuammen mit Sozialismus und Kommunismus verurteilt.

Fast alle heute noch bestehenden deutschen Bibelgesellschaften wurden zwischen 1812 und 1825 begründet. Der Anstoß zur Gründung der Bibelgesellschaften kam von der BFBS bzw. ihrem Foreign Secretary Carl Friedrich Adolph Steinkopf und den Agenten Henderson, Paterson, Pinkerton sowie dem deutschen Pfarrer in London Schwabe. Auf ihren Reisen durch Deutschland gaben diese Männer in vielen Städten die Anregung zur Gründung einer Bibelgesellschaft. Dabei wandten sie sich häufig an Mitglieder oder Freunde der Deutschen Christentumsgesellschaft, die ihrem Anliegen aufgeschlossen gegenüberstanden. Sie regten an, den Bibelbedarf festzustellen, der oft enorm hoch war. Zur Linderung der größten Not übergaben sie Bibel- oder Geldspenden. Die Verteiler dieser Spenden fühlten sich natürlich verpflichtet, diese zweckentsprechend zu verwenden. In der Folge kam es meist zur Gründung einer Bibelgesellschaft, an deren Spitze in der Regel prominente und hochgestellte Männer standen.

Die ersten Jahre der neu gegründeten Bibelgesellschaften sind gekennzeichnet von der Mitarbeit engagierter Laien, die durch Bibelverbreitung die Ausbreitung des Reiches Gottes fördern wollten, von großer Spendenbereitschaft und – besonders wichtig – gemäß dem Vorbild der BFBS von ökumenischer Offenheit und Zusammenarbeit. Bei der Gründung von Bibelgesellschaften waren häufig Katholiken beteiligt, zu den Gründern der Hamburg-Altonaischen Bibelgesellschaft gehörten 1814 sogar Lutheraner, Reformierte, Katholiken, Herrnhuter und Mennoniten. Für die Katholiken beschaffte man dort Neue Testamente der Regensburger Bibelgesellschaft und die Übersetzung von van Eß. Nach 1816 reduzierte sich dann allerdings die katholische Mitarbeit erheblich.

Auf Anregung der BFBS hin sahen es die Bibelgesellschaften als eine ihrer ersten Aufgaben an, Tochtergesellschaften zu gründen, auch sie wieder mit Beteiligung anderer Konfessionen. Die Bibelverbreitung unter den Armen mit zum großen Teil verschenkten oder ermäßigt abgegebenen Bibeln war möglich durch die anfangs zahlreichen Spenden. Da die Cansteinsche Bibelanstalt trotz erweiterter Kapazitäten (sie erhielt z. B. von der BFBS zwei Stanhope-Pressen zum Druck mit Stereotypplatten) die ungeheure Nachfrage nur zu ca. einem Zehntel decken konnte, versuchte die BFBS möglichst viele deutsche Bibelgesellschaften zu eigener Bibelproduktion zu veranlassen.

Die gute Verbindung der deutschen Bibelgesellschaften zur BFBS erfuhr durch den sog. Apokryphenstreit eine erhebliche Verschlechterung. Die Satzung der BFBS sah zwar in England die Verbreitung der Authorized Version vor, die die Apokryphen enthielt, verbreitete aber aufgrund ihrer Ablehnung der Apokryphen als Menschenwort nur Exemplare ohne Apokryphen. Laut Beschluß der BFBS vom 3. Mai 1826 sollten Bibelgesellschaften, die die Apokryphen verbreiteten, nicht mehr finanziell unterstützt werden, und Bibeln und Bibelteile sollten außerdem nur noch gebunden geliefert werden, um nachträgliches Einbinden der Apokryphen zu verhindern. Bei den Bibelgesellschaften des Kontinents stieß dieser Beschluß verständlicherweise auf Ablehnung. Aber auch für die BFBS selbst ergaben sich Konsequenzen – Steinkopf trat z. B. von seinem Amt zurück. Die Bibelverbreitung in Deutschland erfolgte von da ab auf zwei Wegen, durch die

Bibelgesellschaften und die von der BFBS in Frankfurt errichtete Agentur unter Pinkerton. Die Bibelgesellschaften lösten sich damit von der BFBS. Nach 1832 erhielt keine mehr eine finanzielle Unterstützung aus England; die deutschen Bibelgesellschaften wurden selbständig.

Anfang der dreißiger Jahre erfuhren die deutschen Bibelgesellschaften einen Rückschlag, der neben der Lösung von der BFBS darin begründet war, daß diejenigen, die sich der Arbeit der Bibelgesellschaften gewidmet hatten, sich nun zunehmend in den neuen Vereinigungen engagierten, die ebenfalls die Beförderung des Reiches Gottes zum Ziel hatten. Die großen Missionsgesellschaften, die in der ersten Hälfte des 19. Jahrhunderts entstanden, erhielten von den Bibelgesellschaften entscheidende Anstöße. Auch die Gustav-Adolf-Stiftung und die Innere Mission wurden von Männern der Bibelgesellschaften initiiert. Die Bibelgesellschaften spielten also „eine Art Vorläuferrolle für alle christlichen Vereine und Gesellschaften des 19. Jahrhunderts, weil sie als erste gegründet wurden. Ihnen und allen, die danach kamen, ging es um das eine Ziel: der Ausbreitung des Reiches Gottes zu dienen“ (S. 208).

Nach ihrer Lösung von der BFBS, welche die Bibeln „without note or comment“ verbreiten lassen wollte, konnten sich die deutschen Bibelgesellschaften neben der Bibelverbreitung auch der Aufgabe widmen, Lese- und Verständnishilfen zu bieten. Während Pinkerton sein Vertriebsnetz, ab 1848 vor allem durch Kolporteure, erheblich ausbaute und es auch zu Gründungen weiterer deutscher Bibelgesellschaften kam, entstand in einem Bereich eine gute Zusammenarbeit zwischen Pinkertons Agentur und den deutschen Bibelgesellschaften, und zwar in der Versorgung der Armeen der größeren deutschen Staaten mit Neuen Testamenten.

Die politischen Ereignisse des Zeitraums von 1848 bis 1871, d. h. von der Märzrevolution bis zur Gründung des Deutschen Reiches, blieben nicht ohne Einfluß auf den kirchlichen Bereich. Das Streben, vor allem im Bürgertum, nach Überwindung der deutschen Kleinstaaterei hatte seine Auswirkungen auch auf die Bibelgesellschaften. Anläßlich der seit 1848 abgehaltenen Kirchentage – auch sie Ausdruck für die Bemühungen, die kirchliche Kleinstaaterei zu beenden – trafen sie sich zu gemeinsamen Konferenzen. Als neue Arbeitsweisen der Bibelgesellschaften kamen in dieser Zeit Kolportage und Frauenbibelvereine hinzu, als neue Arbeitsfelder die Äußere und Innere Mission. Daneben verbreitete die BFBS ihre Bibeln in hoher Zahl und bemühte sich darüber hinaus besonders um die Kreise, die von den deutschen Bibelgesellschaften nicht berücksichtigt wurden, vor allem um die Katholiken, aber auch um die Freikirchen und die Juden. Ein Konkurrenzdenken gab es in dieser Zeit zwischen den Agenturen der BFBS und den Bibelgesellschaften jedoch noch nicht.

Die Einigungsbestrebungen der deutschen Bibelgesellschaften in der Zeit von 1871 bis 1900 hatten ein Motiv in der Revision der Lutherbibel, ein weiteres kam hinzu mit dem Bestreben, die Bibelversorgung in Deutschland selbst zu übernehmen und die Arbeit ausländischer Agenturen (neben der BFBS unterhielten auch die Schottische und die Amerikanische Bibelgesellschaft Agenturen in Deutschland) überflüssig zu machen. In den letzten zwanzig Jahren des Jahrhunderts stieg die Bibelverbreitung stark an. Die maßgeblichen Gründe dafür lagen im Bevölkerungswachstum und im Bibelangebot der Buchhandlungen, aber auch darin, daß viele Besitzer einer Bibel sich nach der Revision von 1892 auch die revidierte Lutherbibel kauften. Außerdem war das Angebot an verschieden ausgestatteten Bibeln gewachsen. Gundert faßt die Entwicklung der Bibelgesellschaften in dem Satz zusammen, den er zwar „grob vereinfachend" nennt, der die Sache aber doch trifft: „Aus der Bibelgesellschaftsbewegung zu Beginn des Jahrhunderts mit wenigen Bibeln und vielen Menschen, die sie trugen, war gegen Ende des Jahrhunderts ein weit verzweigtes Verlagsunternehmen geworden mit vielen Bibeln und wenigen Menschen, die dahinter standen" (S. 285).

Die Darstellung Gunderts, die hier nur in großen Zügen referiert werden konnte, wird durch einen umfangreichen Anmerkungsteil ergänzt sowie durch Literaturverzeichnisse und eine Bibliographie der deutschen Bibelgesellschaften. Besonders hilfreich ist auch der Anhang mit Übersicht I über die heute bestehenden Bibelgesellschaften und Übersicht II über die Bibelgesellschaften des 19. Jahrhunderts. Eine gesonderte „Kurzinformation über die nicht mehr bestehenden Bibelgesellschaften" zeigt eindrucksvoll, wie groß die Zahl der Bibelgesellschaften war, und daß sie die deutschen Staaten netzartig überzogen. Wichtig und hilfreich sind auch die Angaben zu Währungen, Preisen und Kaufkraft. Ein Namens- sowie Orts- und Sachregister erleichtert die Durchdringung des umfangreichen Materials.

Der Beitrag Gunderts zur Geschichte der deutschen Bibelgesellschaften kann nicht hoch genug geschätzt werden. Zwar fehlt oft der Rückgang auf Primärquellen, die Ausschöpfung vor allem der Reports und der History der BFBS, aber auch von Jahresberichten und Jubiläumsschriften der deutschen Bibelgesellschaften vermag das jedoch zu ersetzen. Es ist dem Verfasser gelungen, die ungeheure Vielzahl der dort aufgefundenen Details zu einer Darstellung zu verarbeiten, die nicht nur äußerst informativ und lehrreich ist, sondern zudem auch noch spannend zu lesen. Viele Aspekte werden von Gundert neu ans Licht gebracht, besonders sind hier die katholische Bibelbewegung und die ökumenischen Anfänge der Bibelgesellschaften sowie die Beteiligung von Anhängern der Aufklärung an der Gründung von Bibelgesellschaften zu nennen. Für das Studium der Geschichte der Bibelverbreitung im 19. Jahrhundert, aber auch für die Anfänge der innerprotestantischen Vereinsbewegung dürfte die Darstellung Gunderts, der man durchaus den Charakter eines Handbuchs zusprechen darf, zum unentbehrlichen Hilfsmittel werden.

Münster Beate Köster

Jung-Stilling, Johann Heinrich: Tägliche Bibelübungen. Herausgegeben von *Gustav Adolf Benrath.* Gießen – Basel, Brunnen, 1989. 480 S.

In seiner „Lebensgeschichte“ zählt Johann Heinrich Jung-Stilling (1740–1817) zu den „Vorbereitungen“, die ihn zur Abfassung seines seinerzeit vielgelesenen Romans „Das Heimweh“ (1794–96) lenkten, seine Gewohnheit, „täglich einen Spruch aus dem alten Testament, aus dem Hebräischen, und auch einen aus dem neuen Testament, aus dem Griechischen zu übersetzen, und dann daraus eine kurzgefaßte und reichhaltige Sentenz zu formiren“ (Tägliche Bibelübungen, Einleitung; S. 7). Diejenigen dieser „Bibelübungen“, die Jung-Stilling in Verse gefaßt hatte, erscheinen nun erstmals, von Gustav Adolf Benrath mit Umsicht und Sorgfalt ediert, im Druck. In der Einleitung, die der Herausgeber Jung-Stillings „Reimbetrachtungen“ voranstellt, erläutert er zunächst die Edition der teilweise verstreuten Texte (I) und charakterisiert dann in einem zweiten Teil die bestimmenden Züge der Frömmigkeit des spätpietistischen Volksschriftstellers, wie sie sich aus den Bibelübungen erheben lassen (II). Der Zweck der Bibelübungen Jung-Stillings war nach Benrath ein dreifacher: „die Einübung ins biblische Wort [1], die Vergewisserung im Glauben [2] und die Ermunterung zum Leben in der Heiligung [3]“ (Einleitung; S. 11). Naturgemäß handelt es sich bei diesen „Bibelübungen“ um sehr persönliche Texte; es sind Verse, in denen Jung-Stilling das von ihm neu übersetzte Bibelwort für sein eigenes Leben fruchtbar machen will, Verse, in denen auch seine Ängste und sein Versagen Ausdruck finden. Gelegentlich fließt auch seine Zeitinterpretation in die gereimten Auslegungen ein. (Die Mehrzahl der gereimten Bibelübungen entstand Mitte der neunziger Jahre des 18. Jahrhunderts, also unter dem Eindruck der Französischen Revolution). Etwa in Text Nr. 222 (zu Jesaja 28,7):

„Der große Taumelbecher,
Der jetzt die Lehrer tränkt,
Den ihnen täglich frecher
Die große Hure schenkt,
Ist nicht der Saft der Reben,
Ist Antichristen-Geist,
Durch den sie widerstreben
Allem, was christlich heißt.
...“

Die sorgfältige Edition der Texte durch Gustav Adolf Benrath und dessen hilfreiche Einleitung sorgen dafür, daß das Buch neben seiner vom Verlag wohl vorrangig intendierten Funktion als Andachtsbuch auch für den Jung-Stilling-Forscher interessant wird, der hier Zugang erhält zur ganz persönlichen Frömmigkeit Jung-Stillings, auch Einblicke bekommt in seine seelische Verfassung und auf diese Weise den Menschen Jung-Stilling besser kennen und verstehen lernt. Die Wiedergabe einer „Bibelübung“ im Faksimile und eine geschmackvolle Gestaltung vervollständigen den Eindruck eines rundum gelungenen Buches.

Freiburg Thomas Baumann

Josef Mooser, Regine Krull, Bernd Hey, Roland Gießelmann (Hgg.): Frommes Volk und Patrioten. Erweckungsbewegung und soziale Frage im östlichen Westfalen 1800 bis 1900. Bielefeld, Verlag für Regionalgeschichte, 1989. 399 S.

Mit diesem Buch ist eine beeindruckende Neuerscheinung anzuzeigen. Der Herausgebergruppe, den Autorinnen und Autoren, geht es nicht um erneute theologie- oder kirchengeschichtliche (oder gar um theologisch-normative) Darstellung und Beurteilung der sogenannten Erweckungsbewegung, die dem jüngeren Pietismus des 19. Jahrhunderts zuzuordnen ist; vielmehr werden wichtige Ansichten einer *Sozial- und Kultur*geschichte der Erweckungsbewegung entworfen und dargetan in naheliegender und vernünftiger territorialer Begrenzung (auf Ostwestfalen; und hier wieder liegt der Schwerpunkt auf der preußischen Provinz Minden-Ravensberg). Das starke kulturhistorische Interesse vor allem muß hervorgehoben werden, weil es weder im etwas reißerischen und ungenau-unglücklichen Haupttitel („Frommes Volk und Patrioten") noch im präzisierenden Untertitel („Erweckungsbewegung und soziale Frage...") anklingt. Dabei dürfte in der historischen Rekonstruktion von Aspekten und Facetten einer im 19. Jahrhundert neuartigen religiösen ‚Volkskultur', die unsere Gegenwart noch mitbestimmt, der wichtigste Gewinn der zum Buch zusammengefaßten Studien liegen.

Es gibt längst Übereinkünfte über das, was ‚Erweckungsbewegung' ausmacht; aber erst langsam schälen sich neue Fragen heraus. Beide – klassische und neue Fragen – sind im Buch zu einer eindrücklichen Mixtur verarbeitet, die vorzustellen sich lohnt. Behandelt werden in durchweg gründlicher Recherche die (hier nicht nach dem Inhaltsverzeichnis zitierten) Themen: Das Sozialprofil der Pfarrer in Minden-Ravensberg im 19. Jahrhundert und die Erweckungsbewegung (Christiane Peters); Die injuriösen Kanzelvorträge des Pastors Volkening in Gütersloh (Stephan Grimm); Marie Schmalenbach. Ein biographisches Portrait einer Pfarrfrau aus der Erweckungsbewegung (Kerstin Stockhecke); Erweckungsdiakonie. Versuch einer Annäherung an Wesen und Ausdrucksform einer Epoche evangelischen Nächstendienstes in Ostwestfalen (Ulrich Rottschäfer); Pauperismus und Diakonie. Pastor Ameler und die sozialen Vereine in Herford um 1850 (Anke Hackethal); Das Rettungshaus in Schildesche von 1852 bis 1877. Christliche Anfänge der Jugendfürsorge (Bärbel Thau); Die „Gotteshütte" bei Kleinenbremen. Ein „Rettungswerk" der Erweckungszeit zwischen Anspruch und Wirklichkeit (nochmals Ulrich Rottschäfer); Unter den Dächern von Diakonie und Mission. Der Geist der Erweckungsbewegung im Spiegel ihrer Gebäude (Harald Propach); Die „christliche Schule". Volksbildung und Erweckungsbewegung im östlichen Westfalen 1800–1854 (Frank-Michael Kuhlemann); Bibeln, Gesangbücher und Traktate. Die Produktion und Verbreitung von Erbauungsliteratur im Rahmen der Erweckungsbewegung (Iris Schäferjohann-Bursian); Posaunenchöre in der Erweckungsbewegung. Traditionsbildung zwischen musikalischer Religion und religiöser Musik (Roland Gießelmann, Regine Krull); Erweckungsbewegung und Religion. Religion und politische Öffentlichkeit in Lemgo 1848/49 (Jürgen Scheffler); Traditionen der Erweckungsbewegung in der Parteipolitik? Die Christlich-Konservativen und die Christlich-Soziale Partei in Minden-Ravensberg, 1878–1914 (Frank Nipkau).

Da ist manches frisch und neu gesehen; und manches ist schon als Thema neu: der Posaunenchor, die Architektur, die Verlagsproduktion, die Rolle der Frau, die Arbeit in Schule und Rettungshaus zum Beispiel. Die Themen aber, das merkt der Leser, sind zusammengebunden durch die Diskussion, die Josef Mooser ausbreitet nicht nur in seiner Einführung in den Band („Erweckungsbewegung und Gesellschaft"), sondern vor allem im Leit-Artikel „Konventikel, Unterschichten und Pastoren. Entstehung, Träger und Leistungen der Erweckungsbewegung in Minden-Ravensberg, ca. 1820–1850" (S. 16–52). Da wird mit sehr klarer methodisch-theoretischer Perspektive versucht, die ‚Erweckungsbewegung' vor dem Hintergrund der Probleme zu sehen, die sich in der ländlichen Gesellschaft der ersten Hälfte des 19. Jahrhunderts auftun (als Stichworte: Bevölkerungszunahme, Industrialisierung, Verschärfung der Marktkonkurrenz, Teuerung, Arbeitslosigkeit, Zunahme der Spannungen zwischen Heuerlingen und Bauern usw.), genauer: Josef Mooser versucht, die ‚Erweckungsbewegung' als eine religiöse, ja kulturelle Antwort auf die sich verschärfenden sozialen Probleme zu verstehen. Diese sozial- und kulturgeschichtliche Methode (es gibt derzeit keine, welche die religiösen Tendenzen des 19. Jahrhunderts plausibler erklären könnte!) bewährt sich in der Analyse einer ganzen Reihe von Funktionsaspekten: Festigung und Steigerung des Selbstwertgefühls von Individuen; freies Gebet als fromme Klage, in der die Spannungen und Nöte ihren Ausdruck finden können (das Gebet aber auch als Möglichkeit, den Gang der Dinge ad hoc zu deuten); moralischer und sozialer Schutz der Angehörigen der unteren Schichten vor den Bedrohungen des sozialen Wandels. Gerade angesichts der starken, ja als geradezu aufdringlich erscheinenden (und deshalb sonst oft mit Recht auch herb kritisierten) Attitüde des politischen Konservatismus erhält dann aber doch ein methodischer Appell über dieses Buch hinaus große Bedeutung (eine Mahnung zu neuer Interpretation des politischen Konservatismus der Landarbeiter, die in den letzten

Jahren schon vereinzelt zu hören war): als „Hinweis auf die notwendige Anstrengung, den Konservatismus der Unterschichten ernster zu nehmen und seine Geschichte nicht selbstgerecht ganz anderen Konservativen" zu überlassen (Mooser, S. 47).

Der angezeigte Sammelband (der übrigens mit schönem, sprechendem Bildmaterial ausgestattet ist) bietet sicher manchen Anlaß für Kritik im und am Detail. Die soll aber ganz zurückgestellt werden angesichts des großen Respekts, den diese Publikation verdient. Nicht zuletzt auch die Entstehungsbedingungen gehören in diesem Zusammenhang genannt: Es handelt sich um eine Projektstudie, an deren Zustandekommen Studierende maßgeblich beteiligt waren; aus der Kooperation zwischen Universitätshistorikern, Landeskirchlichem Archiv und Heimatmuseen der Region entstand dann eine Wanderausstellung – und nicht zuletzt dieses wichtige Buch.

Marburg Martin Scharfe

Müller-Späth, Jürgen: Die Anfänge des CVJM in Rheinland und Westfalen. Ein Beitrag zur Sozial- und Kirchengeschichte im 19. Jahrhundert. Köln, Rheinland-Verlag, 1988, 394 S. = Schriftenreihe des Vereins für Rheinische Kirchengeschichte Bd. 90.

Das gewichtige und materialreiche Werk – die für den Druck überarbeitete Fassung einer von Karl-Hermann Beeck betreuten Wuppertaler Dissertation – ist mehreren Zielsetzungen verpflichtet. In einem einleitenden Kapitel unternimmt der Verfasser eine theoretische „Verortung" seiner Arbeit und seines wissenschaftlichen Ansatzes im Beziehungsgeflecht unterschiedlicher historischer Teildisziplinen wie der Kirchen-, Sozial-, Mentalitäts- und Regionalgeschichte sowie der historischen Volkskunde und der Anthropologie. Es geht ihm darum, unter Einbeziehung wissenschaftlicher Ergebnisse, hermeneutischer Verfahren und spezifischer Fragestellungen aus den genannten Disziplinen einen mentalitätsgeschichtlichen Ansatz zu entwickeln, den er dann regional – auf das Wuppertal, also ein Grenzgebiet zwischen dem Rheinland und Westfalen – begrenzen und akzentuieren möchte. Diese theoretische Erörterung geschieht auf der Grundlage einer breiten Kenntnis der einschlägigen wissenschaftlichen Diskussion, wenn auch manchmal in der Negation zu anderen Positionen deutlicher als in der Darstellung des eigenen Ansatzes.

Danach geht es, dem Titel entsprechend, um die Entstehung und Entwicklung der evangelischen Jünglingsvereinsbewegung in den genannten Gebieten bis in die Reichsgründungszeit. Hierbei hat der Verfasser eine Fülle wichtiger und interessanter Details aus vielen unterschiedlichen Archiven –

das Verzeichnis weist insgesamt 21 besuchte Archive auf – zutage gefördert, so daß ihm eine dichte Rekonstruktion des Entwicklungsganges der evangelischen Jünglingsvereinsbewegung gelingt. Er beginnt mit der Darstellung und Untersuchung der religiösen Einflußgruppen im Wuppertal um 1800, als ein neu erweckter Missionsgeist sowohl an die bisherige Frömmigkeit pietistischer Konventikel des Tales anknüpfte als auch sie dadurch überwand, daß er sich am Bau des Reiches Gottes aktiv und voller Tatendrang beteiligte, also den Quietismus ablegte. Der Einfluß der zahlreichen überregionalen Verbindungen der Wuppertaler pietistischen Kreise, vor allem nach England und Basel, erfahren dabei eine angemessene Berücksichtigung. Auch die Elberfelder Kindererweckung nach den Freiheitskriegen, obgleich aus anderen, nämlich pneumatischen Quellen gespeist, wird zur breiten Kennzeichnung des religiösen Aufbruchs nach 1800 herangezogen.

Denn es ist die Auffassung des Autors, daß die spätere Jünglingsvereinsbewegung in dem Boden dieser Erweckungsbewegung wurzelt, die zwar als Missonsbewegung begann, doch allmählich ihre Ziele und Zwecke anders akzentuierte und dabei einer Veränderung der Zeitumstände im Wuppertal entsprach, in dem nach 1820 die Industrialisierung rasch Fuß faßte.

Auch der individuelle Faktor bei der Gründung und Entwicklung evangelischer Jünglingsvereine wird von Müller-Späth herausgearbeitet: Dem Elberfelder Pfarrer Karl August Döring wird eine besondere Würdigung zuteil, weil der Verfasser vor allem ihn und sein seelsorgerliches Wirken für die Sammlung der Jugend in evangelischen Vereinen verantwortlich macht. Ob Döring allerdings die damaligen geistigen Bewegungen von Aufklärung, Pietismus und Romantik wirklich symbiotisch verband und ob – wie der Verfasser meint– gerade deshalb von seinem Wirken ein derart großer Einfluß ausging, wagt der Rezensent zu bezweifeln.

Zustimmende Beachtung hingegen verdient Müller-Späths schon hier begonnenes und in den folgenden Kapiteln weitergeführtes Bemühen, anhand von schriftlichen Zeugnissen, aber auch des Verhaltens von Vereinsgründern wie Vereinsmitgliedern ihre Mentalität, ihre „nicht reflektierte, geistige und seelische Grundeinstellung" (K. H. Beeck) zu analysieren, damit gewissermaßen das „Innenleben" der evangelischen Jünglingsvereine ans Licht zu bringen und, weitergehend, ein spezifisch evangelisch-erweckliches Mentalitätsspektrum des Wuppertals während des „Einbruchs der Moderne" und als Reaktion auf diesen Einbruch zu erarbeiten.

Schon bei Döring stellt der Verfasser einerseits ein „Festhalten am Hergebrachten", andererseits einen eigentümlich missionarischen Impetus fest, der auch eine neue, von Gott vorherbestimmte, konfliktfreie gesellschaftliche Realität erstrebte, durchaus in Anlehnung an die gesellschaftliche Entwicklung damals, der Döring also nicht nur streng ablehnend gegenübertrat. Vor allem mittels religiöser Erfahrungen trachtete Döring, „Altes" mit „Neuem" in Einklang und Harmonie zu bringen. Damit weist Müller-Späth bereits bei Döring jene Mentalität nach, durch die er die Wuppertaler

Erweckungs- und Vereinsbewegung insgesamt charakterisiert sieht: „Mit dem Missionsgedanken wurde zwar der aufklärerisch-moderne Fortschrittsglaube abgelehnt, aber letztlich doch strukturell übernommen und jener gegen diesen gewendet“ (S. 61). Auf der Ebene der Mentalitätsgeschichte durchziehen die ganze Arbeit des Verfassers immer wieder treffende analytische Feststellungen, die jene merkwürdige Verschränkung von Traditionellem mit Fortschrittlichem, jene Abwehr der Moderne und Anpassung an sie, letzteres oft unbewußt und unbeabsichtigt, deutlich machen.

Auch die Gründung evangelischer Vereine und speziell der Jünglingsvereine wird von Müller-Späth auf diese Mentalität zurückgeführt und aus ihr entwickelt. In der modernen Form der freien Assoziation wurden neben traditionellen auch moderne Inhalte und Verhaltensweisen vermittelt, so daß die Vereine junge Menschen sowohl vor der neuen Welt bewahren als auch sie in diese integrieren wollten. „Selektive Aneignung“ bzw. „partielle Ablehnung“ der Moderne hat der Verfasser dies genannt (S. 330) und akribisch in seiner chronologischen Behandlung der Vereinsgeschichte wie auch in sachthematischen Querschnitten in der Vereinsstruktur nachgewiesen. Seine Arbeit stellt somit einen wichtigen Beitrag zur Beantwortung der Frage dar, wie unsere der Tradition verhafteten Vorfahren den Einbruch der Revolution – der industriellen wie der politischen – in ihre Erfahrungswelt verarbeitet und verkraftet haben. Dieser Beitrag verdient über die spezielle Region des Wuppertals hinaus Beachtung.

Velbert — Volkmar Wittmütz

Schwinge, Gerhard: Katalog der Henhöfer-Bibliothek in der Landeskirchlichen Bibliothek Karlsruhe. Karlsruhe, Verlag Evangelischer Presseverband für Baden, 1989. 127 S. = Veröffentlichungen des Vereins für Kirchengeschichte in der Evangelischen Landeskirche in Baden Bd. 40.

Der Verfasser ist Direktor der Landeskirchlichen Bibliothek in Karlsruhe. Er verfolgt mit dieser Veröffentlichung die doppelte Absicht, den Bestand der über 550 Titel umfassenden Bibliothek Henhöfers nebst der Pfarrbibliothek Mühlhausen (im Katalog = Teil B) der Wissenschaft zugänglich zu machen und zugleich ergänzende Perspektiven für das Leben und geistliche Profil dieses badischen Erweckungspredigers zu gewinnen.

Die persönliche Bibliothek Henhöfers wurde bereits 1929 in Mühlhausen – seiner ersten Gemeinde – in 7 Hauptgruppen eingeteilt. Schwinge schließt sich dieser Unterteilung an. Erwartungsgemäß überwiegt die homiletische Literatur, gefolgt von der biblischen Theologie. Die größte Untergruppe bildet die Kirchengeschichte mit 54 Titeln, wobei am zahlreichsten der Pietismus (Spener, der Hallesche Pietismus, der schwäbische Pietismus...) vertreten ist, gefolgt von der Erweckung. An dritter Stelle figuriert die Orthodoxie mit Hauptgewicht auf der lutherischen Reformation. Unter den seltenen Werken sei hier lediglich die lateinische Erstausgabe des Konkordienbuches aus dem Jahre 1580 vermerkt. 80% der Bibliothek ist deutschsprachig – 13% lateinisch – 4% französisch!

Das Buch schließt mit Abbildungen ab. Sie belegen anschaulich, daß Henhöfer seine Bibliothek auch aus bibliophilem Interesse sorgfältig aufgebaut hat.

G. Schwinge hat somit für die Forschung anläßlich des 200. Geburtstages von Henhöfer einen wichtigen Baustein geliefert.

Konstanz Jochen Winkler

Weyer-Menkhoff, Stephan: Aufklärung und Offenbarung. Zur Systematik der Theologie Albrecht Ritschls. Göttingen, Vandenhoeck & Ruprecht, 1988.

Das Interesse des Vf.s dieser Göttinger Dissertation ist ein dezidiert systematisches: Er will „den Strukturen von Offenbarungstheologie nachgehen" und Ritschl als Exempel für diesen Typus vorführen (11). Andeutungen des Vorworts lassen vermuten, daß er ursprünglich geplant hatte, Ritschl mit Barth zu vergleichen. Darauf weist auch die Fülle der in die Anmerkungen eingestreuten Barth-Zitate, welche die Ähnlichkeiten und die Überbietungen des Enkelschülers anzeigen sollen (137). Die Richtung der Veränderungen wird ganz kurz angegeben: Offenbarung wird bei Barth aus einem Allgemeinbegriff zu einem Grundbegriff; an die Stelle der christologischen Konzentration tritt der trinitarische Ansatz (11 f.); im übrigen aber enthält Weyer-Menkhoff sich vergleichender Kommentare. Es ist sehr zu bedauern, daß es zu einem ausgeführten Vergleich – ein Desiderat seit den entsprechenden Hinweisen in der Ritschl-Monographie Rolf Schäfers (Ritschl. Grundlinien eines fast verschollenen dogmatischen Systems, BHTh 41, 1968, 80.150.152) – nicht gekommen ist. Die Zusammenstellung von Belegen kann in dieser Form allenfalls die Funktion einer Materialsammlung erfüllen.

Der ursprüngliche Plan erklärt auch das methodische Vorgehen. Der Vf. blendet den genetischen Gesichtspunkt fast vollständig aus (die Ausnahme 245 f. Anm. 61 wird als Anmerkung *und* Exkurs gleich doppelt an den Rand gedrängt) und läßt zeitgeschichtliche Bezüge nur äußerst sparsam, fast nur in Stichworten zur Geltung kommen (32.51.71); der soziologische Interpretationsansatz U. Haslers wird vorgestellt, aber rasch als zu einseitig wieder verabschiedet (179 Anm. 82). Die Interpretation beschränkt sich bewußt auf „Die christliche Lehre von der Rechtfertigung und Versöhnung“ in der dritten Auflage, und da vor allem auf den dritten Band. Von den übrigen Schriften Ritschls wird nur „Theologie und Metaphysik“ (in der ersten Auflage) extensiv herangezogen. Diese relativ schmale Quellenbasis wäre in dem ursprünglichen Rahmen gerechtfertigt gewesen; für eine Monographie über Ritschl hingegen scheint mir diese Verengung nicht unbedenklich zu sein, denn die Reduktion eines Autors auf sein System – genauer: Auf eine Momentaufnahme desselben – stellt eine Abstraktion dar, welche die lebendigen Motive dieses Systems nicht recht erkennen läßt und dazu verleitet, seinen Autor unhistorisch an einer mitgebrachten dogmatischen Meßlatte zu messen, statt sich einem wirklichen Dialog mit ihm zu stellen. Das ist, um es vorweg zu sagen, die Schwäche der Arbeit. (Dagegen hilft auch nicht die m. E. erheblich kürzungsbedürftige Fülle und Länge der Zitate – den 128 Seiten der Darstellung, die selbst auch noch viele Zitate enthält, stehen 114 Seiten Anmerkungen gegenüber, die überwiegend Belege bringen!). Natürlich kann der Vf. sich auf Gösta Höks Monographie berufen, die eine vorbildliche historische Darstellung Ritschls bietet (11), und Ritschls eigenen Drang zu konsequenter Systematisierung für sich ins Feld führen (22 u. ö.). Doch stellt genau dieser Drang bei einem Mann, der als Historiker begonnen hat, ein Problem dar, das eigens thematisiert werden müßte, was leider in der abschließenden Würdigung nur unzureichend geschieht.

Diesen monita gegenüber ist nun aber positiv hervorzuheben, daß der Vf. in seiner Darstellung der reifen Theologie Ritschls ein klares, differenziertes und zuverlässiges Bild zeichnet. Er schildert zunächst das offenbarungstheologische Programm Ritschls, dann seine Erkenntnistheorie und im ausführlichsten dritten Paragraphen das materiale System selber; den Beschluß bildet eine knappe Auseinandersetzung mit den wichtigsten neueren Interpreten und die begründete eigene Stellungnahme. Zwar scheint der Ausgang vom Offenbarungsbegriff auf den ersten Blick zu Ritschls eigenem unmittelbaren Einsatz mit einer Definition der Rechtfertigung querzustehen (11), insofern der gedankliche Weg jetzt konsequent mit Gott als dem Grund der Rechtfertigung einsetzen und dann über Christus als deren Mittler zum Reich Gottes als ihrem Ziel führen muß. Weiter könnte man nach der Rationalität des vorgeschalteten § 1 über das Programm Ritschls fragen. Indessen ist beides gut begründet durch die doppelte Absicht des Vf.s, Ritschls Systematik als konsequente Durchführung eines klaren, am Zweckgedanken orientierten offenbarungstheologischen Konzeptes zu erweisen, also weder Ergebnis und Intention gegeneinander auszuspielen (132) noch die Erkenntnislehre, die ja nur ein nachträglich ausgebildetes Instrument ist, als fundamental auszugeben (30.128). Der Vf. gewinnt so einen guten Durchblick durch die Struktur des Ritschlschen Denkens. Einzig die Darstellung der Lehre von der Sünde scheint mir etwas überzeichnet zu sein, insofern sie den Eindruck vermittelt, Ritschl handle im Grunde nur von der Sünde der Unwissenheit (96–99). In Wirklichkeit schließt Ritschl aber nur den „endgiltigen" Widerspruch gegen die Offenbarung in Christus (RV III 303, vgl. 363) als Grenzbegriff aus seiner Lehre von der Sünde aus.

Diese Überzeugung erweist sich freilich angesichts des Tenors der Kritik des Vf.s als keineswegs nebensächlich. Denn er möchte als Mangel der Offenbarungstheologie Ritschls – und in der Konsequenz der Offenbarungstheologie überhaupt – erweisen, daß sie im Effekt die Verkündigung des Heilsgeschehens reduziere auf eine Aufklärung über das, was eigentlich immer schon bestand, nämlich den ewigen Zweck Gottes mit der Welt (76f. 93. 135). In diesem Zusammenhang sieht er auch die ständige Vermengung des transzendentalen Vorbehalts in der Erkenntnistheorie mit dem soteriologischen pro nobis bei Ritschl (65.75.126.134). Gott werde so zum restlos und schattenlos offenbaren Gott, und dem entspreche eine von jeglicher Anfechtung ungetrübte dogmatistische (Vf. sagt: ideologische) Sicherheit des Glaubensstandpunktes (66.75.132.137.139). Gewiß ist hier die Richtung zutreffend angegeben, in der die unfruchtbare Alternative von Offenbarungstheologie und Aufklärung in der Ritschl-Interpretation überwunden werden kann, und dies ist kein kleines Verdienst der vorliegenden Dissertation. Indessen erscheint die kritische Argumentation an dieser Stelle nun doch zu stromlinienförmig. Es wäre zumindest zu fragen, ob nicht Ritschls Rede vom Zorn Gottes über die Menschen, die sich der Heilsoffenbarung in Christus endgültig versagen – wenn auch nur am Rande seines Systems –, in einer Zeit des militanten Monismus, mit dem er sich vor allem in der Gestalt des späten David Friedrich Strauß immer wieder auseinandersetzen mußte, doch mehr darstellt als eine quantité négligeable. Von hier aus würde auch ein etwas anderes Licht fallen auf den vom Vf. mit Recht hervorgehobenen apologetischen Charakter der Ritschlschen Theologie, die sich ja geradezu als wissenschaftlichen Wahrheitsbeweis des Christentums versteht (RV III 24f.). Zweitens scheint mir Weyer-Menkhoff mit seiner starken Betonung der Durchgängigkeit des in Jesus Christus anfangsweise realisierten göttlichen Selbstzwecks die von Ritschl unermüdlich hervorgehobene geschichtliche Positivität der Offenbarung zu unterschätzen. Zwischen beidem besteht bei Ritschl eine Spannung, die er durch die bloße Gemeinsamkeit des menschlichen mit dem göttlichen Zweck (135) nur unzureichend überbrückt (das Letzte ist das Wahrheitsmoment an der Argumentation des Vf.s).

Weyer-Menkhoff versucht am Schluß noch den Punkt zu beschreiben, an dem die Mängel in Ritschls System überwunden werden könnten. Freilich bleibt es hier bei Stichworten wie mirum commercium (138), Ontologie, die eben nicht durch Teleologie ersetzt werden soll (69.134) usw. Nun wird man dem Vf. nicht vorwerfen dürfen, daß er an dieser Stelle nicht die Grundzüge einer alternativen Soteriologie dargelegt hat – das war hier nicht seine Aufgabe. Doch hätte die Einbeziehung der systematischen Gesichtspunkte, die Ritschls große „Geschichte des Pietismus“ leiten, seinen Überlegungen an dieser Stelle erheblich mehr Profil verleihen können; leider hat er dieses Werk überhaupt nicht herangezogen. Die zusammenfassenden Urteile über das Scheitern „der“ Offenbarungstheologie schließlich, die – ohne Namensnennung Barths – ausdrücklich die „reine“ Offenbarungstheologie einbeziehen (135–140), sind so pauschal („totale Analogie von Subjektivität“, 135), der „dann nachträglich aus dem jeweiligen Zeitgefühl und Lebensinteresse ein [willkürlicher?] Inhalt gegeben wird“ (136, usw.) und so wenig durch die erforderliche detaillierte Barth-Interpretation belegt, daß sie besser fortgeblieben wären. Daß der Vf. es sich hier nicht nur historisch, sondern auch systematisch entschieden zu leicht macht, zeigt sich daran, daß er im gleichen Atemzug, in dem er alle Offenbarungstheologie generell ablehnt, als eigene Position formuliert: „... in Christus geschieht überraschend Neues: Gott erschließt sich dem Menschen in Eindeutigkeit...“ (138). Das ist – Offenbarungstheologie! Noch dazu in schreiendem Widerspruch zu der – mit Recht – eingeklagten Antinomie von deus absconditus und (daran kommt eben der Vf. als Lutheraner nicht vorbei!) deus revelatus (139). Diese Schlußpassagen tragen – angesichts der klugen und besonnenen Interpretationsweise im Hauptteil des Buches – noch allzu sehr die Spuren der Eile vor dem Abschluß der Arbeit; schade, daß sie für den Druck nicht überarbeitet worden sind. Die gleiche Eile zeigt sich übrigens in der ärgerlich großen Zahl von meist kleineren, manchmal auch größeren, Zitatfehlern, falschen Stellenangaben und Druckfehlern.

Innerhalb der geschilderten Grenzen jedoch ist die Arbeit ein nützlicher Beitrag zur Diskussion über Ritschl, der vielleicht gerade durch seine zum Widerspruch reizenden Einseitigkeiten, vor allem aber durch die innere Konsequenz und – aufs ganze gesehen – Plausibilität seiner Interpretationsleistung die Forschung über diesen ebenso bedeutenden wie immer noch umstrittenen Theologen einen Schritt weiterführt.

Göttingen Dietz Lange

Pietismus-Bibliographie 1990 mit Nachträgen

von Klaus Deppermann † und Dietrich Blaufuß

unter Mitarbeit von C. Graafland, Gouda, des Archivs der Brüder-Unität Herrnhut (DDR), sowie von Reinhard Breymayer (Ofterdingen) und Thomas Baumann (Freiburg).

Ein Anspruch auf Vollständigkeit – vor allem für den außerdeutschen Bereich und für die Rezenzionen – wird nicht erhoben. Anschriften für Mitteilungen, Anfragen, Sonderdrucke: Dr. Dietrich Blaufuß, D-8520 Erlangen, Schwalbenweg 21 b.

Redaktionsschluß: 28. 2. 1990

Übersicht über die Bibliographieeinteilung

I. Bibliographien und Forschungsberichte . . . . Nr. 1– 15
II. Sammelwerke . . . . Nr. 16– 34
III. Vorgeschichte des Pietismus . . . . Nr. 35– 81
IV. Pietismus in den Niederlanden . . . . Nr. 82–125
V. Gesamtwürdigungen . . . . Nr. 126–131
VI. Theologie und Frömmigkeit . . . . Nr. 132–140
VII. Sozial- und Staatslehre, Pädagogik . . . . Nr. 141–143
VIII. Spener, Francke und der Hallesche Pietismus . . . . Nr. 144–161
IX. Württembergischer Pietismus . . . . Nr. 162–213a
X. Zinzendorf und die Brüdergemeine . . . . Nr. 214–246
XI. Gottfried Arnold und der radikale Pietismus . . . . Nr. 247–252
XII. Tersteegen und der reformierte Pietismus . . . . Nr. 133
XIII. Regionalgeschichte . . . . Nr. 253–259
XIV. Pietismus außerhalb Deutschlands . . . . Nr. 260–272
XV. Ökumene und Mission . . . . Nr. 273–275
XVI. Der Kampf gegen den Pietismus . . . . Nr. 276
XVII. Der Übergang zur Aufklärung, zur Erweckungsbewegung und zum Idealismus . . . . Nr. 277–322
XVIII. Die Bedeutung des Pietismus für Literatur und Kunst . . . . . Nr. 323–339
XIX. Rezensionen . . . . S. 278

Abkürzungen

AGP	=	Arbeiten zur Geschichte des Pietismus
AHG	=	Archiv für hessische Geschichte und Altertumskunde
AHR	=	American historical review
AKuG	=	Archiv für Kulturgeschichte
BPfKG	=	Blätter für pfälzische Kirchengeschichte und religiöse Volkskunde
BWKG	=	Blätter für Württembergische Kirchengeschichte
ChH	=	Church History
DNR	=	Documentatieblad Nadere Reformatie
DtPfrBl	=	Deutsches Pfarrerblatt
DLZ	=	Deutsche Literaturzeitung
FAB	=	Für Arbeit und Besinnung
GutJb	=	Gutenberg-Jahrbuch
HThR	=	Harvard theological review
JAH	=	Journal of American History
JEH	=	Journal of ecclesiastical history
JHKGV	=	Jahrbuch der hessischen kirchengeschichtlichen Vereinigung
JSKG	=	Jahrbuch für schlesische Kirchengeschichte
JWKG	=	Jahrbuch des Vereins für westfälische Kirchengeschichte
MB	=	Musée belge
N. F.	=	Neue Folge
N. S.	=	New Series
NZSThRPh	=	Neue Zeitschrift für systematische Theologie und Religionsphilosophie
OUP	=	Oxford University Press
PuN	=	Pietismus und Neuzeit
PB	=	Pietismus-Bibliographie
RHE	=	Revue d'histoire ecclésiastique
RHPhR	=	Revue d'histoire et de philosophie religieuses
RUB	=	Reclams Universal-Bibliothek
TB	=	Theologische Beiträge
TGP	=	Texte zur Geschichte des Pietismus
ThLZ	=	Theologische Literaturzeitung
ThRef	=	Theologia reformata
ThRv	=	Theologische Revue
TRE	=	Theologische Realenzyklopädie
TVG	=	Theologische Verlagsgemeinschaft
UF	=	Unitas Fratrum
UTB	=	Uni-Taschenbücher
WMQ	=	The William and Mary quarterly
WZ.Jena	=	Wissenschaftliche Zeitschrift der Friedrich-Schiller-Universität Jena
ZBKG	=	Zeitschrift für bayerische Kirchengeschichte
ZfG	=	Zeitschrift für Geschichtswissenschaft
ZHF	=	Zeitschrift für Historische Forschung
ZKG	=	Zeitschrift für Kirchengeschichte
ZRGG	=	Zeitschrift für Religions- und Geistesgeschichte

ZThK = Zeitschrift für Theologie und Kirche
ZVHG = Zeitschrift des Vereins für hessische Geschichte und Landeskunde

I. Bibliographien und Forschungsberichte

1. Benzing, Josef: Die Buchdrucker des 16. und 17. Jahrhunderts im deutschen Sprachgebiet. 2., verb. und erg. Aufl. Wiesbaden, Harrassowitz, 1982. XX + 565 S. = Beiträge zum Buch- und Bibliothekswesen 12.
2. Paisey, David: German printers, booksellers and publishers of the seventeenth century. Some amendments and additions to Benzing. GutJb 64, 1989, 165–179.
3. Bürger, Thomas: Deutsche Drucke des Barock 1600–1720. Katalog der Herzog August Bibliothek. Begründet von Martin Bircher. Abt. C: Helmstedter Bestände. Bd. 4: T Helmst. (Geschichte). München – New York – London – Paris, Saur, 1988. IX + 320 S. Bd. 5: Miscellanea 1: A–L. 1989. IX + 261 S. [Vgl. PB 13/2, 14/1–2, 15/1–2.]
4. Bruckner, János: Abraham von Franckenberg. A biographical catalogue with a short list of his history. Wiesbaden, Otto Harrassowitz Verlag, 1988. XIX + 111 S. + 79 S. Abbildungen = Beiträge zum Buch- und Bibliothekswesen Bd. 25.
5. [Knorr von Rosenroth, Christian:] Literaturverzeichnis. In: v. Rosenroth (s. Nr. 26), S. 142–152. [Primär- und Sekundärliteratur entsprechend PB 6/74; S. 151 f.: „Nachtrag zur Sekundärliteratur"]
6. Schaller, Klaus: Veröffentlichungen [zu J. A. Comenius]. Mitteilungsblatt der Comeniusforschungsstelle Bochum 22, 1989, 23–35.
7. Op't Hof, W. J., C. A. de Niet, H. Uil: Eeuwout Teellinck in handschriften. Kampen, Uitgeverij de Groot Goudriaan in samenwerking met de Stichting Studie der Nadere Reformatie, 1989. 55 S. [Vgl. PB 15/9]
8. Grunert, Frank: Bibliographie der Thomasius-Literatur 1945–1988. In: C. Thomasius (Nr. 29), 335–355.

8a. Deppermann, Klaus und Dietrich Blaufuß: Pietismus-Bibliographie 1989 mit Nachträgen. PuN 15, 1989 (s. Nr. 16), 266–293.

9. Heinzer, Felix: Handschriften. In: Hahn I (s. Nr. 30), S. 515–528. [Betrifft Philipp Matthäus Hahn.]
10. Prawitt, Leo: Bibliographie (in Auswahl). In: Hahn I (s. Nr. 30), S. 549–567. [Betrifft Philipp Matthäus Hahn.]
11. Breymayer, Reinhard: Drucke. In: Hahn I (s. Nr. 30), S. 529–548. [Betrifft Philipp Matthäus Hahn].
12. Philipp-Matthäus-Hahn-Preis der Stadt Kornwestheim 1989. Erste Verleihung an Reinhard Breymayer. Bibliographie Reinhard Breymayer für die Jahre 1969–1990. Tübingen, Noûs-Verlag Thomas Heck, 1990. [X] + 94 S. (Zum Pietismus vgl. die Register S. 73 und S. 80.)

13. Peucker, Paul Martin: Bibliographische Übersicht der 1987 und 1988 erschienenen Veröffentlichungen über die Brüdergemeine. In: UF 26, 1989 (siehe Nr. 18), S. 92–106.
14. Krieg, Dieter: Bibliographie zur Geschichte der Brüdergemeine Neuwied. In: UF 26, 1989 (siehe Nr. 18), S. 77–87
15. Schwinge, Gerhard: Katalog der Henhöfer-Bibliothek in der Landeskirchlichen Bibliothek Karlsruhe. Karlsruhe, Verlag Evangelischer Presseverband für Baden e. V., 1989. 127 S. = Veröffentlichungen des Vereins für Kirchengeschichte in der Evangelischen Landeskirche in Baden, Bd. 40.

S. a. Nr. 33, 246, 247.

II. Sammelwerke

16. Pietismus und Neuzeit. Ein Jahrbuch zur Geschichte des neueren Protestantismus. Bd. 15. Schwerpunkt: Die Gemeinschaftsbewegung. Hg. von Martin Brecht, Friedrich de Boor, Klaus Deppermann, Ulrich Gäbler, Hartmut Lehmann und Johannes Wallmann. Göttingen, Vandenhoeck & Ruprecht, 1989. 293 S. [Enthält Nr. 8a, 130, 165, 262, 304–397, 321.]
17. Unitas Fratrum. Zeitschrift für Geschichte und Gegenwartsfragen der Brüdergemeine. Heft 25. Hg. von Hans-Walter Erbe, Dietrich Meyer, Hans-Beat Motel, Jörn Reichel und Hans Schneider. Hamburg, Friedrich Wittig Verlag, 1989, 111 S. [Enthält Nr. 217, 220, 232, 241.]
18. Unitas Fratrum. Zeitschrift für Geschichte und Gegenwartsfragen der Brüdergemeine Heft 26. Hg. von Hans-Walter Erbe, Dietrich Meyer, Hans-Beat Motel, Jörn Reichel und Hans Schneider. Hamburg, Friedrich Wittig Verlag, 1989, 111 S. [Enthält Nr. 13, 14, 215, 225, 226, 229.]
19. De Nadere Reformatie en het Gereformeerd Piëtisme. Hg. von T. Brienen, K. Exalto, J. van Genderen, C. Graafland und W. van 't Spijker. 's-Gravenhage, Boeckencentrum, 1989. 358 S. [Enthält Nr. 88–96.]
20. De onbekende Voetius. Voordrachten Symposium Utrecht 1989. Hg. von J. van Oort, C. Graafland, A. de Groot und O. J. de Jong. Kampen, J. H. Kok, 1989. 266 S. [Enthält Nr. 98–113.]
21. Bunyan in Nederland. Opstellen over de waardering van John Bunyan in Nederland. Hg. von G. J. Schutte. Houten, Den Hertog B. V., 1989. 116 S. [Enthält: 120–125.]
22. Grimm, Gunter, E. und Frank, Rainer Max (Hgg.): Deutsche Dichter. Leben und Werk deutschsprachiger Autoren. Bd. 2: Reformation, Renaissance und Barock. Stuttgart, Reclam, 1988, 471 S. = RUB 8612. Bd. 3: Aufklärung und Empfindsamkeit. 418 S. = RUB 8613. Bd. 4: Sturm und Drang, Klassik (1989). 437 S. = RUB 8614.

[Bd. 2 enthält Nr. 58, 71, 77 Bd. 3 enthält Nr. 293, 298, 333, Bd. 4 enthält Nr. 281, 337.]

23. Bran, Friedrich (Hg.): Johann Valentin Andreä: 1586–1654. Ein universaler Geist des 17. Jahrhunderts in internationaler Sicht. Vorträge bei den Gedenkwochen aus Anlaß seines 400. Geburtstages in Calw, Herrenberg und Vaihingen/Enz. Bad Liebenzell, Gengenbach, 1987. 159 S. [Enthält: Nr. 45–52.] Rez.: ARIES 9, 1989, 57–60 = Gisèle Marie.
24. Comeniusforschungsstelle am Institut für Pädagogik der Ruhr-Universität Bochum: Mitteilungsblatt Nr. 21, 1988. [Enthält Nr. 63–65.]
25. Schaller, Klaus (Hrsg.): Zwanzig Jahre Comeniusforschung in Bochum/ Dvacet let bochumské komeniologie. Gesammelte Beiträge/ Sebrané příspěvky. Sankt Augustin [an der Sieg], Academia Verlag Richarz, 1990, 414, [I] S. = Schriften zur Comeniusforschung, Bd. 18. [Enthält Nr. 60–62.]
26. Christian Knorr von Rosenroth. Dichter und Gelehrter am Sulzbacher Musenhof. Festschrift zur 300. Wiederkehr des Todestages. Hg. vom Literaturarchiv und der Stadt Sulzbach-Rosenberg. Sulzbach-Rosenberg, Eigenverlag (Druck: Amberger Zeitung), 1989. 156 S. [Enthält Nr. 5, 67, 69.]
27. Martens, Wolfgang: Literatur und Frömmigkeit in der Zeit der frühen Aufklärung. Tübingen, Niemeyer, 1989. 291 S. [Enthält Nr. 151, 152, 278, 326–332.]
28. Hinske, Norbert (Hg.): Zentren der Aufklärung I. Halle. Aufklärung und Pietismus. Heidelberg, Lambert Schneider, 1989. 292 S. = Wolfenbütteler Studien zur Aufklärung 15. [Dokumentiert das wiss. Symposium „Halle und die deutsche Aufklärung", 25.–27. Okt. 1984 Bad Homburg (Werner Reimers Stiftung).] [Enthält Nr. 158, 159, 160, 279, 324, 326.]
29. Schneiders, Werner (Hg.): Christian Thomasius (1655–1728). Interpretationen zu Werk und Wirkung. Mit einer Bibliographie der neueren Thomasius-Literatur. Hamburg, Meiner, 1989. 363 S. = Studien zum achtzehnten Jahrhundert 11. [Enthält Nr. 29, 155–157.]
30. Philipp Matthäus Hahn. 1739–1790. Ausstellungen des Württembergischen Landesmuseums Stuttgart und der Städte Ostfildern, Albstadt, Kornwestheim, Leinfelden-Echterdingen. Teil 1: Katalog. Stuttgart, Württembergisches Landesmuseum, 1989. II + 574 S. = Quellen und Schriften zu Philipp Matthäus Hahn 6. [Enthält Nr. 9, 10, 11.] = Hahn I.
31. Philipp Matthäus Hahn. 1739–1790. Ausstellungen des Württembergischen Landesmuseums Stuttgart und der Städte Ostfildern, Albstadt, Kornwestheim, Leinfelden-Echterdingen. Teil 2: Aufsätze. Redaktion: Aagje Ricklefs und Christian Väterlein unter Mitarbeit von Eberhard Gutekunst und Sabine Mertens. Stuttgart, Württembergisches Landesmuseum, 1989. II + 540 S. = Quellen und Schriften zu Philipp Matthäus Hahn 7. [Enthält Nr. 176–199.) = Hahn II.

32. (Philipp Matthäus Hahn:) Den schönsten Sternen Gottes gleich. Philipp Matthäus Hahn. Sein Leben, Wirken und Denken dargestellt von Klaus Rieth [Hrsg.] mit einem Beitrag von Werner-Ulrich Deetjen. Stuttgart – Hamburg, J. F. Steinkopf Verlag, 1989. 144 S. 11 Abb. [Enthält Nr. 200–205.]
33. Kantzenbach, Friedrich Wilhelm: Theologie in Franken. Der Beitrag einer Region zur europäischen Theologiegeschichte. Saarbrücken, [Universität], 1988. [IV] + 2 + 516 S. – [Mehrere Wiederveröffentlichungen früher erschienener Studien, z. B. 107–142 = PB 2 / 188; S. 190–209 = PB 9 / 209; S. 230–256 = PB 13 / 224; vergl. Bibliographie F. W. Kantzenbach in ZRGG 34, 1982, 255–275. – Enthält ferner folgende Nummern dieser Bibliographie: 70, 248, 256, 257, 273, 280.]
34. Runge, Ekkehard (Hg.): Der Beginn einer Geschichte. Berlin (O) – Altenburg, Evangelische Hauptbibelgesellschaft, 1989. 95 S. = Beiträge zur Bibel 2. [Enthält Nr. 150, 301–303.]

III. Vorgeschichte des Pietismus

35. Zeller, Winfried (Hg.): Der Protestantismus im 17. Jahrhundert. Wuppertal, Brockhaus, 1988. LXVI + 426 S. = Klassiker des Protestantismus 5. [Nachdruck der Ausgabe 1962.]
36. Kemper, Hans-Georg: Deutsche Lyrik der frühen Neuzeit. Bd. 3: Barock-Mystik. Tübingen, Niemeyer, 1988. XI + 350 S. [Vgl. PB 15/18.]
37. Wollgast, Siegfried: Philosophie in Deutschland zwischen Reformation und Aufklärung 1550–1650.- Berlin (O), Akademie-Vlg., 1988, 930 S. Rez.: ThLZ 114, 1989, Sp. 909–911 = Ernst Koch.
38. Rudersdorf, Manfred und Schindling, Anton: Luthéranisme et université à l'époque confessionelle. Une comparaison entre Strasbourg, Tübingen et Marbourg. Bulletin de la Société de l'Histoire du Protestantisme Français 135, 1989, 64–76.
39. Kanthak, Gerhard: Der Akademiegedanke zwischen utopischem Entwurf und barocker Projektmacherei. Zur Geistesgeschichte der Akademiebewegung des 17. Jahrhunderts. Berlin, Duncker & Humblot, 1987. 122 S. = Historische Forschungen Bd. 34. Rez.: Westfäl. Forschungen 38, 1988, 461 f. = Thomas Kleinknecht. [Zu J. V. Andreae.]
40. Axmacher, Elke: Praxis Evangeliorum. Theologie und Frömmigkeit bei Martin Moller (1547–1606). Göttingen, Vandenhoeck & Ruprecht, 1989. 370 S. = Forschungen zur Kirchen- und Dogmengeschichte 43.
41. Böhme, Jakob: Sämtliche Schriften. Faks. Neudruck der Ausgabe von 1730. Begonnen von August Faust. Neu hrsg. von Will-Erich Peuckert. Bd. 2, 10. Stuttgart-Bad Cannstatt, Frommann-Holz-

boog, 1988. 2 Bde. Bd. 2: De tribus principiis, oder Beschreybung der drey Principien Göttliches Wesens. 1619. Unveränd. Nachdruck der Ausg. 1960. 1988. 22 + 493 S. Bd. 10: De Vita et Scriptis Jacobi Böhmii, oder historischer Bericht von dem Leben und Schriften Jacob Böhmes. Das Leben Jacob Böhmes von Will-Erich Peuckert. Nachdr. d. 2., verb. Aufl. 1988, 170 + 32 + 244 S.

42. Bienek, Horst: Jakob Böhme: ‚Wem Zeit ist wie Ewigkeit'. In: Wem Zeit ist wie Ewigkeit. Dichter, Interpreten, Interpretationen. Hrsg. von Rudolf Riedler. München - Zürich, Piper, 1987. S. 10–13 = Serie Piper 701.
43. Principe, Lawrence M. und Weeks, Andrew: Jacob Böhme's divine substance ‚Salitter': its nature, origine and relationship to seventeenth century scientific theories. British Journal for the History of Science 22, 1989, 53–61.
44. Frey-Jaun, Regine: Die Berufung des Türhüters. Zur „Chymischen Hochzeit Christiani Rosencreutz" von Johann Valentin Andreae (1586–1654). Bern – Frankfurt/M. – New York – Paris, Lang 1989. 200 S. = Deutsche Literatur von den Anfängen bis 1700, Bd. 3.
45. Wehr, Gerhard: Johann Valentin Andreä und seine Rosenkreuzerschriften. In: Johann Valentin Andreä (s. Nr. 23), S. 26–36.
46. Schäfer, Gerhard: Johann Valentin Andreä. Ein utopischer Entwurf für die Neugestaltung von Kirche und Gesellschaft. In: Johann Valentin Andreä (s. Nr. 23), S. 37–41.
47. Jeřábek, Blanka: Die Bedeutung von Andreä und Comenius für die europäische Geistesgeschichte. In: Johann Valentin Andreä (s. Nr. 23), S. 42–64.
48. Edighoffer, Roland: Die Stadt Calw als „Christenburg" und „Civitas Solis". In: Johann Valentin Andreä (s. Nr. 23), S. 65–75.
49. Brecht, Martin: Die fällige Generalreform der Welt – Johann Valentin Andreäs Programm. In: Johann Valentin Andreä (s. Nr. 23), S. 76–86.
50. Schnabel-Schüle, Helga: Johann Valentin Andreä und Herrenberg. In: Johann Valentin Andreä (s. Nr. 23), S. 87–98.
51. Weimer, Gerhard: Johann Valentin Andreäs Versuch, Gott und die Welt zusammenzubringen. Eine theologische Deutung der „Chymischen Hochzeit". In: Johann Valentin Andreä (s. Nr. 23), S. 106–121.
52. Scheck, Manfred: Johann Valentin Andreä und die Vaihinger. Eine Abrechnung. In: Johann Valentin Andreä (s. Nr. 23), S. 122–140.
53. Braungart, Wolfgang: Die Kunst der Utopie. Vom Späthumanismus zur frühen Aufklärung. Stuttgart, Metzler, 1989. 341 S. [U. a. zu J. V. Andreaes „Christianopolis", Ph. B. Sinolds v. Schütz „Die glückseeligste Insul" und J. G. Schnabels „Insel Felsenburg".]
54. Kaiser, Gerhard: Der neue Himmel und die neue Erde. Eschatologische Spuren im Gedicht. In: Geschichtlichkeit und Aktualität. Studien zur deutschen Literatur seit der Romantik. Festschrift für Hans-Joachim Mähl zum 65. Geburtstag. Hrsg. von Klaus Detlef

Müller u. a. Tübingen, Niemeyer, 1988. S. 13–28. [Zu J. M. Meyfart.]
55. Baur, Jörg: Die Leuchte Thüringens. Johann Gerhard (1582–1637). Lutherische Theologie und Kirche 12, 1988, 89–110.
56. Ignasiak, Detlef: Jena in der zweiten Hälfte des 17. Jahrhunderts. Das literarische Leben in der Weigel-Zeit. WZ. Jena 35, 1986, 343–354. [U. a. zu Ahasver Fritsch und zu Quirinus Kuhlmann in Jena.]
57. Stisser, Karl Adolf: Ökumenische Verhandlungen in Hildesheim im Jahre 1640: Johannes Duraeus und Georg Calixt am Hof Herzog Ernsts. Alt-Hildesheim. Jahrbuch für Stadt und Stift Hildesheim 59, 1988, 79–91.
58. Gnädiger, Louise: Angelus Silesius (Johannes Scheffler). In: Deutsche Dichter, Bd. 2 (s. Nr. 22), S. 301–312.
59. Haas, Alois M.: ‚Christförmig sein'. Die Christusmystik des Angelus Silesius. In: Zu Dir hin. Über mystische Lebenserfahrung. Von Meister Eckhart bis Paul Celan. Hrsg. von Wolfgang Böhme. Frankfurt/M., Insel, 1987. S. 312–321.
60. Comenius, Johann Amos: Geschichtserzehlung verschiedener um des Evangelii willen aus Böhmen und Mähren Vertriebener Leute der alten und neueren Zeit. Ins Deutsche übertragen von Nikolaus Ludwig von Zinzendorf. In: Zwanzig Jahre Comeniusforschung in Bochum (s. Nr. 25), S. 377–396.
61. Schaller, Klaus: Einige Bemerkungen zur Problematik der Offenbarungen bei Comenius. In: Zwanzig Jahre Comeniusforschung in Bochum (s. Nr. 25), S. 163–166. [Erstmals MB 11, 1978, Beilage, S. 4–8.]
62. Schaller, Klaus: E labyrinthis exitus in planum. Komenskýs Selbstkritik gegenüber seinen didaktischen Erfindungen und sein Einsatz für die göttlichen Offenbarungen. in: Zwanzig Jahre Comeniusforschung in Bochum (s. Nr. 25), S. 167–178. [Erstmals Acta Comeniana 6, 1985, 45–56.]
63. Schaller, Klaus: Einige Bemerkungen zu den ersten deutschen Übersetzungen zu Komenskys ‚Unum necessiarum', ‚Centrum securitatis' und ‚Labyrinth der Welt'. In: Mittbl. Nr. 21 (s. Nr. 24), S. 57–62; ebenfalls in: Zwanzig Jahre Comeniusforschung in Bochum (s. Nr. 25, S. 122–127).
64. Michel, Gerhard: Der Kulturbegriff des J. A. Comenius. In: Mittbl. Nr. 21 (s. Nr. 24), S. 63–69.
65. Hofmann, Franz: Impulse für die Comeniusforschung. In: Mittbl. Nr. 21 (s. Nr. 24), S. 70–74.
66. Čapková, Dagmar: Zu den Beziehungen zwischen Jan Amos Komenský und Wolfgang Ratke. Jahrbuch für Erziehungs- und Schulgeschichte 27, 1987, 27–33.
67. Wappmann, Volker: Sulzbach und die Anfänge des Pietismus. Ein Werkstattbericht aus einem Modell geistig-kultureller Toleranzpolitik im 17. Jahrhundert. In: v. Rosenroth (s. Nr. 26), S. 96–110.
68. Jaitner, Klaus: Der Pfalz-Sulzbacher Hof in der europäischen Ideengeschichte des 17. Jahrhunderts. Wolfenbütteler Beiträge 8, 1988,

273–404. – [S. 395–404 Quellenanhang, Nr. 1–6, meist Fr. M. van Helmont betreffend. – Umfassende Zusammenschau; viel zum Spiritualismus und Frühpietismus. – Vgl. PB 6/75, 8/52, 11/135.]
69. Finke, Manfred: Christian Augusts Bücherwelt. In: v. Rosenroth (s. Nr. 26), S. 52–66.
70. Kantzenbach, Friedrich Wilhelm: Ein Nürnberger Beitrag zur Paul-Gerhardt-Forschung und zur Wirkungsgeschichte der Concordienformel. In: Theologie in Franken (Nr. 33), 143–157. [Erstdruck: ZBKG 46, 1977, 261–171. – Brief vom 17. 12. 1664 von Nürnberg nach Berlin.]
71. Rödding, Gerhard: Paul Gerhardt. In: Deutsche Dichter, Bd. 2 (s. Nr. 22), S. 184–194.
72. Müller-Bohn, Jost: Trost und Freud zu jeder Zeit. Paul Gerhardts Lieder im Wandel der Jahrhunderte. Lahr-Dinglingen, Verlag der St. Johannis-Druckerei C. Schweickhardt, 1987. 175 S. = Telos-Bücher 72306: Telos Paperback.
73. Bunners, Christian: „Kann uns doch kein Tod nicht töten…“ Paul Gerhardts letzte Worte. Musik und Kirche 59, 1989, 1–11.
74. Bunners, Christian: Zum liturgischen Gebrauch von Paul Gerhardts Liedern in deren Frühzeit, besonders bei Johann Georg Ebeling. In: Freude am Gottesdienst. Festschrift für Frieder Schulz. Hg. von Heinrich Riehm. Heidelberg. Selbstverlag des Hg., 1988, 273–282.
75. Holze, Friedrich: Zwischen Schöpfungslob und Widerstand. Paul Gerhardt – ein Liederdichter in dürftiger Zeit. Lutherische Monatshefte 29, 1990, 71–76.
76. Steiger, Renate: Bach und Bibel: Einige Anstreichungen Bachs in seiner Calov-Bibel als Selbstzeugnisse gelesen. Musik und Kirche 57, 1987, 119–126.
77. Kühlmann, Wilhelm: Quirinus Kuhlmann. In: Deutsche Dichter, Bd. 2 (s. Nr. 22), S. 400–408.
78. Archibald, Brigitte Edith: A view of practical living. Anna Ovena Hoyers. In: Katharina M. Wilson (Hg.): Women writers of the Renaissance and Reformation. Athens – London, University of Georgia Press, 1987, 304–326.
79. Jungclaussen, Emmanuel: Suche Gott in dir. Der Weg des inneren Schweigens nach einer vergessenen Meisterin, Jeanne-Marie Guyon. Übers. des Textes von J.-M. Guyon aus dem Französ. von Maria Wachinger. Freiburg, Herder, ^{2}1987. 120 S.
80. Gondal, Marie-Louise: Madame Guyon (1648–1717). Un nouveau visage. Paris, Beauchesne, 1989, 303 S. = Textes, dossiers, documents, 12. [Vgl. PB 13/48.]
81. Sperle, Ioanne Magnani: God's Healing Angel. A biography of Jane Ward Leade [1627–1704]. Diss. phil. Kent State University 1985. 282 S. – [Diss. Abstr. Intern. vol. 46 No. 5 Nov. 1985, p. 1289 A (Inhaltsangabe!). – Order No. DA 85 14183.]
S. a. Nr. 4–6, 133, 134, 137, 258.

IV. Der Pietismus in den Niederlanden

82. Graafland, C.: ‚Waarheid in het binnenste'. Geloofszekerheid bij Calvijn en de Nadere Reformatie. In: J. van der Graaf (Hg.): Een vaste Burcht voor de kerk der eeuwen (Festschr. K. Exalto). Kampen, J. H. Kok 1989. S. 53–81.
83. Van Deursen, A. Th.: Nadere Reformatie en geschiedbeoefening. Abraham van de Velde en Franciscus Ridderus. DNR 13, 1989, 25–39.
84. Dathenus, Petrus: Een christelije samenspreking uit Gods woord (over het onderscheid tussen Wet en Evangelie). Opnieuw uitg. naar de 1. dr. (1624) met een naschrift door J. I. Doedes. 2. dr. Houten, Den Hertog, 1988. 83 S. [Orig.-Ausg. ersch. 1624 u. d. T.: Dathenius, Petrus: Een christelijke t'samensprekinge uyt Godes woord.]
85. Op ‚t Hof, W. J.: Willem Teellinck in het licht zijner geschriften (32). DNR 13, 1989, 2–24. [Vgl. PB 11/39, 13/78, 14/115, 15/76.]
86. Op 't Hof, W. J.: Thomas à Kempis bij Willem Teellinck (1). DNR 13, 1989, 42–68.
87. Op 't Hof, W. J.: De godsdienstige liggin van Johan de Brune de Oude. Zeeuws Tijdschrift. Mededelingen van het Koninklijk Zeeuwsch Genootschap der Wetenschappen 1989, 45–54.
88. Van 't Spijker, W.: Bronnen van de Nadere Reformatie. In: De Nadere Reformatie en het Gereformeerd Piëtisme (s. Nr. 19), S. 5–51.
89. Van 't Spijker, W.: Guilelmus Amesius (1576–1633). In: De Nadere Reformatie en het Gereformeerd Piëtisme (s. Nr. 19), S. 53–86.
90. Exalto, K.: Godefridus Udemans (1581/2–1649). In: De Nadere Reformatie en het Gereformeerd Piëtisme (s. Nr. 19), S. 87–121.
91. Brienen, T.: Theodorus Gerardi à Brakel (1608–1669). In: De Nadere Reformatie en het Gereformeerd Piëtisme (s. Nr. 19), S. 123–148.
92. Exalto, K.: Simon Oomius (1630–ca. 1707). In: De Nadere Reformatie en het Gereformeerd Piëtisme (s. Nr. 19), S. 149–179.
93. Brienen, T.: Abraham Hellenbroeck (1658–1731). In: De Nadere Reformatie en het Gereformeerd Piëtisme (s. Nr. 19), S. 181–201.
94. Van Genderen, J.: Johan Verschuir (1680–1737). In: De Nadere Reformatie en het Gereformeerd Piëtisme (s. Nr. 19), S. 203–241.
95. Graafland, C.: Friedrich Adolph Lampe (1683–1729). In: De Nadere Reformatie en het Gereformeerd Piëtisme (s. Nr. 19), S. 243–274.
96. Graafland, C.: De Nadere Reformatie en het Labadisme. In: De Nadere Reformatie en het Gereformeerd Piëtisme (s. Nr. 19), S. 275–346.
97. Van Lieburg, F. A.: De Nadere Reformatie in Utrecht ten tijde van Voetius. Sporen in de gereformeerde kerkeraadsacta. Rotterdam, Lindenberg, 1989. 172 S.

98. Graafland, C.: Voetius als gereformeerd theoloog. In: De onbekende Voetius (s. Nr. 20), S. 12–31.
99. Van Asselt, W. J.: Voetius en Coccejus over de rechtvaardiging. In: De onbekende Voetius (s. Nr. 20), S. 32–47.
100. Brienen, T.: Voetius en Hoornbeeck over de homiletiek. In: De onbekende Voetius (s. Nr. 20), S. 48–56.
101. Broeyer, F. G. M.: Voetius en Utrecht. In: De onbekende Voetius (s. Nr. 20), S. 57–72.
102. Faber, D. E. A.: Voetius gezien door een tijdgenoot. In: De onbekende Voetius (s. Nr. 20), S. 73–83.
103. De Groot, A.: Voetius' biografie. In: De onbekende Voetius (s. Nr. 20), S. 84–91.
104. Op 't Hof, W. J.: Gisbertus Voetius en de gebroeders Willem en Eeuwout Teellinck. In: De onbekende Voetius (s. Nr. 20), S. 92–108.
105. De Jong, O. J.: Voetius en de tolerantie. In: De onbekende Voetius (s. Nr. 20), S. 109–116.
106. Jongeneel, J. A. B.: Voetius' zendingstheologie, de eerste comprehensieve protestantse zendingstheologie. In: De onbekende Voetius (s. Nr. 20), S. 117–147.
107. Lamberigts, M.: Voetius versus Jansenius. In: De onbekende Voetius (s. Nr. 20), S. 148–167.
108. Van Lieburg, M. J.: Voetius en de geneeskunde. In: De onbekende Voetius (s. Nr. 20), S. 168–180.
109. Van Oort, J.: De jonge Voetius en Augustinus. Een verkenning. In: De onbekende Voetius (s. Nr. 20), S. 181–190.
110. Trimp, J. C.: Voetius en Lodensteyn. In: De onbekende Voetius (s. Nr. 20), S. 191–199.
111. Verbeek, Th. H. M.: Voetius en Descartes. In: De onbekende Voetius (s. Nr. 20), S. 200–219.
112. Vos, A.: Voetius als reformatorisch wijsgeer. In: De onbekende Voetius (s. Nr. 20), S. 220–241.
113. Van 't Spijker, W.: Voetius practicus. In: De onbekende Voetius (s. Nr. 20), S. 242–256.
114. Op 't Hof, W. J.: Gisbertus Voetius' evaluatie van de reformatie. ThRef 32, 1989, 211–242.
115. Vos, A.: Voetius als gereformeerd wijsgeer. ThRef 32, 1989, 243–249.
116. Op 't Hof, W. J.: Everhardus Schuttenius (± 1595–1655). De eerste vertegenwoordiger van de Nadere Reformatie in Zwolle. Zwols historisch Jaarboek 1988, 35–60.
117. Van de Bank, J. H.: De overdenkingen van de heer Lodensteyn. ThRef 32, 1989, 37–60
118. Broeyer, F. G. M.: Anno Domini 1659: Van Lodensteyns ‚overdenkingen'. ThRef 32, 1989, 318–335.
119. Koelman, Jacobus [1632–1695]: De natuur en gronden van het geloof: opgesteld in de vorm van een brief, tot vaststelling van de staat van degenen, die Christus in geloof omhelzen. Ede, Hardeman, 1988. 129 S.

120. Schutte, G. J.: John Bunyan; een levensschets. In: Bunyan in Nederland (s. Nr. 21), S. 9–20.
121. Alblas, J. B. H.: De verspreiding van Bunyans werk in Nederland. In: Bunyan in Nederland (s. Nr. 21), S. 21–34.
122. Van Deursen, A. Th.: Gereformeerd gemeentelijk leven in de tweede helft van de zeventiende eeuw. In: Bunyan in Nederland (s. Nr. 21), S. 35–52.
123. Graafland, C.: De achttiende-eeuwse Nederlandse gereformeerden en Bunyan. In: Bunyan in Nederland (s. Nr. 21), S. 53–72.
124. Alblas, J. B. H.: Illustratie als interpretatie: J. H. Isings als illustrator van ‚De Christenreis'. In: Bunyan in Nederland (s. Nr. 21), S. 73–94.
125. Brienen, T.: Lezen in Bunyan. In: Bunyan in Nederland (s. Nr. 21), S. 95–105.
S. a. Nr. 7, 264.

V. Gesamtwürdigungen

126. Wallmann, Johannes: Der Pietismus. Göttingen, Vandenhoeck, 1990. V + 143 S., Beil.: Personenregister (in Auswahl) = Die Kirche in ihrer Geschichte, Lieferung O 1.
127. Wallmann, Johannes: Kirchengeschichte Deutschlands seit der Reformation. 3., durchgesehene Auflage. Tübingen, Mohr, 1988. 304 S. = UTB 1355. [Vgl. PB 12/56 (2. Aufl.)]
128. Wallmann, Johannes: Art. „Pietismus". In: Historisches Wörterbuch der Philosophie. Herausgegeben von Joachim Ritter und Karlfried Gründer. Bd. 7 (P–Q). Basel, Schwabe, 1989. Sp. 972–974.
128a. Blaufuß, Dietrich: Pietismus. In: Wörterbuch der Mystik. Stuttgart, Kröner, 1989, 405–408.
129. Ottlyk, Ernö: A pietizmus és az egyházi mozgalmak (Der Pietismus und die kirchlichen Bewegungen). Theologiai Szemle 30, 1987, 87–92.
130. Kruse, Martin: Kirche, Pietismus, Theologie – heute. In: PuN 15, 1989 (s. Nr. 16), S. 15–23.
131. Mauthner, Fritz: Der Atheismus und seine Geschichte im Abendlande. Neugesetzt nach d. Ausg. Stuttgart, Dt. Verlags-Anst., 1920–1923. Frankfurt/M., Eichborn, 1989. 4 Bde. [Bd. 3, S. 161–202: „Aufklärung und Pietismus in Deutschland."]

VI. Theologie und Frömmigkeit

132. Blackwell, Jeannine: Herzensgespräche mit Gott. Bekenntnisse deutscher Pietistinnen im 17. und 18. Jahrhundert. In: Brinker-Ga-

bler, Gisela (Hg.): Deutsche Literatur von Frauen. I. Band: Vom Mittelalter bis zum Ende des 18. Jahrhunderts. München, Beck, 1988. S. 265–293.

133. Reblin, Klaus: Freund und Feind. Franziskus von Assisi im Spiegel der protestantischen Theologiegeschichte. Göttingen, Vandenhoeck & Ruprecht, 1988. 327 S. = Kirche und Konfession 27. – [Diss. theol. Kiel 1987. – Orthodoxie, Pietismus (G. Arnold, G. Tersteegen) und Aufklärung berücksichtigt.] Rez.: ThLZ 114, 1989, 128–129 = Gert Wendelborn.

134. Courth S. A. C., Franz: Mariologie und Geschichte. Zum Marienbild der reformatorischen Theologie und Frömmigkeit des 17. und 18. Jahrhunderts. In: Veritati Catholicae. Festschr. für Leo Scheffczyk zum 65. Geburtstag. Hg. von Anton Ziegenaus (u. a.). Aschaffenburg, Pattloch, 1985, 407–439. – [Zur altprot. Orthodoxie, Pietismus (428–433) und Aufklärung.]

135. Priestley, David T.: Luther and Pietism. Currents in Theology and Mission 15, 1988, 547–555.

136. Hövelmann, Hartmut: Kernstellen der Lutherbibel. Eine Anleitung zum Schriftverständnis. Bielefeld, Luther, 1990, 396 S. = Texte und Arbeiten zur Bibel. – [Pietismus: S. 145–188; zur Erweckungsbewegung s. S. 224 ff.]

137. Breuer, Dieter: ‚Zur ersprießlichen Zeit-Vertreibung und gewünschten Seelen-Hayl.' Zur Bedeutung der barocken Predigtliteratur. Archiv für schlesische Kirchengeschichte 44, 1986, 115–132.

138. Lichdi, Diether Götz: Pietistische Einflüsse bei Täufern/Mennoniten im 17./18. Jahrhundert. Mennonitische Geschichtsblätter 45, 1988, 26–43.

139. Scharfe, Martin: Die ‚Stillen im Lande' mit dem lauten Echo. In: Volksfrömmigkeit. Von der Antike bis zum 18. Jahrhundert. Hrsg. von Hubert Ch. Ehalt. Wien – Köln, Böhlau, 1989. S. 245–266.

140. Frey, Christofer: Die Ethik des Protestantismus von der Reformation bis zur Gegenwart. Unter Mitarbeit von Martin Hoffmann. Gütersloh, Mohn, 1989. 287 S. = Gütersloher Taschenbücher Siebenstern 1425.

S. a. Nr. 165 a, 217, 258.

VII. Sozial- und Staatslehre, Pädagogik

141. Glauben – Lehren – Erziehen. Pädagogen und pädagogische Konzepte im Pietismus. Hg. von Dieter Velten. Gießen – Basel – Dillenburg, Brunnen/Gnadauer Verband, 1988. 188 S. [Von Francke bis zum Neupietismus.]

142. Van Horn Melton, James: Absolutism and the eighteenth-century origins of compulsory schooling in Prussia and Austria. Cambridge, Cambridge University Press, 1988. XXV + 260 S.

143. Braungart, Georg: Hofberedsamkeit. Studien zur Praxis höfisch-politischer Rede im deutschen Territorialabsolutismus. Tübingen, Niemeyer, 1988. XI + 327 S. = Studien zur deutschen Literatur 96. Rez.: Germanistik 30, 1989, 122f. = Wilhelm Kühlmann; Études Germaniques 44, 1989, 225f. = J.-D. Krebs. [Zu V. L. von Seckendorff.]

S. a. Nr. 53, 140, 151–153, 231, 253, 265, 324, 334.

VIII. Spener, Francke und der Hallesche Pietismus

144. Wallmann, Johannes: Pietismus und Spiritualismus. Ludwig Brunnquells radikalpietistische Kritik an Speners Pia Desideria. In: Von Wittenberg nach Memphis. Festschrift Reinhard Schwarz, hrsg. von Walter Homolka und Otto Ziegelmeier. Göttingen, Vandenhoeck & Ruprecht, 1989, S. 229–243.
145. Blaufuß, Dietrich: Frömmigkeit für die Stadt. Philipp Jakob Speners Veröffentlichung des Pietismus auf seine Weltverantwortung. Weltweite Hilfe. Zeitschrift des Diakonischen Werks in Hessen und Nassau 39, 1989, Heft 2: Sonderteil, S. 1–7.
146. Wieselgren, Greta: Johann Fischer och kulturpolitiken i Livland under Karl XI. (Johann Fischer und die Kulturpolitik in Livland unter Karl XI.) Karolinksa förbundets arsbok 1986, 33–55. [Johann Fischer, ein Freund Ph. J. Speners, war seit 1678 Generalsuperintendent für Livland.]
147. Francke, August Hermann: Predigten II. Hg. von Erhard Peschke. Berlin – New York, de Gruyter, 1989. XXV + 639 S. = TGP Abt. II, Bd. 10. [Vgl. PB 13/148: Predigten I.]
148. Peschke, Erhard: Die frühen Katechismuspredigten August Hermann Franckes 1693–1695. Gert Haendler zum 65. Geburtstag. ThLZ 114, 1989, Sp. 561–578.
149. Sames, Arno: Anton Wilhelm Böhme (1673–1722). Studien zum ökumenischen Denken und Handeln eines halleschen Pietisten. Göttingen, Vandenhoeck & Ruprecht, 1989. 199 S. = AGP 26. [Vgl. PB 10/186.]
150. Schicketanz, Peter: Die Anfänge der Bibelgesellschaften in Halle und Leipzig. In: Beginn (Nr. 34), 66–77.
151. Martens, Wolfgang: Hallescher Pietismus und Rhetorik. Zu Hieronymus Freyers Oratoria. In: Ders.: Literatur und Frömmigkeit (s. Nr. 27), S. 1–23. [Zuerst veröffentlicht in: Internationales Archiv für Sozialgeschichte der deutschen Literatur 9, 1984, 22–43 (vgl. PB 11/68).]
152. Martens, Wolfgang: Hallescher Pietismus und Gelehrsamkeit. Oder von der „nimia diffidentia in litteris“. In: Ders.: Literatur und Frömmigkeit (s. Nr. 27), S. 50–75. [Zuerst veröffentlicht in: Res Publica Litteraria. Die Institutionen der Gelehrsamkeit in der frühen Neu-

zeit, hrsg. von Sebastian Neumeister und Conrad Wiedemann. Wiesbaden, Harrassowitz (Komm.), 1987. Bd. 2, S. 497–524 (s. PB 14/148.]

153. Gaede, Käte: Einflüsse des Pietismus unter den Königen Friedrich I. und Friedrich Wilhelm I. In: Beiträge zur Berliner Kirchengeschichte. Hrsg. von Günter Wirth. Berlin, Union-Verlag, 1987. S. 63–86.

154. Harig, Georg und Lammel, Hans-Uwe: Zur Geschichte der Beziehungen zwischen Charité und Berlin (1710–1945). Wiss. Zs der Humboldt-Universität zu Berlin, Mathem.-naturw. Reihe 36, 1987, 14–21.

155. Pott, Martin: Thomasius' philosophischer Glaube. In: G. Thomasius (Nr. 29), 223–247.

156. Buchholz, Stephan: Christian Thomasius. Zwischen Orthodoxie und Pietismus. In: Ch. Thomasius (s. Nr. 29), 248–255.

157. Carboncini, Sonia: Die thomasianisch-pietistische Tradition und ihre Fortsetzung durch Christian August Crusius. In: C. Thomasius (Nr. 29), 287–304.

158. Rengstorf, Karl Heinrich: Johann Heinrich Michaelis und die ‚Biblia Hebraica' von 1720. In: Halle (s. Nr. 28), S. 15–70.

159. Bianco, Bruno: Freiheit gegen Fatalismus. Zu Joachim Langes Kritik an Wolff. In: Halle (s. Nr. 28), S. 111–155.

160. Geyer-Kordesch, Johanna: Die Medizin im Spannungsfeld zwischen Aufklärung und Pietismus. Das unbequeme Werk Georg Ernst Stahls und dessen kulturelle Bedeutung. In: Halle (s. Nr. 28), S. 255–278.

161. Geyer-Kordesch, Johanna: Georg Ernst Stahl. Pietismus, Medizin und Aufklärung in Preußen im 18. Jahrhundert. [MS.] Habil-Schrift der Medizinischen Fakultät der Universität Münster/W. vom 11. 2. 1988.

S. a. 8, 78, 142, 247, 253, 255, 257, 260, 274, 275, 279, 280, 324, 326, 327.

IX. Württembergischer Pietismus

162. Haug, Richard: Bengels Theologie der Weltgeschichte. BWKG 88, 1988 [1989 ersch.], 324–334.

163. Scheffbuch, Rolf: Johann Albrecht Bengel als kirchenkritischer Schriftgelehrter und separatismuskritischer Kirchenmann. Heimatblätter (Schorndorf) 5, 1987, 29–42.

164. Breymayer, Reinhard: „Gnomon typusque vitae Christianae". Zum emblematischen Hintergrund des „Gnomon"-Begriffs bei Heinrich Oraeus (1584–1646) und bei Johann Albrecht Bengel (1687–1752). BWKG 88, 1988 [1989 ersch.], 289–323.

165. Breymayer, Reinhard: „Anfangs glaubte ich die Bengelische Erklärung ganz..." Philipp Matthäus Hahns Weg zu seinem wiederentdeckten „Versuch einer neuen Erklärung der Offenbarung Johannis" (1785). In: PuN 15, 1989 (S. Nr. 16), S. 172–219.

165a. Weyer-Menkhoff, Martin: Christus, das Heil der Natur. Entstehung und Systematik der Theologie Friedrich Christoph Oetingers. Göttingen, Vandenhoeck & Ruprecht 1990. VII + 334 S. = AGP Bd. 27.
166. Gutekunst, Eberhard: „Wer will in diesem Periodo viel bessern?" Friedrich Christoph Oetinger als Prälat. BWKG 88, 1988 [1989 ersch.], 335–368.
167. Betz, Otto: Die Güldene Zeit – apokalyptisch-eschatologisches Denken bei Fr. Chr. Oetinger. In: Erich Lubahn u. Otto Rodenberg (Hgg.): Lebendige Hoffnung. Apokalyptik als zentrales Thema der Theologie. Stuttgart, Christliches Verlagshaus, 1989. S. 157–169 = Theologische Studienbeiträge 2.
168. Blaufuß, Dietrich: Oetinger, Friedrich Christioph. In: Wörterbuch der Mystik. Stuttgart, Kröner, 1989, 385–386.
168a. Heimberger, Fritz: Die Pietistische Bewegung in Magstadt. BWKG 88, 1988 [1989 ersch.], 369–384.
169. Hahn, Philipp Matthäus: Echterdinger Verkündbuch. Transkription der Handschrift, bearbeitet und kommentiert von Eberhard Gutekunst. Stuttgart, Württembergisches Landesmuseum, 1990. 190 S. = Quellen und Schriften zu Philipp Matthäus Hahn Bd. 8.
170. [Hahn, Philipp Matthäus:] Erweckung und Erkenntnis. Philipp Matthäus Hahns Erzählung, vom Anfang und Fortgang der Erbauungs-Stunden in K[ornwestheim], welche auf Begehren eines auswärtigen Freunds [d. i. Johann Konrad Pfenninger] aufgesetzt worden. zu erfragen, bey [Johann] Heinrich Steiner in Winterthur. 1779. [Faksimile-Druck.] Hrsg. und eingeleitet von Dietrich Steck. (Kornwestheim,) Minner-Verlag, 1989. 58 S. + [II] S. + S. 49–80.
171. Hahn, Philipp Matthäus: Werkstattbuch III. 1774–1784. Cod[ex] hist[oricus] 8° [octavo] 108–6 der Württembergischen Landesbibliothek Stuttgart. Fotomechanischer Nachdruck und Transskription. (Hrsg.: Christian Väterlein. Transskription: Helgard Bisterfeld. Wissenschaftliche Bearbeitung: Ludwig Oechslin.) Stuttgart, Württembergisches Landesmuseum, 1989 = Quellen und Schriften zu Philipp Matthäus Hahn. Im Auftrag des Württembergischen Landesmuseums Stuttgart hrsg. von Christian Väterlein, Bd. 4. [IV] + 372 S. [Vgl. PB 14/186.]
172. Hahn, Philipp Matthäus: Lebenslauf Onstmettingen 1764. Faksimile der Handschrift und Transskription hrsg. vom Evang. Dekanatamt Balingen. (Transskription und Einleitung: Albrecht Plag.) Stuttgart: = Württembergisches Landesmuseum, 1989. 16 S. = Quellen und Schriften zu Philipp Matthäus Hahn. Im Auftrag des Württembergischen Landesmuseums Stuttgart hrsg. von Christian Väterlein, Bd. 9.
173. Hahn, Philipp Matthäus: Predigten und Betrachtungen mit einer kurzen Selbstbiographie. (11. unveränderte Aufl.) Reutlingen, Verlag Philadelphia-Buchhandlung August Fuhr, 1989. 719 S.
174. Hahn, Philipp Matthäus: Kurze Beschreibung einer kleinen beweglichen Welt-Maschine. Faksimile-Neudruck der wiederentdeckten Ausgabe Konstanz 1770. Hrsg. von Reinhard Breymayer. Mit ei-

nem Geleitwort von Alfred Munz. Sonderauflage für das Württembergische Landesmuseum. Tübingen, Noûs-Verlag Thomas Heck, 1988. XXIV + [IV] + 14 S.

175. Paulus, Rudolf F. und Gerhard Schäfer (Hgg.): In Erwartung der Königsherrschaft Christi. Aus den Tagebüchern von Philipp Matthäus Hahn. Metzingen, Ernst Franz, 1989. 264 S.

176. Lebenslauf des ehemaligen Pfarrers (Philipp Matthäus) Hahn von Echterdingen. Aus: Philipp Matthäus Hahn: Hinterlassene Schriften. Auf Verlangen Vieler hrsg. von Chr[istoph] Ulr[ich] Hahn. Bd. I. Lebenslauf nebst Anhängen. Mit einem Vorworte von [Christoph Heinrich Friedrich] Wurster. Heilbronn und Rothenburg an der Tauber 1828, S. 1–44. [Faksimile-Neudruck] in: Hahn II (s. Nr. 31), S. 55–72.

177. Paulus, Rudolf F[riedrich]: Lebenslauf des ehemaligen Pfarrers Hahn von Echterdingen. Eine kritische Untersuchung. In: Hahn II (s. Nr. 31), S. 73–75.

178. Findeisen, Hans-Volkmar: Der breite und der schmale Weg. Die Geschichte der Familie Hahn. In: Hahn II (s. Nr. 31), S. 77–98.

179. Sander, Sabine: „... ganz toll im Kopf und voller Blähungen...“ Körper, Gesundheit und Krankheit in den Tagebüchern Philipp Matthäus Hahns. In: Hahn II (s. Nr. 31), S. 99–112.

180. Köhle-Hezinger, Christel: Philipp Matthäus Hahn und die Frauen. In: Hahn II (s. Nr. 31), S. 113–135.

181. Trautwein, Joachim: Philipp Matthäus Hahn – Psychologische und theologische Aspekte seines Lebens und Wirkens. In: Hahn II (s. Nr. 31), S. 137–154.

182. Klaiber, Roswitha: Versuch einer Beschreibung und Deutung der Handschrift Philipp Matthäus Hahns. In: Hahn II, (s. Nr. 31), S. 155–164.

183. Schöllkopf, Wolfgang: „Mit Hertz und Sinn zur Theologie.“ Philipp Matthäus Hahn als Student an der Universität Tübingen. In: Hahn II, (s. Nr. 31), S. 165–173.

184. Gutekunst, Eberhard: „Hierauf soll er predigen und lehren...“ Das Amt eines württembergischen Pfarrers in der 2. Hälfte des 18. Jahrhunderts. In: Hahn II, (s. Nr. 31), S. 175–194.

185. Bollacher, Wolfgang: Georg Sebastian Zilling (1725 bis 1799). Viel geschmähter Dekan und Stadtpfarrer in Ludwigsburg, Vorgesetzter Philipp Matthäus Hahns. In: Hahn II, (s. Nr. 31), S. 195–206.

186. Steck, Dietrich: Gelebte Theologie. Der Theologe Philipp Matthäus Hahn im Spiegel seiner Tagebücher. In: Hahn II, (s. Nr. 31), S. 207–220.

187. Haag, Norbert: Verstehen und Handeln. Zum Anliegen der Predigt Philipp Matthäus Hahns vor dem Hintergrund separatistischer Kritik an der Kirche. In: Hahn II, (s. Nr. 31), S. 221–233.

188. Ehmer, Hermann: Philipp Matthäus Hahn, ein Lehrer des Evangeliums. In: Hahn II, (s. Nr. 31), S. 235–245.

189. Stäbler, Walter: „Wenn man uns recht bey Licht ansiehet, sind

wir alle heterodox." Philipp Matthäus Hahn und seine Abkehr von der reinen Lehre. In: Hahn II, (s. Nr. 31), S. 247–257.
190. Breymayer, Reinhard: Philipp Matthäus Hahn als theologischer Publizist. In: Hahn II, (s. Nr. 31), S. 259–279.
191. Brecht, Martin: Die Korrespondenz Philipp Matthäus Hahns und ihre Bedeutung. Information – Untersuchung – Aufgaben. In: Hahn II, (s. Nr. 31), S. 281–287.
192. Schäfer, Gerhard: Philipp Matthäus Hahn – Pietist und Aufklärer. In: Hahn II, (s. Nr. 31), S. 289–297.
193. Ising, Dieter: Philipp Matthäus Hahn und die Christentumsgesellschaft. In: Hahn II, (s. Nr. 31), S. 299–309.
194. Spindler, Guntram: Theosophisch-theologische Einflüsse Oetingers auf Hahn. In: Hahn II, (s. Nr. 31), S. 311–326.
195. Veeser, Wilfried: 1784 – oder: Die Faszination eines Systems. In: Hahn II, (s. Nr. 31), S. 327–339.
196. Stäbler, Walter: Hahns Verhältnis zu Swedenborg. „Dieser Mann hat ein geistliches Licht in seiner Sele, welches aus allen Kennzeichen unläugbar ist." In: Hahn II, (s. Nr. 31), S. 341–356.
197. Zehnle, Stephan: „Nichts fehlte ihm als ein längeres Leben..." Thomas Wizenmann, der Freund Philipp Matthäus Hahns. In: Hahn II, (s. Nr. 31), S. 357–366.
198. Mack, Christa: Philipp Matthäus Hahn und (Christian Friedrich Daniel) Schubart. In: Hahn II, (s. Nr. 31), S. 367–376.
199. Paulus, Rudolf Friedrich: Philipp Matthäus Hahn in der Literatur des 19. Jahrhunderts. In: Hahn II, (s. Nr. 31), S. 511–521.
200. Rieth, Klaus: Philipp Matthäus Hahn. Ein Mensch mit zwei Berufungen. In: (Hahn,) Den schönsten Sternen Gottes gleich (s. Nr. 32), S. 7–18.
201. Hahn, Philipp Matthäus: Predigten in Auswahl. [Entnommen aus: Philipp Matthäus Hahn: Betrachtungen und Predigten über die sonn- und feiertäglichen Evangelien wie auch über die Leidensgeschichte Jesu, hrsg. von Paul Wurm, 9. Aufl. Stuttgart, Steinkopf, 1931.] In: (Hahn:) Den schönsten Sternen Gottes gleich (s. Nr. 32), S. 19–76.
202. Hahn, Philipp Matthäus: Lebensbeschreibung nach seinen eigenen Aufzeichnungen [„Lebenslauf des ehemaligen Pfarrers Hahn von Echterdingen", bearbeitet und um die Thanatographie ergänzt von Christoph Ulrich Hahn]. In: (Hahn:) Den schönsten Sternen Gottes gleich (s. Nr. 32), S. 77–117.
203. Schubart, Christian Friedrich Daniel: Grablied [auf Philipp Matthäus Hahn]. In: (Hahn:) Den schönsten Sternen Gottes gleich (s. Nr. 32), S. 118–120.
204. Schubart, Christian Friedrich Daniel: An Hahn, bei seiner Pfarrveränderung 1781. In: (Hahn:) Den schönsten Sternen Gottes gleich (s. Nr. 32), S. 121–123.
205. Deetjen, Werner-Ulrich: „Groß war er als Mechaniker, größer als Theologe und Gotteserweiser." In: (Hahn:) Den schönsten Sternen Gottes gleich (s. Nr. 32), S. 124–144.

206. Deetjen, Werner-Ulrich: Pfarr-Prophet und Bahnbrecher der High-Tech. Philipp Matthäus Hahn (1739 bis 1790). FAB 43, 1989, 150–156.
207. Urban, Wolfgang: Weltmaschine aus dem Geist der Frömmigkeit. Erhellende Funde zum Werk von Philipp Matthäus Hahn. Tübinger Bibliotheksinformationen. Mitteilungsblatt für das Bibliothekssystem der Universität Tübingen, Jg. 10 (1988), H. 1, Apr., S. 70f.
208. Breymayer, Reinhard: Phantasie und Rechenhaftigkeit. Studien zum Pietismus im Umkreis Philipp Matthäus Hahns. Preisschrift für den Philipp-Matthäus-Hahn-Preis der Stadt Kornwestheim. Ofterdingen, 1989 [masch.]. I + III + 206 Bl.
209. Bertsch, Lothar: Freude am Denken und Wirken. Das Leben des Pfarrers und Mechanikers Philipp Matthäus Hahn. Metzingen/Württ., Verlag Ernst Franz, 1990. 180 + [III] S.
210. Scheffbuch, Rolf: Ludwig Hofacker. Der Mann, die Wirkung, die Bewegung. Neuhausen-Stuttgart: Hänssler, 1988. 63 S. = Telos-Bücher 5050.
211. Ising, Dieter: Johann Christoph Blumhardt (1805–1880) und seine Möttlinger Amtsvorgänger Gottlieb Friedrich Machtholf (1735–1800) und Christian Gottlob Barth (1799–1862). Begleitbuch zur Blumhardt-Gedenkausstellung im Gottliebin-Dittus-Haus Möttlingen. Möttlingen-Stuttgart, Landeskirchliches Archiv, 1988. 80 S.
211a. Ising, Dieter: „Daß Jesus siegt, bleibt ewig ausgemacht…“ Johann Christoph Blumhardts Verkündigung im Spiegel seiner Gedichte und Vertonungen. BWKG 88, 1988 [1989 ersch.], 385–401.
212. Nigg, Walter: Rebellen eigener Art: Eine Blumhardt-Deutung. Stuttgart, Quell, 1988. 191 S.
213. Haag, Norbert: Frömmigkeit und sozialer Protest. Hans Keil, der Prophet von Gerlingen. Zeitschrift für Württembergische Landesgeschichte 48, 1989, 127–141.
213a. Schäfer, Gerhard (Bearb.): Große Hoffnungen – kleine Schritte im 19. Jahrhundert. Unter Mitarbeit von Konrad Gottschick, Dieter Ising, Paul Jenkins u. a. Stuttgart, Quell, 1989. 382 S. = Lesebuch zur Geschichte der Evangelischen Landeskirche in Württemberg, hrsg. von Konrad Gottschick und Gerhard Schäfer, 3.
S. a. Nr. 9–12, 268, 269.

X. Zinzendorf und die Brüdergemeine

214. Küchler, Heinz: Die Evangelische Brüder-Unität. In: Freikirchen und konfessionelle Minderheitskirchen. Ein Handbuch. Im Auftrag der Theologischen Studienabteilung beim Bund der Evangelischen Kirchen in der DDR, hrsg. von Hubert Kirchner. Berlin, Evangelische Verlagsanstalt, 1987. S. 73–90.

215. [Zinzendorf, Nikolaus Ludwig von:] Zinzendorfs letzte Rede in Herrnhaag. UF 26, 1989 (siehe Nr. 18), S. 73–76.
216. Beyreuther, Erich: Die große Zinzendorf-Trilogie. Marburg, Verlag der Francke-Buchhandlung, 1988. (4) + 237 + 302 + 318 S. [Enthält: Der junge Zinzendorf (1957), Zinzendorf und die sich allhier beisammen finden (1961), Zinzendorf und die Christenheit (1961). S. 317f.: Nachwort.]
217. Zimmerling, Peter: Zinzendorfs Schriftverständnis im Spannungsfeld der Geistesströmungen seiner Zeit. In: UF 25, 1989 (siehe Nr. 17), S. 69–103.
218. Herms, Eilert: Einigkeit im Fundamentalen. Probleme einer ökumenischen Programmformel. Ökumenische Rundschau 37, 1988, 46–66. [S. 52–55: Ökumene bei Zinzendorf.]
219. Willmer, Peter: Lessing und Zinzendorf. Eine vergleichende Studie zu Lessings Glauben. New York u. a., Lang, 1989. VI + 224 S. = American university studies 1,72. [Vgl. 14/206.]
220. Reichel, Hellmut: Esaak Iselins Begegnung mit Zinzendorf 1757. In: UF 24, 1989 (siehe Nr. 17), S. 7–32.
221. Schleiermacher, Friedrich: Kritische Gesamtausgabe. Hrsg. von Hans-Joachim Birkner und Gerhard Ebeling u. a. Abt. 5: Briefwechsel und biographische Dokumente. Bd. 5,1: Briefwechsel 1774–1796 <Briefe 1–326>. Hrsg. von Andreas Arndt und Wolfgang Virmond. Berlin, de Gruyter, 1985. LXXII + 489 S. Bd. 5,2: Briefwechsel 1796–1798 <Briefe 327–552>. Hrsg. von Andreas Arndt u. Wolfgang Virmond. Berlin, de Gruyter, 1988. LVII + 534 S. Rez.: DLZ 109, 1988, 138–141 = Jan Rachold. [U. a. zu Sch.s Beziehung zu Herrnhut.]
222. Kantzenbach, Friedrich Wilhelm: Der Gebrauch der Täglichen Losungen und Lehrtexte der Brüdergemeine durch Kaiser Wilhelm II. im Exil Doorn 1940/41. ZRGG 41, 1989, 52–61.
223. Meyer, Dietrich: Daniel Ernst Jablonsky (1660–1741). In: TRE 16, 1987, 432–434.
224. Modrow, Irina: Das Verhältnis zwischen sächsischer Landesregierung und Herrnhuter Brüdergemeine von 1727–1749. Dresdner Hefte. Beiträge zur Kulturgeschichte 11, 1987, 77–83.
225. Erbe, Hans-Walter: Herrnhaag – Tiefpunkt oder Höhepunkt der Brüdergeschichte? In: UF 26, 1989 (siehe Nr. 18), S. 37–51.
226. Reichel, Hellmut: Das Ende der Brüdergemeine Herrnhaag 1750. In: UF 26, 1989 (siehe Nr. 18), S. 52–72.
227. Krieg, Dieter: Abwanderung des welschen Häufleins auf dem Herrnhaag nach Neuwied an den Rhein 1750. Büdinger Geschichtsblätter 13, 1988, 44–49.
228. Peucker, Paul Martin: Der Weg der Herrnhaager Auswanderer nach Zeist. Büdinger Geschichtsblätter 13, 1988, 50–64.
229. Peucker, Paul Martin: Heerendyk. Gründung und Auflösung einer Herrnhuter Kolonie in den Niederlanden. In: UF 26, 1989 (siehe Nr. 18), S. 7–36.
230. Welch, Edwin (Hg.): The Bedford Moravian Church in the eight-

eenth century. A selection of documents. Bedford, Bedfordshire Historical Record Society, 1989, 283 S. + Ill. = The Publications of the Bedfordshire Historical Record Society 68.
231. Doerfel, Marianne: Erziehung und Charakterbildung im 18. Jahrhundert. Die Jugend des russischen Reichskontrolleurs Balthasar von Campenhausen. Nordost-Archiv. Zeitschrift für Kulturgeschichte und Landeskunde 86/87, 1987, 109–130. [B. v. Campenhausen wurde in Pädagogien der Brüdergemeine erzogen.]
232. Doerfel, Marianne: Ein Brief des russischen Reichskontrolleurs Balthasar von Campenhausen zur Verteidigung der Brüdergemeine aus dem Jahre 1823. In: UF 25, 1989 (siehe Nr. 17), S. 33–50.
233. Meyer, Dietrich: Schlesische Missionare im Dienst der Brüdergemeine (1732–1750). Beih. zum JSKG 7, 1986, 69–94. – [Anlagen/ Quellenanhang: viten Matth. Kremser, Hch. Beutel, Joh. Gottl. Ender.]
234. Balie, Isaac: Die Geskiedenis van Genadendal 1738–1988, Kaapstad-Johannesburg, Perskor, 1988. 263 S.
235. Heckewelder, John Gottlieb Ernestus: The first description of Cincinatti and other Ohio settlements: The travel report of Johan Heckewelder (1792). Mit einer Einführung von H. A. Rattermann. Hrsg. von Don Heinrich Tolzmann. Lanham/Maryland, University Press of America, 1988.
236. Loskiel, Georg Heinrich: Geschichte der Mission der evangelischen Brüder unter den Indianern in Nordamerika. Barby 1789. Reprint; mit einer Einführung von Matthias Meyer. Hildesheim, Olms, 1989. 100 + [16] + 783 S. = Nikolaus Ludwig von Zinzendorf, Materialen und Dokumente, Reihe 2: Leben und Werk in Quellen und Darstellungen, hrsg. von Erich Beyreuther und Matthias Meyer, Bd. 21.
237. Smaby, Beverly Prior: The Transformation of Moravian Bethlehem: From Communal Mission to Family Economy. Philadelphia, Univ. of Pennsylvania Press, 1988. XX + 271 S. Rez.: WMQ 47, 1990, 156 f. = Jonathan M. Chu.
238. Schattschneider, David: The Moravians. In: Penn's example to the nations. 300 years of the holy experiment. Harrisburg, Pennsylvania Council of Churches/Pennsylvania Religious Tercentenary Commitee, 1987. S. 90–96.
239. Thorp, Daniel B.: Chattel with a soul. The autobiography of a Moravian slave. The Pennsylvania Magazine of History and Biography 112, 1988, 433–451.
240. Frantz, John B.: Schwenkfelders and Moravians in America. In: Schwenkfelders in America: Papers Presented at the Colloquium on Schwenckfeld and the Schwenkfelders. Pennsburg, Pa. Sept. 17–22, 1984. Edited by Peer C. Erb. Pennsburg, Schwenkfelder Library, 1987. 101–112.
241. Durnbaugh, Donald F.: Brethren and Moravians in Colonial America. In: UF 25, 1989 (siehe Nr. 17), S. 51–68.
242. Lehmann, Helmut T.: Moravian Missionaries in Colonial New Eng-

land. Transactions of the Moravian Historical Society 25, 1988, 1–46.
243. Rossbach, Lioba: „... die armen wilden Indianer mit dem Evangelium bekannt machen." Die Herrnhuter Brüdergemeine an der Mosquitoküste im 19. Jahrhundert. In: Mosquitia. Die andere Hälfte Nicaraguas. Über Geschichte und Gegenwart der Atlantikküste. Hrsg. von Klaus Meschkat u. a. Hamburg, Junius, 1987. S. 37–48.
244. Davis, Davena Gwendolen Monk: „The dayspring from on high hath visited us": An examination of the missionary endeavours of the Moravians and the Anglican Church Missionary Society among the Inuit in the Arctic regions of Canada and Labrador. MS Diss. Montreal McGill University (Canada) Montreal 1987.
245. Armstrong, William H.: Organs for America. The Life and Work of David Tannenberg. Philadelphia, University Press, 1967. XIII + 154 S.
246. Meyer, Matthias: Zwischen Herrnhutertum und Humanismus. Leben und Werk von Landesbibliotheksdirektor Dr. Gerhard Meyer. In: Meyer, Gerhard: Zu den Anfängen der Straßburger Universität. Neue Forschungsergebnisse zur Herkunft der Studentenschaft und zur verlorenen Matrikel, bearbeitet und herausgegeben von Hans Georg Rott und Matthias Meyer. Hildesheim – New York, Olms, 1989. S. 1–16. = Historische Texte und Studien 11. [Enthält ein Verzeichnis der Werke Gerhard Meyers.]
S. a. Nr. 13, 14, 60, 253, 256, 325.

XI. Gottfried Arnold und der radikale Pietismus

247. Matthias, Markus: Das pietistische Ehepaar Johann Wilhelm Petersen (1639–1726) und Johanna Eleonore Petersen (1644–1724), geborene von und zu Merlau. Eine Biographie bis zur Amtsenthebung Petersens im Jahre 1692. Mit einem Verzeichnis der Werke des Ehepaares. Diss. theol. Erlangen 1988 (Masch.).
248. Kantzenbach, Friedrich Wilhelm: Die Schriften der Pfarrfrau Rosine Dorothea Ruckteschel als Quelle für die Geschichte des Pietismus. In: Theologie in Franken (Nr. 33), 158–189. [Zuerst in Archiv für die Geschichte von Oberfranken 57/58, 1978, 273–292.]
249. Grossmann, Walter: Gruber on the Discernment of True and False Inspiration. HThR 81, 1988, 363–388. – [In PuN 13, 1987, 47–67 deutsch: „Eberhard Ludwig Gruber über wahre und falsche Inspiration."
250. Jungmayr, Petra: Georg von Welling (1655–1727). Studien zu Leben und Werk. Stuttgart, Steiner, 1990. 196 S. = Heidelberger Studien zur Naturkunde der frühen Neuzeit 2. [U. a. „Das ‚Opus' unter theosophischen Alchemikern und Pietisten", S. 88–95.]
251. Wenz, Gunther: Geschichte der Versöhnungslehre in der evangeli-

schen Theologie der Neuzeit. München, Kaiser, 1984. Bd. 1. 476 S. = Münchener Universitätsschriften: Fachbereich Evangel. Theologie. Münchener Monographien zur historischen und systematischen Theologie 9. [S. 158–169 zu Dippel.]

252. Saine, Thomas P.: Von der Kopernikanischen bis zur Französischen Revolution. Die Auseinandersetzung der deutschen Frühaufklärung mit der neuen Zeit. Berlin, Schmidt, 1987. 306 S. [S. 237–249 zu J. Chr. Edelmann.] Rez.: Germanistik 30, 1989, 689f. = Hans-Wolf Jäger.

S. a. Nr. 68, 78, 133, 163, 260, 265, 266, 270, 325.

XII. Tersteegen und der reformierte Pietismus

S. Nr. 133

XIII. Regionalgeschichte

253. Doerfel, Marianne: Ein zweites Halle in Neustadt/Aisch? Zur Geschichte des Neustädter Gymnasiums unter Pietisten und Herrnhutern im 18. Jahrhundert. ZBKG 58, 1989, 141–177.

254. Fritze, Ernst: August Jakob Fritze (1734–1804). Skizze zum Lebensbild eines schlesischen Pfarrers. JSKG NF 64, 1985, 54–75. – [Enkel von Adelheid Sybille Schwartz; Schüler Baumgartens; Liederdichter; Kantatenkomponist; ‚Architekt'.]

255. Gasse, Wilhelm: Die „gute alte Stadt" und ihre Pastoren. Bilder aus Goslars Kirchen- und Stadtgeschichte in der Zeit des frühen Pietismus. Golsar, Geschichts- und Heimatschutzverein, 1988. VI + 132 S. = Beiträge zur Geschichte der Stadt Goslar 38. – [U. a. zu dem Spener-Korrespondenten Johann Michael Heineccius (1674–1722).]

256. Kantzenbach, Friedrich Wilhelm: Georg Ludwig Oeder [1694–1760]. In: Theologie in Franken (Nr. 33), 210–229. – [Erstdruck: Fränkische Lebensbilder 7, 1977, 161–176.] Zinzendorf-Gegner: BHZ B 244.

257. Kantzenbach, Friedrich Wilhelm: Johann Wilhelm von der Lith. Ein Beitrag zur Kirchengeschichte Ansbachs im 18. Jahrhundert. In Theologie in Franken (Nr. 33), 257–273. – [= ZBKG 1958, 39–51.]

258. Kröll, Joachim: Catharina von Greiffenberg († 1691). In: Fränkische Lebensbilder 10, 1982, 193–212.

259. vacat

S. a. Nr. 68, 70, 154, 227, 248, 280.

XIV. Pietismus außerhalb Deutschlands

260. Laasonen, Pentti: Johannes Gezelius d.J. und die Rezeption des deutschen Pietismus in Finnland. Wolfenbütteler Beiträge 8, 1988, 121–231. – [Anhang 187–231 Abdruck von Korrespondenz Gezels und Wegels u.a. mit Spener.]
261. Kautz, Karl: Matthias Bel – der Hauptvertreter des Pietismus im Karpatenland. Karpatenjahrbuch 1976, 59–70.
262. Mack, Rüdiger: Franz Daniel Pastorius, sein Einsatz für die Quäker. In: PuN 15, 1989 (S. Nr. 16), S. 132–171.
263. Seidensticker, Oswald: The first century of German printing in America 1728–1830. Preceded by a notice of the literary work of F. D. Pastorius. 1. A. Philadelphia 1893. Reprint Millwood, N. Y., Kraus, 1980. 253 S.
264. Balmer, Randall H.: A Perfect Babel of Confusion. Dutch Religion and English Culture in the Middle Colonies. New York u. a., OUP, 1989. 224 S.
265. Conner, Alvin E.: Sectarian childrearing: the Dunkers, 1708–1900. Gettysburg, Pa., Brethren Heritage Pr., [ca. 1978]. XI + 247 S.
266. Durnbaugh, Hedwig T.: The German Hymnody of the Brethren, 1720–1903. Philadelphia, Brethren Encyclopedia, Inc., 1986. 322 S. Rez.: Mennonite Quarterly Review 61, 1987, 435 f.; Brethren Life and Thought 32, 1987, 114 f. [Vgl. PB 11/181.]
267. Old, Hughes Oliphant: Gilbert Tennent and the Preaching of Piety in Colonial America: Newly Discovered Tennent Manuscripts in Speer Library. Princeton Seminary Bulletin. Princeton Theological Seminary 10, 1989, 132 ff.
268. Schmidt, Gerda: Christliche Schäferei in Amerika. Georg Rapps Harmonie-Gesellschaft 1805–1905. In: Suevica. Beiträge zur schwäbischen Literatur- und Geistesgeschichte. Hrsg. von Hartmut Froeschle, Bd. 5. Stuttgart 1989. S. 131–150 = Stuttgarter Arbeiten zur Germanistik 230.
269. Wegst, Annegret: New Harmony oder Der Traum vom vollkommenen Glück. Die Geschichte eines Siedlungsmodells in Indiana, USA und der Aufstieg und Untergang einer schwäbischen religiösen Auswanderergruppe. Beiträge zur Volkskunde in Baden-Württemberg 3, 1989, 79–101.
270. Moore, Frank M.: The Amana Society, 1867–1932: Accomodation of Old World Beliefs in a New World Frontier Setting. MS Diss. Vanderbilt University Nashville 1988. [Dissertation Abstracts 8815735.]
271. Zersen, David John: C. F. W. Walther and the heritage of pietist conventicles. Concordia Historical Institute Quarterly 62, 1989, 10–25.
272. Boylan, Anne M.: Sunday School: The Formation of an American Institution, 1790–1880. New Haven, Yale Univ. Pr., 1988. XIV + 225 S. Rez.: JAH 76, 1989/90, 586 f. = Paul H. Mattingly.

S. a. Nr. 228–232, 234–245.

XV. Ökumene und Mission

273. Kantzenbach, Friedrich Wilhelm: David Nerreter, sein „ökumenischer“ Katechismus und seine Wiedervereinigungsideen. In: Theologie aus Franken (Nr. 33), 274–289. [Zuerst: Mitt. d. Vereins für Geschichte der Stadt Nürnberg 63, 1976, 339–349.]
274. Thyssen, Anders Pontoppidan: Transquebarmissionen i ny belysning. Dansk Theologisk Tidsskrift 52, 1989, 110–125.
275. Gensichen, Hans-Werner: Bartholomäus Ziegenbalgs Rezeption der Tamil-Spruchweisheit. Neue Zs für Missionswissenschaft 45, 1989, 81–92.

S. a. Nr. 149, 150, 218, 233, 236, 242–244.

XVI. Der Kampf gegen den Pietismus

276. Schäffer, Peter: Reflections on the literary history of Erdmann Neumeister. Simpliciana 9, 1987, 185–191.

S. a. Nr. 256.

XVII. Der Übergang zur Aufklärung, zur Erweckungsbewegung und zum Idealismus

277. Meding, Wichmann von (Hg.): Predigten von protestantischen Gottesgelehrten der Aufklärungszeit. Reprogr. Nachdruck der Originalausgabe Berlin 1799. Darmstadt, Wissenschaftl. Buchges., 1989. (II) + XVII* + (IV) + VIII + 500 S.
278. Martens, Wolfgang: Die alte Frömmigkeit und das neue Weltbild im Flugschriftenstreit um den Hamburger „Patrioten“ (1724). In: Ders.: Literatur und Frömmigkeit (s. Nr. 27), S. 239–260. [Leicht veränderte Fassung eines 1972 unter dem Titel „Die Flugschriften gegen den ‚Patrioten‘ (1724). Zur Reaktion auf die Publizistik der frühen Aufklärung“ erschienenen Aufsatzes in: Rezeption und Produktion zwischen 1570 und 1730. Festschrift für Günther Weydt. Hrsg. von Wolfdietrich Rasch u. a. Bern – München 1972.]
279. Sparn, Walter: Auf dem Weg zur theologischen Aufklärung in Halle. Von Johann Franz Budde zu Siegmund Jakob Baumgarten. In: Halle (s. Nr. 28), S. 71–89.
280. Kantzenbach, Friedrich Wilhelm: Johann Wolfgang Brenks Stellung in der Geschichte des „Philosemitismus“ des 18. Jahrhun-

derts. In: Theologie aus Franken (Nr. 33), 290–317. [Zuerst ZRGG 31, 1979, 78–98.]
281. Bayer, Oswald: Johann Georg Hamann. In: Deutsche Dichter, Bd. 4 (s. Nr. 22), S. 7–19.
282. Hempelmann, Heinzpeter: „Gott – ein Schriftsteller!“ Johann Georg Hamann über die End-Äußerung Gottes ins Wort der Heiligen Schrift und ihre hermeneutischen Konsequenzen. Wuppertal, Brockhaus (TVG), 1988. 64 S. Rez.: TB 20, 1989, 319–321 = Bernd Weißenborn.
283. Baur, Wolfgang-Dieter: Johann Georg Hamann als Publizist. Zum Verhältnis von Öffentlichkeit und Verkündigung. Tübingen, Univ., Diss. (MS), 1989.
284. Bayer, Oswald: „Vernunft ist Sprache.“ Johann Georg Hamann. In: Auf der Suche nach dem verborgenen Gott. Zur theologischen Relevanz neuzeitlichen Denkens. Hrsg. von Alois Halder u. a. Mit Beiträgen von Hans Peter Balmer u. a. Düsseldorf, Patmos, 1987. S. 68–96 = Beiträge zur Theologie und Religionswissenschaft: Experiment Religionsphilosophie I.
285. Bayer, Oswald: Wahrheit oder Methode? Luise Abramowski zum 60. Geburtstag. ZThK 86, 1989, 179–203. [Zu J. G. Hamann.]
286. Baur, Wolfgang-Dieter: Johann Georg Hamann als Religionspublizist. NZSThRPh 31, 1989, 141–164.
287. Gaier, Ulrich: Gegenaufklärung im Namen des Logos: Hamann und Herder. In: Schmidt, Jochen (Hg.): Aufklärung und Gegenaufklärung in der europäischen Literatur, Philosophie und Politik von der Antike bis zur Gegenwart. Darmstadt, Wiss. Buchgesellschaft, 1989. S. 261–276.
288. Majetschak, Stefan: Über den ‚Geschmack an Zeichen‘. Zu Johann Georg Hamanns Begriff des Textes, des sprachlichen Zeichens und des Stils. Kodikas/Code. Ars semeiotica. An international journal of semiotics 10, 1987, 135–151.
289. Lavater, Johann Kaspar: Sämtliche kleinere prosaische Schriften von 1763–1783. Drei Bände in einem Bd. Nachdruck der Ausgabe Winterthur, Steiner, 1784 und 1785. Hildesheim, Olms, 1987. 1265 S.
290. Jaton-Cecchinelle, Anne-Marie: Jean-Gaspard Lavater, R. Coeckelberghs, 1988. 158 S. = Les Grands Suisses 3. [Deutsche Ausgabe gleichzeitig: Zürich, Schweizerisches Verlagshaus, vgl. PB 14/283.] Rez.: ARIES 9, 1989, 63–67 = Jean Richer.
291. Kontje, Todd: Private life in the public sphere. Heinrich Jung-Stillings *Lebensgeschichte*. Colloquia Germanica 21, 1988, 275–287.
292. Jung-Stilling-Lexikon. Hrsg. u. eingel. von Gerhard Merk. Kreuztal 1988, XXV + 198 S.
293. Stadler, Ulrich: Johann Heinrich Jung (genannt Jung-Stilling). In: Deutsche Dichter, Bd. 3 (s. Nr. 22), S. 351–358.
294. Hahn, Otto W.: Jung-Stilling zwischen Pietismus und Aufklärung. Sein Leben und sein literarisches Werk 1778–1787. Frankfurt/M. – Bern – New York – Paris, Lang, 1988. XVI + 817 S. = Europäische Hochschulschriften Reihe 23 (Theologie), 344. Zugl. Diss. ev. theol.

Mainz. Rez.: BPfKG 56, 1989, 146 = Bernhard H. Bonkhoff; PuN 15, 1989, 252–254 = Erich Beyreuther.
295. Harder, Johannes und Mertens, Erich: Jung-Stilling-Studien. 2., durchgesehene und erweiterte Aufl. Siegen, J.-G.-Herder-Bibliothek Siegerland, 1987. 125 S. = Schriften der J.-G.-Herder-Bibliothek Siegerland e. V. 15.
296. Keller, Jules: Jung-Stilling face à la révolution. „L'homme en gris" lance l'anathème contre les sans-culottes. In: Germanistik in interkultureller Perspektive. Articles réunis et publiés par Adrien Finck et Gertrud Gréciano en hommage à Gonthier-Louis Fink. (Rééd.) Strasbourg, Univ. des Sciences Humaines de Strasbourg, Institut d'études allemandes, 1989. S. 155–164 = Collection Recherches Germaniques 1.
297. Keller, Jules: La conception de l'âge d'or chez Jung-Stilling et chez Novalis. Son rapport avec la Révolution française. In: Fink, Gonthier-Louis (Hg.): Les romantiques allemands et la Révolution française. Die deutsche Romantik und die französische Revolution. Colloque international organisé par le Centre de Recherches „Images de l'Étranger". Strasbourg, Univ. des Sciences Humaines de Strasbourg, 1989. S. 37–39 = Collection Recherches Germaniques 3.
298. Freund, Winfried: Matthäus Claudius. In: Deutsche Dichter, Bd. 3 (s. Nr. 22), S. 339–350.
299. Buck, Theo: Aufklärung von unten. Zum *Schreiben eines parforcegejagten Hirschen an den Fürsten der ihn parforcegejagt hatte* von Matthias Claudius. In: Recherches nouvelles sur l'*Aufklärung*. Actes du 18e congrès de l'Association des Germanistes de l'Enseignement Supérieur Reims 27–28 avril 1985. Publ. par Roland Krebs. Reims, Pr. univ. de Reims, 1987, S. 91–107.
300. Koch, Hans-Albrecht: ‚... mich dünkt, Kupfer in einem Buch sollen nie fürs Auge des Kenners seyn.' Die Illustrationen zum Werk von Matthias Claudius. In: Einheit in der Vielfalt. Festschrift für Peter Lang zum 60. Geburtstag. Red. Betreuung: Gisela Quast. Bern – Frankfurt/M. – New York, Lang, 1988. S. 270–295.
301. Kaiser, Klaus-Dieter: Die Anfänge der Preußischen Hauptbibelgesellschaft und ihr Verhältnis zur Evangelischen Kirche. In: Beginn (s. Nr. 34), S. 14–39.
302. Gundert, Wilhelm: Die ökumenischen Wurzeln der Bibelgesellschaftsbewegung und ihr Einfluß auf die Arbeit der Preußischen Hauptbibelgesellschaft. In: Beginn (s. Nr. 34), S. 40–55.
303. Löffler, Helmut und Bätjer, Joachim: 175 Jahre Sächsische Hauptbibel-Gesellschaft. In: Beginn (s. Nr. 34), S. 56–65.
304. Gäbler, Ulrich: Erweckung im europäischen und im amerikanischen Protestantismus. In: PuN 15, 1989 (s. Nr. 16), S. 24–39.
305. Lehmann, Hartmut: Neupietismus und Säkularisierung. Beobachtungen zum sozialen Umfeld und politischen Hintergrund von Erweckungsbewegung und Gemeinschaftsbewegung. In: PuN 15, 1989 (s. Nr. 16), S. 40–58.

306. Ohlemacher, Jörg: Die Anfänge der Gemeinschaftsbewegung. In: PuN 15, 1989 (s. Nr. 16), S. 59–83.
307. Berewinkel, Johannes S.J.: Zur Theologie der Gemeinschaftsbewegung. In: PuN 15, 1989 (s. Nr. 16), S. 95–113.
308. Henhöfer, Aloys: Erst der Glaube, dann die Tat. Henhöfers Botschaft vom Heilsweg. Zusammengestellt von R. Berggötz. Lahr – Dinglingen, Schweickhardt, 1987. 103 S. = Telos-Bücher 491; Telos-Taschenbuch.
309. Hagedorn, Eckhard (Red.): Henhöfers autobiographische Rückblende. TB 20, 1989, 149–164.
310. Benrath, Gustav Adolf: Aloys Henhöfer und seine Bedeutung für die evangelische Kirche in Baden. In: Ders.: Aloys Henhöfer und seine Bedeutung für die evangelische Kirche in Baden. Vorträge anläßlich der Eröffnung der Ausstellung „Aloys Henhöfer und die Badische Erweckungsbewegung“ am 29. 8. 1989 in der Badischen Landesbibliothek Karlsruhe. Karlsruhe, Badische Bibliotheksgesellschaft, 1989. S. 1–28. = Vorträge / Badische Landesbibliothek 23.
311. Benrath, Gustav Adolf: Aloys Henhöfer (1789–1862) und sein Wirken für die Erweckung in Baden. TB 20, 1989, 113–130.
312. Köhler, Oskar: Aloys Henhöfer und die katholische Erweckungsbewegung. In: Benrath, Gustav Adolf: Aloys Henhöfer und seine Bedeutung für die evangelische Kirche in Baden. Karlsruhe, Badische Bibliotheksgesellschaft, 1989. S. 29–44.
313. Aloys Henhöfer (1789–1862) und die badische Erweckungsbewegung. Eine Ausstellung der Badischen Landesbibliothek Karlsruhe in Zusammenarbeit mit der Evangelischen Landeskirche in Baden/ Landeskirchliche Bibliothek Karlsruhe. Erarbeitet von Gerhard Schwinge. (Ausstellungskatalog hg. von der Badischen Landesbibliothek). Karlsruhe, Badische Landesbibliothek, 1989. 88 S. m. zahlr. Abb./Faks. – [Vgl. PB 14/321.]
314. Pfisterer, Hans: Aloys Henhöfer und die Theologie der Reformatoren. Gedanken zu Henhöfers Predigt. TB 20, 1989, 139–148.
315. Blaufuß, Dietrich: Wilhelm Löhe auf der Spur bleiben. Zur Veröffentlichung aus Briefen und Tagebüchern Wilhelm Löhes. Homiletisch-Liturgisches Korrespondenzblatt NF 1988/89, 482–488. [Vgl. PB 14/324.]
316. Mooser, Josef, Regine Krull, Bernd Hey, Roland Gießelmann (Hgg.): Frommes Volk und Patrioten. Erweckungsbewegung und soziale Frage im östlichen Westfalen 1800 bis 1900. Bielefeld, Verlag für Regionalgeschichte, 1989. 400 S., 214 Abb.
317. Mooser, Josef: Religion und sozialer Protest: Erweckungsbewegung und ländliche Unterschichten im Vormärz am Beispiel von Minden-Ravensberg. In: Sozialer Protest: Studien zu traditioneller Resistenz und kollektiver Gewalt in Deutschland vom Vormärz bis zur Reichsgründung. Hrsg. von Heinrich Volkmann und Jürgen Bergmann. Opladen, Westdt. Verlag, 1984. S. 304–324. = Schriften des Zentralinstituts für Sozialwissenschaftliche Forschung der Freien Univ. Berlin 44.

318. Katterfeld, Anna: Die Stadt der Barmherzigkeit. Bilder aus Vater Bodelschwinghs Leben und Lebenswerk. Lahr – Dinglingen, St. Johannis-Druckerei, 1988. 231 S. = Telos-Bücher 499.
319. Scheffler, Jürgen: Protestantismus zwischen Vereinswohltätigkeit und verbandlicher Wohlfahrtspflege: Innere Mission und Wandererfürsorge in Westfalen vor dem Ersten Weltkrieg. Westfälische Forschungen 39, 1989, 256–282.
320. Pfleiderer, Johann G.: Gnadauer Pfingstkonferenz 1888: Durch Begegnung zur Gnadauer Bewegung. Verhandlungen der Gnadauer Pfingstkonferenz (22.–24. Mai 1888) über das Recht gemeinschaftlicher Privaterbauung, Gemeinschaftspflege, Evangelisation und Laientätigkeit im Verhältnis zum pastoralen Amt, u. a. Neubearb. von Johannes Dressler. Berlin, Evangelische Verlags-Anstalt, 1987. 180 S. = Schrifttum des Evangelisch-Kirchlichen Gnadauer Gemeinschaftswerkes in der DDR.

XVIII. Die Bedeutung des Pietismus für Literatur und Kunst

321. Ruhbach, Gerhard: Die Erweckung von 1905 und die Anfänge der Pfingstbewegung. In: PuN 15, 1989 (s. Nr. 16), S. 84–94.
322. Murtorinne, Eino: The History of Finnish Theology 1828–1918. Helsinki, Societas Scientiarium Fennica, 1988, 252 S. [S. 55–75: „The Influence of the Revival Movements".]

S. a. Nr. 15, 134, 210–213 a, 219, 221, 222, 251, 252, 254, 256, 324, 325, 329–332.

323. Marigold, W. Gordon: Opera, politics and religion in Hamburg 1678–1715. Lutheran Quarterly, N. S., 3, 1989, 65–90.
324. Verweyen, Theodor: „Halle, die Hochburg des Pietismus, die Wiege der Anakreontik." Über das Konfliktpotential der anakreontischen Poesie als Kunst der „sinnlichen Erkenntnis". In: Halle (s. Nr. 28), S. 209–238.
325. Dobras, Werner: Jakob Hermann Obereit 1725–1798. Arzt, Literat, Mystiker und Philosoph. In: Lebensbilder aus dem Bayerischen Schwaben. Bd. 13. Zusammengestellt u. f. d. Druck vorber. v. Adolf Layer †. Hg. v. Josef Bellot. Weißenhorn, Anton H. Konrad, 1986, 199–217 = Schwäbische Forschungsgemeinschaft bei der Kommission für Bayerische Landesgeschichte. Veröff. R. 3 Bd. 13. – [Verbind. m. Hektor v. Marsay, Lavater, Sulzer/Winterthur (Herrnhuter), Andr. Nitsche/Oberlausitz, K. Ph. Moritz.]
326. Martens, Wolfgang: Officina Diaboli. Das Theater im Visier des Halleschen Pietismus. In: Ders.: Literatur und Frömmigkeit (s. Nr. 27), S. 24–49. [Erscheint zugleich in: Halle und die deutsche

Aufklärung, hrsg. von Norbert Hinske. (s. Nr. 28) Heidelberg 1988. S. 183–209. In der vorliegenden Fassung überarbeitet und ergänzt.]

327. Martens, Wolfgang: Hallescher Pietismus und schöne Literatur. In: Ders.: Literatur und Frömmigkeit (s. Nr. 27), S. 76–181.

328. Martens, Wolfgang: Frommer Widerspruch. Pietistische Parodien auf Oden der frühen Aufkärungszeit. In: Ders.: Literatur und Frömmigkeit (s. Nr. 27), S. 182–198.

329. Martens, Wolfgang: Erbauliche Naturlyrik eines Aufklärers (B. H. Brockes). In: Ders.: Literatur und Frömmigkeit (s. Nr. 27), S. 261–275. [Bereits veröffentlicht unter dem Titel „Über Naturlyrik der frühen Aufklärung (B. H. Brockes) in: Wege der Worte. Festschrift für Wolfgang Fleischhauer. Hrsg. von Donald D. Riechel. Köln – Wien, Böhlau, 1978.]

330. Martens, Wolfgang: „Schüler der Natur." Albrecht von Hallers Alpengedicht als Utopie sündloser Existenz. In: Ders.: Literatur und Frömmigkeit (s. Nr. 27), S. 276–286. [Erscheint auch in der Festschrift für Herbert Kolb, hrsg. von Klaus Matzel und Hans-Gert Roloff, Bern – Frankfurt/M. – New York, Lang, 1989.]

331. Martens, Wolfgang: Über die Tabakspfeife und andere erbauliche Materien. Zum Verfall geistlicher Allegorese im frühen 18. Jahrhundert. In: Ders.: Literatur und Frömmigkeit (s. Nr. 27), S. 214–238. [Bereits veröffentlicht in: Verbum et Signum. Beiträge zur mediävistischen Bedeutungsforschung. Friedrich Ohly zum 60. Geburtstag. Hrsg. von Hans Fromm, Wolfgang Harms, Uwe Ruberg. Bd. 1. München 1975.]

332. Martens, Wolfgang: Gellert zwischen Frömmigkeit und Tugend. Sein „Leben von der schwedischen Gräfin von G." vor pietistischem Hintergrund. In: Ders.: Literatur und Frömmigkeit (s. Nr. 27), S. 199–213.

333. Voßkamp, Wilhelm: Johann Gottfried Schnabel. In: Deutsche Dichter, Bd. 3 (s. Nr. 22), S. 22–33.

334. Grohnert, Dietrich: Schnabels ‚Insel Felsenburg'. Aufbau und Verfall eines literarischen sozialutopischen Modells. Weimarer Beiträge 35, 1989, 602–617.

335. Gould, Robert: Spinoza and Lavater in *Dichtung und Wahrheit* and the paradoxical nature of autobiography. Seminar 24, 1988, 310–343.

336. Moritz, Karl Philipp: Deutsche Sprachlehre für die Damen. In Briefen. Nördlingen, Greno, 1988. 298 S. = Die Schriften in dreißig Bänden, hrsg. von Petra und Uwe Nettelbeck, Bd. 13. Rez.: Germanistik 29, 1988, 938 f. = Michael Voges.

337. Müller, Lothar: Karl Philipp Moritz. In: Deutsche Dichter, Bd. 4 (s. Nr. 22), S. 231–251.

338. Panthel, Hans W.: From the ‚blutrothe' to the blaue Blume: J. H. Jung-Stilling and Novalis. Neophilologus 72, 1988, 582–587.

339. Hermann Hesse: Personen und Schlüsselfiguren in seinem Leben. Ein alphabetisches annotiertes Namensverzeichnis mit sämtlichen Fundstellen in seinen Werken und Briefen. Hrsg. von Ursula Apel mit Unterstützung des Komitees der Internationalen Hermann-Hes-

se-Kolloquien in Calw. Bd. I.II. München – London – New York – Paris, K. G. Saur, 1989. Bd. I: A–I. XXII S. + S. 1–493 + [I] S. Bd. II: J–Z. [V] S. + S. 494–1057 + [III] S. Enthält zahlreiche Pietisten, z. B. S. 21: Arnold, Gottfried; S. 54f.: Bengel, Johann Albrecht; S. 243: Francke, August Hermann; S. 728: Oetinger, Friedrich Christoph; S. 901: Spener, Philipp Jakob; S. 1052f.: Zinzendorf.

S. a. Nr. 53, 151, 254, 287, 300.

XIX. Rezensionen

Die folgenden Rezensionen beziehen sich jeweils auf die in der Pietismus-Bibliographie von „Pietismus und Neuzeit" aufgeführten Titel. Die erste Ziffer bezeichnet den Jahrgang, die zweite die Nummer des Titels.

15/9 op't Hof, W. J.: De bibliografie van de werken van Eeuwout Teelinck (1988). JEH 41, 1990, 168 = John Platt; PuN 15, 1989, 229–231 = Cornelis Graafland.

15/24 Sommer: Gottesfurcht (1988): Das Historisch-Politische Buch 37, 1989, 40 = Johannes Wallmann.

15/159 Ströhm: Brüdergemeine Neuwied (1988): JHKGV 39, 1988, 181–182 = Karl Dienst.

15/160 Männchen, Julia: Gustav Dalmans Leben und Wirken (1988): ThLZ 114, 1989, Sp. 366–368 = Michael Trensky.

15/165 Schrader, Hans-Jürgen: Literaturproduktion und Büchermarkt des radikalen Pietismus (1989): ThLZ 114, 1989, Sp. 903–905 = Martin Brecht; Germanistik 30, 1989, 695f. = Jochen Schmidt.

15/199 Nørgaard, Anders: Mission und Obrigkeit (1988): ThLZ 114, 1989, Sp. 234f. = Niels-Peter Moritzen.

15/209 Schulz, Hartmut H. R.: Johann Salomo Semlers Wesensbestimmung des Christentums (1988): ThRv 85, 1989, Sp. 306f. = Philipp Schäfer.

15/223 Lindner, Helgo: J. G. Hamann: Aufbruch zu biblischem Denken in der Zeit der Aufklärung (1988): ThLZ 114, 1989, Sp. 210f. = Martin Seils.

15/237 Weigelt, Horst: Lavater und die Stillen im Lande (1988): ThLZ 114, 1989, Sp. 446f. = Peter Schicketanz; Das Historisch-Politische Buch 37, 1989, 41 = Christian Peters.

15/240 Jung-Stilling, Johann Heinrich: Wirtschaftslehre und Landeswohlstand: PuN 15, 1989, 255–256 = Thomas Baumann.

15/241 Kirchhofer, Melchior: Ein Schweizer Student in Marburg /1794/95: PuN 15, 1989, 256–257 = Thomas Baumann

15/252 Prelinger, Catherine M.: Charity, Challenge, and Change (1987): AHR 94, 1989, 1125f. = John C. Fout.

15/253 Bunners, Christian: Fritz Reuter und der Protestantismus (1987):

Jb des Vereins für niederdeutsche Sprachforschung 112, 1989, 167–169 = Jürgen Hein.

15/260 Wintle, Michael: Pillars of Piety (1987): JEH 40, 1989, 150 = Geoffrey F. Nuttall; Historical Journal 32, 1989, 247f. = Nicholas Hope.

14/17 Alblas, J. B. H.: Johannes Boekholt (1987): JEH 41, 1990, 121f. = Nigel Smith.

14/19 Martens, Wolfgang et al. (Hg.): Bibliographische Probleme im Zeitalter eines erweiterten Literaturbegriffes: PuN 15, 1989, 220–222 = Hanspeter Marti.

14/17 Bangerter-Schmidt, Eva-Maria: Erbauliche illustrierte Flugblätter aus den Jahren 1570–1670 (1986): AKuG 70, 1988, 264f. = Monika Pieper; ZKG 100, 1989, 260–263 = Harry Oelke; Germanistik 30, 1989, 680f. = Ingrid Höpel.

14/56 Pieper, Monica: Daniel Sudermann (1985): ZKG 100, 1989, 256–258 = Eberhard Pältz; RHPhR 69, 1989, 74f. = Marc Lienhard.

14/81 Straeter, Udo: Sonthom, Bayly, Dyke und Hall: PuN 15, 1989, 225–228 = Kapsar von Greyerz.

14/82 Saxby, Trevor J.: The Quest for the New Jerusalem (1987): RHE 84, 1989, 155–158 = Elisabeth Labrousse.

14/126 Krumwiede, Hans-Walter: Geschichte des Christentums III-. Neuzeit: 17. bis 20. Jh. (^{2}1987): ZKG 100, 1989, 249–251 = Hartmut Lehmann.

14/150 Spener, Philipp Jakob: Letzte Theologische Bedencken. Hg. v. D. Blaufuß und Peter Schicketanz: PuN 15, 1989, 235–240 = Wolfgang Sommer.

14/152a Stein, K. James: Philipp Jakob Spener: Pietist Patriarch (1986): ChH 58, 1989, 111f. = Eric Lund; PuN 15, 1989, 240–245 = Johannes Wallmann.

14/168 Baden und Württemberg im Zeitalter Napoleons (Katalog): PuN 15, 1989, 257–259 = Karl-Martin Hummel.

14/187 Breymayer, Reinhard (Hg.): Hahn, Philipp Matthäus: Kurze Beschreibung einer kleinen beweglichen Welt-Maschine (1988): ARIES 9, 1989, 72–74 = Gisèle Marie; Technikgeschichte 56, 1989, 346 = Eberhard Knobloch.

14/249 Bonomi, Patricia U.: Under the Cope of Heaven (1986): Historical Journal 32, 1989, 240–242 = H. C. Porter; JEH 40, 1989, 294f. = Randall Balmer; ChH 58, 1989, 522f. = John Corrigan.

14/264 Aring, Paul Gerhard: Christen und Juden heute: PuN 15, 1989, 222–225 = Martin Friedrich.

14/265 Friedrich, Martin: Zwischen Abwehr und Bekehrung (1988): ThLZ 114, 1989, Sp. 526–528 = Ernst Koch; ZBKG 58, 1989, 227–229 = Friedrich Niewöhner.

14/278 Vinke, Rainer: Jung-Stilling und die Aufklärung (1987): ZfG 37, 1989, 470 = Karlheinz Gerlach; ThLZ 114, 1989, Sp. 827f. = Peter Schicketanz; JWKG 82, 1989, 245f. = Martin Brecht;

JHKGV 39, 1988, 136–137 = Karl Dienst; PuN 15, 1989, 249–252 = Carsten Zelle.

14/282 Sauer, Klaus Martin: Die Predigttätigkeit Johann Kaspar Lavaters (1988): ThLZ 114, 1989, Sp. 364–366 = Peter Schicketanz.

14/283 Jaton, Anne-M.: Johann Caspar Lavater (1988): Germanistik 30, 1989, 441 = August Ohage.

14/297 Kantzenbach, Friedrich Wilhelm: Politischer Protestantismus (1987): ZRGG 41, 1989, 185 = Cornelius Kohl.

14/302 Gundert, Wilhelm: Geschichte der deutschen Bibelgesellschaften im 19. Jh. (1987): ThLZ 114, 1989, Sp. 289f. = Martin Brecht; BWKG 88, 1988 [1989 ersch.], 477–479 = Eberhard Lempp.

14/321 Heinsius, Wilhelm: Aloys Henhöfer und seine Zeit (1987): TB 20, 1989, 165f. = Eckhard Hagedorn; JHKGV 39, 1988, 137f. = Karl Dienst; PuN 15, 1989, 259–261 = Jochen Winkler.

14/342 u. 343 Moritz, Karl Philipp: Die Schriften in dreißig Bänden. Hrsg. von Petra und Uwe Nettelbeck. Bd. 1–10 (Magazin zur Erfahrungsseelenkunde), 15–16 (Anton Reiser): Germanistik 29, 1988, 938f. = Michael Voges.

13/12 PuN 12 (1986): ZKG 100, 1989, 254–256 = Karl Dienst; JHKGV 39, 1988, 134–136 = Karl Dienst.

13/14 Piet.-Forschungen, ed. D. Blaufuß (1986): JHKGV 39, 1988, 132–134 = Karl Dienst; PuN 14, 1988, 242–246 = Wilhelm Kühlmann; Das Historisch-Politische Buch 37, 1989, 40–41 = Manfred Jakubowski-Tiessen; Dix-Huitième siècle 20, 1988 = D. Bourel. ZBKG 58, 1989, 251–253 = Reinhard Lieske.

13/18 Steinhagen, Harald (Hg.): Zwischen Gegenreformation und Frühaufklärung (1985): Germanistik 30, 1989, 682f. = Peter Pfaff.

13/19 u. 20 Greschat, Martin (Hg.): Die neueste Zeit I–IV (= Gestalten der Kirchengeschichte 9,1/2–10,1/2) (1985–86): ZKG 100, 1989, 253f. = Manfred Weitlauff.

13/28 Andersson, Bo: „Du Solst wissen es ist aus keinem stein gesogen“ (1986): Germanistik 29, 1988, 912 = Friedhelm Kemp.

13/31 Deghaye: Naissance de Dieu ou Boehme (1985): JSKG NF 64, 1985, 207–208 = Dietrich Meyer.

13/44 Kuon, Peter: Utopischer Entwurf und fiktionale Vermittlung (1986): Daphnis 18, 1989, 311–322 = Ludwig Stockinger.

13/134 Spener, Philipp Jacob: Schriften III, 1,1 und 1,2, hg. v. Erich Beyreuther (1986): ZRGG 41, 1989, 270–272 = Gottfried Seebaß; PuN 15, 1989, 231–235 = Walter Sparn.

13/196 Frenz, Albert (Hg.): Hermann Gundert. Calwer Tagebuch 1859–1893 (1986): BWKG 88, 1988 [1989 ersch.], 479f. = Christof Munz.

13/198 Sauer, Paul: Uns rief das Heilige Land (1985): TB 20, 1989, 221f. = Oliver Kohler.

13/243 Rennstich, Karl: Handwerker-Theologen und Industrie-Brüder (1985): BWKG 88, 1988, 480–483 = Paul Jenkins.

13/291 Ohlemacher, Jörg: Das Reich Gottes in Deutschland bauen: PuN 15, 1989, 261–265 = Edwin Brandt.

13/303 Bezold, Raimund: Popularphilosophie und Erfahrungsseelenkunde (1984): Germanistik 30, 1989, 442f. = Peter Rau.

13/232 Aland, Kurt (Hg.): Die Korrespondenz Heinrich Melchior Mühlenbergs. Bd. II: PuN 15, 1989, 245–249 = Donald F. Durnbaugh.

12/57 Andresen, Carl (Hg.): Handbuch der Dogmen- und Theologiegesch., Bd. 3 (1984): ThR 54, 1989, 432–434 = Johannes Wirsching.

12/67 Neugebauer, Wolfgang: Absolutistischer Staat und Schulwirklichkeit in Brandenburg-Preußen (1985): ZHF 15, 1988, 500-502 = Hans-Georg Herrlitz.

12/71a Wallmann, Johannes: Philipp Jakob Spener und die Anfänge des Pietismus ([2]1986): RHPhR 69, 1989, 72f. = Marc Lienhard.

12/138a Ludewig, Hansgünter: Gebet und Gotteserfahrung bei Gerhard Tersteegen (1986): ZRGG 40, 1988, 376f. = Gerd Grauvogel.

11/55 Köster, Beate: Die Lutherbibel im frühen Pietismus (1984): ZKG 100, 1989, 258–260 = Dietrich Blaufuß.

11/143 Klammer: KG Arfeld (1883): ZBKG 56, 1987, 308–310 = Dietrich Blaufuß.

11/146 Benad: Toleranz (1983): AHG 43, 1985, 631–634 = Walter Nieß; Aufklärung 1, 1986, 117–119 = Diethelm Klippel; Büdinger Geschichtsbl. 13, 1988, 311–316 = Matthias Benad [Replik auf Decker (s. u.], Blaufuß (ZKG 1987, 245–253), Hans Schneider (PuN 13, 1987, 283–289) und Nieß (s. o.)]; DtPfrBl 84, 1984, 626 = Hanns Martin Wolf; JHKGV 36, 1985, 136–137 = Karl Dienst; JWG 1986, 211–212 = Helga Raschke; Hess. Heimat 35, 1985, 199 = Gerhard Menk; Ius Communale 14, 1987, 274–276 = Stephan Buchholz; ZVHG 90, 1984/85, 323–324 = Klaus Peter Decker; ZfG 33, 1985, 1136–37 = Heinz Kathe.

9/187 Reitz, Johann Henrich: Historie der Wiedergebohrnen (Reprogr. Nachdruck, hg. v. Hans-Jürgen Schrader, 1982): Germanistik 30, 1989, 694f. = Friedhelm Kemp.

9/280 Moritz, Karl Philipp: Werke, hrsg. von H. Günther, Bde. 1–3 (1981): Germanistik 30, 1989, 156f. = Waltraud Wiethölter.

8/172 u. 6/158 Hirzel: Graf (1980); Bintz: Dichter (1979): JHKGV 39, 1988, 138 = Karl Dienst.

5/144 u. 10/135 Hahn, Philipp Matthäus: Die Kornwestheimer Tagebücher (1979) und ders.: Die Echterdinger Tagebücher (1983): Germanistik 30, 1989, 714 = Wolfram Mauser.

Personen- und Ortsregister

Erstellt von Ute Gause

Abraham 175
Adam 127, 129
Ägypten 146, 152
Ahlstrom, Sidney E. 161
Aland, Kurt 174, 176f
Alderfer, E. Gordon 116f
Allendorf/Werra 64, 67, 70
Allgäu 173–175, 177–184, 191, 195
Altdorf 115
Altona 67, 69, 161
Amana/Iowa 76, 78, 85, 89, 97, 123–125
Amerika bzw. United States 11, 22, 95, 112, 114–116, 118, 120f, 123f, 128, 130, 149, 157, 160f, 164, 170, 202
Amsterdam 31–33, 36, 38–40, 43–52, 126
Amyraut, Moïse 104
Andelson, Jonathan G. 91, 124
Appenfeller, Johann Friedrich 58, 63, 69
Aristoteles 142
Arnauld, Antoine 104
Arndt, Johann 36, 42, 126, 203
Arndt, Karl J. R. 120, 128f.
Arnheim 39
Arnold, Gottfried 31, 66, 73f, 113f, 117, 126–129
Aron 110
Asch, Ronald 27
Ashton-in-Makerfield 17
Asien 149
Asseburg, Rosamunde Juliane von 35, 61
Astrakan 149
Augsburg 146, 174, 177–179
Augsburgische Konfession 41f, 50, 200–202, 205f
Augustinus, Aurelius 192
Aurich 39
Aurora, Oregon 129
Aylmer, Gerald 21

Babel 40, 60, 83
Bach, Anton 176f
Baden 9, 185, 196f, 201f, 204, 205–209
– Karl Friedrich, Großherzog von B. 133, 202
Baden-Durlach 197
Baers, Johannes 50
Balingen 204
Baindlkirch 179
Baker, Frank 166
Baker, R. L. 129
Barthel, Diane L. 76, 124
Barthold, Friedrich Wilhelm 65f, 68
Basel 184
Bauberger, Ida 180
Bauer, Eberhard 53, 58, 63, 69
Baumann, Thomas 9, 132
Baumgarten, Siegmund Jacob 79
Bäumler, Johann Michael 123
Baxter, Richard 13, 17, 19f, 23
Bayern 179, 184
Bayle, Pierre 110f
Bayly 20
Bayr, Xaver 175, 177f, 180
Beard, Thomas 22
Becker, Eduard 54, 61, 69, 73
Beecher, Lyman 170
Beissel, Johann Konrad 117–119, 122, 126–128
Benad, Matthias 124
Bengel, Johann Albrecht 149f, 154
Benrath, Gustav Adolf 9, 134, 162f, 196
Benz, Ernst 73, 116, 148
Berg, Jan van den 31
Berge, Gottfried zum 36, 43
Berleburg 62, 83–85, 93f, 96, 128
Berlin 7, 33f, 36f, 59, 179
Bern 5, 62
Best, G. F. A. 158
Bestor, Arthur 112, 121
Bethel, Missouri 129
Bethmann-Hollweg, Moritz August von 175, 179

Betke, Joachim 32, 34–37
Beuggen 205
Beyreuther, Erich 56, 159f, 162–165
Beyreuther, Gottfried 71
Beza, Theodor 12, 21, 28
Birkner, Gerd 19
Birstein 9
Blaufuß, Dietrich 32f, 46
Blockhoy, P. C. 112, 114
Blooming Grove 122, 129
Bochart, 104
Bockhara (Buchara) 148
Böhme, Jakob 32, 59, 66, 71, 73, 113–117, 126–130
Bolten, Johann Adrian 65
Bonbonnaux, Jacques 109
Bonn 77
Boos, Martin 173–181, 184, 188–195, 198
Borken 64
Bornewasser, J. A. 157
Bossy, John 18
Bost, Amy 157
Bost, Charles 102f, 105
Bourcier, Elisabeth 15
Bracht van, Tieleman Jans 119
Brackenhofer, Abraham 176
Brandenburg 34, 37
Brandenburg-Preußen 7
Bräunlingen 188
Brawe, Justus 31–33, 35, 37, 39f, 43f
Brecht, Martin 5, 8f, 115, 150, 152–154
Breckling, Friedrich 9, 31–47, 50–52
Brehm, Friedl 182
Breithaupt, G. H. 70
Breuer, Klaus 59, 64, 70
Breymayer, Reinhard 33, 39, 44
Brieger, Theodor 178
Brougier (Schreiner) 194
Brousson, Claude 103
Bruchsal 188, 195
Bruckner, A. 156f
Bruckner, John 32f, 47, 51
Brueys, Cr. M. 103
Buchrucker, Christian 180
Büdingen 77, 80, 84, 87, 89, 93f, 125
Buffalo 125
Bülow, Johanna Sophie von 91–93
Bunners, Christian 119
Bunyan, John 12, 19, 147
Burghall, Edward 23
Buttlar, Eva von 53f, 56–74
Buttlarsche Rotte 9, 53–74

Callenberg, Schwestern von 61, 73
Calvin, Johannes 12f, 19, 21, 28, 104
Calw 198
Capp, Bernard S. 24, 27
Carl, Johann Samuel 9, 76–78, 80–96, 99–101
Carl, Rosina Dorothea geb. Scheller 89
Carpenter, Delburn 114
Cevennen 102f, 108
Chadwick, Owen 163, 171
Chaillard, Abbé du 109
Chalmers, Thomas 164
Charias, Johann Caspar 9, 31–51
Christianson, Paul 27
Christiany, Ludwig 68
Chronius, Nicolaus 33, 39
Claude, Jean 104
Cleve 33–36, 39, 43
Clifford, Ann 18
Clifton, Robert 26
Cohen, Charles Loyd 13, 21
Collinson, Patrick 25, 28, 30
Comenius, Johann Amos 33
Connecticut 170
Constant, David 110
Cossee, E. H. 165
Crest 107
Critchfield, Richard 72, 74
Cross, Claire 26
Crouse, Elisabeth 45
Custine, Adam Philippe 144

D'Ewes, Simonds 16
Da Costa, Isaak 164
Dalton, Hermann 175, 180, 190
Dänemark 33, 149
Darby, John Nelson 164
Dauphiné 102–104, 107f
David (biblisch) 191
David, Hans Theodore 119
Davies, Rupert 166
Davis, Natalie Z. 22
DDR 7
Delany, Paul 15
Delaval, Elizabeth 17f
Delaware 114
Dellsperger, Rudolf 5, 62, 67
Demeter, Ignaz 178
Dents, Arthur 21

Deppermann, Klaus 7–9, 22, 115, 132
Deutschland 7, 20, 36, 40, 76, 104, 118, 148, 156f, 159f, 171, 178, 196, 207
Dibelius, F. 70
Dietrich, Konrad 36
Dillingen 174, 189
Dilthey (Pfarrer) 53f
Dippel, Johann Konrad 61, 67, 72, 95
Dirlewang 179f, 184
Disney, Gervase 16–18
Doll, Eugene E. 119, 128
Doobs, Catherine B. 123
Dooren, J. P. van 31
Dort(recht) 14
Dresden 54
Dubief, D. 163
DuBosc, 104
Duffy, E. 166
Dülmen, Richard van 161
Durlach 205
Durnbaugh, Donald F. 9, 80, 112, 114, 117, 122, 125, 129
Duss, John S. 122
Düsseldorf 178
Dussler, Hildebrand 173–178, 180–184
Dyke, Daniel 20

Eberbach/Neckar 117
Ebner, Dean 15
Ebringen 188
Edang, Urania Sophia von 146f
Edelmann, Johann Christian 77, 95
Edwards, David 171
Edwards, Jonathan 159
Ehrlich, Hans 146
Eisenach 53, 74
Elia (biblisch) 110, 182
Elliger, Walter 109
Elsaß 125
Elte, S. 46, 48
Encreve, A. 163
England 7, 11, 13–16, 19–21, 24–30, 79, 102–104, 108, 115f, 124, 138, 155, 158, 160, 166–168, 171f
– Elisabeth, I., Königin von E. 26
– Jakob, I., König von E. 14, 25
– Karl, I., König von E. 26f
Ensign, Chauncey David 62, 70, 73, 126
Ephrata 117–119, 127–129
Epstein, Klaus 135
Erb, Peter C. 127
Erbacher, Hermann 197, 205
Erfurt 60
Erlangen 181
Eschwege 60, 67
Estie, Paul 9, 31, 40, 49
Europa 22, 76, 102, 115, 160, 162, 167
Eva (biblisch) 127
Evans, E. J. 167
Everitt, Alan 167
Ewald, Johann Ludwig 144, 152f
Eyre, Adam 17, 20

Fabricius, Johann Jakob 35, 37, 44
Fehringer, Norbert 60, 68, 83
Fein, Georg Friedrich 150
Fende, Christian 79
Feneberg, Johann Michael 173–178, 180, 182f
Fink, Johann Baptist 173, 184, 186–188, 194f
Finney, Charles Grandison 155, 157, 164, 170
Fischer, Fritz 175, 179
Fisher, Elizabeth W. 115
Fitzherbert, Dyonisia 21
Flechier, Esprit 107
Fleischmann, Johann Christoph Jacob 181
Flensburg 32
Fletcher, Anthony 25, 27
Fogarty, Robert S. 112
Fox, George 23f
Fox, John 27
Francke, August Hermann 54–60, 62, 69, 113, 197
Frank, F. H. R. 47
Franken 76, 180f
Frankenhausen 109
Frankfurt 31, 44, 79, 144, 146
Franklin, Benjamin 119
Frankreich 102, 104, 148, 150f, 153, 160, 163, 172
– Ludwig, XIV., König von F. 51, 79, 144f
Fraunberg, Josef Maria von 178
Freiburg 7, 186f, 205
Frommel, Emil 185, 200, 203, 207, 209
Frommel, Henriette 205
Funke, Anneliese M. 119

Gäbler, Ulrich 31, 155, 161f, 164f
Gagg, Robert P. 79, 102

Gall, Joseph Anton 178
Galland, A. 104
Gallneukirchen 178, 189, 191
Garrett, Clarke 102, 124
Gebhard (Frau) 67, 74
Geiger, Max 133f, 144, 148, 152
Gelnhausen 78
Gemmingen-Steinegg, Julius Freiherr von 184f, 198f
Genf 12, 97, 104, 163f
Gerhard, Dietrich 169
Germantown 115–117, 119, 128
Getz, Russell P. 118
Gichtel, Johann Georg 9, 31, 35, 41, 46–52, 62, 67, 74, 113f, 117, 126–129
Gießen 64
Gifftheil, Ludwig Friedrich 34, 47, 51
Gilbert, Alan D. 167
Goebel, Max 53, 56, 61, 63–70, 76, 78, 85, 102, 150, 152
Göggingen 178
Gomorrha 123
Gorceix, Bernard 47f
Görlitz 113
Görres, Joseph von 179
Goßner, Johann Evangelista 174–181, 184, 189–191, 195, 203
Gotha 58
Graben 199, 201, 203
Grammendorf, Lorenz 34
Green, Ernest I. 115
Greenham, Richard 21
Greifswald 56f
Greschat, Martin 59, 162f
Greyerz, Kaspar von 9, 11, 15, 19, 28
Griesheim 186
Groß, Andreas 77
Grossmann, Walter 9, 79, 102f, 124f
Grözinger, Joseph 195
Gruber, Eberhard Ludwig 80, 85, 93, 103, 124f, 129
Gruber, Johann Adam 80f, 125
Grubermann, Barbara 123
Gundlach, Fritz 64
Gutzen, Dieter 136, 139f, 144, 147f, 153
Guyon, Jean Marie de 128

Haarlem 43
Habrich, Christa 80
Haersolte, Arend van 35
Hagedorn, Eckhard 185f, 199
Hahn, Otto 205
Hahn, Philipp Matthäus 150
Hahn, Walter 180f, 189
Haldane, Robert 165
Haldy, Lanny 97
Hall, Joseph 20
Halle 5f, 63, 80f, 124
Haller, F. C. 122, 129
Hamburg 36, 156, 161, 185
Hamburg-St. Pauli 69
Hammerschmidt, Ernst 179
Hansen, Klaus J. 130
Harder, Leland 115
Harder, Marvin 115
Hardman, Keith J. 164
Härle, Gerhard 62
Harmony 121
Hattum, van B. J. 48, 51
Hausrath, August 209
Heancy, Howell J. 118
Hebel, Johann Peter 197, 199, 203
Hefele von, 70
Heidelberg 115, 128, 196, 208
Heinemann, Barbara 125
Heinsius, Johann Georg 55
Heinsius, Wilhelm 175, 184f, 192, 194, 206
Held, Johann Jakob 59
Helmont, Franciscus Mercurius van 31
Hempton, David 158, 168
Hendricks, Robert J. 129
Henhöfer, Aloys 5, 9, 173, 184–188, 192–196, 198–202, 204–210
Henhöfer, Luise 203
Heppe, Heinrich 71
Hermann, 86
Herrnhut 78
Hessen 53, 56, 62, 65, 67, 70f
Hessen-Darmstadt 64
– Ernst-Ludwig, Landgraf von H.-D. 53f
Hessen-Kassel 68
– Carl, Landgraf von H.-K. 70
Hessenauer, Wolfgang 200
Heuß, 86
Heywood, Oliver 17–20
Hickman, Rose 26
Hill, Christopher 22
Hiller, Philipp Friedrich 203
Hinrichs, Carl 7
Hirsch, Emanuel 113, 126
Hoby, Margret 18–20, 23
Hochenau, Hochmann von 54, 61

Hochhut, C. W. H. 56, 59, 67f, 70, 74, 83
Hoeven, Abraham des Amorie van der 165
Hoffman, Melchior 7
Hoffmann, Erasmus 50f
Högy, Tatjana 148, 152
Hollyday, Guy T. 117
Holstein 44
Holsten, Walter 175
Hommer, Josef Ludwig Alois von 190
Homringshausen 86
Hood, Fred J. 169
Hopkins, E. 167
Horche, Heinrich 56, 59f, 66–68, 70, 83
Hutchinson, Lucy 27
Hutin, Serge 116
Hüttenried 174
Hylkema, C. B. 35, 47

Im Hof, Ulrich 161
Indiana 121
Indien 50, 155
Ingram, Martin 24
Iowa 76, 124f
Iptingen 120
Irland 27
Isenburg-Büdingen 78f, 84f
– Ernst Casimir, Graf von I.-B. 80
Israel 26, 62, 83

Jaeger, Johann Wolfgang 55
Jaitner, Klaus 31f, 34
James, Bartlett B. 115
Jantz, Harold 116
Jeake, Samuel of Rye 15
Jerusalem 83, 108, 112, 146f
Jesus Christus 21, 36, 42–44, 47, 52, 61, 64, 70, 82f, 99, 104, 106, 110, 114f, 127f, 139, 149–151, 163f, 173–177, 181, 188–194, 198, 201, 204f, 207, 209
Jolberg, Regine 205
Jollie, Thomas 23
Jung, Hermann 33
Jung-Stilling, Johann Heinrich 9, 132–154
Jungius, Hermann 9, 31, 38f, 44f, 49f, 52
Jurieu, Pierre 103f, 107

Kaiserswerth 205
Kametzky, von (Hofrat) 54
Kampen 9, 31–45, 47–52
Kanne, Arnold J. 180f
Kanter, Rosabeth Moss 112
Karlsruhe 5, 133, 149f, 196, 203, 205f
Karst, Theodor 119
Käß, Christoph 201, 203
Kayser, Johann 77
Kehl 205
Keil, William 129
Keller, E. F. 55, 62, 65f, 68f, 72f
Kelp, Johannes 115–117
Kent, John 155
Kiel 69
Kießling, Johann Tobias 180
Kiffin, William 18, 23
Klein, Walter C. 117
Klingender, Friedrich 68
Klopfer, Balthasar Christoph 66
Knappen, Marshall M. 30
Knecht, Johann Jakob 62
Knemeyer, Franz-Ludwig 135
Knorr von Rosenroth, Christian 31f
Köln 51, 56
König, Christian Gottlieb 77, 95
König, J. 188
König, Samuel 66f
Königshain 179
Konstanz 196
Kopitzsch, F. 161
Korntal 194, 198
Krafft, Agnesa geb. Gille 64
Krafft, Christian 181
Krafft, Johann Heinrich 64
Krafft, Johann Wilhelm 64, 70
Krafft, Justus 64
Krauss, Paul 76, 78
Krawarick, Hans 14
Kretschmer (Arzt) 35
Krumwiede, Hans-Walter 157

Laag, H. 69
Laasphe 53, 56, 69
Labadie, Jean de 66, 115
Labrousse, Elisabeth 102
Lahr 205
Lake, Peter 25
Lambert, Sheila 25
Lancashire 17
Landis, George B. 123
Landshut 186–188
Langeneifnach 178
Langenmeyer, Johann Ev. 178
Langsdorff, W. von 42
Languedoc 79, 102, 104

Laodicäa 82f
Lashlee, Ernest L. 115
Laubach 69
Laud, William 25, 27
Lausanne 103–105
Lavater, Johann Kaspar 133, 182f
Leade, Jane 83, 128
Lechner, Franz Josef 186f
Lee, Ann 124
Leiden 32
Leiden, Johann von 108
Leipzig 34f, 179
Leonard, Emile 171
Leonberg 198
Leupold, Johann Michael 181
Leutesheim 205
Levine, David 24
Linde, Simon van der 157
Lindl, Ignaz 179, 181
Lindt, Andreas 7
Linum 34, 37
Linz 177f, 180, 191
Little, David 13
Loesche, Georg 178
London 20, 168, 172
Lörrach 205
Löscher, Valentin Ernst 59f
Lot 123
Lowe, Robert 17
Lübeck 32, 50
Ludwig, Albert 202
Ludwig, Johann Paul 43
Lütgert, Wilhelm 171
Luther, Martin 31, 36, 47, 109, 199f
Lutheraner/lutherisch/Luthertum 33, 35, 40f, 44, 46, 48–50, 52, 59, 79, 155, 158, 197, 207
Lütkemann, Joachim 35
Lützelsachsen 205

Mack, Rüdiger 63, 67, 73
Mai, Paul 174
Mainz 56
Mälzer, Gottfried 115
Manchester 23
Mann, Karl 204
Mannheim 197
Marburg 5, 64, 138, 145, 148
Marion, Elie 109
Mark, Grafschaft 35
Martin, Betty Jean 118
Martin, Williard M. 115
Martindale, Adam 18, 24
Maryland 115–117, 122
Matthias, Markus 61
Mayer, Johann Friedrich 55–57, 59
Mazel, Abraham 109
McLoughlin, William Gerald 157
McMinn, Joseph H. 122
Mead, Sidney E. 169
Mede, Joseph 31
Meersburg 198
Melanchthon, Philipp 42
Merlat, Elie 9, 102f, 105–111
Mersy, Franz Ludwig 195
Merton, Robert K. 13
Metz, Christian 125
Meyer, Lebrecht 186
Micha 110
Mijnhard, W. W. 161
Mildmay, Lady 20
Miller, Peter (Müller, Johann Peter) 119, 127
Mogk, Martin Gottfried 58f
Molen, van der R. J. 19
Möller, Horst 142
Monnickendam 38, 44, 49
Montagu, Richard 25
Montgelas, Maximilian, Freiherr von 179
Montpellier 103
Moody, Dwight L. 155–157
Morhart Dischinger, Hilda 123
Morrill, John 26f
Mosbach 197
Moser, Friedrich Karl von 138
Moses 110, 155
Mühlhausen 173, 187, 194, 198f, 202
Müller, Adolf 177
Muller, Richard A. 13
Münch, Richard 11
München 146, 181, 190
Münster 51, 77, 108f
Münster, Johann Friedrich 33, 40
Müntzer, Thomas 109

Nantes (Edikt von) 102–105
Napoleon 120, 197
Nendeln/Liechtenstein 34
Neu, Heinrich 209
Neuburg 175
Neuhausen 185f
Neumeister, Erdman 56

Neureut 206
New Harmony 121 f
New York 129
New York (Staat) 125
Newcome, Henry 17 f, 23 f
Nicolai, Friedrich 133
Niederlande 32–34, 36, 38, 40, 43 f, 50 f, 104, 157–161
Nielsen, Fr. 32, 36, 51
Nipperdey, Thomas 161
Nixon, Edgar B. 123
Nonnenweier 205
Nostradamus 59
Novalis 147
Nürnberg 50, 180 f, 189

Oberlkevich, James 168
Oetinger, Friedrich Christoph 150
Offenburg 186
Ohio 123
Ohly, Friedrich 83
Öhringen 79
Oranien, Wilhelm von 108
Oregon 129
Orme, William 18
Orr, J. Edwin 157
Osnabrück 32
Ostendorp, Gerrit 48
Ostenheim, Christian von (Eugenius) 146 f
Oswalt, Else 79
Overijssel 31, 35, 48–51
Owen, Robert 121
Oxford 159 f, 166, 171

Paderborn 63
Paracelsus, Theophrastus 32, 59
Paulus 198
Pearson, Samuel C. 169
Pennsylvania 7, 115, 119–122, 128
Pennypacker, Samuel W. 128
Pepys, Samuel 14
Perkins, William 13, 21
Peter, Victor 114
Petersen, Johann Wilhelm 60 f, 71, 116, 129
Petersen, Johanna Eleonora geb. von Merlau 61, 83
Peterson, Christian Abel 39
Pfalz
– Christian August P.graf 31, 35
Pfeiffer, Gerhard 31
Pfister, Rudolf 104 f
Pforzheim 184, 187, 198
Philadelphia 60, 83 f, 115 f, 123
Pickel, Georg 181
Pierson, Allard 163
Pietsch, Th. H. 47 f, 51
Pittsburgh 121 f
Pitzer, Donald E. 112
Pledger, Elias 17, 20
Pleß, Victor 62, 67
Plockhoy, Pieter Cornelisz 115
Pope, Robert C. 158
Pordage, John 66, 73
Porter, R. 161
Powell, Vavasor 23
Preußen
– Friedrich, III., König von P. 7, 38
Prinsterer, Groen van 164 f
Prochnow, Johann Detleff 175, 190
Propach, Gerd 133
Pünthiner, Carl Anton 61 f
Pym, John 27

Quincy 120

Rack, Henry D. 167
Randall, E. O. 123
Randegg 188
Rapp, Johann Georg 120–122, 128 f
Rastatt 198
Rauscher, Julian 120
Raw, Johann Philipp 189 f
Regensburg 56, 163
Reichmann, 128
Reid, Adam 160
Rein, Karl Daniel Justus 205
Reiter, Josef 178
Reitz, Johann Heinrich 97
Reitz, Rüdiger 122
Renkewitz, Heinz 54, 61 f, 67, 70
Rettig, Laurence L. 124
Reuter, 69
Reutlingen 195
Reventlow, Henning Graf 13
Rheinland 179
Riecker, Otto 205
Ried, Martin 181
Ringseis, Johann Nepomuk 179
Ritschl, Albrecht 68, 73
Ritter, Gerhard 7
Roberts, Frank 114
Roberts, Ralph Philip 168

Rock, Johann Friedrich 76–80, 84–97, 124
Roeßle, Joseph Ludwig 177
Rogers, Richard 16, 26, 30
Rollwaag (Witwe) 89f
Rom 162
Rooden, Peter van 9, 155, 169
Rösch, 87
Rostock 34f, 44
Rotermund, Hans Martin 59
Rothe, Richard 196, 209
Rott, Ludwig 157
Rotterdam 115
Ruffini (Baron) 178
Ruffini, Walburga, Freiin von 178
Rule, J. G. 168
Ruler, A. A. van 157
Ruoesch, Johann Baptist von 182f
Rupp, Gordon 166
Rußland 148f, 154, 202
– Alexander, I., Zar von R. 133, 152
Russell, Conrad 27

Sachs, Julius 200
Sachse, Julius F. 128
Sachsen 53, 93
Sailer, Johann Michael 163, 173f, 176, 178, 180–183, 186–188, 194f
Saintes, Bischof von 104
Samarkand 147f
Sames, Arno 5
Saßmannshausen 53f, 60, 69
Sauer, Christoph 128
Sauer, Johann Christian 119
Saumur 104
Savigny, Friedrich Carl von 179
Saxby, Trevor J. 115
Sayn 190
Sayn-Wittgenstein, Casimir, Graf von 85, 93
Sayn-Wittgenstein-Berleburg 85
Scheibert, Leo 119
Schempp, Hermann 112
Scheuner, Gottlieb 89, 93
Schiel, Hubert 173–175, 178f, 182, 186, 190, 195
Schlatter, Anna 176, 183f, 191
Schleiermacher, Friedrich Daniel Ernst 164
Schlesien 85, 179
Schleswig-Holstein 32
Schmid, Christoph 176, 178
Schmid, Johann Konrad 182
Schmidt, Martin 66f, 113, 158–160, 165
Schnabel, Franz 171
Schneider, Hans 5, 58, 62, 76, 78f, 83f, 113, 124
Schneider, Jörg 197
Schneider, Ulf-Michael 9, 76
Schöne, Albrecht 96f
Schöner, Johann Gottfried 180
Schottland 121
Schrader, Hans-Jürgen 77, 79f, 84, 89, 93, 97
Schröder, Hans-Christoph 26
Schubert, Gotthilf Heinrich 181
Schultz Jacobi, J. C. 31f, 35, 49–51
Schultze, Karl Egbert 65, 69
Schulze, Gerhard 132
Schütz, Christoph 129
Schütz, Johann Jakob 31
Schwaben 76
Schwaiger, Georg 174, 176
Schwartz, Hillel 79, 102
Schwarzenau 62, 85, 93f, 117
Schweden 149
Schweitzer, Christoph E. 117
Schweiz 62, 84f, 104f, 123, 157, 159f, 180f
Schwelm 35
Schwinge, Gerhard 133, 196, 206
Seaver, Paul 22–24
Seeberg, Erich 73
Seeg 175f, 183
Seelig, Johann Gottfried 115
Seguy, Jean 115
Seidensticker, Oswald 116
Semler, Johann Salomon 79
Semmel, Bernard 167
Seyfarth, Constans 11
Shiels, Richard D. 169
Siller, Andreas 175
Siller, Johann 178, 180
Simon, John F. 129
Simon, Matthias 175, 181
Skandinavien 159
Skevington-Wood, A. 157
Smith, Elwyn A. 169
Sodom 51, 123, 152
Söhngen, Oskar 7
Solyma 146–148, 153
Sommer, Frank H. 118
Sonthom, Emanuel 20
Sparn, Walter 160

Spener, Philipp Jakob 7, 35 f, 44, 57, 113, 184, 197
Spittler, 184
Spöck 199 f, 203, 207–209
Sprondel, Walter M. 11
Spufford, Margaret 24
St. Gallen 183
Stadler, Ulrich 147
Staehelin, Ernst 157, 184
Staffort 199, 208
Stahl, Georg Ernst 80
Stankiewietz, W. J. 104
Steinegg 185–187
Stephan, Raoul 158
Stern, Wilhelm 206
Stockach 186
Stoeffler, F. Ernest 114, 126
Storch, R. D. 168
Straßburg 133 f, 205
Sträter, Udo 20
Stuart, Maria 51
Stückelberger, Hans-Martin 183
Stuttgart 122
Sulzbach 31 f, 35–37, 39 f, 44 f
Swetgius, 39
Sykes, Norman 158, 166

Tanner, Fritz 71, 74, 91
Taube 39
Tauler, Johannes 32, 36, 42
Temme, Willi 9, 53
Tersteegen, Gerhard 134
Thomas, Keith 23
Thomas von Kempen 195
Thomasius, Christian 55, 59 f, 63–66, 71, 73
Thompson, E. P. 168
Thoresby, Ralph 13 f, 17, 25
Thornton, Alice 17 f
Thune, Nils 74, 83, 116
Thüringen 65 f
Tillich, Paul 121 f
Trier 190, 207
Trier-Ehrenbreitstein 178
Trippenbach, Max 61
Troeltsch, Ernst 11 f, 30, 171
Trosse, George 17, 23 f
Tscheer, Nikolaus 62 f
Tübingen 77
Tudor, Maria 26
Tyacke, Nicholas 25

Ullmann, Karl 206, 208
Ulrich, P. 178
Underdown, David 25, 29
Unterthingau 174
Usingen 60, 71
Utrecht 39, 50

Vadian (Joachim von Watt) 183
Vergenius, Georg Friedrich 63, 65, 68 f
Vesias, de (Ehemann der Eva von Buttlar) 53
Veyne, Paul 155
Vidal, Daniel 79, 102
Vierhaus, Rudolf 161
Vincent, Isabeau 102 f, 107
Vinke, Rainer 132–134, 144
Visser, Caspar C. G. 31, 37, 39 f, 44, 46, 51
Vockerodt, Gottfried 58, 70
Völk, Martin 190
Volkening, Johann Heinrich 164
Völkersbach 198
Vos, H. 51
Voss, Karl Ludwig 62
Vree, Jasper 171
Vuilleumier, Henri 105, 110

Waadt (Kanton) 105, 110
Wagner, John 112
Walch, Johann Georg 56, 64, 79
Wallace, Dewey D. 13
Wallington, Nehemiah 20–24
Wallmann, Johannes 31, 35 f, 42
Walsh, J. D. 166
Wanfried 67, 74
Wappmann, Volker 32, 37, 39 f
Ward, Samuel 16, 30
Ward, W. R. 167 f
Warnicke, Retha M. 20
Warwick, Mary, Countess of 20
Watkins, Owen C. 15
Weber, Max 11–13, 17, 30, 156 f
Weesp 38
Weigall, Rachel 20
Weigel, Valentin 68, 71, 74
Weigelt, Horst 9, 173, 182
Weiser, Frederick S. 118
Weiss, N. 104
Welz, Justinian von 46, 50
Wendland, Walter 183
Wertheim 196, 205
Wesley, John 160, 166 f

Wessenberg, Ignaz Heinrich, Freiherr von 186, 197
Wetterau 76, 102, 124
Wetzel (Frau) 67, 74
Whitefield, George 166
Whittier, John Greenleaf 116f
Wichern, Johann Hinrich 206f
Wied-Runkel, Graf 53, 58
Wiedemann, Hans 31, 37, 51
Wien 146, 186
Wiener, Carol Z. 26
Wiggensbach 176f
Wilberforce, William 160, 164, 170
Wilhelm I., Kaiser 209
Wilhelm III. von Oranien 51
Williams, Geoffrey 159
Williamsport 122
Winter, 53, 58, 61, 63, 69
Winthrop, John 22
Wissahickon 115–117
Wittenberg 205
Wittgenstein 53, 58, 63f, 67, 70f, 93, 117
Woerden 50
Wolfenbüttel 5
Wotschke, Theodor 33–35, 37, 39f, 43f, 46f, 50f, 54, 58, 65
Wrightson, Keith 24
Württemberg 84, 115, 120f, 123, 128f, 198

Yorkshire 17

Zaepernick, G. 62
Zahn, F. M. 183
Zedler, Johann Heinrich 80
Zieglschmid, A. J. F. 129
Zimmermann, Johann Jakob 115
Zinzendorf, Nikolaus Ludwig, Graf von 71, 77f
Zittel, Karl 204
Zoar 123
Zuber, Janet 97
Zwolle 32f, 35f, 38–40, 45–48, 51